華大博雅 高校教材

当代世界经济与政治

Contemporary World Economics and Politics

主　编　刘玉高　刘从德

副主编　乔　荃　李传兵　李　波

華中師範大學出版社

新出图证（鄂）字10号

图书在版编目（CIP）数据

当代世界经济与政治/刘玉高，刘从德主编. —武汉：华中师范大学出版社，2021.6

ISBN 978-7-5622-9378-1

Ⅰ.①当… Ⅱ.①刘… ②刘… Ⅲ.①世界经济 ②国际政治 Ⅳ.①F112 ②D50

中国版本图书馆CIP数据核字（2021）第060815号

当代世界经济与政治

©刘玉高 刘从德 主编

责任编辑：陈良军 责任校对：王 炜 封面设计：罗明波

编 辑 室：第一分社 电话：027-67867317

出版发行：华中师范大学出版社

社址：湖北省武汉市洪山区珞喻路152号 邮编：430079

销售电话：027-67863426（发行部） 传真：027-67863291

网址：http://press.ccnu.edu.cn 电子邮箱：press@mail.ccnu.edu.cn

印刷：武汉市籍缘印刷厂 督印：刘 敏

开本：710mm×1000mm 1/16 印张：19.5

版次：2021年6月第1版 印次：2021年6月第1次印刷

字数：319千字 定价：89.00元

欢迎上网查询、购书

目　　录

导　　论

一、当代世界经济与政治课程开设的重要性

习近平总书记指出，“当前，我国处于近代以来最好的发展时期，世界处于百年未有之大变局，两者同步交织、相互激荡”。过去西方主导的自由主义秩序日渐衰落，主导这一秩序的西方大国也处于相对衰落之中，新兴大国特别是中国从过去世界舞台的边缘正走近世界舞台的中央。中国作为世界第二大经济体，近年来对世界经济增长的年均贡献率达到30%左右，已超过第一大经济体美国。“百年未有之大变局”意味着世界正处于转折的十字路口，它的最终走向取决于各种势力的力量对比与各种势力的主观努力。虽然目前西方主导的世界秩序面临种种矛盾与危机，国际力量对比也发生了一些重大变化，但这并不能保证历史的进步性变化，未来的发展仍存在着多种可能性。“百年未有之大变局”给予了正在从“富起来”到“强起来”的中国一个重要的历史机遇。中国作为一个正在走近世界舞台中央的社会主义国家必然有自己的主张，在这个大变局中理应发挥应有的作用。中国的世界秩序主张就是，推动国际关系向“相互尊重、公平正义、合作共赢”的方向发展，构建人类命运共同体，塑造一个“持久和平、普遍安全、共同繁荣、开放包容、清洁美丽的世界”。

大道之行，岁月不老，青春不朽。当代大学生处在中华民族发展的最好时期，同时也肩负着“天将降大任于斯人”的时代使命。在世界经济与政治不断变化的当下，以培育大学生正确的国际观为核心，对大学生进行国际知识、国际形势和中国外交战略的总体认知教育，开阔其国际视野，提高其对世界重大问题的认识，是顺应世界多极化和经济全球化发展的大势所趋。我们不仅生活在当代中国，也生活在当代世界，直面波澜壮阔的“百年未有之大变局”，为实现“两个一百年”奋斗目标砥砺奋斗，必须立足中国、放眼世界，用更加宏大开阔的视野来观察社会。“不畏浮云遮望眼，只缘身在最高层。”用这样的胸怀、站位和视野来观察当代世界，我们就能超出自身狭隘的眼界，看到世界多种多样的联系，把握当今世界整体上的真实，为自己确立

合理的定位。

当代世界经济与政治作为教育部规定的全国高校马克思主义思想政治理论公共课，是一门定位高、现实性强、专业性显著的课程，在培养我国当代大学生国际意识、开阔大学生国际视野并形成马克思主义的世界观方面具有十分重要的作用。《〈中共中央宣传部、教育部关于进一步加强和改进高等学校思想政治理论课的意见〉实施方案》（“2005”方案）要求在本科生中开设当代世界经济与政治选修课。近年来，教育部在年度工作重点和教社科司函〔2009〕46号文件中，分别对在高校开设当代世界经济与政治选修课提出了明确要求。马克思主义给予我们观察当代世界的宏大视野和透视时代风云的锐利目光，同时还给予我们展望未来世界的长远眼光和战略定力。习近平指出：“我们看世界，不能被乱花迷眼，也不能被浮云遮眼，而要端起历史规律的望远镜去细心观望。”当代大学生就是要在了解和把握当代世界经济、政治与国际关系演变及其发展趋势的基础上，掌握马克思主义观察和分析问题的方法原则，善于透过现象看本质，能够从扑朔迷离的复杂现象中把握问题的实质，从众多支流中找到主流，从局部的变幻中把握总体和大局。运用马克思主义的基本立场和观点，全面认识中国的外交战略、方针、政策与国际地位和作用，树立为国家富强和民族振兴、人类的共同繁荣与进步而奋斗的信念。

二、当代世界经济与政治课程的研究对象、体系和特点

当代世界经济与政治是研究国际关系行为主体之间相互作用、相互影响的学科。国际关系行为主体是能够独立参加国际事务活动，并能在其中独立发挥作用的经济、政治实体，包括主权国家行为主体和由各种国际组织、跨国公司构成的非主权国家行为主体两种类型。

当代世界经济与政治课主要是以第二次世界大战后的世界经济、政治与国际关系的发展变化为主线，对当代世界经济、政治的发展变化和基本趋势进行宏观概括和综合分析，对发达资本主义国家、发展中国家、社会主义国家等不同类型国家和地区的经济、政治及对外战略进行分类概述和展望，对中国的和平发展战略及构建人类命运共同体思想进行重点分析。课程包括三部分内容：第一部分（第一、二章）综述当代世界经济和政治的发展变化与基本趋势；第二部分（第三、四、五章）分述战后发达资本

主义国家、发展中国家、社会主义国家的经济与政治发展概况及展望；第三部分（第六章）重点论述中国的和平发展及对世界的贡献。具体来说：第一章从世界经济的构成和行为主体入手，阐述当代世界经济、经济格局的含义及其演变规律；从世界经济运行和力量对比的角度，剖析世界经济发展的趋势和特点。第二章从世界政治的行为主体和联合国等国际组织入手，阐述当代世界政治格局的含义及其演变规律；从世界政治权力结构调整的角度，剖析当今世界政治的基本特征和发展趋势。第三章由三部分内容组成，一是战后发达资本主义国家经济的发展变化及其深层矛盾，二是战后发达资本主义国家政治体制及其重大变化和面临的社会问题，三是战后发达资本主义国家的外交战略和对外关系。第四章主要论述的是战后发展中国家在国际舞台上的重要地位与作用、经济与政治发展中的成就与面临的难题、复杂和多样的对外关系。第五章首先论述战后社会主义国家的发展与探索，继而剖析东欧剧变、苏联解体的原因和教训，最后概述冷战后独联体成员国和东欧国家的经济与政治发展及其对外政策。第六章概述中国对外关系的发展进程，重点论述独立自主的和平外交政策的形成与发展、中国走和平发展道路对世界的贡献。

当代世界经济与政治课程具有综合性、理论性、现实性、政策性很强的特点。其一，它是一门综合性很强的课程，具有多学科、多领域综合性质。当代世界经济与政治课把不同类型国家、地区、组织，把政治、经济、国际关系（外交）、军事、科技等综合起来进行分析，同时涉及历史、地理、文化等多个方面。其二，它是一门理论性很强的课程，具有自身的理论体系。当代世界经济与政治课不是从概念、原理出发去讲理论，而是面对不断发展变化的现实，侧重对学生进行马克思主义关于当代世界经济与政治的基本观点、中国和平外交思想，特别是习近平新时代中国特色社会主义外交思想的教育，引导学生深入分析主要国际力量在经济、政治、对外关系和对外战略方面的地位、作用、影响、发展变化及其原因，在复杂的国际斗争中辨别是非。其三，它的显著特点是具有较强的时代感和现实性。当代世界经济与政治课需紧跟国际形势的新特点、新变化，及时调整、补充新内容，剖析历史正是为了说明现实，为解答当今国际社会的重大问题服务。其四，它具有很强的政策性。当代世界经济与政治课侧重研究的是关于经济、政治、外交等政策方面的内容，包括它的制定、调整、变化，特别是几个主要大国经济、政治和外交政策的调整变化，直接影响和决定世界政治、经济格局和国际关系的发展变化。

三、学习当代世界经济与政治课程要了解的国际关系基础理论

（一）西方国际关系理论流派

西方国际关系理论的历史演变通常可以用三次大论战来概述，即 20 世纪 30 年代末—40 年代的现实主义对理想主义的论战，20 世纪 60 年代科学行为主义和传统主义的对峙，以及 20 世纪 70 年代后期直至 80—90 年代的新现实主义、新自由主义和建构主义等其他理论流派的论战。在一次次的论战中，西方国际关系理论界形成了各具特色的多种流派。

1. 理想主义学派

理想主义学派最著名的代表人物是美国第 28 届总统伍德罗·威尔逊（Woodrow Wilson，1856—1924）。他们主张通过道义和精神来唤醒人类的良知，强调国际规范和健全对各国具有约束力的国际法准则，倡导建立起国际机构和组织，加强国际合作，巩固第一次世界大战后稳定的国际社会，以避免世界大战惨剧的重演。伍德罗·威尔逊的主要思想体现在第一次世界大战后他提出的旨在缔造世界和平的“十四点计划”中。“十四点计划”被人们奉为“理想主义纲领”，主要包括公开外交、集体安全、民族自决、国际邦联、世界政府、裁军非战、贸易平等、航海自由和公理正义等。该计划曾被称为“世界和平”的基石、“理想主义”的纲领。然而，第一次世界大战后的历史表明，它实质上是美国意图从地区大国登上世界舞台并夺取世界领导地位的计划。故而，人们常把理想主义学派称为“威尔逊主义”，“‘威尔逊主义’逐渐成为国际政治学中理想主义的代名词”①。威尔逊的国际组织方案以集体安全原则取代了均势原则，是国际关系理论发展史上的一个伟大创举。理想主义者对国际道德、国际组织和国际法等问题的广泛研究，直接促成了国际联盟和后来联合国的建立。但理想主义的自身缺陷相当明显。从理论上看，理想主义并没有形成一个逻辑严密的理论体系，它更多的是愿望、信念和标准，以及由此重建国际秩序的计划。同时，他们对现有的和未来国际关系的展望，依据的大多是他们的期望，或者是社会中某种个别利益和力量的追求，不是

① 王逸舟. 西方国际政治学：历史与理论［M］. 上海：上海人民出版社，1998：53.

政治的需要和国家的利益。从实践上看，理想主义根本没能阻止世界大战的再次爆发，它的美好设计被规模更大更残酷的战争砸得粉碎。国际联盟在20世纪30年代的国际政治进程中并未能实现自己的目标，不但在意大利入侵埃塞俄比亚、日本侵占中国东北等事件中表现得软弱无力，没能阻止法西斯势力的发展，而且也无法制止第二次世界大战的爆发。因此，爱德华·卡尔明确指出"国联的失败标志着国联赖以为基础的理论的失败"，汉斯·摩根索则认为理想主义国际关系理论用"应该如何"的乌托邦式假设代替了"现实如何"的理性主义思考，必定在现实国际政治中遭到挫败。

2. 现实主义学派

现实主义学派是西方国际关系研究中影响最大的学派之一，主要代表人物有英国著名国际关系理论家爱德华·卡尔（Edward Hallett，1892—1982）、美国国际关系理论大师汉斯·摩根索（Hans Morgenthau，1904—1980）。爱德华·卡尔的理论成果《二十年危机（1919—1939）：国际关系研究导论》一书的出版，被公认为现实主义学派形成的标志。爱德华·卡尔认为权力是政治活动的主要因素，一切政治活动都是权力政治。"只有对政治问题持完全不加分析的批判态度，才会假定可以从政治中消除了权力因素。"① 有权力才谈得上道德、民主和正义，道德、民主是相对的，道德是权力的产物。政治活动是理想与现实、权力和道德的结合。"每一种政治形态都包含了乌托邦和现实、道德和权力这样两种互不相容的成分。"②汉斯·摩根索的代表作《国家间政治》奠立了现实主义国际政治学，尤其是权力政治学说的根基。汉斯·摩根索的现实主义理论主要体现在其总结的六项基本原则中，这六项原则已被西方国际学术界公认为最完整、最根本的国际关系原则：①像社会的一般现象一样，政治受到根植于人性的客观法则的支配。②以权力界定的利益概念是帮助政治现实主义找到穿越国际政治领域的道路的主要路标。③以权力所界定的利益这一关键概念是普遍适用的客观范畴，但是它并不赋予这个概念一个永久固定的含义。④政治现实主义明白政治行动的道德意义。普遍的道德原则在抽象的普遍形式下是无法适用于国家行为的，道德原则必须经过具

① 爱德华·卡尔. 二十年危机（1919—1939）：国际关系研究导论［M］. 秦亚青，译. 北京：世界知识出版社，2005：99.

② 爱德华·卡尔. 二十年危机（1919—1939）：国际关系研究导论［M］. 秦亚青，译. 北京：世界知识出版社，2005：89.

体时间和地点的环境的过滤。⑤政治现实主义拒绝把特定国家的道德愿望等同于普天之下适用的道德法则。⑥政治现实主义和其他学派之间的差异是真实的、深刻的。在思想上，政治现实主义保持着政治领域的独立性。政治现实主义建立在对人性的多元理解上①。因此，现实主义理论也存在着自己的缺陷，不仅它的研究方法受到视野狭隘、视角单一的批评，而且它的基本假设在不同程度上也受到挑战：①现实主义强调人性恶的一面，但忽视了人性中合作的一面，因而重视国家间冲突而忽视它们之间的利益协调和合作的程度；②忽视除国家之外的国际行为体如非政府组织、跨国公司和个人在国际关系中的作用，未能对世界的变化作出充分的解释；③强调权力政治而忽视国际规范和国际法对国家行为的作用；④认为国际关系的本质自古以来没有发生变化，因而未能洞察国内社会经济结构的嬗变对国际体系性质的影响，还将国际政治与国内政治分离开来，因而不能充分解释一国对外政策的根源；⑤忽视经济因素在国际关系中的作用等。这些批评及其引起的争论同样是有价值的，它有助于人们全面地理解现实主义的观点和多视角地认识西方国际关系理论的发展。

3. 科学行为主义与传统主义

科学行为主义学派崛起于 20 世纪 50 年代末，鼎盛于 20 世纪 60—70 年代，其主要人物有卡尔·多伊奇、莫顿·卡普兰、戴维·辛格、海沃德·奥克、哈罗德·客茨柯、詹姆斯·罗森诺、布鲁斯·鲁塞特、肯尼思·鲍丁等。其中最有影响的是哈佛大学教授卡尔·多伊奇（Karl Deutsch，1912—1992）。他在代表作《国际关系分析》中系统地提出了行为主义的三个研究方法：一体化论、相互依存论、博弈论。另一位科学行为主义学派的重要代表人物是芝加哥大学的政治学教授莫顿·卡普兰（Morton Kaplan，1921— ），他以“体系理论”蜚声于世。他的最重要代表作是 1957 年问世的《国际政治的系统和过程》，在书中，他从宏观角度提出国际体系的六个模式：权力均势体系、松散的两极体系、牢固的两极体系、环球体系、等级制体系和单位否决体系。在这六个模式下又引出若干个分模式，如非常松散的两极体系、缓和体系、不完全核扩散体系等。莫顿·卡普兰综合运用科学行为主义关于一体

① 汉斯·摩根索. 国家间政治［M］. 徐昕，等译. 北京：北京大学出版社，2006：28-40.

化、博弈、价值等原理系统分析了国际体系的结构、功能和特点，在国际关系领域被视为“一个突破性的成果”。此外，密执安大学教授戴维·辛格（David Singer，1925— ）被誉为科学行为主义学派的开拓者，他在1961年发表的论文《国际关系的层次分析问题》中认为，现实主义学派的弊端之一就是把国际政治与对外政策混为一谈，而层次分析将两者清楚地区别开来，国际政治是以国际体系作为分析层次，而对外政策则以民族国家作为分析层次。在《人类行为与国际政治》（1965年）和《计量国际政治学》（1968年）两本书中，戴维·辛格大量运用数学公式和统计图表，借用数学和统计学的成果分析国际关系问题。总之，科学行为主义学派的主要贡献在于为国际关系理论研究带来了方法论的革命。不少自然科学的研究方法被引入国际关系理论研究领域，丰富了国际关系理论的研究方法，使国际关系理论的研究更趋于科学化和专业化。同时，它冲破了将国家作为国际政治中唯一行为体，孤立地分析各国的国家政策，并将国际关系仅看成各国政策总和的传统观点，促进了用整体性原则、相互联系原则、结构层次性原则、动态性平衡原则进行国际政治理论的建构。然而，科学行为主义学派也存在其缺陷：首先，没有形成完整的理论体系。从某个角度上讲，科学行为主义“只有方法，没有理论”。“相形之下，行为科学并没有拿出足够有力的替代概念和思想，所谓‘科学’观念只是方法论的补充或更新，是数据的丰富或资料的完善，是逻辑的严谨和论证的细密，而不是本体论的哲学，不是认识论的原理，不像现实主义那样有长久生命力、有内在连贯性的思想体系。”① 其次，科学行为主义所主张的研究方法本身，也存在着先天的不足。科学行为主义者过于强调方法论，主张对国际关系必须实行计量化，在研究中特别强调程序、数据、系统、变项等“铁的事实”，使研究者变得机械、缺乏灵活性，对国际社会不断变化的事实显得无所适从。另外，他们推崇“科学的”方法论，反对理想主义和现实主义传统的研究方法，忽视了社会科学“软性”的一面，这会使国际关系理论的研究像数理化习题一样，变得枯燥无味，晦涩难懂，最终也不可能建立起科学的理论体系。

科学行为主义因其自身缺陷受到了另一批自称“捍卫传统的现实主义理

① 王逸舟. 西方国际政治学：历史与理论［M］. 上海：上海人民出版社，1998：126.

论”的学者的批评，这些批评者被称为“传统主义学派”。传统主义学派是从政治现实主义学派分化出来的，其代表人物有恩厄斯特·哈斯、斯坦利·霍夫曼、肯尼思·沃尔兹、英尼斯·克劳德、理查德·麦克利兰等。斯坦利·霍夫曼（Stanley Hoffmann，1928—2015）在《支配地位还是世界秩序——冷战以来的美国对外政策》等著作里较为系统地阐述了传统主义学派的基本观点：第一，世界政治的无政府状态是国际冲突的根本原因。由于国际社会缺乏制止冲突的权威机构，诉诸武力而发生冲突的情况就不可避免；第二，国际关系理论应面对“国际社会充斥着经常的纷争和冲突”的现实，研究“影响国家权力和对外政策的各种因素，寻找制止冲突、维护和平的有效政策和途径”；第三，主张用历史和现实的方法分析“均势”和“国际体系”，强调“均势结构”和国际组织对维护世界和平所起的作用；第四，认为传统的道义选择应以“安全与生存”和“相互依存”为原则，以符合“国际利益”为准则。肯尼思·沃尔兹（Kenneth Waltz，1924—2013）（又译：肯尼思·华尔兹）在《人、国家和战争——一种理论分析》（1959 年）中提出了关于国际冲突与战争的三个概念，素有“华氏三原理”之称。这三个概念是：第一，关于人性的概念，所谓“恶是根源，爱是药方”。肯尼思·沃尔兹认为，战争与人的本性密切相关，人的私欲、权欲是国际冲突的一个重要根源。因此，人类只有改变这种恶性才能最终制止战争。第二，关于国家体制的概念，所谓“和平与战争分别是好的国家和坏的国家的产物”。他认为有的国家内部社会矛盾尖锐，经济危机严重，为了转移民众的不满，加强对国内的控制，增加税收和维护统治，就从战争中寻找出路。所以要防止战争，还要从改造国家着手。第三，关于国际体系的概念，所谓“无政府状态是根源，世界政府是药方”。他认为国际上无政府状态的存在是导致战争的又一个重要根源，因为世界上缺乏一个能有效地阻止战争的超越国家之上的权威组织。在建立世界政府之前，应维持均势以保障国家安全。此外，英尼斯·克劳德（Inis Claud，1922—　）在《权力与国际关系》一书中运用传统与现实相结合的研究方法，提出了国际关系中关于权力的三个概念：均势、集体安全和世界政府。它们分别表示权力的分散、权力的部分分散和权力的集中，同时又是国际关系发展的三个阶段：均势始于 17 世纪国家体系形成之时，集体安全始于第一次世界大战前后，世界政府始于第二次世界大战以后。

由此可见，传统主义学派与科学行为主义学派之间的分歧：

第一，科学行为主义注重国际关系的量变，把国际关系看成是参数和变量的总和，认为国际关系的研究必须计量化；传统主义学派则注重国际关系的质变，把国际关系看成是一个历史过程，坚持传统的历史研究方法，反对计量化。

第二，行为主义主张在研究中超越价值评估，即去除价值观，它声称价值观是否正确是无法用科学方法来证明的，应进行纯粹的学术分析，研究的目标是发展抽象的、普遍的理论，应使每个理论假说都可用实验资料加以检验；传统主义认为重要的政治问题必然要涉及伦理和道德，政治学必须有其价值判断，否则便失去继续存在的正当理由。从哲学和历史的观点来看，应注重应用研究和对公共政策的研究。超越实际可用资料的范围，发展理论只能是空谈。

第三，在具体方法上，行为主义学派重视国际关系数据的收集、整理和分析，侧重行为经验的实证研究；传统主义学派则强调历史事件的起因、经过、结果以及内在相互联系的研究，着重于历史与现实的规范研究，认为法律、哲学、历史、伦理学仍是国际关系理论研究的基础。

4. 新现实主义与新自由主义

20 世纪 70 年代末，一些学者根据形势的变化，对传统现实主义进行了“科学的修正和补救”，形成了新现实主义。新自由主义的兴起是理论家们对现实主义进行批评与修正的产物，与新现实主义相比，新自由主义不仅关注以国家为中心的国际关系，而且关注更广泛的行为者和更复杂的国际关系；不仅关注战争与和平问题，而且关注经济、社会、生态等其他领域的问题。自 20 世纪 80 年代以来，新现实主义与新自由主义一直是占主流地位的国际关系理论，它们之间的争论被称为国际关系理论史上的第三次论战。

新现实主义主要从体系或结构的层次来分析国际关系，因而又被称为“结构现实主义”，这体现在其代表人物、美国哥伦比亚大学教授肯尼思·沃尔兹的主要著作《国际政治理论》中。肯尼思·沃尔兹认为，国际体系的结构和行为体的权力分配是国际关系分析的重点，行为体本身并不很重要，因为结构决定了行为体的行为。在肯尼思·沃尔兹的结构理论中，国际关系的基本特征是国家间不存在合法的集中控制力量的无政府状态，各国在其所有基本功能方面都是类似的，即尽管在文化、意识形态或体制上存在差异，国家单位都履行着同样的职责，如征收赋税、推行对外政策等。它们的主要区别只是各自的实力差异。在肯尼思·沃尔兹看来，决定国际体系结构变化的主要是大国，大国的兴衰及其相伴随的大国均势的变化决定了体系结构的变化，而导致这种变化的典型手段是大国的战争。尽管国家间的均势是可以建立和维持的，但在一个无政府的国际体系中战争的可能性总是存在着的。根据冷战美苏对抗的现实，肯尼思·沃尔兹进一步对两极和多极这两种均势体系进行了对比分析，认为两极均势更易实现稳定和安全，因为两个大国都愿意维持体系，而维持体系就是维持自身的存在。肯尼思·沃尔兹的结构现实主义将传统现实主义的经验抽象成逻辑性极强的科学，使国际政治科学具有像物理学、经济学一样的理论性、科学性、解释性、规范性强的特点，开创了国际政治领域的崭新局面。但它也有其薄弱之处，尤其表现在理论效力上对国际关系某些问题的解释显得不足，尤其对变化（特别是突变）事物的解释与预测显得不尽如人意。

新自由主义并不是一个统一的流派，许多新自由主义者对正义、权利、秩序等问题的看法不尽相同。但他们都肯定自由，都力求揭示自由与非自由的界限，揭示自己与他人、个人与国家、权利与义务、放任与约束的互动关系。狭义的新自由主义主要是指以哈耶克为代表的新自由主义。广义的新自由主义，除了以哈耶克为代表的伦敦学派外，还包括以弗里德曼为代表的货币学派、以卢卡斯为代表的理性预期学派、以布坎南为代表的公共选择学派和以拉弗、费尔德斯坦为代表的供给学派等，其中影响最大的是伦敦学派、现代货币学派和理性预期学派。

伦敦学派。20世纪三四十年代新自由主义的中心之一，其奠基人是埃德温·坎南（1861—1935）。伦敦学派崇尚市场机制、自由竞争、私人企业，反对国家干预，坚持维护新古典经济学的自由主义传统。它最突出的代表人物是哈耶克，他是出生于奥地利的一位著名的经济学家、思想家。他的《通向奴役之路》被誉为“新自由主义的宪章”。他的新自由主义理论观点是其他新自由主义者的主要思想来源。他长期活跃于反凯恩斯主义、反国家干预的新自由主义中心：奥地利的维也纳大学、美国的芝加哥大学、英国的伦敦大学经济学院。他既是主张经济自由的伦敦学派的主要代表，又是芝加哥学派的核心成员，同时也是奥地利学派的骨干。哈耶克不仅明确主张自由化，强调自由市场、自由经营，而且坚持认为私有制是自由的根本前提。哈耶克反对任何形式的经济计划和社会主义，认为垄断、计划化、国家干预始终与无效率相联系。他认为，即便是货币发行权也应还给私人银行，而不能让政府垄断。

现代货币学派。20世纪50—60年代在美国出现的一个资产阶级经济学流派，亦称货币学派。创始人为美国芝加哥大学教授弗里德曼。弗里德曼以现代货币数量论为理论基础，以制止通货膨胀和反对国家干预为主要政策主张。该学派强调货币供应量的变动是引起经济活动和物价水平发生变动的根本的和起支配作用的原因，主张实行一种“单一规则”的货币政策。

供给学派。该学派于20世纪70年代中期在美国出现。主要代表人物有阿瑟·拉弗、保罗·罗伯茨等。供给学派强调“社会有效供给”的重要性，企图通过恢复金本位制来紧缩货币供给量，从而降低通货膨胀率；主张对富人减税，刺激其增加储蓄和投资的积极性，对穷人削减福利开支，刺激其工作的积极性，从而增加社会的有效供给和实现政府的预算平衡。供给学派理论成为“里根主义”的经济学基础。

理性预期学派。形成于20世纪50年代末60年代初。它原先是现代货币学派的一个分支，但到80年代以后迅速崛起，成为新自由主义影响最大的流派之一。其代表人物是芝加哥大学教授卢卡斯、巴罗等。理性预期学派的理论立足点在于，强调经济活动中的预期作用，主张理性的“经济人”在决定他们未来的行动时，要计算自己的行动对将来市场的影响，以选择效果最有利的行动，从而使政府的任何调节经济的政策和措施都达不到预期的目的。

公共选择学派。它是以经济学方法研究非市场决策问题的一个重要学派，其代表人物是布坎南。布坎南在多种场合分析了公共选择学科所使用的经济学方法，并把它归纳为三个方面：方法论上的个人主义、“经济人”行为的理性原则与政治作为交换过程的特点。这三个要素被称为研究政治问题的公共选择方法或公共选择思路。公共选择学派主张，以市场机制来选择，即在公共部门与私人部门，公共机构与私人机构之间，当然也在公共机构之间开展竞争，就像顾客通过对私益物品的选择来决定企业的命运一样，也可以通过公民对服务机构的选择决定对单个公共机构的存亡。

此外，新自由主义还包括：相互依赖自由主义、新自由制度主义和以“民主和平论”为内容的共和自由主义。相互依赖自由主义的代表人物有罗伯特·基欧汉、约瑟夫·奈和理查德·罗斯克兰斯等。他们的思想主要体现在《权力与相互依赖》《贸易国的兴起》等著作中。相互依赖理论的出现打破了现实主义理论独霸国际关系理论领域的状态，大大拓宽了理论研究的视野，带来了一种全新的世界政治变革分析的思路和议程，为现代自由主义国际关系理论的迅速发展和崛起打下了坚实的基础。正是在相互依存理论或复合相互依存理论的基础上，新自由制度主义才得以诞生，并对冷战后出现的全球治理论等最新自由主义世界政治理论产生了直接影响。1984年，罗伯特·基欧汉出版了《霸权之后——世界政治经济中的合作与纷争》。作为新自由制度主义的代表作，该书不仅对当时流行的霸权稳定论给予了有力的批判和修正，更重要的是从理论和实证两方面比较完整地提出了需求学派的制度理论，也使新自由制度主义成为众多自由主义流派中理论化程度最高的理论，标志着新自由主义理论的成熟。新自由制度主义认为世界政治中存在进步和演化的力量，它秉承了自由主义经济学的主张，认为在贸易的扩张和交往的加强中，通过国际制度建设与国际制度安排，世界政治可以朝着进步的方向演化，人类和平与福利是可以得到保障的。新自由制度主义理论借鉴了现实主义理性分析的前提和方法，却得出了相反的结论，认为无政府状态下的合作是可能的，从而在世界观上持有一种乐观主义的态度。它紧紧把握住了世界政治发展的新趋势和新问题，给出了全新的解释。新自由制度主义在20世纪七八十年代的崛起在国际关系理论发展史尤其是自由主义国际关系理论发展史上，具有非凡的意义。尽管罗伯特·基欧汉自己也承认它存在不少缺点，但它对当代国际关系理论与实践的意义却是显而易见的。

自20世纪80年代以来，新现实主义与新自由主义一直在国际关系领域扮演着辩论者的角色。戴维·鲍德温在其1993年主编的《新现实主义和新自由主义——当前的论战》一书中指出了新现实主义和新自由主义的六点不同：①新现实主义过分强调“无政府状态”而忽视“相互依存”，相比之下，新自由主义并没有把无政府状态的程度和结果看得太严重。新现实主义认为无政府状态对国家行为有着很大的制约作用，而新自由主义则不然。②与新自由主义相比，新现实主义者认为实现和维护国际合作更加艰难，国际合作更加依赖于国家权力。③新现实主义强调从国际合作获得相对收益，新自由主义则强调绝对收益。葛里格指出，新自由制度主义者最大限度地追求实际或潜在的绝对收益，而忽视了相对收益的重要性。利普森认为，相对收益在安全问题上比在经济问题上显得更为突出。④新现实主义注重安全目标，其代表人物葛里格指出，国际政府无政府状态要求国家更关注相对的权力、安全和生存问题；而新自由主义更强调经济问题，认为在经济领域比在安全领域更有可能开展国际合作。⑤新现实主义强调实力而不是意图，认为“实力是国家安全和独立的基础”；而新自由主义则强调基于国家利益考虑的意图，罗伯特·基欧汉辩解到，一些国家对别国追求利益行为的“敏感性”，从根本上来说是因为受了那些国家意图的影响和驱动。⑥新自由制度主义代表人物罗伯特·基欧汉认为，广义上来说国际制度对国际政治具有重要意义。新现实主义并不否认这个问题的重要性，但认为新自由主义夸大了其作用[①]。

目前，虽然新现实主义和新自由主义的论战仍在继续发展，但已有越来越多的学者开始以更冷静、更客观的态度来审视这场论战及其两个主要学派之间的关系，认为新现实主义和新自由主义出现了朝着理论趋同的方向发展的势头。甚至有学者将其表现归纳为理论框架趋同、世界观趋同、认识论趋同、研究方法趋同等方面[②]。

5. 其他理论流派

二战后国际关系的发展呈现出多元化的特征，与此相适应，国际关系理论也呈现出多元化的趋势，除上述影响显著的各种理论流派外，批判主义、后现代主义、女性主义、建构主义等其他流派也引人瞩目，特别是建构主义流派，重视文化、规范等主观因素在国际关系形成和变迁中的作用，强调主观性变量对国家行为的影响，被视为未来的国际关系理论范式，对国际关系的研究产生了越来越大的影响。

（二）经典马克思主义国际关系理论

对经典马克思主义国际关系理论的研究早在新中国成立之初就开始了，当时国内曾经编辑出版了马克思、恩格斯讨论国际问题的书籍。但是长期以来，中国的国际关系理论研究都偏重于译介、移植、应用西方当代的国际关系理论，对马克思主义的国际关系理论，基本上还只是采撷马克思、恩格斯的语录，了解他们对国际事务的态度和出发点，运用原著中的相关论述来指导国际关系的研究与实践，还没有形成完整的研究体系。1990 年后，对经典

---

① 大卫·A. 鲍德温. 新现实主义与新自由主义［M］. 肖欢容，译. 杭州：浙江人民出版社，2001：4-11.

② 秦亚青. 新现实主义和新自由主义：从论争到趋同——第三次国际关系学理辩论的终结［J］. 国际论坛，2001（3）：6-13.

马克思主义国际关系理论的研究得到发展：不再仅停留在对马克思主义经典作家某部著作、某篇文章的具体内容或某个观点、结论的分析讨论，而着重于研究他们的思想体系和科学方法论①。马克思主义的世界观和方法论具有普遍性的指导意义，其国际关系学说还需要我们进一步深入挖掘、研究，并结合新的国际实践加以丰富和发展。

1. 经典马克思主义国际关系理论概述

国际关系理论是在20世纪才正式形成的，在马克思、恩格斯致力于创造无产阶级革命理论的年代，国际关系理论还处在萌芽状态，他们不可能形成完整的国际关系理论体系。但是，任何一种理论都是在一定的社会实践的基础上，适应当时社会发展或者某一阶级和阶层的需要而产生的。马克思、恩格斯作为国际无产阶级的理论家、革命家，毕生所从事的革命活动都是在当时的国际条件下进行的，现实的斗争需要使他们号召工人阶级要“洞悉国际政治的秘密”。为了指导无产阶级革命这一伟大的国际事业，马克思、恩格斯运用辩证唯物主义和历史唯物主义的原理，从完成无产阶级历史使命，推翻资产阶级统治，推进世界革命出发，运用经济分析、阶级分析和历史分析等方法，在各种著作和各种理论中，对当时的国际关系做过大量的论述。

(1) 马克思主义国际关系理论的话语体系

经典马克思主义的国际关系理论以世界交往、国际阶级斗争与世界革命为主要视野，以生产力与生产关系、经济基础与上层建筑的矛盾运动为哲学理念来研究国内政治与社会矛盾，进而扩及国际政治与国际关系。马克思、恩格斯的国际关系理论关注世界范围内的生产交换与社会革命的内在必然性与外在实现形式。他们研究国际关系采用的主要概念有：世界历史、世界性场所、世界交往、现代化、世界贸易、世界革命、殖民制度、商业战争、民族压迫、被剥削者的兄弟联盟、阶级斗争等。他们的主要目的是，“全世界无产者联合起来”，缔造一个共产主义社会。

由现代国际关系学的术语述之，经典马克思主义的国际关系理论主要由以下几个部分组成：一是国家利益是各阶级对本阶级利益普遍化和共同体化的社会建构，形式上是一种“虚幻的共同体”；二是国际社会是一个世界体系，资本主义的发展把世界结成一个经济全球化与相互依赖的有机体，而殖

---

① 宋新宁，陈岳．国际政治学概论［M］．北京：中国人民大学出版社，2000：53.

民制度和商业战争则揭开了现代国际关系的第一幕；三是国际关系根本上是“两个起决定作用”阶级之间的关系，国际冲突、国际合作和国际格局无不体现着这种阶级的分野，要“根绝一切战争”和结束霸权政治的最根本道路是无产阶级革命，创造一个以和平为国际原则的新社会；四是世界生产力与世界交往的普遍发展，将逐步消灭地域性共产主义，最终导致占统治地位的各民族同时实现共产主义①。

（2）马克思主义国际关系的认识论和方法论

第一，马克思、恩格斯用“世界历史”理论论证了国际关系产生的必然性。现代意义上的国际关系是随着资本主义生产方式的逐步确立、世界经济的逐步形成而逐渐产生的。马克思指出，随着生产力、世界交往和国际分工的发展，“历史也就越是成为世界历史”② 了。从 18 世纪 60 年代到 19 世纪 60 年代，英、美、法、德等主要资本主义国家先后完成了工业革命，资本主义由工场手工业进入机器大工业，国家与国家之间的经济联系发生了深刻的变化，世界市场建立起来了。大工业“首次开创了世界历史”，“消灭了以往自然形成的各国的孤立状态”，“单是大工业建立了世界市场这一点，就把全球各国的人民，尤其是各文明国家的人民，彼此紧紧地联系起来，致使每一国家的人民都受着另一国家的事变的影响”③。“大工业便把世界各国人民互相联系起来，把所有地方性的小市场联合成为一个世界市场，到处为文明和进步准备好地盘，使各文明国家里发生的一切必然影响到其余各国。”④ 以至“过去那种地方的和民族的自给自足和闭关自守状态，被各民族的各方面的互相往来和各方面的互相依赖所代替了”⑤。随着世界市场的建立和世界经济的逐步形成，世界上各民族相继被卷入资本主义体系之中，各国之间的交往日

---

① 郭树勇．试论马克思主义思想及其研究方向［J］．世界经济与政治，2004（4）：8-14。

② 中共中央马克思恩格斯列宁斯大林著作编译局．马克思恩格斯文集：第 1 卷［M］．北京：人民出版社，2009：541.

③ 中共中央马克思恩格斯列宁斯大林著作编译局．马克思恩格斯全集：第 4 卷［M］．北京：人民出版社，1958：368.

④ 中共中央马克思恩格斯列宁斯大林著作编译局．马克思恩格斯选集：第 1 卷［M］．北京：人民出版社，2012：299.

⑤ 中共中央马克思恩格斯列宁斯大林著作编译局．马克思恩格斯选集：第 1 卷［M］．北京：人民出版社，2012：404.

益频繁，各国参与国际事务也逐渐成为国际关系中的普遍现象，如此，民族国家在经济上“处在‘世界体系的范围内’，而在政治上则处在‘国家体系的范围内’”了，整个世界开始融为一体。

第二，马克思、恩格斯揭示了生产力和生产方式对国际关系的制约作用。马克思、恩格斯认为，要弄清楚一定时期的国际关系状况，就必须认识一定时期的生产力和生产方式。马克思强调物质生产的决定性作用：“各个人借以进行生产的社会关系，即社会生产关系，是随着物质生产资料、生产力的变化和发展而变化和改变的。生产关系总合起来就构成为所谓社会关系，构成为社会，并且构成为一个处于一定历史发展阶段上的社会，具有独特的特征的社会。”①恩格斯则进一步指出：“在现代历史中，国家的愿望总的说来是由市民社会的不断变化的需要，是由某个阶级的优势地位，归根到底，是由生产力和交换关系的发展决定的。”“在历史上出现的一切社会关系和国家关系，一切宗教制度和法律制度，一切理论观点，只有理解了每一个与之相应的时代的物质生活，并且从这些物质条件中被引申出来的时候，才能理解。”

第三，马克思、恩格斯强调要辩证地分析国际关系中的各种因素。马克思、恩格斯指出不能把国际关系中的生产力因素绝对化。“如果有人在这里加以歪曲，说经济因素是唯一决定性的因素，那么他就是把这个命题变成毫无内容的、抽象的、荒诞无稽的空话，经济状况是基础，但是对历史斗争的进程发生影响并且在许多情况下主要是决定着这一斗争的形式的，还有上层建筑的各种因素，阶级斗争的各种政治形式和这个斗争的成果。”② 即使经济基础相同的国家之间，“上层建筑的各种因素方面”的差异，也会带来不同的“不断变化的需要”，并在一定条件下起着重要的作用。因此，国家间的关系是两种不相等的力量交互作用的反映：一方面是“归根到底”的经济因素，另一方面是政治权力的因素。除此之外，马克思还指出其他因素对国际关系的影响，马克思说：“相同的经济基础——按主要的条件说相同——可以由无数不同的经验的情况，自然条件，种族关系，各种从外部发生作用的历史影

① 中共中央马克思恩格斯列宁斯大林著作编译局. 马克思恩格斯选集：第 1 卷[M]. 北京：人民出版社，2012：340.

② 中共中央马克思恩格斯列宁斯大林著作编译局. 马克思恩格斯选集：第 4 卷[M]. 北京：人民出版社，2012：604.

响等等，而在现象上显示出无穷无尽的变异和色彩差异。”① 因此在研究国际关系时，除了认识政治、经济的影响外，还必须综合地考虑其他各种因素的作用。

第四，马克思、恩格斯首创用时代观来分析国际关系。时代问题是国际关系理论中的一个基本问题，也是认识与研究国际关系的前提。时代不仅决定国际关系的内容和特点，而且还决定着国际关系的发展方向。一般认为时代观是列宁在帝国主义论中提出来的，但却可以在经典马克思主义中找到源头。马克思、恩格斯关于时代问题的理论，主要包括两个方面：第一，从物质的角度划分时代。恩格斯在《共产党宣言》1883 年德文版序言中指出：“每一历史时代的经济生产以及必然由此产生的社会结构，是该时代政治的和精神的历史的基础。”② 马克思、恩格斯以人类实践为切入点，通过研究社会存在和社会意识的辩证关系，以人类社会生产方式的变迁为依据，“把各种不同的生产方式看作是社会经济形态演进的几个时代”，如封建时代、资本主义时代等。第二，从阶级的角度认识时代。马克思、恩格斯运用阶级和阶级斗争的观点来分析时代特征，认为各个时代总是存在着不同阶级或阶层的对立和斗争，他们指出：“在过去的各个历史时代，我们几乎到处都可以看到社会完全划分为各个不同的等级，看到由各种社会地位构成的多级的阶梯。……我们的时代，却有一个特点：它使阶级对立简单化了。整个社会日益分裂为两大敌对的阵营，分裂为两大相互直接对立的阶级：资产阶级和无产阶级。”

（3）马克思主义的民族—国家理论

民族主义是与国际主义或世界主义相对立的政治社会文化思潮，20 世纪后的国际关系史证明，民族主义是现代世界的规定性，比世界主义更为强大，是任何社会学说都不可低估的力量。马克思、恩格斯的国际关系思想就其本质而言是世界主义的，它关注的是全球资本主义发展到一定高度，在资本主义不能够克服自身缺陷和危机的情况下，如何进行社会主义革命的问题。但是这并不排斥马克思、恩格斯对一些民族问题的思考。从马克思主义国际关系思想的发展来看，马克思、恩格斯对民族主义是一个不断克服却又接纳的

---

① 中共中央马克思恩格斯列宁斯大林著作编译局. 马克思恩格斯文集：第 7 卷 [M]. 北京：人民出版社，2009：895.

② 中共中央马克思恩格斯列宁斯大林著作编译局. 马克思恩格斯全集：第 28 卷 [M]. 北京：人民出版社，2018：8.

过程。他们对民族主义总的观点是，民族国家是资本主义的最好的政治组织形式，但是，随着全球化和世界交往的发展，民族国家一定会被超国家的相互依赖所代替，会被新的人类组织形式——共产主义所代替。

马克思、恩格斯将民族与无产阶级革命的思想相联系，形成自己的民族学说。其主要内容有：第一，民族是一个与社会生产方式和阶级相关联的概念。根据生产力发展水平和所有制的不同，民族可以分为野蛮的民族、农民的民族、资产阶级的民族等；无产阶级"所说的'民族的'一词和资产阶级所理解的完全不同"，现代的工业劳动和现代的资本压迫"都使无产者失去了任何的民族性"。第二，民族是一个历史的范畴。民族是社会发展到一定历史阶段的产物，"物质劳动和精神劳动的最大的一次分工，就是城市和乡村的分离。城乡之间的对立是随着野蛮向文明的过渡、部落制度向国家的过渡、地方局限性向民族的过渡而开始的"；而无产阶级"已经成为现今社会一切阶级、民族等等的解体的表现"①。

在马克思、恩格斯的著作中，民族和国家经常被作为同义词互用，在大多数情况下，他们笔下的"民族"范畴是政治实体而不是文化实体。因此，他们所说的民族利益在很多时候指的是国家利益。马克思、恩格斯关于民族—国家的观点主要有：第一，在产生与发展上，民族与国家是统一的，恩格斯在研究民族起源时认为，民族的产生和国家一样源于经济利益的发展需要，并将它们作为同一个过程来论述；在《家庭、私有制和国家的起源》中，恩格斯指出，民族的形成与发展也是与法律、国家的形成、发展相辅相成的。第二，在民族与国家的关系上，在恩格斯看来，民族作为一个政治实体是不可能脱离国家存在的。国家并不是从一种道德观念或一系列习俗中产生的，而是从它在把人民融合为一个民族时力图包容的不可调和的社会差别中产生的。并不是习俗或语言造就了民族并巩固了国家，而是国家造就了民族，国家是民族的实践和现实表现形式。

(4) 国际共产主义运动理论

第一，构想了无产阶级的国家理论。马克思、恩格斯时期还没有出现无产阶级的主权国家，他们主要致力于如何打碎旧的国家机器，建立无产阶级

① 李延明，刘青建. 马克思恩格斯政治学说研究［M］. 北京：人民出版社，2002：241-243.

新世界的理论研究。但他们已科学地预见，将来的无产阶级国家依然是民族国家。他们指出，各国无产阶级争取自身解放的任务，第一步是夺取政权，“因为无产阶级首先必须取得政治统治，上升为民族的阶级，把自身组织成为民族，所以它本身暂时还是民族的，虽然这里所说的‘民族的’一词和资产阶级所理解的完全不同”。也即是说，无产阶级掌握政权的国家依然暂时还是民族国家，“不恢复每个民族的独立和统一，那就既不可能有无产阶级的国际联合，也不可能有各民族为达到共同目的而必须实行的和睦的与自觉的合作”。对于社会主义国家的对外关系，马克思、恩格斯提出了新社会国际原则的设想：要“努力做到使私人关系间应该遵循的那种简单的道德和正义准则成为各民族之间关系中的至高无上的准则”。《共产党宣言》提出了“全世界无产者联合起来”的口号，但这种联合不是无产者个人之间的联合，而是无产阶级国家之间的联合。恩格斯后来强调指出：“国际联合只能存在于国家之间，因而这些国家的存在，它们在内部事务上自主和独立，也包括在国际主义这一概念本身之中。”这实质上提出了爱国主义和国际主义相结合的基本原则。

第二，提出了无产阶级政党处理相互关系的原则。马克思、恩格斯提出各国工人政党独立、自主和平等原则。在处理党际关系上，他们认为，党与党之间只能是平等关系，在国际共产主义运动中实际存在着的大党与小党、老党与新党、影响较大的党与影响较小的党，虽然它们在国际工人运动中所起的作用和所处地位不同，但是所有党都是平等的，不存在领导与被领导的关系。在指导第一国际活动时，马克思、恩格斯始终不渝地遵循给各国支部自由与自治的原则，认为国际的“组织形式恰恰给地方的主动性和独立性以最大的自由”。1882 年 2 月，恩格斯针对法国工人党某些领导人认为法国负有解放欧洲乃至全世界的使命和拥有运动的“长子权利”提出了批评，认为这种沙文主义思潮妨碍着工人运动的进展。恩格斯指出，即使处于“前列”地位国家的无产阶级及其政党也没有权利以国际工人运动的指挥自居。1891 年 4 月，波兰的符卢勃列夫斯基写信给恩格斯，要他对波兰社会党领导人门德尔森的有关问题加以干预，恩格斯复信说：“我没有任何权利干预我几乎毫不了解的波兰党的内部事物”，并希望他们自行处理，这就表明了马克思、恩格斯不仅尊重各党的自主原则，不干预别国党的内部事务，而且自己还身体力行，给人以榜样。

第三，指出无产阶级世界革命与被压迫民族的解放斗争是不可分割的。马克思、恩格斯指出，被压迫民族的解放斗争是无产阶级的天然同盟军。民族解放运动和工人运动是相互影响、互相促进的。对于欧洲范围内发生的民族解放运动，马克思指出，爱尔兰的民族解放是英国社会解放的首要条件。恩格斯说："不把波兰从德国人的压迫下解放出来，德国就不可能获得解放。"① 因为"奴役其他民族的民族是在为自身锻造镣铐"。在19世纪中叶资本主义还处于上升时期，马克思、恩格斯就揭示了东方被压迫民族的革命和西方无产阶级的内在联系，预测到两大历史潮流相汇合的趋势，只是当时他们的着眼点还只限于欧洲范围内。后来，这个问题在更大的范围内和更深刻的意义上被提出来。马克思、恩格斯指出，亚洲人民的革命风暴，不仅会给殖民主义制度以致命打击，而且将最终埋葬本国的封建王朝，从而影响和推动欧洲资本主义国家社会革命的进程。在《中国革命和欧洲革命》一文中，马克思指出，欧洲各国下一次革命"在更大的程度上恐怕要取决于天朝帝国（欧洲的直接的对立面）目前所发生的事件（指中国的太平天国运动——引者注），而不是取决于现时的其他任何政治原因，甚至不是取决于俄国的威胁及其后果——可能发生的全欧洲的战争"②。所以正在进行着反侵略斗争的亚洲人民是"我们最好的同盟军"。

第四，提出了民族殖民地人民解放斗争的理论。民族问题是资本主义上升时期国际关系中一个十分重要而又尖锐的问题，也是资产阶级有意造成混乱的问题之一。马克思、恩格斯在总结1848年欧洲革命经验时，根据不同情况，严格区分了进步的民族运动和反动的民族运动，旗帜鲜明地支持前者，反对后者。马克思、恩格斯谴责欧洲列强对亚洲各国的残酷掠夺和野蛮统治，揭露殖民政策造成的后果，指出"掠夺是一切资产阶级的生存原则"。19世纪50年代以后，欧洲的民族运动走向低潮，而亚洲人民反对外来殖民者侵略和本国反动统治的革命风暴却在兴起。亚洲人民的革命斗争显示了被压迫民族的伟大力量。马克思、恩格斯系统研究了亚洲国家的历史命运，研究了西方的殖民政策及其后果，总结了亚洲和欧洲民族解放斗争的经验，系统论述了

① 中共中央马克思恩格斯列宁斯大林著作编译局．马克思恩格斯全集：第4卷[M]．北京：人民出版社，1958：410.

② 中共中央马克思恩格斯列宁斯大林著作编译局．马克思恩格斯全集：第9卷[M]．北京：人民出版社，1961：109.

民族殖民地问题的基本思想，从而制定了民族殖民地人民解放斗争的理论，如关于殖民主义的产生、作用和消灭的问题，关于殖民地革命的性质、任务、前途问题，关于殖民地民族解放运动的道路和方法问题，关于殖民地民族解放运动的地位和作用问题，关于无产阶级对待民族解放运动的态度问题等。

（5）马克思主义的战争与和平理论

第一，马克思、恩格斯第一次科学地说明了战争的根源，指出战争是人类社会产生了私有制和剥削以后才出现的现象，是剥削制度的产物。战争不是从来就有的，也不会永恒存在。战争是人类社会集团之间为了一定的政治、经济目的而进行的武装斗争，是一种特殊的社会历史现象，是用以解决民族和民族、国家和国家、阶级和阶级、政治集团和政治集团之间矛盾的最高斗争形式。战争的结果会对社会和经济的发展产生两方面的影响，一方面战争将破坏社会和经济的发展，另一方面战争能促进社会的发展，会推动历史前进；只有消灭了私有制，消灭了压迫和剥削，才能够消除战争的根源①。

第二，马克思、恩格斯坚持“战争是政治的继续”的观点，认为战争是为政治服务并受其制约的。马克思和恩格斯第一次把战争的观点建立在历史唯物主义基础上，认为历史上任何一次战争的发生，总是同一定国家或社会集团在战前推行的政治密切相关。马克思、恩格斯高度评价克劳塞维茨的《战争论》，认为战争是政治继续的观点深刻阐明了战争与政治的辩证关系，恩格斯称赞克劳塞维茨是“全世界公认的权威人士”和“第一流人物”。在《被证实了的真理》一文中，马克思写道：“克劳塞维茨在他论1796年和1797年意大利战局的著作中有一个地方指出：战争归根到底不完全像许多人所设想的那样是演戏，如果从科学的观点来看，战争失败是往往与政治吹牛家们想象中描绘的景象截然相反的。”② 马克思、恩格斯一直把“战争是政治的继续”的观点作为考察战争本质和意义的理论基础。

第三，马克思、恩格斯发展了战争性质理论。战争性质理论在人类历史上早就存在，格劳秀斯在《战争与和平论》中曾讨论战争的正义性问题。马克思和恩格斯指出正义战争和非正义战争的根本区别在于这种战争是促进社

① 李延明，刘青建. 马克思恩格斯政治学说研究［M］. 北京：人民出版社，2002：161-176.

② 中共中央马克思恩格斯列宁斯大林著作编译局. 马克思恩格斯全集：第13卷［M］. 北京：人民出版社，1962：491.

会进步还是阻碍社会进步。解放的、防御的战争是促进社会进步的正义战争，掠夺性的、侵略性的战争是阻碍社会进步的非正义战争。马克思、恩格斯还指出，战争的正义性与非正义性是矛盾的对立统一，在一定条件下是相互转化的。马克思在对1870—1871年普法战争的评述中，指出即使是同一场战争，其性质也是变化的。在普法战争的第一阶段，战争从德国（普鲁士）一方来说，带有进步的性质，因为它是为争取德国的民族统一而对怀有侵略野心的法国作战。而当战争发展到第二阶段，战争的政治内容发生了根本性变化，因为这时德国企图通过下一步战争来达到吞并法国领土——阿尔萨斯和洛林的目的，战争开始具有侵略的性质。

第四，在战争与革命的关系问题上，马克思、恩格斯在一系列评述克里米亚战争的文章中，阐述了战争可能引起革命和社会变革的思想。恩格斯在《欧洲战争》一文中指出，革命出现时，战争的性质会发生变化①。马克思、恩格斯认为战争可能成为革命的催化剂，而革命会导致战争性质的变化。他们指出，资本统治为了达到自己的目的，总是要发动战争的，战争是特权阶级及其政府统治人民的一种手段。世界无产阶级必须联合起来，采用一切手段反对侵略战争，而铲除战争的根本办法是进行社会革命。

第五，无产阶级对待战争的态度问题。马克思、恩格斯历来主张，无产阶级应当根据战争的具体历史作用来确定自己的态度，要把维护和平、反对世界战争的斗争和争取社会主义的斗争结合起来。各国工人政党要积极制止战争的爆发，最好的办法是工人政党经过革命运动夺取政权，使国家和民族间的矛盾和争端按照国际主义的平等原则得到妥善解决。所以，马克思、恩格斯虽然认为战争是革命的催化剂，但并不是鼓励战争，只是说当战争一旦爆发，无产阶级应善于利用危机壮大革命力量，推翻资本主义。无产阶级应高举保护和平的旗帜，反对资本主义列强争夺世界的大战，应把维护世界和平与争取社会主义胜利的斗争结合起来。马克思、恩格斯的战争理论至今仍是无产阶级关于国际战争与和平的重要思想武器。

2. 经典马克思主义的世界历史理论

世界历史理论是马克思在19世纪40年代中期提出并一直贯穿于后来研究中的一个重要学说，是从宏观上探索人类社会及其发展规律的一个总体性

---

① 鲍世修. 论无产阶级军事科学的基石［M］. 北京：解放军出版社，2002：129.

思想。它立足于资本主义生产方式使“历史向世界历史转变”这一事实，突出强调两极性的世界分工和文明的相互交流在历史发展过程中的意义。世界历史理论从全球的视野阐发了世界一体化的发展趋势，但它与全球化并不是一个等同性的概念。世界历史是马克思、恩格斯对近代以来不同民族、国家之间关系的研究，指出了地域的、民族的历史向世界性历史转变的发展趋势，其活动的主体及基本单位是相互独立的民族国家；全球化则是指各国的经济、政治、文化活动愈益朝着跨国化方向发展，世界变为一个不可分割的统一整体。但是，世界历史与全球化理论又有一定程度上的相通性。就总体而论，今天的全球化并未冲破资本主义的外壳，全球化在实质上仍然是市场经济的全球性拓展，而世界历史理论也恰恰是以揭示资本主义市场经济的全球性拓展为最基本的理论依据，因此，世界历史理论对于理解全球化仍有着相当重要的意义。

（1）世界历史理论的基本内涵

世界历史理论在《德意志意识形态》《共产党宣言》《资本论》等著作中均有论述，但“世界历史”概念并非马克思首创，在马克思之前，黑格尔就已经提出了“世界历史”的思想，不过黑格尔是把世界历史看作是精神的发展和实现过程。马克思接受了黑格尔“世界历史”概念，但严厉地批判了黑格尔的唯心主义，指出世界历史的形成与发展有着实实在在的物质的、经验的内容。“历史向世界历史的转变，不是‘自我意识’、宇宙精神或者某个形而上学怪影的某种纯粹的抽象行动，而是完全物质的、可以通过经验证明的行动，每一个过着实际生活的、需要吃、喝、穿的个人都可以证明这种行动。”① 在马克思看来，“世界历史”的出现实质是人类社会物质生产的发展所致。虽然马克思并不认为在历史向世界历史转变的过程中，每个民族或国家都必然经历相同的发展道路，但是他指出，这个转变过程意味着人们的世界历史性的而不是狭隘地域性的存在已经是经验的存在了。归结起来说，马克思的“世界历史”理论有下列要点：

第一，马克思、恩格斯的“世界历史”范畴有两种含义：一是指人类诞生以来的整个历史、宏观历史，是把各民族的历史作为人类总体历史的一

---

① 中共中央马克思恩格斯列宁斯大林著作编译局．马克思恩格斯选集：第1卷［M］．北京：人民出版社，1995：89．

部分而进行考察，以及在此基础上形成的研究历史的一种整体性方法和视角。二是指相对于狭隘的“民族地域性”而言的“世界整体性”历史，是指人类历史从狭隘的、分散的、地域性历史向统一的各民族相互依存、相互制约、有机联系的整体发展的历史。18世纪以来，资本主义打破了不同地域狭隘的、孤立的发展状态，全世界各民族、各国家首先在经济领域，继而在政治、文化等领域开始相互作用、相互影响、相互渗透，从而获得整体发展的历史。正是在第二层意义上，马克思的“世界历史”和经济全球化在过程的推进上有一致的地方，世界历史理论具有与当代全球化研究的衔接点和内在联系。

第二，在马克思的社会发展理论中，如果说社会形态理论是从“纵”的方面研究了社会发展的客观规律，那么世界历史理论则是从“横”的方面阐述了人类社会发展的历史必然性。人类社会的发展，从“纵”的关系讲是由低级向高级发展的过程；从“横”的关系讲是从狭隘的、分散的、地域性历史向统一的“世界历史”的转变。前者主要是从生产力发展的连续性角度考察，后者主要是从各民族交往活动的深入角度考察。世界历史的发展意味着，在每个民族国家所发生的事情不再仅仅是这个民族国家自身的事情，而是具有世界历史意义的事情。世界历史理论不仅指出了世界历史发展的方向，而且指出了研究世界历史的方法论原则。马克思站在既有现实历史的维度上，揭示了世界历史的发展根据、动力和规律，揭示了世界历史的发展原则和历史性原则。

第三，马克思站在世界历史发展的高度，从两个层次分析世界一体化的发展趋势，并把它区分为两个阶段。所谓两个层次，一是生产力发展的层次，从地域性向世界整体性转变的基础是生产力发展和各民族交往活动的扩大，人类由此进入国际化时代；二是生产关系的层次，即从财富的生产和分配方式的角度探讨“世界历史”的性质和主体，分析了全球范围内的资本扩张和资本主义的扩展。所谓两个阶段：一是以资本为主体的阶段，二是无产阶级作为“世界历史”的主体而存在的阶段。马克思结合资本主义制度的产生、发展过程，探讨了资本主义在“世界历史”形成中的作用及其不可克服的内在矛盾，强调资产阶级开创的世界历史仅是世界历史的一个初始阶段，并非世界历史的终点。以资本主义为主体的“世界历史”阶段，担负着为“新社会”创造物质基础的历史使命。

（2）世界历史理论的主要观点

一是世界历史是资本主义生产方式发展的结果。

马克思曾说过："世界史不是过去一直存在的：作为世界的历史是结果。""世界历史"并不是从来就有的。在以农业文明为特征的传统社会里，人们所生产的东西主要是供自己消费，人们被束缚于固定的土地上，大部分时间是与土地相联系，并由此形成互相孤立的社会群体。其基本形式是宗族、家族或村落等各种血缘群体或地缘群体，自然形式的地缘关系和血缘关系是群体内部社会关系的基础，在这样一个自给自足的封闭的社会，人们的主要联系是群体内部的联系。因此，在前工业文明的历史时代，人类社会并不是以"世界历史"的形态存在的。随着大工业、世界市场和世界贸易的发展，需求本身渐渐失去地方性特征，即出现了"需求的世界历史性发展"，民族国家的封闭历史由此开始向"世界历史"转变。

因此，"世界历史"作为一种"历史状态"是在资本主义工业文明的基础上形成的，资本主义经济的成长把世界普遍地联系起来，资产阶级的活动推动着社会历史向"世界历史"的转变，是资产阶级创造了"世界历史"。马克思为此举例说："如果在英国发明了一种机器，它夺走了印度和中国的千千万万工人的饭碗，并引起这些国家的整个生存形式的改变，那么这个发明便成为一个世界历史的事实。"资产阶级"首次开创了世界历史"，"它使每个文明国家以及这些国家中的每一个人的需要的满足都依赖于整个世界，因为它消灭了以往自然形成的孤立状态"。正是由于资本主义工业文明的形成，商品经济的产生与发展，才使社会群体打破了孤立的封闭状态，在空间上把世界各地的人们联系起来，从而形成了以普遍交往和普遍联系为特征的"世界历史"。

二是社会历史"世界化"是人类社会发展的基本趋势。

马克思认为，"历史转变为世界历史"是必然的，资本扩张和世界市场的发展使人类"各个相互影响的活动范围在这个发展进程中越是扩大，各民族的原始封闭状态由于日益完善的生产方式、交往以及因交往而自然形成的不同民族之间的分工消灭得越是彻底，历史也就越是成为世界历史"①。马克思

① 中共中央马克思恩格斯列宁斯大林著作编译局．马克思恩格斯文集：第1卷［M］．北京：人民出版社，2009：540-541．

之所以得出这个结论，是因为马克思把生产力的发展、分工以及商品经济（市场经济）的发展看作是历史世界化的基本动力，而生产力、技术、分工和市场经济是一个不断发展的过程，因而人们的社会交往也会越来越发展，历史的世界化也会在更大的程度上得以实现。

具体来说，首先，随着生产力和科学技术的发展，人们之间的社会交往的空间障碍必然会得到进一步的突破，因而人们之间的社会交往的边界也会越来越扩大；原来需要在更大的时间尺度内进行，但由于时间的限制而实际上无法进行的交往活动，因为交通和通信工具的发展都将成为可能。其次，资本的本性就是增殖，利润最大化是商品经济的基本原则。因此，“创造世界的趋势已经直接包含在资本的概念中，一旦资本主义作为一个体系得以巩固起来而且不会有倒退，那么，资本主义运作的内在逻辑即追求利润最大化就会迫使它继续不断地扩张。一方面向外扩张直至扩大到全球，另一方面向内扩张，即伴随资本的不断积累，为了更进一步地扩大生产，产生出使工作得以机械化的压力，最后提高劳动者的无产化，从而促使世界市场产生变更，并迫使人们尽可能快地对这一变更做出反映”。正是资本驱使资本家奔走于世界各地，用各种手段为资本自由流通和实现增殖创造条件，市场经济的这种无限扩张的内趋力，驱使人们之间的交往不断扩大，从而使历史表现为不断世界化的趋势。

三是世界历史发展的未来结局是共产主义。

如前所述，“世界历史”的第二阶段的主体是无产阶级。在此，马克思实际上是确立了资产阶级在“世界历史”中的位置，第一阶段只是第二阶段的过渡时期。资产阶级“首次开创了世界历史”，但不能形成真正意义上的“世界历史”。真正意义上的“世界历史”是始于资本主义，完成于共产主义。资本主义的矛盾扩展到全球，无法使“世界历史”继续前行，资本成为历史发展的绊脚石，最终在全球获得胜利的将是社会主义和共产主义。因此，马克思认为，世界历史的未来不再属于资本主义，而只能属于共产主义。为了说明“世界历史”的发展趋势，马克思从两个角度探讨了资本主义社会必然要被超越的根据：

其一，马克思从生产方式的角度探讨了资本本身就是资本主义生产方式的不可逾越的限制。《1857—1858 年经济学手稿》具体分析了资本主义生产方式的内在矛盾所带来的困境：必要劳动是剩余劳动的极限，价值实现决定了剩余价值生产的极限，资本主义生产的目的决定其手段发展的极限。一方面，资本追求剩余价值的内在本性必须把发展生产力作为动力；另一方面，生产力越发展便越排挤活劳动，造成无限地发展生产力的客观要求与资本增殖有限性之间的矛盾。因此，资本本身就是资本发展的极限，唯一的出路就是扬弃资本主义的生产方式。

其二，马克思从人类解放的角度分析了资本主义的生产方式造成的人与物的关系的颠倒。马克思通过对三大拜物教即商品拜物教、货币拜物教、资本拜物教的分析，深刻揭示了在资本主义生产方式下物对人的统治。商品、货币、资本都是生产力发展到一定阶段的产物，都是人的劳动的产物，代表着特定的生产关系，但在资本主义社会里，却变成了作为主体的人所不能驾驭却反过来又统治人的力量，因而资本主义社会必然是一个将要被超越的社会。

（3）世界历史理论与全球化理论的区别

第一，理论范畴不同。马克思的“世界历史”概念属于历史观范畴，是站在人类社会发展的高度，运用发展原则和历史性原则，审视全球一体化的内在矛盾，揭示“世界历史”发展中资本主义的过渡性质。也就是说，“世界历史”是马克思为论证共产主义的必然到来而提出的一种理论；而西方经济全球化理论则属于经济学范畴，仅从生产力发展角度界定经济全球化的内涵，虽然全球化后来又衍生出政治全球化、信息全球化等许多内容，但经济全球化是其发生基础。经济全球化理论不可能从人类社会发展规律的高度，揭示以资本主义为主体的全球化的内在矛盾及其暂时性，难以正确回答全球化的未来结局问题。

第二，价值观念不同。马克思是从历史过程角度、从占主导地位的生产关系的性质出发，理解世界历史主体的变化。在世界历史的初始阶段资产阶级确实起了主角的作用，而扬弃初始阶段的主体则是无产阶级。因此，世界历史理论的价值主体既包括资产阶级也包括无产阶级，价值目标是人的自由而全面的发展，是扬弃资本主义的共产主义。而西方经济全球化理论是从资本主义市场经济在全球范围内推广的角度，来理解全球化的历史进程，因而看不到以资本为主体的全球化过程中不可克服的内在矛盾，也不可能找到超越全球化的根据，从而始终把资产阶级作为全球化进程的唯一主体，其价值目标是把经济全球化看作全球范围的资本主义一体化。

第三，研究问题的原则不同[1]。马克思的“世界历史”思想内含着科学原则和价值原则的统一。一方面他从物质生产实践出发揭示人类社会发展的客观规律，另一方面他揭示规律的价值取向是探讨人类解放的途径和条件，特别是无产阶级解放的途径和条件。他站在人类社会发展规律的高度，评价不同历史时代对人类最终解放的意义。正是基于这样的原则，他一方面把资本主义社会看作历史发展的结果，另一方面又把它视为人类向更高社会形态的过渡点，既充分肯定了资本主义对人类社会生产力所起的巨大作用，又深刻地批判了它完全颠倒人和物的关系，使人的世界深陷于物的奴役之中。而西方全球化理论的倡导者不能揭示社会发展的规律，最多是对当下现存的指认，而且是在维护私有制的基础上对其资本运行规律的指认，因而是非批判、非历史的。

（4）世界历史理论对全球化理论的启示

第一，“世界历史”揭示全球化的发端是地理大发现。关于全球化的起源，有多种观点。马克思认为，人类社会从区域性的历史转向世界性的历史，发端于15世纪末的世界地理大发现。因此，全球化作为一个历史进程，是人类社会发展到一定阶段的产物。新大陆的发现和新航路的开辟，扩大了人类的经济活动空间，欧洲、美洲、非洲、亚洲相互之间的经济交往开始大幅度增加，经济贸易开始真正具有世界性，世界市场也相应地逐渐形成，各个国家、民族原有的孤立、封闭的状态被打破，人类社会历史由此开始“世界历史”的进程，世界经济全球化的序幕也就由此揭开。马克思对此评述说：“世界贸易和世界市场在十六世纪揭开了资本的近代生活史。”[2]“美洲的发现、绕过非洲的航行，给新兴资产阶级开辟了新的活动场所，东印度和中国的市场、美洲的殖民化、对殖民地的贸易、交换手段和一般的商品的增加，使商业、航海业和工业空前高涨。”[3] 马克思的论述深刻地阐述了15—16世纪的地理大发现作为“世界历史”的发端，为资本获得全球性发展带来了前所未有的机遇。

---

① 吕世荣. 马克思的世界历史思想与经济全球化［J］. 哲学研究，2002（10）：10-15.

② 中共中央马克思恩格斯列宁斯大林著作编译局. 马克思恩格斯全集：第23卷［M］. 北京：人民出版社，1972：167.

③ 中共中央马克思恩格斯列宁斯大林著作编译局. 马克思恩格斯选集：第1卷［M］. 北京：人民出版社，2012：401.

第二，“世界历史”揭示全球化的动力是生产力的提高。生产力是社会进步的根本动力和基本尺度，“在资本主义生产方式兴起以前，由于生产力水平低下，人的生产能力只是在狭窄的范围内和孤立的地点上发展着”。人类交往关系的规模和范围也因此被局限在一定的区域上，这个时期的人类社会历史还只是自然社会的历史。工业革命提高了资本主义生产能力，科学技术进步推动了社会生产力的发展，资本主义国家的国内生产开始摆脱对本国自然资源和自然条件的依赖，向着国际化方向发展；资产阶级获得足够的能力在全世界范围内开拓市场，“由于一切生产工具的迅速改进，由于交通的极其便利，把一切民族甚至是最野蛮的民族都卷到文明中来了”①。国家、民族的地域界限被打破，跨国商品生产和商品流通成为普遍现象，各国、各地区之间的经济联系日益广泛。人类交往在世界范围内展开，生产力提高把每一个民族和每一个地区都深深地卷入到“世界历史”的洪流之中。因此，在马克思的观点中，经济全球化是生产力提高的结果。

第三，“世界历史”揭示全球化的根源是资本的扩张。资本的本性是唯利是图，“资本害怕没有利润或利润太少，就像自然界害怕真空一样，一旦有适当的利润，资本就胆大起来”。马克思指出：“创造世界市场的趋势已经直接包含在资本的概念本身中。”资本主义之所以必将造成全球化，正是由资本的无限增殖和扩张本性所决定的。当一国资源、市场满足不了资本最大限度地追逐利润的时候，资本就会突破国内市场的限制，在全球范围内寻找新的市场机遇。在利润的驱动下，“资本一方面要力求摧毁交往即交换的一切地方限制，征服整个地球作为它的市场，另一方面，它又力求用时间去消灭空间，就是说，把商品从一个地方转移到另一个地方所花费的时间缩减到最低限度”②。资本的疯狂扩张使“过去那种地方的和民族的自给自足和闭关自守状态，被各民族的各方面的互相往来和各方面的互相依赖所代替了。物质的生产是如此，精神的生产也是如此”③。马克思不但科学地预见到了资本全球化

① 中共中央马克思恩格斯列宁斯大林著作编译局. 马克思恩格斯选集：第 1 卷[M]. 北京：人民出版社，2012：404.

② 中共中央马克思恩格斯列宁斯大林著作编译局. 马克思恩格斯全集：第 30 卷[M]. 北京：人民出版社，1995：53.

③ 中共中央马克思恩格斯列宁斯大林著作编译局. 马克思恩格斯选集：第 1 卷[M]. 北京：人民出版社，2012：404.

的趋势，而且从商品经济和资本运动的规律性揭示了全球化的根源就是资本的扩张。

第四，“世界历史”揭示全球化的原始推动主体是资产阶级。马克思充分肯定资产阶级在全球化过程中所起到的革命作用，“资产阶级在它不到一百年的阶级统治中所创造的生产力，比过去一切时代创造的全部生产力还要多、还要大”①。“资产阶级，由于开拓了世界市场，使一切国家的生产和消费都成为世界性的了。”对利润的追逐，“不断扩大产品销路的需要，驱使资产阶级奔走于全球各地。它必须到处落户，到处开发，到处建立联系”。资产阶级因此“迫使一切民族——如果它们不想灭亡的话——采用资产阶级的生产方式；它迫使它们在自己那里推行所谓文明的制度，即变成资产者。一句话，它按照自己的面貌为自己创造出一个世界”。虽然“资产阶级社会的真实任务是建立世界市场（至少是一个轮廓）和以这种市场为基础的生产”②，资产阶级创造全球市场的冲动也完全是出于最大限度地攫取剩余价值的贪婪本性，但是，当它这样做的时候，它却不自觉地成为推动历史发展的工具。在这个意义上，马克思说：“资本主义开创了人类历史新时代。”

3. 经典马克思主义的世界体系理论

世界体系理论是马克思、恩格斯在对资本主义经济、政治状况研究中提出来的。世界体系的形成以世界市场的建立为前提，“一般说来，世界市场是资本主义生产方式的基础和生活条件”③。资本主义的“大工业建立了一个世界市场，世界市场促进了海上和陆路交通的巨大发展，反过来又促进了工业的发展；资本主义愈是发展，世界就愈益成为一个整体”。因此，世界体系是资本主义经济发展的产物，实质是资本主义的世界经济体系。马克思主义在世界体系论中贯穿国际经济与国际政治相互影响、相互作用的观点，指出由于资产阶级开拓了世界市场，一切国家的生产和消费都成为世界性的了，各个民族和国家结束了孤立的自我发展状态，进入了世界性的相互依存阶段。

---

① 中共中央马克思恩格斯列宁斯大林著作编译局. 马克思恩格斯选集：第 1 卷[M]. 北京：人民出版社，2012：405.

② 中共中央马克思恩格斯列宁斯大林著作编译局. 马克思恩格斯全集：第 29 卷[M]. 北京：人民出版社，1972：348.

③ 中共中央马克思恩格斯列宁斯大林著作编译局. 马克思恩格斯文集：第 7 卷[M]. 北京：人民出版社，2009：126.

可见，马克思的世界体系理论包含着国际政治经济学思想。正因为如此，现代国际关系学者和国际政治理论家把马克思主义的政治经济学与重商主义政治经济学、古典政治经济学，并列为现代国际政治经济学的三大理论渊源。

（1）资本主义世界经济体系的建立

第一阶段从15世纪末到17世纪中叶，这是资本主义世界经济体系的起步阶段。美洲的发现和新航路的开辟加速了欧洲商业革命，西欧的商业性城市开始出现，各城市之间的商业交往形成了城市之间的分工，而分工的发展又促使工场手工业兴旺。商品经济的发展加速了商业资本向工业资本的转移，资本主义生产方式逐渐在封建社会的母体中孕育成熟。于是，西方资产阶级开始冒险远征，开拓殖民地，从那里输入了新的产品，掠夺了大量财富，并将大量金银投入流通，开始了开拓世界市场的历史进程。为此，马克思在《资本论》第一卷中明确指出："15世纪末各种大发现造成新的世界市场。""资本的现代生活史，是从16世纪现代世界贸易和世界市场出现的时候开始的。"① 马克思认为现代意义上的世界市场起步于15世纪末16世纪初，它是在资本主义市场经济逐渐取代传统的自然经济的过程中形成的。

第二阶段从17世纪中叶到19世纪中叶，这是资本主义世界经济体系的发展阶段。这一时期，商业和航海业的发展相当迅速，远远超出了工场手工业的发展；殖民地开始成为最大的消费市场。于是各资本主义强国展开了争夺殖民地、瓜分世界市场的斗争，英国成为海上霸主，成为欧洲乃至世界的经济中心。这个时期的世界市场实际上已经在空间上扩展至全球范围，并形成宗主国、殖民地、半殖民地三重结构的基本格局。在这一阶段，欧洲一些主要的国家如英国、法国等相继爆发了工业革命，完成了工场手工业向机器大工业的过渡，实现了生产方式的现代化。与此相应，世界市场也日益现代化，国际分工体系初步形成，体现工业文明的资本主义市场经济最终取代以农业文明为主导的自然经济。这不仅意味着欧洲的这些工业国家的商品生产能力和输出能力全面增强，而且意味着整个世界市场被纳入资本主义市场经济的发展轨道。

第三阶段是19世纪中叶以后，这是资本主义世界经济体系的最终形成阶

① 中共中央马克思恩格斯列宁斯大林著作编译局. 马克思恩格斯全集：第16卷[M]. 北京：人民出版社，1964：287.

段。1847年欧洲经济危机之后的工商业复苏是新的工业时代的开端。工业和商业的快速发展推动了交通、通信技术的变革，使资本的扩张获得了全新的技术手段，从而真正开始了“用时间消灭空间”的过程，而“自1867年最近的一次普遍危机爆发以来，已经发生了巨大的变化。由于交通工具的惊人发展——远洋轮船、铁路、苏伊士运河——第一次真正地形成了世界市场”。显然，这时的世界市场与前一阶段相比，无论在广度上还是在深度上都有显著的跃进，商品和资本的输出无孔不入地冲击着世界各国的民族经济，西方国家借助于政治和军事手段打破那些试图闭关锁国的国家大门。自此，全球范围内没有哪个国家可以避开世界市场的牵制，不仅全球经济一体化已经成为不可逆转的趋势，而且政治、意识形态、宗教、道德等也都逐渐世界化和现代化了。

(2) 资本主义世界经济体系的不平等性

对于世界经济体系的形成，经济自由主义理论认为互惠互利、平等自愿是形成世界经济体系的唯一纽带，这一理论的古典形式以亚当·斯密的绝对成本学说和李嘉图的比较成本理论为代表。马克思并不完全否定自由贸易理论中所包含的某些科学成分，但是，他用大量的事实证明，资本主义世界体系的产生并不完全依赖于自发市场和自由贸易，其主要原因在于资本主义的全球扩张，正是由于资产阶级想“夺得整个地球作为它的市场”，才促成了世界经济体系的形成，基于资本主义扩张而形成的世界体系必然是不平等的。

首先，在资本原始积累时期，殖民制度对世界体系起着决定性的作用。资本主义通过对殖民地的征服掠夺了大量的财富，促进了贸易和航运的发展，开拓了工场手工业所需要的广阔市场，加速了资本的原始积累，从而为资本主义的进一步发展准备了条件。马克思对此评论说：“美洲金银产地的发现，土著居民的被剿灭、被奴役和被埋葬于矿井，对东印度开始进行的征服和劫掠，非洲变成商业性地猎获黑人的场所，这一切标志着资本主义生产时代的曙光。这些田园诗式的过程是原始积累的主要因素。”①

其次，在资本原始积累完成之后，技术上的优势成为资本主义国家占据支配地位的物质基础，自由贸易成为支配世界经济秩序的基本原则。在这个

---

① 中共中央马克思恩格斯列宁斯大林著作编译局. 马克思恩格斯文集：第7卷[M]. 北京：人民出版社，2009：554.

时期，大工业的产品“摧毁中国、印度等等的旧生产方式，把它改造成为商品生产，其中也包括以国际分工为基础的商品生产”，“他们的办法是按低于现有的价格出售，从而摧毁了旧的生产方式，因为这种生产方式不能同较便宜地生产商品的资本主义生产方式进行竞争”①。从此，资本主义对殖民地的支配，从主要依靠暴力上的优势转变为主要依赖于经济上的优势，市场机制代替殖民统治成为维持世界体系的主要工具，随之而来的是与资本主义生产方式相适应的新型国际分工体系，它使地球的一部分成为主要从事农业的生产地区，以服务于另一部分主要从事工业生产的地区。

再次，由于生产技术不同所带来的劳动生产率的差别和国际投资带来的国际剥削，世界贸易是不平等的。按照国际价值进行交换时，发达国家就可以以较少的劳动交换发展中国家的较多劳动，攫取发展中国家的一部分剩余劳动而在交换中不付任何代价。在《政治经济学批判》中马克思说：“两个国家可以根据利润规律进行交换，两国都获利，但一国总是吃亏。利润可以低于剩余价值，也就是说，资本可以通过交换获得利润，然而并没有在严格的意义上实现价值增殖，因此，不仅单个资本家之间，而且国家之间可以不断进行交换，甚至反复进行规模越来越大的交换，然而双方的赢利无须因此而相等。”在《剩余价值理论》中马克思直接指出：“在这种情况下，比较富有的国家剥削比较贫穷的国家，甚至当后者……从交换中得到好处的时候，情况也是这样。”

通过殖民统治建立起来，而又依靠技术和经济优势运转的资本主义世界经济体系必然是不平等的。而不平等的世界贸易既是不平等的世界经济体系的必然结果，又进一步加剧了这种不平等。现实的世界体系在实践上是由先进的资产阶级按照自己的需求推动、建立起来的，它使地球的一部分依赖于另一部分。马克思、恩格斯用“太阳—卫星”式体系来描述这种“中心—边缘”的结构，具体说是以欧洲为中心，以东方和其他落后地区为边缘；以城市为中心，以乡村为边缘；以资本主义经济为中心，以其他经济为边缘；以少数资本家阶级为中心，以广大工人阶级和劳动人民为边缘；以少数压迫民族为中心，以大多数被压迫民族为边缘；以少数宗主国为中心，以多数殖民

① 中共中央马克思恩格斯列宁斯大林著作编译局. 马克思恩格斯全集：第 49 卷［M］. 北京：人民出版社，1982：311.

地为边缘。

在这个不平等的结构中，中心与边缘之间不断发生双向运动，即财富不断集中到处在中心地位的少数人手里，而被压迫民族和人民不断被排斥到社会的边缘。马克思对此描述说，资产阶级“正像它使农村从属于城市一样，它使未开化和半开化的国家从属于文明国家，使农民的民族从属于资产阶级的民族，使东方从属于西方”。恩格斯也对19世纪末的世界体系作了这样的描述：“英国是农业世界的大工业中心，是工业太阳，日益增多的生产谷物和棉花的卫星都围着它运转。”① 这就是马克思所说的“世界历史”的格局。马克思、恩格斯的这一观点，启发了后来的依附理论和沃勒斯坦的世界体系理论。

(3) 资本主义世界经济体系的政治效应

世界体系观对认识与研究国际关系具有重要的指导作用，它指导我们从宏观来把握国际关系，从一体化的角度来认识国际关系，从相互联系的观点来分析国际问题。它也促使我们认识到国际经济在国际政治中的基础性作用，为我们从国际经济角度来认识国际关系提供了思路。在马克思的理论体系中，世界体系既是一种理论也是一种方法论。世界体系的诞生及其带来的国际关系的系列变化，是马克思的“世界历史”思想形成的背景和基础。在马克思看来，世界体系推动了世界历史，使人类社会发展具有了和以往不同的特点：

第一，世界体系促进了资本主义民族国家的正式形成。对于资本主义民族国家，恩格斯研究了《威斯特伐利亚和约》之后的资本主义民族国家制度，认为资本主义的民族国家固然是抵抗封建主义的组织形式，但在很大程度上是迎合资本主义区域市场乃至统一市场的形成和扩张的需要而产生的。在资本主义经济体系的发展过程中，“各自独立的、几乎只有同盟关系的、各有不同利益、不同法律、不同政府、不同关税的各个地方，现在已经结合为一个拥有统一的政府、统一的法律、统一的民族阶级利益和统一的关税的统一的民族”②。

第二，世界体系开启了世界经济、政治一体化的进程。“资产阶级日甚一日地消灭生产资料、财产和人口的分散状态”，“由此必然产生的后果就是政治的集中”。在世界体系的作用下，资本主义的发展不仅从经济上把整个世界

① 中共中央马克思恩格斯列宁斯大林著作编译局. 马克思恩格斯选集：第4卷[M]. 北京：人民出版社，1995：425.

② 中共中央马克思恩格斯列宁斯大林著作编译局. 马克思恩格斯选集：第1卷[M]. 北京：人民出版社，2012：405.

联结成为一个整体，而且各民族国家在政治、文化等各个领域也相互联系、相互作用、相互依存。每个民族和国家的发展都受到内外双重因素的影响，即既受自身的生产力和生产关系矛盾运动的影响，又受世界整体的相互依存、相互作用的影响，一个国家内部的矛盾运动的过程，是同世界整体的发展交织在一起的。

第三，世界体系造成了全球范围内的不平衡。世界体系的不平等性必然造成各个民族国家发展的不平衡性，这种不平衡造成了发达国家与不发达国家、文明民族与野蛮民族、资本主义生产方式与前资本主义生产方式、东方与西方的差别与斗争。发达国家处于主动地位，而落后国家处于从属地位。那些在“较低级形式上从事生产的民族，一旦卷入资本主义生产方式所统治的世界市场，而这个市场又使它们的产品的外销成为首要利益，那就会在奴隶制、农奴制等等野蛮暴行之上，再加上过度劳动的文明暴行”①。

第四，世界体系加剧了发达国家之间的矛盾。世界市场导致竞争突破民族国家界限发展到全球的范围，马克思对此做出这样的描述：“大工业和世界市场的形成使这个斗争成为普遍性的，同时使它具有了空前的剧烈性。在资本家和资本家之间，生存问题都决定于天然的或人为的生产条件的优劣。失败者被无情地清除掉。这是从自然界加倍疯狂地搬到社会中的达尔文的生存斗争。”② 为了避免在竞争中淘汰，发达国家相互排挤、相互遏制，这种恶性竞争最终导致了两次世界大战的爆发。

第五，世界体系促进了资本主义基本矛盾的发展。随着世界体系的形成，资本主义经济危机也成为世界性的危机了。在世界市场上，“再生产过程并不取决于同一国家内相互适应的等价物的生产，而是取决于这些等价物在别国市场上的生产，取决于世界市场吸收这些等价物的力量和取决于世界市场的扩大。这样，就产生了越来越大的失调的可能性，从而也就是危机的可能性”③。换而言之，经济的全球化把生产与消费、个别企业的有组织性与整个社会生产的

---

① 中共中央马克思恩格斯列宁斯大林著作编译局．马克思恩格斯文集：第 5 卷［M］．北京：人民出版社，2009：273．

② 中共中央马克思恩格斯列宁斯大林著作编译局．马克思恩格斯全集：第 20 卷［M］．北京：人民出版社，1971：298．

③ 中共中央马克思恩格斯列宁斯大林著作编译局．马克思恩格斯全集：第 48 卷［M］．北京：人民出版社，1985：147．

无组织性的矛盾推向了一个更高的阶段和更广的范围，使“资产阶级生产的一切矛盾，在普遍的世界市场危机中集中地暴露出来”，它将使资本主义制度最终走到它的终点。

（4）资本主义国家的对外经济政策

世界体系的形成，把世界各国的经济都卷入到世界经济一体化的大潮中，各国的经济政策都明显地受到外部世界的影响。一般来说，资本主义国家的对外经济政策主要采取保护关税制度与自由贸易制度两种形式。对于资本主义国家的这两种政策，马克思、恩格斯曾经做过深入的研究，并先后发表了《保护关税派、自由贸易派和工人阶级》《保护关税制度和自由贸易》等重要文献，他们从工人阶级的立场出发，评价了资本主义国家这两种对外经济政策，并阐述了自己的主张。

“保护关税制度是制造工厂主、剥夺独立劳动者、使国民的生产资料和生活资料资本化、强行缩短从旧生产方式向现代生产方式的过渡的一种人为手段。”① 保护关税在17世纪产生，贯穿了资本主义世界经济体系的形成过程。一个资本主义国家，当它在进行资本原始积累、建立自己的工业体系的时候，都倾向于实行保护关税制度。因此，无论是英国、德国、法国还是美国，都毫无例外地实行过保护关税制度。但是，保护关税制度并不是资本主义生产方式的正常条件，“对于任何一个有希望获得成功而力求在世界市场上取得独立地位的国家都会变成不能忍受的镣铐”②。“民族工业的某一个部门一旦彻底占领了国内市场，出口便成了它的必然要求。”③ 因此，保护关税政策在国家经济实力强大后会被抛弃。

“自由贸易是现代资本主义生产的正常条件，只有实行自由贸易，蒸汽、电力、机器的巨大生产力才能够获得充分的发展。”④ 而所谓的自由贸易，实

① 中共中央马克思恩格斯列宁斯大林著作编译局．马克思恩格斯全集：第28卷[M]．北京：人民出版社，2018：540.

② 中共中央马克思恩格斯列宁斯大林著作编译局．马克思恩格斯全集：第21卷[M]．北京：人民出版社，1965：431.

③ 中共中央马克思恩格斯列宁斯大林著作编译局．马克思恩格斯全集：第28卷[M]．北京：人民出版社，2018：548.

④ 中共中央马克思恩格斯列宁斯大林著作编译局．马克思恩格斯全集：第28卷[M]．北京：人民出版社，2018：542.

质上是资本的自由，它要“排除一切仍然阻碍着资本前进的民族障碍”。“它就是意味着取消关税、消费税以及直接妨碍生产和交换的一切捐税。”[①] 资本主义生产方式在本质上是以自由竞争为基础的，它要求突破一切空间上的限制，最大限度地攫取剩余价值，因此，“在古典政治经济学著作里所阐述的一切规律，只有在贸易的一切束缚都被解除，竞争不仅在某一个国家内而且在全世界范围内获得绝对自由的前提下，才是完全正确的”。

马克思认为，无论是保护关税制度还是自由贸易制度，都是“在现代资本主义生产制度的范围内兜圈子”。就保护关税来说，它虽然能够在一定程度上维持现状，避免使本国工人阶级由于外国的竞争而被抛到街头，但是实行保护关税使本国资本家在国内以垄断价格，在国外以倾销价格出售自己的商品，这就等于“把剩余价值送给国外，而用克扣工资的办法来获取利润”[②]。就自由贸易来说，它虽然能够扩大生产力，降低消费品的价格，但是它促进了劳动者之间的竞争，强化了劳动对资本的依附，对工人来说，“摆脱羁绊的资本对他的奴役并不亚于受关税束缚的资本对他的奴役”[③]。因此，对于以消灭资本主义制度为目标的社会主义者来说，“是实行保护关税制度还是实行自由贸易，对于最终结局是没有什么意义的”[④]。

保护关税制度与自由贸易制度在本质上是经济上的国家主义与全球主义，反映了资本主义国家在不同发展阶段的不同主张和资产阶级内部不同利益集团的不同要求。马克思、恩格斯认为，相对保护关税来说，自由贸易代表了生产力发展的方向，促进了资本主义基本矛盾的发展，加速了革命的到来，从这点来看，自由贸易是具有进步意义的。因此，他们的立场是：“我们赞成自由贸易，因为在实行自由贸易以后，政治经济学的全部规律及其最惊人的矛盾将在更大的范围内，在更广的区域里，在全世界的土

---

① 中共中央马克思恩格斯列宁斯大林著作编译局．马克思恩格斯全集：第 12 卷［M］．北京：人民出版社，1962：143.

② 中共中央马克思恩格斯列宁斯大林著作编译局．马克思恩格斯全集：第 36 卷［M］．北京：人民出版社，1975：275.

③ 中共中央马克思恩格斯列宁斯大林著作编译局．马克思恩格斯选集：第 1 卷［M］．北京：人民出版社，2012：373.

④ 中共中央马克思恩格斯列宁斯大林著作编译局．马克思恩格斯全集：第 21 卷［M］．北京：人民出版社，1965：431.

地上发生作用；因为所有这些矛盾一旦拧在一起，互相冲突起来，就会引起一场斗争，而这场斗争的结局则将是无产阶级的解放。”① “但总的说来，保护关税制度在现今是保守的，而自由贸易制度却起着破坏的作用。自由贸易引起过去民族的瓦解，使无产阶级和资产阶级间的对立达到了顶点。总而言之，自由贸易制度加速了社会革命。先生们，也只有在这种革命意义上我才赞成自由贸易。”②

4. 经典马克思主义的世界交往理论

经典马克思主义的世界交往理论在马克思主义社会哲学体系中具有重要地位，《德意志意识形态》《1844年经济学哲学手稿》《资本论》《共产党宣言》和《1857—1858年经济学手稿》都有不同程度的涉及。在马克思看来，交往和生产一起构成了社会实践活动中互为前提、不可分割的两个基本方面。研究交往可以找到社会历史的源泉，能够总结世界的运动规律。“世界交往”的概念最先在《德意志意识形态》中提出，是马克思对以往各种交往概念的发展，是马克思从社会哲学和历史哲学的高度研究世界前景的理念创新。世界交往概念既包含着物质成分，类似于世界性生产关系；又包含精神成分，有文化认同的内容。因此，世界交往实质是马克思主义国际政治社会学的概念。马克思把世界交往看成是人类社会历史的基本动力，在马克思国际政治社会学思想中，“世界交往”概念是世界生产力、经济全球化、战争、世界革命等概念的基础③。同时，世界交往也是共产主义社会的前提条件和实现条件，共产主义“是以生产力的普遍发展和与此相联系的世界交往为前提的”。

(1) 马克思的交往概念

交往是一个基本的社会学概念，产生于对个人与他人、个人与社会相互关系的思考。一般来说，交往是指社会领域发生的特定现象，是人与人之间的社会关系，交往活动也只有在人与人之间以及由人集合而成的社会共同体

① 中共中央马克思恩格斯列宁斯大林著作编译局. 马克思恩格斯全集：第4卷[M]. 北京：人民出版社，1958：295-296.

② 中共中央马克思恩格斯列宁斯大林著作编译局. 马克思恩格斯选集：第1卷[M]. 北京：人民出版社，1995：229.

③ 郭树勇. 从“世界交往”概念看马克思的国际政治社会学方法[J]. 世界经济与政治，2004(1)：26-27.

间才有可能存在。孟德斯鸠认为交往是人为了自我保存，在获取生产和生产资料时，需要对别人产生依恋，从而和平共处①。黑格尔认为交往是指在劳动中相互交往、相互认知的过程。总结起来看，马克思以前人们对交往的考察仅局限于人与人之间的交往，把人们之间的差异作为交往的基本出发点②。马克思的交往概念超越了这一范围，把交往的研究视角扩大到民族与民族、国家与国家、世界交往。基本出发点既着眼于个人，也注重民族与民族之间的差异和国家与国家之间的差异。马克思认为交往指个人、社会团体、民族、国家间的物质交往和精神传通③。马克思交往理论的突出特点在于他把交往与生产实践紧紧地联系在一起，把人类社会交往区分为物质交往和精神交往。总的来说，马克思的交往概念包含下列内容：

第一，交往形式与物质生产之间的关系。马克思认为，人类的生产是“以个人彼此之间的交往为前提的”，而交往形式又是由生产决定的。通过人与人之间的交往，人们以一定方式结合起来共同劳作并相互交换其活动，而交往本身亦成为人的需要和能力的源泉，促成生产者在社会分工基础上的合作。各生产者之间内在结合力的形成和增强正是在交往活动中实现的。因此，交往和生产一起构成了社会实践活动中互为前提、不可分割的两个基本方面。

第二，对社会交往范畴的理解和分类。在马克思看来，交往是在一定历史条件下现实的个人、阶级、社会集团、国家之间在物质、精神上互相往来、互相作用、彼此联系的活动，主要包括物质交往和精神交往两个层面。在类型上，马克思把社会交往主要划分为直接交往和间接交往、个体交往和群体交往、内部交往与外部交往、和平的交往与非和平的交往、物质交往和精神交往，其中物质交往与精神交往是从哲学上对社会交往体系最高一级的分类。在《德意志意识形态》中马克思、恩格斯指出，物质交往是指在一定的历史条件下，人与人之间互相往来，进行物质交流的社会活动，物质交往的内容是物质产品。而精神交往是指在一定的历史的条件下，人与人之间进行精神交流的社会活动，精神交往的内容是思想、意识、观念、情感和情绪等精神

---

① 郑召利. 哈贝马斯的交往行为理论［M］. 上海：复旦大学出版社，2002：77.

② 中岗成文. 哈贝马斯交往行为［M］. 王屏，译. 石家庄：河北教育出版社，2001：6.

③ 陈力舟. 精神交往论：马克思恩格斯的传播观［M］. 北京：开明出版社，2002：2.

性的范畴。

第三，人类社会交往发展的一般规律。人类社会的交往历史经历三种不同的交往形态：①以人的依赖关系或个人之间统治和服从关系为基础的交往；②建立在交换价值基础上的一切劳动产品、能力和活动的私人交换；③自觉联合起来的个人之间的自由交换。这三种交往形态与马克思说的社会发展的三个形态是对应的，“人的依赖关系（起初完全是自然发生的），是最初的社会形态，在这种形态下，人的生产能力只是在狭窄的范围内和孤立的地点上发展着。以物的依赖性为基础的人的独立性，是第二大形态，在这种形态下，才形成普遍的社会物质变换，全面的关系，多方面的需求以及全面的能力的体系。建立在个人全面发展和他们共同的社会生产能力成为他们的社会财富这一基础上的自由个性，是第三个阶段。第二个阶段为第三个阶段创造条件”①。人的依赖关系、私人交换和自由交换三个形态相应地被看作自然经济、商品经济和产品经济三种经济形式。这些经济形式以其物质产品交换的不同方式、内容、手段和结果表现不同的社会交往关系。

（2）世界交往的内涵

交往这一范畴包括很多层次，世界交往是交往的最高层次。马克思在《1844年经济学哲学手稿》中反复提到“同别人的实际交往”，在《德意志意识形态》中，马克思、恩格斯先后使用了“个人之间的交往”“和他人的交往”“世界交往”等范畴；《马克思恩格斯全集》第3卷关于“交往”的注释作了如下说明：“在‘德意志意识形态’中，《Verkehr》（交往）这个术语的含义很广。它包括个人、社会团体、许多国家的物质交往和精神交往。”概括起来，从范围上可以划分为三类：个人与个人之间的交往、民族与民族之间的交往、世界交往②。世界交往从形成过程来看，是外部交往的扩大和交往处于新的历史发展阶段上的产物。

世界交往主要指的是国家和国家之间的交往，打破了民族界限和地域限制的交往。世界交往的起源既得益于地理大发现，也归功于资本主义制度。从人与人之间的交往层次过渡到民族与民族之间的交往，再到世界交往，分

---

① 中共中央马克思恩格斯列宁斯大林著作编译局．马克思恩格斯全集：第46卷（上册）[M]．北京：人民出版社，1979：104.

② 有的学者也把世界交往和国际交往，国家与国家之间的交往混用。

工起到了主要作用。世界交往正式形成于18世纪，标志是法国的《百科全书》和林耐的动植物种属分类法。尽管这时候的世界仍然很小，但已取得了现代意义①。因为欧洲与世界各大洲航路已经开通，电报开始使用，“世界”在广度和深度上得到了巨大发展。人类社会结束了相互隔绝的状态，各个民族之间都已经相互联系。世界交往与其他交往的不同表现在：

第一，世界交往是普遍的交往。其普遍性表现在三个方面：首先是参加的主体广泛，世界范围内的主体被广泛地调动起来。由于交通工具的改良，人们交往的范围逐步扩大，地域限制渐渐消失。各个民族、各个国家之间都开始越来越多地相互往来，成为交往的主体。不再局限于以往的城邦、个人和民族。其次是影响广泛，每一个国家的变动都将影响其他国家。“由广泛的国际交往所引起的同工业比较发达的国家的竞争，就足以使工业比较不发达的国家内产生类似的矛盾（例如英国工业的竞争使德国潜在的无产阶级显露出来了）。”② 再次是范围广泛，是一种超越地域的全球性的交往。

第二，世界交往的成因是生产力的提高和分工的发展。在马克思、恩格斯看来，一方面，生产力的发展一步一步造成了社会分工的普遍化，同时也就造成了交往的普遍化。个人之间、民族之间的联系是生产力发展的必然要求，资本主义生产方式第一次冲破了民族国家的壁垒，发展了分工和交往的世界性趋势。正是在资本主义时代，人类社会才真正开始摆脱以往单个的、地域性的存在而发展成为世界历史性的存在。另一方面，交往对于物质生产具有从属性和依赖性。交往的需要是在物质生产中产生出来的，物质生产的发展决定物质交往的深度和广度，促进物质交往主体交往意识的不断增强。随着物质生产、生产力的发展，特别是大工业生产的形成，地域封闭型的交往意识被打破了，出现了世界交往的意识。物质生产的发展，也促进物质交往手段的不断更新和发展，打破了自然环境所形成的各个地区、民族、国家之间联系的自然屏障，最终使地域封闭型交往走向世界交往成为可能。因此，物质生产的发展决定了物质交往，交往决定于生产关系、生产力的水平，“只有随着生产力的普遍发展，人们之间的普遍交往才能建立起来……狭隘地域

---

① 陈力丹. 精神交往论：马克思恩格斯的传播观［M］. 北京：开明出版社，2002：65.

② 中共中央马克思恩格斯列宁斯大林著作编译局. 马克思恩格斯选集：第1卷［M］. 北京：人民出版社，2012：196.

性的个人为世界历史性的、真正普遍的个人所代替”①。随着物质生产、生产力的发展，社会交往最终发展为世界性的交往。

第三，世界交往的基础是机器大工业。不同的生产力基础，决定不同的交往层次，在生产力比较低下的原始社会，交通工具限制人们的移动距离，各个民族被隔绝在不同的区域。当时人与人之间的交往，部落间的交往是主要形式。在工场手工业时期，由于市场扩大，带动了需求，进而促进了生产力的提高，生产力的提高使交通工具得到改善。由于工具的改善和贸易往来，各个城邦的交往逐渐频繁。在机器大工业阶段，世界市场初步形成，巨大的需求一方面促进了生产力的发展，另一方面促进了各个国家和民族之间的往来。为了获取最大利润，投资、生产开始呈现世界化趋势。各个国家间的距离一方面由于交通工具的改善而缩短，另一方面由于投资的扩大而使生产、消费、交换、分配交织在一起，各国都不再像以前那样是独立的个体，每个国家的行为都要影响到其他国家，同时也要被别的国家影响。

（3）世界交往的不平等性

马克思特别注意考察全球范围内西方国家与东方各民族国家的世界交往，他在1853年写成的《不列颠在印度的统治》、在1879年—1880年《马·柯瓦列夫斯基〈公社土地占有制，其解体的原因、进程和结果〉（第一册，1879年莫斯科版）一书摘要》等著作和笔记中，详细研究了亚洲、美洲和非洲的民族国家被殖民化的过程，分析了其中的不平等交往。马克思和恩格斯认为，西方国家与东方各民族国家的交往，即发达的国家与不发达国家（地区）之间的交往，是一种不平等交往。同时，现代比较发达的国家对不发达国家（地区）的征服，从世界交往进程的发展角度看，客观上是一种付出很大痛苦代价的历史进步。

一方面，马克思和恩格斯强烈谴责世界交往中的不平等现象，痛斥资产阶级用血与火开拓世界市场，揭露资本主义殖民统治所造成的空前的灾难，谴责他们破坏了本地的公社，摧毁了本地的工业，夷平了本地社会中最伟大和崇高的一切，从而毁灭了当地的文明，使殖民地人民失掉了他们的旧世界而没有获得一个新世界。另一方面，马克思、恩格斯也承认，与落后国家存在的各种原始和封建的制度相比，资本主义的生产方式和社会文明无疑是先

---

① 中共中央马克思恩格斯列宁斯大林著作编译局．马克思恩格斯全集：第3卷[M]．北京：人民出版社，1960：39.

进的。殖民统治者们为在世界市场上追求最大程度的垄断利润，不得不修筑铁路、开办工厂、引进西方文明，从而不自觉地承担了为新世界创造物质基础的历史使命。马克思认为，早期资本主义全球化曾具有非常革命的性质，它打破原来的地方的、民族的界限，使一切国家的生产和消费都成为世界性的；它彻底摧毁了封建制度，创造了一个全新的资本主义世界，极大地推动了社会生产力的发展。马克思甚至预言，随着世界交往的深入，落后的亚太地区会成为世界经济的新的中心。

马克思是从资本主义的全球扩张来考察世界交往的，西方宗主国与殖民地之间的不平等交往是世界交往的一个显著特征。马克思和恩格斯既支持各民族的解放运动，又肯定生产力水平高的征服者的历史作用，二者并不矛盾。他们认为，一个民族的独立必须具有独立所必需的历史环境、政治与工业条件，不具备这些条件的民族是没有生命力的，在民族交往中消失掉并不足惜。恩格斯认为，应当肯定18—19世纪工业发达国家征服世界时客观上起到的传播文明的作用，特别是英国。他写道："在美洲、亚洲、非洲和澳洲传播文明的不是英国，又是谁呢？"① 谈到英国入侵印度，他认为："印度人总是一个世纪一个世纪地按着老方式生活下去，也就是吃、喝、呆板地过日子；祖父怎样耕种自己的小块土地，孙子也就怎样做；而发生的许多强制性的变革，只不过是各个部落之间争权的斗争。当英国人到那里去并开始推销自己的工业品时，印度人失去了谋生之计，这才开始摆脱自己的一成不变的状况。工人们已经离开故乡，并和其他民族混杂在一起，第一次接受文明的熏陶。"② 对于英国发动的鸦片战争的作用，恩格斯说，"在中国这个一千多年来一直抗拒任何发展和历史运动的国家中，随着英国人及其机器的出现，一切都变了样，并被卷入文明之中"③。

（4）世界交往的作用

第一，世界交往决定着一个民族的整体结构及其与其他民族的关系。马

① 中共中央马克思恩格斯列宁斯大林著作编译局. 马克思恩格斯全集：第42卷[M]. 北京：人民出版社，1979：393.

② 中共中央马克思恩格斯列宁斯大林著作编译局. 马克思恩格斯全集：第42卷[M]. 北京：人民出版社，1979：472.

③ 中共中央马克思恩格斯列宁斯大林著作编译局. 马克思恩格斯全集：第42卷[M]. 北京：人民出版社，1979：472.

克思在《德意志意识形态》中认为，生产本身“是以个人彼此之间的交往为前提的”，尽管“这种交往的形式又是由生产决定的”。而各民族之间的关系取决于每一个民族的生产力、分工和内部交往的发展程度。不仅如此，“这个民族本身的整个内部结构也取决于自己的生产以及自己内部和外部的交往的发展程度”①。这表明，马克思认为交往同生产、分工一起，不仅决定着一个民族与其他民族的关系，而且也决定着一个民族自身的整体社会结构。

第二，世界交往能够使既有的科学技术得以保存。马克思认为，在生产和分工的基础上产生出来的交往反过来又使既有的生产力得以保存。“某一个地域创造出来的生产力，特别是发明，在往后的发展中是否会失传，完全取决于交往扩展的情况。当交往只限于毗邻地区的时候，每一种发明在每一个地域都必须单另进行。”② 而战争、自然灾难等纯粹偶然性的事件都会给现有的文明以毁灭性的打击，人类因此迫不得已进行重复发明。“只有当交往成为世界交往并以大工业为基础的时候，只有当一切民族都卷入竞争的时候，保持已创造出来的生产力才有了保障。”

第三，世界交往能够促进生产率的提高和生产力的质变。马克思以英国为例来说明这一点：17 世纪世界交往的扩大，加大了对英国“工场手工业产品的需求，这种需求是旧的工业生产力所不能满足的。这种超过了生产力的需求正是引起中世纪以来私有制发展的第三个时期的动力，它产生了大工业”③。而大工业又成为打击封建生产关系的力量，“交往扩大了，工场手工业和整个生产运动有了巨大的发展。从那里输入的新产品，特别是进入流通的大量金银完全改变了阶级之间的相互关系，并且沉重地打击了封建土地所有制和劳动者”④。这个过程说明，世界交往能够引起生产率的提高，而生产率

① 中共中央马克思恩格斯列宁斯大林著作编译局. 马克思恩格斯选集：第 1 卷［M］. 北京：人民出版社，2012：147.

② 中共中央马克思恩格斯列宁斯大林著作编译局. 马克思恩格斯文集：第 1 卷［M］. 北京：人民出版社，2009：559.

③ 中共中央马克思恩格斯列宁斯大林著作编译局. 马克思恩格斯文集：第 1 卷［M］. 北京：人民出版社，2009：565

④ 中共中央马克思恩格斯列宁斯大林著作编译局. 马克思恩格斯选集：第 1 卷［M］. 北京：人民出版社，2012：190.

的提高又能够引起生产力的质变。

第四，世界交往促进世界市场和“世界历史”的形成。马克思认为在交往发展的过程中，是需求创造了贸易。“需求的增长，直接和首先以各国现有的产品相互进行交换为保证。需求渐渐失去了自己的地方性等等，而带有广泛扩展的性质。这样，各国的产品越来越多地进入这一或那一国家居民的消费。”① 这说明世界交往是世界市场形成的前提。世界交往下的大工业建立了世界市场，消灭了以往各国自然形成的闭关自守的状态，把各个民族国家的民族彼此紧紧地联系了起来，致使每一个民族都受到其他民族的影响，大工业开创了“世界历史”，“使竞争普遍化了”。因而世界交往是“世界历史”的推动力量。

第五，世界交往的发展最终会导致共产主义革命和全人类的解放。马克思认为：“普遍交往，一方面，可以产生一切民族中同时都存在着‘没有财产的’群众这一现象，使每一民族都依赖于其他民族的变革；最后，地域性的个人为世界历史性的、经验上普遍的个人所代替。”②“交往的任何扩大都会消灭地域性的共产主义。共产主义只有作为占统治地位的各民族一下子同时发生的行动，在经验上才是可能的，而这是以生产力的普遍发展和与此相联系的世界交往为前提的。”③ 每个人的全面、自由的发展是共产主义的基本特征，马克思认为，随世界交往而形成的“世界历史”，使个人的发展有可能摆脱地方的局限性，“每一个单个人的解放的程度是与历史完全转变为世界历史的程度一致的”④。只有在世界历史性的活动中，“单个人才能摆脱种种民族局限和地域局限而同整个世界的生产（也同精神的生产）发生实际联系，才能获得利用全球的这种全面的生产（人们的创造）的能力”⑤。

---

① 中共中央马克思恩格斯列宁斯大林著作编译局. 马克思恩格斯全集：第 42 卷[M]. 北京：人民出版社，1979：382.

② 中共中央马克思恩格斯列宁斯大林著作编译局. 马克思恩格斯选集：第 1 卷[M]. 北京：人民出版社，2012：166.

③ 中共中央马克思恩格斯列宁斯大林著作编译局. 马克思恩格斯选集：第 1 卷[M]. 北京：人民出版社，2012：166.

④ 中共中央马克思恩格斯列宁斯大林著作编译局. 马克思恩格斯选集：第 1 卷[M]. 北京：人民出版社，2012：169.

⑤ 中共中央马克思恩格斯列宁斯大林著作编译局. 马克思恩格斯选集：第 1 卷[M]. 北京：人民出版社，2012：169.

四、学习当代世界经济与政治课程的基本方法

当代世界经济与政治是一门具有宏观视角与跨学科属性的课程，学好本课程的基本方法就是要坚持马克思主义唯物辩证法和唯物史观相结合，坚持理论联系实际，以史为鉴、知古鉴今，注重从整体上把握世界发展趋势和方向，开阔视野、紧跟时代，强化问题意识和底线思维，坚持具体问题具体分析，培养战略思维和理论思考习惯，透过纷繁复杂的表面现象把握世界经济与政治发展的规律。具体而言，就是要做好以下几点：

一是努力掌握国际关系基本理论。系统学习当代世界经济与政治的基本知识，从整体上把握马克思主义关于世界经济与政治的基本观点，增强马克思主义国际关系理论自信，特别是中国特色社会主义大国外交自信。二是自觉运用马克思主义世界观和方法论。立足复杂多变的国际热点，坚持用联系和发展的观点、历史的眼光，站在战略和全局的高度，透析纷繁复杂的矛盾，抓住主流、把握大势，在重大原则性问题上坚定立场不动摇。三是坚持理论联系实际。紧密联系当今世界经济与政治发展的实际，联系自己的思想实际，树立马克思主义历史观、世界观，强化问题意识，突破常规思维，增强分析问题、解决问题的能力。四是培养整体世界思维习惯。从人与世界的整体关系出发，坚持辩证思维、历史思维、战略思维、底线思维和创新思维相结合，抓住世界经济与政治发展的基本方向和基本线索，把握世界发展潮流和时代主题，讲好中国故事，传播好中国声音。

第一章 当代世界经济的发展变化与基本趋势

关键词：

世界经济；主权国家；多极化；经济全球化

要点提示：

- 世界经济的构成与运行机制
- 世界经济从单极化走向多极化
- 经济全球化的新特点、新趋势

世界经济指的是世界各国的经济相互联系、相互依赖、共同运动而形成的全球性的有机整体。它是在国际分工和世界市场的基础上，把世界范围内的各国经济通过商品流通、劳务交换、资本流动、技术转让、国际经济一体化等多种形式和渠道，把各国的生产、生活和其他经济方面有机地联系在一起。在现代社会，世界上任何国家的生产和生活都不可能完全闭关自守，都要或多或少地依赖于其他国家的生产，依赖于国际分工和国际交换，正是这种错综复杂的经济联系，构成了世界经济整体。因此，世界经济既包括国际经济关系，又包括构成这种经济整体的各国内部的经济关系，这种经济关系既涉及生产领域，也涉及商品交换、资金流动、技术转让等各个领域。

第一节 世界经济及其主要行为主体

一、世界经济的构成

（一）世界经济的形成与发展

世界经济是人类社会生产力发展到一定历史阶段的产物。世界经济的形成与发展与资本主义生产方式的出现和发展是紧密相连的。在资本主义生产方式出现之前，人类社会由于生产力水平低下，自然经济占据统治地位，虽然有一定程度的国际经济交往，但只是偶然的、个别的、局部的现象，不能形成真正的世界经济。世界经济的形成发轫于18世纪中叶。18世纪60年代到19世纪中期，英、法、德等欧洲国家相继发生并完成了以蒸汽机的改进和推广为代表的第一次工业革命。蒸汽动力和机器的广泛应用，不仅推动了工业生产的大幅增长，而且引起铁路、轮船等交通运输业的迅速发展，从而扩大了国际商品流通，社会分工也日益超越了一国的范围，资本主义生产方式获得了世界范围内的胜利。生产力的发展和世界市场的扩大，把各种不同经济发展水平的国家和地区卷入了资本主义国际分工的范围，这就初步形成了各国之间相互依赖的经济联系。

伴随机器大工业的建立，工业从农业中彻底分离出来，工业内部的分工越来越细，新的生产部门不断出现。大规模专门化生产要求社会分工超越民族经济的狭窄范围，以满足其不断增长的原料和市场的需要。于是社会分工迅速向国际领域扩展，过去一国范围内的城乡分离和对立状况，开始在更大规模和世界范围内再现出来，形成以先进技术为基础的工业生产的中心，亚非拉地区的国家则成为工业品销售市场和原料产地。

随着资本主义生产方式的确立和国际分工的发展，以国际分工为基础的各类商品交换关系和世界市场随之出现。此后，贸易规模不断扩大，世界货币也随之出现。它是国际商品流通广泛发展的必然产物，在国际商品流通中发挥一般等价物作用。世界货币的出现又大大地促进了国际商品流通，扩大了国际贸易规模，密切了国家间的经济关系。

19世纪后期，资本主义国家开始了以电力应用为标志的第二次工业革命。内燃机和电动机代替了蒸汽机，社会生产力获得了更大发展，一系列重工业部门如电力工业、电器工业、石油工业、化学工业、冶金工业、机械工业等迅速成长，使工业结构发生变化，重工业比重急剧增加。与此同时，生产更加集中，股份公司和联合企业不断涌现，出现了垄断销售市场、原料产地和投资场所的组织，资本主义生产关系进入了一个新阶段，垄断取代自由竞争，并成为经济生活的主要现象。

进入垄断资本主义后，在工业垄断和银行垄断融合的基础上形成了金融资本，实现了对各个经济部门的控制。金融资本不仅扩大了商品输出，而且开始大量输出资本。各国的垄断集团为了追求高额利润，不但从经济上分割世界，而且从领土上将世界瓜分完毕，建立起帝国主义殖民体系，20世纪初，世界经济最终形成。综上所述，世界经济的前提条件可归纳为：

第一，生产力发展到机器大工业时代。生产力发展是人类社会的动力。机器大工业的出现极大地促进了分工、交换和生产力的发展，为国际商品交换和世界市场的形成提供了条件。

第二，资本主义生产方式的确立和巩固。资本的原始积累加速了资本的集中，促进了资本主义的发展。资本主义社会取代封建社会是人类历史上的一大进步。它空前地解放了生产力，推动了机器大工业的发展，从而将国际商品交换和国际分工推向历史上未曾有过的高度，形成了世界市场，建立了人类历史上第一个统一的世界经济——资本主义的世界经济。

第三，国际商品交换极大地发展。一方面，资本主义生产方式确立以后，机器大工业释放出巨大生产力，生产出的商品远远超出一个国家、一个地区的消费能力，需要在国外寻找更广阔的销售市场；另一方面，机器大工业发展所需要的原料以及城市人口增长需要的粮食和其他日用品的消费，又是一国生产能力在一定历史时期和空间所难以满足的，这就使得国际商品交换的范围扩大不可避免。国际商品交换的极大发展，推动了平均化的国际价值、世界价格的形成，也使货币发展成为世界货币，从而为世界经济的形成创造了条件。

第四，国际分工的形成。国际分工是一国分工超出国界在世界范围内的延伸。机器大工业不仅使先进的资本主义国家内部工业从农业和其他产业中完全分离出来，形成了独立的生产部门，而且使工业、农业间的分工和对立超出民族经济的狭小范围，形成了世界范围内工业国和农业国之间的分工和对立。

第五，世界市场的形成。经过近一个世纪的资源掠夺和工业品倾销，到19世纪中期，世界五大洲的多数国家和地区被殖民主义国家在不同程度上强行卷进了分工和商品交换之中，形成了统一的世界市场。统一的世界市场的形成标志着世界经济的基本形成。世界大多数国家的生产、交换、分配和消费已经具备世界性。

世界经济从出现至今经历了三个发展时期：

第一个时期，从18世纪中叶到第一次世界大战，是统一的无所不包的资本主义世界经济体系形成时期。这个时期，一方面表现为资本主义国家与其殖民地、半殖民地相互之间的经济联系日益密切；另一方面，明显地表现为未开化的国家从属于文明的国家，东方从属于西方，宗主国与殖民地之间存在极度不平等的国际经济贸易关系。

第二个时期，从20世纪初期俄国十月革命到20世纪80年代，由于出现了新社会主义经济，统一的资本主义世界体系被打破，世界经济一分为二，形成两个对立的经济体系。在这不到100年的时间里，世界经济经历两个不同的发展阶段。十月革命到1945年第二次世界大战结束为第一阶段。在这个阶段，苏联社会主义经济同资本主义经济相互并存、相互斗争。从第二次世界大战结束到20世纪80年代末为第二阶段。在此期间，社会主义从一国发展到多国，形成了社会主义世界经济体系，大批新兴的民族国家经济开始兴起，它们同资本主义世界经济体系相互渗透，相互斗争，世界经济关系错综复杂。

第三个时期，20世纪90年代初冷战结束之后，世界经济进入一个新的发展时期。随着世界范围内冷战的结束和科技革命向纵深发展，经济体制改革和经济结构调整成为世界经济发展的潮流，各国经济按照其自身的规律向全球化、集团化的方向发展。进入21世纪，各国经济的资金流、技术流、产品流、产业流、人员流日益交融。当前，虽然世界经济发展面临许多困难与不确定性，但经济全球化的历史潮流不会改变。正如习近平在第二届中国国际进口博览会开幕式上所说："经济全球化是历史潮流。长江、尼罗河、亚马孙河、多瑙河昼夜不息、奔腾向前，尽管会出现一些回头浪，尽管会遇到很多险滩暗礁，但大江大河奔腾向前的势头是谁也阻挡不了的。"

（二）世界经济的构成

世界经济是不同发展水平的国家与国家集团所组成的相互联系、相互依赖、共同运动的经济有机整体。其中包括世界市场、国际贸易、国际金融、国际投资和国际经济协调等。综合经济发展水平和所有制性质来看，当代世界经济基本包括三类国家经济：发达资本主义国家经济、发展中国家经济和社会主义国家经济。

1. 发达资本主义国家经济

发达资本主义国家又称"工业发达资本主义国家""市场经济工业国"，指生产力高度发达的资本主义国家。当前主要包括美国、日本、德国、英国、法国、加拿大、意大利等。发达资本主义国家具有显著的共同特征：

一是生产力水平高度发达，产业结构先进。二战后发达资本主义国家采取了一系列改革措施，在一定程度上缓解了私有制对生产力发展的束缚，使阶级矛盾、社会矛盾在一定程度上得到缓解，为生产力发展提供了一定空间。同时，由于三次科技革命主要发生在发达资本主义国家，特别是随着以原子能的开发与利用，微电子技术等为代表的第三次科技革命的兴起，有力地推动了发达资本主义国家生产力的发展。新科技革命还使发达资本主义国家的产业结构发生历史性变化。二战后，发达资本主义国家的产业结构经历了两次大调整大变革。20 世纪 60 年代，在科技革命的推动下，美国、日本等发达资本主义国家大力发展钢铁、化工、汽车和机械等资本密集工业，同时发展部分高附加值的技术、资本密集型工业，如机器人、电子工业和航天工业等，而把纺织、服装、制鞋等劳动密集型的轻纺工业和部分高耗能、污染大的重化工业逐渐转移到发展中国家，尤其是东亚国家。20 世纪 70 年代，受两次石油危机诱发的两次经济危机影响，发达资本主义国家加快了产业结构调整，将汽车、钢铁、造船等资本密集型高能耗工业进一步转移到新兴工业国家和发展中国家。20 世纪 80 年代以来，发达资本主义国家由于国际经济贸易摩擦加剧，各国为了建立新的国际分工、国际贸易格局和国际经济相协调的经济结构，兴起了又一次世界性的产业调整浪潮。发达资本主义国家产业结构调整向服务化、高科技化和信息化转变，第三产业和信息产业迅速发展，以信息产业为主的高科技产业成为国民经济的主导性产业。以美国为例，目前美国高科技产业的产值在国民生产总值中已占 50％以上，其中信息产业就占到 30％以上。美国站在当今国际分工的顶端，发挥在新技术、新产品领域的创新优势，主要从事高附加值产品的生产，日本和西欧等发达国家则发挥其在应用技术开发领域的优势，主要从事一般高附加值产品的生产。因此，在发达资本主义国家产业结构中，第三产业所占的比重不断增加。目前，从产值在西方发达国家国内生产总值中的比重看，第一产业所占比重约为 10％，第二产业约为 20％，第三产业约为 70％。2018 年，美国第三产业所占比重已达到 80.05％。

二是经济运行机制比较成熟，市场机制和市场体系健全。自第一次工业革命以来，发达资本主义国家不断发展和完善的市场经济体制和市场体系，为其市场经济顺利运行提供了保证。从 18 世纪末到 19 世纪中后期，随着资本为基础的生产方式的发展，确立了自由竞争的市场经济体制。19 世纪末 20 世纪初，随着资本的不断集中，自由竞争向垄断转变。20 世纪 30 年代，特别是二战以后，各发达资本主义国家纷纷确立了混合经济体制。经过几百年的发展，发达资本主义国家建立起了高度发达的消费品和劳务市场，并在自由市场竞争中形成了高度发达的生产要素市场，包括劳动力市场、生产资料市场、资本市场（股票、债券等）、货币市场、外汇市场、技术市场等。发达资本主义国家通过市场自由配置资源，使市场能够通过价格涨落比较及时、准确、灵活地反映供求变化，传递市场供求信息，促使商品生产者、经营者积极调整生产经营活动，进而推动科学技术和经营管理的进步，促进劳动生产率的提高和实现资源的有效利用。为了使市场机制有效运行，二战后，各发达资本主义国家普遍采用了国家干预调节和市场机制相结合的经济运行模式，以达到经济的稳定增长和均衡发展的目标。发达资本主义国家的国家干预调节主要基于宏观进行调节，其直接目标是“矫正市场失效”，即保证充分就业、物价稳定、经济持续增长、社会稳定和国际收支平衡等。其手段通常是政策调节、制度调节、利用计划指导和调节。

三是经济国际化程度较高，金融市场高度国际化。20 世纪 70 年代以来的信息技术革命，加快了信息传送的速度，极大降低了信息传送的成本，打破了地域乃至国家的种种限制，把整个世界空前地联系在一起，推动了经济全球化的迅速发展。20 世纪 80 年代末 90 年代初，随着冷战的结束，长期以来美苏对抗带来的世界经济体系的分割被打破，发达资本主义国家为了摆脱经济滞胀而减弱了国家对经济的控制，更加强调市场机制的自发调节作用。在国际范围内，随着世界贸易组织的成立，其成员对本国或本地区市场的控制大大放松，贸易自由化和投资自由化的进程不断加快，技术、资本、商品等真正实现了全球范围的流动，各国之间的经济联系日益密切，相互合作、相互依存大大加强，世界进入经济全球化时代。跨国公司的迅速发展，使生产、资本和商品的国际化进一步深化，极大地推动了经济全球化进程。伴随着经济全球化的浪潮，全球金融市场和金融机构加强联系和融合，金融创新日新月异，金融衍生工具层出不穷，极大地推动了金融交易的发展，大规模的资金流动可以在瞬间完成，这使得国际金融资本在全球范围大规模快速流动，推动了金融的全球化进程。经济全球化加深了世界的经济联系和相互依赖，发达资本主义国家则通过主导经济全球化进程，主导制定贸易规则和竞争规则，在资本和技术优势的作用下，加之对一些国际组织的控制，其跨国公司高度发展，直接助推了各发达资本主义国家的经济国际化程度和金融市场高度国际化，为其外贸进一步拓展了世界市场，在世界贸易总额中不但占据了较大份额，而且质量总体具有明显优势。

综上可知，发达资本主义国家在整个世界经济体系中明显占据优势地位，其凭借发达的生产力水平和强大的经济实力，在世界范围内进行资源配置、分工、生产、贸易，甚至垄断部分高科技领域等，进而实现对世界经济的运行和发展的支配。但是，2008年国际金融危机以来，发达资本主义国家的经济长期萎靡不振，贫富差距扩大，民众不满情绪上涨，其在世界经济中的地位明显削弱，特别是美国贸易保护主义和英国脱欧等逆全球化思潮给世界经济的健康运行带来了许多不确定因素。

2. 发展中国家经济

发展中国家也称作开发中国家、欠发达国家、亚非拉国家等，指经济、技术、人民生活水平程度较低的国家，与发达国家相对。发展中国家的评价标准主要是这个国家的人均国内生产总值（人均GDP）相对比较低，通常指亚洲、非洲、拉丁美洲及其他地区的130多个国家，占世界陆地面积和总人口的70%以上。发展中国家地域辽阔，人口众多，有广大的市场和丰富的自然资源。当前，发展中国家经济增速明显高于发达资本主义国家经济，是拉动世界经济增长的重要引擎。发展中国家通常具有以下经济特征：

一是生产力水平不高，社会经济结构失衡。发展中国家过去一般都是帝国主义的殖民地、半殖民地。19世纪末20世纪初，资本主义向垄断阶段过渡，世界进入帝国主义时代。英、法、美、德、俄、日等帝国主义国家向外扩张、侵略，把世界10亿以上人口的大部分地区变成自己的殖民地和半殖民地，这些殖民地和半殖民地成为帝国主义的商品市场、原料产地和资本输出场所。二战后，这些国家取得了独立，建立了独立的国民经济体系。但由于长期受帝国主义侵略和掠夺，经济发展水平较低，它们中的大多数国家虽然在政治上获得了民族独立，但在经济上还没有完全摆脱帝国主义的控制与剥削。20世纪90年代以来，发展中国家的经济总体上发展较快，实力增强，在世界经济中的地位与作用不断提升。发展中国家在世界经济中所占的比重明显上升。尤其是东亚的经济持续高速增长，拉美经济发展速度较快，非洲现也已开始从诸多的困难中摆脱出来。但是，由于发展中国家人力资源素质、资本存量、技术和管理水平等条件的限制，生产力水平普遍不高，人均GDP较低，大多数人民的生活水平很低，社会经济结构失衡问题尤为突出。发展中国家人口众多，受经济发展水平所限，普遍存在高失业、低就业现象，且劳动力价格相对低廉，但发展中国家高出生率造成的人口快速增长使得儿童占总人口的比率较高，从业劳动力抚养的儿童和赡养的老人的数量和负担又明显高于发达国家；作为人口大多数的穷人与少数富人生活水平的差距较发达国家更大；人口的爆炸性增长，还带来了严重的粮食危机，近年来发展中国家的饥饿问题一直呈上升趋势。由于发展中国家工业化进程起步较晚，发达国家控制着国际贸易的类型、必要的技术、设备和资金，因此，发展中国家发展民族经济只能靠出口初级产品赚取外汇和大举外债，加之2008年国际金融危机之后发达资本主义国家纷纷采取贸易保护主义，发展中逐步积累的巨额债务成为发展中国家的沉重包袱，严重制约着经济的发展。伴随着经济全球化的进程，发展中国家自身粗放式发展的内因和发达国家在产业结构调整的外因的叠加效应，造成了发展中国家严重的环境问题。这些问题负面影响巨大，已经成为制约发展中国家经济可持续发展的障碍。

二是资源丰富，单一的畸形产业结构有所改善。发展中国家具有丰富的自然资源、劳动力资源和庞大的市场可配置资源。一方面，亚非拉地区的发展中国家既是世界许多重要工矿原料的生产和出口地区，石油储量巨大，黑色金属、有色金属和稀有金属矿藏丰富；也是一些重要农产品和经济作物的生产国与出口国，天然橡胶、黄麻、咖啡、可可、椰子、棕榈、茶叶、香蕉等产量一般占世界产量的60%～90%。另一方面，占世界人口70%的发展中国家不但为劳动密集型工业提供了大量的廉价劳动力，而且是极富潜力的庞大市场，是世界经济增长的强大引擎。然而，长期的殖民统治，导致独立前的亚非拉的发展中国家的经济结构单一，以手工劳动为主的农业占很大比重，工业化水平极低。经过二战后几十年的发展，发展中国家的工业化程度有了明显提高，涌现出了一批新兴工业化国家和地区，改变了原先的单一的畸形产业结构。但是，目前大多数发展中国家仍然对农业生产严重依赖。从生产结构看，低收入国家（中国和印度除外）农业在GDP中份额要远远高于发达国家；从就业结构看，农业劳动力的比重在发展中国家多达50%～70%左右；从城市化水平看，低收入和中等收入国家城市人口占总人口比例要远低于高收入国家和地区。此外，部分发展中国家对资源出口的依赖性很强。比如，各石油输出国的石油及其制品出口额占这些国家出口总额的60%～90%；摩洛哥磷酸盐出口占全国出口总额的55%；赞比亚的铜出口额占全国出口总额的90%以上。

三是社会经济形态多元，发展不平衡问题突出。发展中国家的广大农村多数还采用以自然经济形态为主的旧的分布式传统农业生产；沿海地区、工矿区和城市大多数采用以市场经济形态为主的现代生产方式。然而，由于长期遭受殖民掠夺和封建生产关系的束缚，以及独立后政府干预不当，发展中国家的市场运行不灵且受到严重扭曲，无法发挥其作为资源配置基本手段的功能。发展不平衡是发展中国家的显著特征，主要表现在发展中国家之间发展的不平衡和发展中国家内部不同地区发展的不平衡。一方面，由于历史条件、发展起点、发展战略和政策的不同，经过战后几十年的发展，发展中国家呈现出不同的发展类型，拉美及东南亚一些国家和地区在较短的历史时期内克服了社会经济的落后性，在20世纪下半叶迅速崛起，成为新兴工业化国家和地区；中东一些国家凭借自身的资源优势成为石油输出国，人均收入接近甚至超过了发达国家，但其国家工业化、现代化程度仍较低，抗风险能力不强；占发展中国家三分之一以上的国家仍处于最不发达国家，经济结构单一，基础设施落后，人口增长过快，温饱问题仍没有解决。另一方面，发展中国家的沿海地区、工矿区和城市大多采用现代化的生产方式，普遍采用市场机制资源配置，经济发展迅速，人民生活水平明显高于广大内陆农村地区，城乡发展也不平衡，贫富差距呈逐年扩大趋势。

因此，虽然发展中国家在战后取得了经济的快速发展，但相对于发达国家明显实力悬殊，而且由于旧的经济结构没有彻底摧毁，一些经济命脉、核心技术仍然不同程度地受制于国际垄断资本，发展中国家经济大多仍处于依附、从属地位。近年来，随着一批新兴工业化国家特别是金砖国家的崛起，发达国家自身产业结构的调整造成的对发展中国家依赖性的增强，加之2008年国际金融危机的影响，发展中国家经济在世界经济中的地位日益凸显。

3. 社会主义国家经济

社会主义经济是从所有制性质角度界定的一个概念，即公有制经济，包括国有经济、集体经济和国有、集体控股的混合所有制经济。20世纪，随着苏联、东欧、中国等社会主义国家的建立，社会主义经济曾取得了高速的发展，在世界经济中占据了重要地位。但由于社会主义国家在存在大量自然经济、半自然经济的条件下急于建立社会主义公有制的产品计划经济，而排斥商品市场经济，加之受教条主义与封建主义的联姻政策造成的僵化思维的影响，最终它们中的许多国家走向了衰败。20 世纪 70 年代末，中国开启了改革开放，在探索中国特色社会主义经济建设的实践中将社会主义经济作为社会主义市场经济中的一个最重要的市场主体，并将非公有制经济也作为社会主义市场经济中的另一个重要的市场主体，经过 40 年的发展，社会主义经济重新焕发了生机活力。中国特色社会主义市场经济具有以下鲜明特征：

一是超大规模的实体经济。超大规模的实体经济，就是指刨除服务业、金融业等之外的看得见、摸得着的东西的产量。2018 年中国总体经济规模 13.6 万亿美元，其中实体经济超过 6.5 万亿美元，远远高于美国，是日本实体经济的 2 倍多。物美价廉的中国商品使得许多国家保持低通货膨胀率，降低了生活成本。美中贸委会研究显示，2015 年典型的美国家庭收入为 5.65 万美元，对华贸易平均为每个家庭每年节省 850 美元。

二是对世界经济增长的贡献大。从经济总量看，2018 年实现的经济增量达到 1.35 万亿美元，相当于西班牙的经济总量。据世界银行数据测算，2013—2018 年，中国对世界经济增长的平均贡献率超过 30%，超过美国、欧元区和日本贡献率的总和，中国经济为世界经济复苏提供了有力支撑。

三是庞大的市场空间。2018 年末，中国人口总量达 13.95 亿，商品及服务进口规模达到 2.1 万亿美元，非金融类境外直接投资超过 1200 亿美元，为各国提供了广阔的市场机遇、投资机遇和发展机遇。美国商务部统计，2015 年美对华出口实际支撑了美国国内 180 万个新增就业岗位；美对华出口和中美双向投资共计支撑了美国国内 260 万个就业岗位。

总之，社会主义经济的运行也是市场在资源配置中起基础性作用的，社会主义经济的主体地位是国家能够进行强有力的、有效地宏观调控的依据和保障。中国特色社会主义经济发展取得的巨大成就，为现存的其他社会主义国家经济发展积累了宝贵经验，也为广大发展中国家提供了全新的经济发展路径。

二、世界经济的行为主体

（一）世界经济的行为主体

世界经济的行为主体主要有主权国家和非国家行为主体两大类，其中非国家行为主体又可分为国际经济组织和跨国公司。迄今为止，主权国家依然是世界经济运行的基本主体，构成世界经济的最主要部分。

1. 主权国家

主权国家，指具有固定领土、一定的居民、一定的政权组织形式和主权的政治单位。国际法将主权国家定义为一个非物质的法律实体，依据国际法而对确定的领土拥有主权，并以一个法定的政权机构为代表行使主权，主权可分为国内和国际两个方面。主权国家是国际社会的最基本成员。世界经济的发展总是力图冲破民族国家的疆界，把各国经济融为一个有机整体。但是，主权是一个独立国家的标志。丧失主权，就会沦为其他国家的殖民地和附属国。近代世界史上，许多发达资本主义国家如英、法、美等依靠经济和军事力量，把世界上许多国家和地区变为自己的殖民地和附属国，对这些国家进行残酷压迫和掠夺。二战后，各民族国家纷纷独立，目前有近 200 个主权国家，这些主权国家由于历史的、现实的原因采用不同的社会制度运行，当今世界范围的经济联系和竞争就是在这些多元对立中展开的。

2. 国际经济组织

国际经济组织是指两个或两个以上国家政府或民间团体为了实现共同的经济目标，通过一定的协议形式建立的具有常设组织机构和经济职能的组织。它是国家之间的组织，不是凌驾于国家之上的组织；成员一般是国家，但在某些特殊情况下，非主权实体也取得了一些国际经济组织的正式成员或准成员资格；调整国际经济组织成员间关系的基本原则是国家主权平等原则；调整国际经济组织成员间关系的法律规范是国际经济组织法。国际经济组织通常包括世界经济组织和区域性经济组织。其中，主要世界经济组织是指在当今具有较大影响的全球性经济组织，主要包括世界贸易组织、国际货币基金组织和世界银行。世界贸易组织（World Trade Organization ，简称 WTO)，中文简称是世贸组织，其前身是 1947 年在日内瓦签订的《关贸总协定》。1995 年 1 月 1 日，世界贸易组织成立并与关贸总协定共同运行，1996 年 1 月 1 日，它正式取代关贸总协定临时机构。世界贸易组织是具有法人地位的国际组织，是当代最重要的国际经济组织之一，拥有 164 个成员，成员贸易总额达到全球的 98%，有“经济联合国”之称。国际货币基金组织（International Monetary Fund，简称 IMF）是根据 1944 年 7 月在布雷顿森林会议签订的《国际货币基金组织协定》，于 1945 年 12 月 27 日在华盛顿成立的。其职责是监察货币汇率和各国贸易情况，提供技术和资金协助，确保全球金融制度运作正常。世界银行（World Bank）是世界银行集团的简称，国际复兴开发银行的通称，它与国际货币基金组织同时成立、并列为世界两大金融机构，由国际复兴开发银行、国际开发协会、国际金融公司、多边投资担保机构和国际投资争端解决中心五个成员机构组成，是联合国经营国际金融业务的专门机构，同时也是联合国的一个下属机构。区域性经济组织，指那些由同一区域若干国家组成的国际经济组织，旨在保障共同利益和相互合作，促进域内国家经济协调发展。迄今为止，已成立欧洲联盟、北美自由贸易区、独联体经济联盟、东南亚国家联盟、欧洲自由贸易联盟、澳新自由贸易、黑海经济合作区、南亚区域合作联盟、海湾合作委员会、阿拉伯合作委员会、阿拉伯马格里布联盟、经济合作组织、安第斯集团、维谢格拉德集团、中美洲自由贸易区、南锥体共同市场、拉丁美洲一体化协会、西非国家经济共同体、西非经济共同体、南部非洲发展共同体、上海合作组织等 22 个区域性经济组织。

3. 跨国公司

跨国公司也叫多国公司、国际公司，最初是在发达资本主义国家中建立的大型企业。这些企业的特点是对外进行直接投资，在国外设立子公司或分支机构，进行跨国或国际性的生产、销售、金融等活动，以获取高额垄断利润。20 世纪 90 年代以来，跨国公司主导的国际直接投资的规模迅速扩大，投资和生产的国际化程度不断提高，跨国公司成为国际分工、全球生产和要素流动的主体力量。跨国公司通过市场内部化进行全球性生产经营活动，将全球的生产连为一体，并且形成生产—研发—销售全球一体化，越来越多的跨国公司通过兼并、收购、合并的方式组成“战略联盟”，形成了庞大的全球生产和销售网络。跨国公司推动生产在全球范围内进行，使得跨国公司内部的人员交流、经营管理、产品生产呈现出“无国界”的趋势。跨国公司的迅速发展，使生产、资本和商品的国际化进一步深化，其在全球范围内利用各地的优势组织生产，大大地促进了各种生产要素在全球的流动和分工，推动了各国产业结构的调整，弥补了资金的不足，加速了先进技术的转移和传播，客观上发挥了合理配置资源的功能，有利于各国经济和世界经济的发展，特别是对于世界经济的全球化进程具有巨大推动作用。

（二）世界经济运行机制

1. 世界贸易机制

世界贸易是指国际间商品、劳务、技术、管理及其他知识所有权方面的交换关系的总和，由世界各国的对外贸易构成，它是世界经济增长的动力。当前世界贸易机制主要是指以 WTO 这个多边贸易体系为支柱、大量区域贸易组织为补充的全球贸易体系。以 WTO 为核心的多边贸易体制，是实现世界经济增长的重要保障，为推动世界贸易与投资的发展、建设开放型世界经济发挥了中流砥柱的作用。世界贸易组织（WTO）是多边经济体系中三大国际机构之一，也是世界上唯一处理国与国之间贸易规则的国际组织。在 WTO 事务中，“多边”是相对于区域或其他数量较少的国家集团所进行的活动而言的，包括世界上所有主要贸易国在内的大多数国家都是该体制的成员，但仍有一些国家不是，因此使用“多边（multilateral)”一词，而不用“全球(global)”或“世界（world)”等词。多边贸易体制最重要的目的是在不产生不良负面影响的情况下，使贸易尽可能自由地流动。这就一方面意味着消除壁垒，另一方面意味着保证个人、公司和政府了解世界上的贸易规则是什么，并使他们相信，政策不会发生突然的变化。

当前世界贸易机制正面临多方挑战。一是理念上的挑战愈加明显。当前，世界贸易机制追求自由贸易理念。回看历史，自由贸易并非一开始就占据优势，而是在与重商主义、贸易保护主义的斗争中逐渐取得主导地位。这意味着，重商主义和贸易保护主义从未消亡，还在以不同的方式时涨时消。特别是 2008 年国际金融危机以来，贸易保护主义大幅度抬头，越来越多其他理念(如美国提出公平贸易理念）的出现，使得当前多边贸易体系的自由贸易理念受到了日益明显的挑战。二是对现有贸易规则的违背日益增多。WTO 重要成员的贸易政策开始违背世界贸易组织的规则，且毫无顾忌。比如某些国家采取单边主义措施，直接挑战 WTO 规则，也违背了这些国家对 WTO 的承诺。如果是经济体量较小的国家在做类似的事情，其构成的威胁尚可以定义为“有限”；但是，如果是 WTO 的主要成员在实施类似行为，就会对现有多边贸易体系的根基构成威胁。三是 WTO 自身面临众多现实挑战。WTO 自身谈判的基本功能难以实现，如谈了 10 余年未果的多哈会谈；多边贸易体系层面对于技术日新月异、全球化问题日益增多背景下投资的规则、数字贸易等未能及时制定新规则；WTO 号称“长了牙齿的国际组织”，因为它有争端解决机制，但即使在这一方面，WTO也面临着法官遴选上的阻挠，进展缓慢。

2. 国际金融机制

金融业由银行、保险公司、财务公司、投资公司、证券公司等金融机构组成。所谓国际金融，就是资金在国际范围内融通，即金融机构通过债券、股票和外汇等金融工具经营货币资金，实现巨额货币资金的转移运动，支持各国发展中的资金需求，提高全球资金的利用效率，它是世界经济运行的核心。从表现上看，国际金融过程就是国际资本流，但实际上，国际金融体系十分复杂，从广义上讲，其构成要素几乎包括整个国际金融领域，主要由国际货币体系、国际金融组织体系和国际金融监管体系组成。但从狭义上讲，其主要指国际间的货币安排，具体包括：国际汇率体系、国际收支和国际储备体系、国别经济政策与国际间经济政策的协调。当前国际金融机制是基于1976年牙买加协定的多元化货币体系，也称“牙买加体系”，它的中心是国际储备多元化和浮动汇率制。40多年来，总体上没有发生根本性的变化，它主要包括六个方面的基本特征：一是国际汇率制度呈现出以浮动汇率安排为主、多种汇率安排并存的基本格局。二是国际金融市场在国际收支调节中具有显著的作用。三是国际资本流动缺乏有效监管，已经成为国际金融不稳定的重要源泉。四是多边国际金融机构的功能存在严重缺陷，并且具有明显的不公正性。五是全球性货币金融合作成效甚微，区域性货币一体化进展显著。六是以美元为主导的储备货币体系与国际金融不稳定性有着千丝万缕的联系，但美元的霸权地位正面临挑战。

迄今为止，国际金融是世界经济中一体化程度最高的领域。金融一体化促进了生产国际化和资本国际化，推动了国际投资的发展，使一国的经济规模不完全受制于本国的国内储蓄和资金积累，为新兴工业化国家和地区实现经济起飞创造了有利条件。但由于在许多基本问题上至今没有形成全球性的制度安排，当前国际金融体系事实上处于一种“无体系”的状态。因此，市场的多变就会使国际金融业务的风险不断加大，如不及时有效地防范和化解，就会爆发极具破坏性的金融危机。伴随着国际经济和金融一体化程度的不断提高，特别是经济区域化的快速发展，为了适应不断变化的国际经济金融形势，国际金融体系也在一定程度上进行了调整。特别是2008年全球金融危机之后，在G20的推动下，国际货币体系进行了包括改革国际金融组织治理结构、完善全球监督框架、建立全球金融安全网、改进使用特别提款权

(Special Drawing Rights，简称 SDR）等一系列的改革。SDR 作为国际货币基金组织（IMF）创设的一种用于补充成员国官方储备的国际储备资产，对国际流动性的补充起到了一定的积极作用。IMF 在 2015 年底宣布人民币加入 SDR 货币篮子的消息掀起了一股 SDR 热。人民币加入 SDR 既是人民币国际化的机遇窗口，也是国际货币体系改革的重要里程碑。展望未来，伴随着经济全球化的持续发展，各国之间经济联系将更加紧密和深化，预计会有更多的国家积极致力于构建一个稳定和合理的国际金融机制。

3. 世界经济协调机制

世界经济协调机制是当今世界经济运行的重要内容，它是指两个以上国家，为了解决涉及当事国各方利益的世界经济领域的问题与矛盾，通过某种形式的协商，采取共同干预行动的行为。国际货币基金组织、世界银行、关贸总协定是二战后初期世界经济秩序的维护者，是美国对资本主义世界经济进行全球性协调的最初尝试。从理论上讲，世界经济的协调机制可使各国政策互相接近，使各国经济行为互相配合，起到防止危机、促进增长的作用。在二战后世界经济的实践中，尽管这种作用是打了折扣的，但其成效还是明显的。正是全方位、多层次的经济协调机制使世界经济保持了总体稳定，经济危机程度减弱，周期拉长，减缓了危机在国际间的传递，在解决国际经济突发性危机中扮演了重要的角色。在发达资本主义占主导的世界经济中，现行世界经济协调机制也有很大局限性。国际货币基金组织、世界银行等在国际协调中发挥主导作用的国际经济组织，成立之初是受大国意志支配的，现存的国际经济规则和惯例绝大部分是发达国家在其经济实践中逐步制定的，大国协调一直居于协调机制的核心地位，少数发达国家甚至借机推行霸权主义。随着经济全球化的深入，现行世界经济协调机制在协调能力方面的不足越来越突出。但是，在一个相互依赖的世界经济体系中，唯有协调才是解决利益冲突的正确选择。因此，建立有效的全球性经济协调机制，是有效防止由于世界上的某一国家或地区爆发的危机迅速传导至全球形成国际金融危机的根本路径。

2008 年爆发的国际金融危机表明：一方面，国际货币基金组织对待发达国家和发展中国家解决金融危机的双重标准受到挑战。目前负有监督各国财政货币政策、汇率政策和金融风险的全球性机构是国际货币基金组织。当成员国遭受金融市场冲击，短期流动性短缺时，可以向基金组织申请资金融通。

当然，基金组织提供贷款是有条件的，通常会要求成员国在较短时间内恢复和保持财政预算平衡，采取紧缩货币的政策。但是，基金组织多年来基本按照美国建议的标准行事，对处于金融危机中的发展中国家的经济政策和制度安排横加指责，对美国的赤字财政、长期过度宽松的货币政策、肆意放松金融监管、金融机构杠杆率过高和衍生金融产品评级偏高等问题却视而不见。这说明基金组织的政策监管与危机救援标准缺乏统一性和公平性，应该加以纠正，发展中国家在标准制定方面应该有更多发言权。另一方面，国际经济协调组织对金融危机的预警能力亟待加强，尤其急需建立针对贫弱国家的危机防范救援机制，建立应对金融危机的多样化协调机制。危机爆发后的救援安排固然十分重要，但是，建立一套科学、合理的危机预警系统更为重要。同时要看到，金融危机发生时，发达国家受到严重影响和打击的首先是金融部门，而发展中国家的实体部门可能遭受同样甚至是更严重的打击，经济可能会倒退许多年，甚至可能再次引发危机。因此，应对危机不能单靠一个或少数几个国家或者是某一个国际经济组织，必须建立由各国政府、次区域货币安排、区域货币安排（区域金融组织）和全球性金融机构组成的多层次复合型危机救助体系。事实证明大国对国际金融体系主导权的激烈争夺也会影响金融危机救援的效率和效果。

第二节　战后世界经济格局的演变

世界经济格局是指世界各国在世界经济中所处的地位与作用以及由此形成的相对稳定的一种结构与态势，实际上就是世界各国或国家集团相互作用而形成的世界经济内在结构的外在表现，其核心内容是大国或国家集团之间的经济力量对比和支配别国经济乃至世界经济的权力配置情况。

影响世界经济格局形成及其变动的因素很多，其中起决定性作用的是各经济主体的实力状况。第二次世界大战以来，伴随各经济主体，主要是各国和国家集团的经济实力的变动与消长，世界经济格局也经历了一个不断演进的过程。其轨迹可以划分为三个阶段。

一、战后初期美国称霸世界经济领域

第二次世界大战有 60 多个国家和地区参战，经济损失高达 4 万亿美元

以上，不论是战胜国还是战败国，绝大多数国家的经济都遭到了严重的破坏，然而，早在19世纪末工农业生产总值就居世界第一位的美国，由于战争远离其本土，其经济的基础条件不仅没有受到破坏，反而它的生产能力在战争中得到迅速扩张。二战后，美国经济迅速得到调整，发展成为一枝独秀，凭借其大大增强的经济实力取代了欧洲的世界中心地位。1948年在资本主义世界中，美国的工业生产总值占56.6％，出口贸易占32.5％，黄金储备占74.6％，并成为世界最大的资本输出国，纽约成为世界唯一的金融中心。

（一）美国经济霸权的建立

二战后美国为了实现称霸世界的目标，采取了一系列重大举措：

1. 在国际金融领域，建立以美元为中心的国际货币体系

在第二次世界大战后期，美、英两国政府出于本国利益的考虑，构思和设计二战后国际货币体系，分别提出了“怀特计划”① 和“凯恩斯计划”②。“怀特计划”和“凯恩斯计划”同是以设立国际金融机构、稳定汇率、扩大国际贸易、促进世界经济发展为目的，但运营方式不同。由于美国在世界经济危机和二战后登上了资本主义世界盟主地位，美元的国际地位因其国际黄金

---

① 美国财政部部长助理怀特提出的“联合国平准基金计划”，其核心内容是按照存款原则建立国际货币稳定基金（总额50亿美元），成立国际货币基金组织。主要内容包括：(1) 基金规定使用的货币单位为尤尼塔，它与美元或黄金直接挂钩，并可在会员国之间转移。(2) 各国货币与尤尼塔保持固定比价关系，比价的变动需经基金会员国3/4的投票权通过。(3) 成员国发生国际支付困难，可用本币向基金组织兑换外汇，但是数量不能超过它认缴的份额。(4) 会员国基本投票权取决于份额的大小，基金的办事机构设在拥有最多份额的国家。(5) 取消外汇管制、双边结算和复汇率等歧视性措施。美国是当时世界上最大的债权国，该方案实际上是为了确定美元的霸权地位，由美国一手操纵和控制基金组织，从而获得国际金融领域的统治权。

② 英国经济学家约翰·梅纳德·凯恩斯提出的“国际清算同盟计划”。其目的是维持和延续英镑的国际地位，削弱美元的影响力，并与美国分享国际金融领导权。主要内容包括：(1) 建立国际清算同盟，会员国央行在“同盟”开设账户，各国官方对外债权债务通过该账户以转账方式清算。(2)“同盟”账户规定的记账单位为班科，以黄金记值，会员国可用黄金换取班科，但不可以用班科换取黄金。(3) 贸易顺差国盈余存入对应账户，逆差国可按规定份额向“同盟”申请透支或提存。(4) 会员国份额以战前3年进出口贸易平均额的75％计算确定，货币以班科标价，变更需经“同盟”理事会批准。(5)“同盟”总部设在伦敦和纽约，理事会会议在英、美两国轮流举行。

储备的实力得到稳固，双方于1944年4月达成了反映“怀特计划”的《关于设立国际货币基金的专家共同声明》。1944年7月1日，44个国家或政府的经济特使在美国新罕布什尔州的布雷顿森林召开了联合国货币金融会议（简称布雷顿森林会议），商讨战后国际货币体系问题。经过3周的讨论，会议通过了以“怀特计划”为基础制订的《联合国家货币金融会议最后决议书》以及两个附议，即《国际货币基金协定》和《国际复兴开发银行协定》，确立了以美元为中心的国际货币体系，即布雷顿森林体系。按布雷顿森林会议的有关协议，美元与黄金按固定比例直接挂钩，其他国家货币与美元挂钩，建立固定汇率关系。为了保证国际货币体系的正常运行，1945年12月27日，参加布雷顿森林会议的22国代表在《布雷顿森林协定》上签字，正式成立国际货币基金组织（简称IMF）和世界银行（简称WB）。由于这两个机构均实行按缴纳资金的份额多少决定各国投票权力大小的原则，美国凭借资金优势掌握了相当大的投票权。由此，美国在确立了美元的霸主地位之后，又获得了国际金融决策中的支配性地位。

2. 在国际贸易领域，缔结《关贸总协定》，推动国际贸易自由化

为了保持或增强在战后国际贸易和金融中的地位，控制更广阔的世界市场进行商品输出，美国凭借其经济实力积极倡导推动国际贸易自由化。二战后，美国向联合国经社理事会提出召开世界贸易和就业会议，成立国际贸易组织。1946年由美、英等19个国家组成的联合国贸易与就业会议筹备委员会，起草了《联合国国际贸易组织宪章》。1947年11月在古巴哈瓦那举行的联合国贸易和就业会议上通过了该“宪章”，通称《哈瓦那宪章》。与此同时，由美国邀请包括中国在内的23个国家，根据这一宪章中有关国际贸易政策的内容，进行了减让关税的多边谈判，采纳了《哈瓦那宪章》中关于国际贸易政策的内容，签订了《关贸总协定》。该协定书旨在通过削减关税和其他贸易壁垒，消除国际贸易中的差别待遇，促进国际贸易自由化，以充分利用世界资源，扩大商品的生产与流通。1948年1月1日起临时生效的《关贸总协定》为美国商品流向全球提供了便利，为其经济谋求霸权起了巨大的作用，但也在客观上为资本主义世界创造了一个自由贸易的环境，促成了各国关税的降低和市场的开放，推动了战后世界经济的增长。

3. 在对外经济关系方面，通过巨额经济援助实现经济渗透和扩张

战后初期，美国从其全球战略出发，制订了援助西欧经济复兴的“马歇

尔计划”[①]，向欧洲各国提供百余亿美元的援助。同时，以“占领区救济基金”和“占领区经济复兴基金”的名义，向日本提供了24亿美元的贷款和援助。大量资金的注入对西欧和日本的经济恢复起到了输血的作用，加上这些国家自身也采取了有针对性的措施，到20世纪50年代初，绝大多数参与国的国民经济都已经恢复到了战前水平。同时，美国对亚非拉民族独立国家和其他落后地区，实施了“技术援助和开发落后地区计划”，亦称“第四点计划”，强化对不发达国家和地区的控制，实现其扩张政策。

总之，战后初期，美国凭借经济和综合国力方面的超强实力和突出优势，夺取了世界经济领域里的霸权，构建起了一套以它自己为核心、由它主导的世界经济的一元格局。同时，就客观而言，在美国全球战略和对外政策的作用下，20世纪50年代初到70年代初，世界经济进入长期、持续、高速增长的黄金时代。

（二）社会主义经济和发展中国家经济竞相发展

1. 社会主义经济发展壮大

第二次世界大战的另一个直接影响是社会主义的苏联在世界上的地位和重要性极大提高，一系列欧亚国家相继建立了社会主义经济制度。这些社会主义国家互相支持、相互合作，从而在国际经济关系中出现了一种新型的、前所未有的社会主义经济体系。战后初期，苏联转入恢复和发展国民经济的和平建设时期，重新开始了具有特色的、连续的“五年计划”。第四个“五年计划”（从1946年到1950年）宣告用了四年零三个月，而且和前几次一样超额完成了任务。20世纪50年代初，苏联经济规模不仅恢复到了战前水平，而且工业（尤其是重工业）的产量预期达到了新的高度，劳动生产率提高了

---

① 马歇尔计划（The Marshall Plan），官方名称为欧洲复兴计划（European Recovery Program），因其主要提出者时任美国国务卿乔治·马歇尔而得名。事实上真正策划该计划的是美国国务院的众多官员，特别是威廉·克莱顿（William L. Clayton）和乔治·凯南（George F. Kennan）。1947年6月5日，马歇尔到哈佛大学参加毕业典礼并发表演讲，专门提到援助欧洲的计划。从历史记载看，这次演讲，也是美国马歇尔计划实施的一个标志。1948年4月3日，杜鲁门签署了马歇尔计划，实际上马歇尔计划已经于1947年正式实施。该计划持续了4年，欧洲各国通过欧洲经合组织接受了美国大量援助，经济迅速得到恢复。同时，欧洲将资金又转而购买美国大量的商品，促进了美国高速发展。1950年，因为美国参加朝鲜战争，在美国共和党人的要求下，马歇尔计划宣告结束。

36%，按工人人均数量增长约50%。与此同时，东欧国家也着力于恢复被战争破坏的国民经济。一方面，随着生产资料社会主义改造的逐步完成，东欧国家普遍采取计划经济，制订与实施了发展经济的计划。这些社会主义经济政策在某种程度上解放了生产力，巩固了社会主义的经济基础，为开展大规模的经济建设打下了基础。另一方面，苏联同东欧各国相继缔结了友好合作互助条约。在苏联的帮助下，东欧各国也依靠自己的力量完成了经济重建的任务，经济发展成就斐然，工业生产在国民经济中的比重大大提高，人民生活水平明显改善，经济实力显著增强。此外，中国和其他一些国家也相继建立了社会主义制度，发展了以生产资料公有制为基础的社会主义经济。

对外经济关系方面，苏联严厉批评和谴责美国提出的“马歇尔计划”，说它“干涉其他国家的内政”，“重演杜鲁门主义的故技，借助美元以施加政治压力”。针对“马歇尔计划”带来的资本主义经济扩张的挑战，苏联实施了“莫洛托夫计划”①，并于1949年成立了经济互助委员会②。经济互助委员会的建立奠定了社会主义国家广泛的多边经济合作的基础，扩大了苏联和东欧国家的经济技术交流和经贸往来，加强了相互间的经济政策协调，促进了社会主义经济的整体发展。

总之，战后初期，苏联加快经济发展步伐，逐步缩小与美国在经济上的差距，成为仅次于美国的世界第二经济大国。以苏联为代表的社会主义经济不断壮大，有力地阻碍了美国企图以经济霸权称霸世界目标的实现。

2. 发展中国家经济较快增长

第二次世界大战后，民族解放运动蓬勃发展，长期延续的殖民体系瓦解，一大批政治上新独立的国家纷纷走上了发展民族经济的道路。这些国家将实现国家工业化以改造落后的经济结构作为经济战略目标，并将如何筹集国内投资、分配投资以及如何处理对外贸易和经济发展的关系等问题，作为经济

---

① 由维亚切斯拉夫·莫洛托夫提出，1947年苏联为了抵制和反击“马歇尔计划”，防止东欧“离苏倾向”，加强与东欧经济联系，援助东欧经济发展而与东欧各国签订的经济协议总称。

② 经济互助委员会（The Council for Mutual Economic Assistance，简称Comecon），简称经互会，是由苏联组织建立的一个由社会主义国家组成的政治经济合作组织，其成员国具有平等的权利和义务，总部设在莫斯科，是继承维亚切斯拉夫·莫洛托夫计划后的经济合作计划。1991年6月28日，该组织在布达佩斯正式宣布解散。

战略决策的中心问题。19 世纪 50 年代，发展中国家为实现国家工业化，一般都采用进口替代战略，即通过建立和发展本国的制造业和其他工业，替代过去的制成品进口，以带动经济增长，实现国家的工业化。得益于进口替代战略的实施，发展中国家的制造业得到了迅速发展，改变了过去以农业为主的单一畸形经济结构，并在一定程度加强了一些发展中国家的经济自立。但随着进口替代的深入，这一战略开始日渐暴露出一些突出问题，并对发展中国家的经济产生诸如两极分化、产业发展不平衡、对外贸易和国际收支失衡等问题，甚至许多国家发生了严重的外汇危机。因此，19 世纪 60 年代中期，东亚和东南亚一些国家和地区如新加坡、朝鲜、中国的台湾省，开始转向面向出口的工业化战略①。这些国家和地区凭借自身廉价的劳动力优势，通过积极引进外国资本和技术，进口国外廉价的原料和能源，发展劳动密集型的加工装配工业，并通过出口来带动经济的增长，缓和国际收支的严重压力。在此以后，其他国家如巴西、墨西哥、菲律宾、马来西亚、泰国、印度、巴基斯坦、土耳其等，也先后程度不同地转向面向出口工业化战略，或采取进口替代和面向出口相结合的战略。得益于面向出口工业化战略的实施，这些发展中国家和地区对外贸易和国民经济再次取得快速发展。

总之，战后初期，发展中国家在摸索和选择本国发展道路过程中普遍经历了一系列必要的社会经济改革，且改革政策、措施得力，辅以西方国家经济快速增长的有利影响，在战后初期，经济增长大多较快。由于这些国家采取了不同的社会和经济制度，经济发展也呈现出不同的特点，因此，这些新兴国家成为战后世界经济中的一种独特的经济体，即发展中国家经济。据统计，1950 年发展中国家国民生产总值占世界的比重为 9.1%，1960 年提高为 9.5%。

二、世界经济向多极化方向发展

20 世纪 70 年代至 80 年代，在资本主义发展不平衡规律的作用下，资本主义世界形成了美、日、欧三足鼎立的经济局面。社会主义经济出现了分化，发展中国家经济由“希望的十年”走向“失望的十年”，世界经济向多极化方

---

①　面向出口工业化战略，就是使本国的工业生产面向世界市场，并以制成品出口逐步替代过去的初级产品出口。

向发展。

（一）美国丧失经济霸主的地位，但仍然是世界第一经济强国

20 世纪 70 年代，世界经济出现了巨大转折。1973 年资本主义世界爆发了大规模的经济危机，由此世界经济进入“滞胀”与调整时期。由于西方发达国家在世界经济中的决定性作用，从而导致整个世界经济进入一个低速发展且动荡频发的时期。

美国在这一时期的经济呈高开低走的基本态势，并丧失霸主地位，但依然是世界经济的超级大国。其主要表现在：

第一，美国国民生产总值在世界总产值中的比重下降。由于经济停滞、高失业率与高物价同时并存的“滞胀”，美国经济增长速度长期低于西欧国家和日本，美国的国民生产总值已由 1950 年占世界经济生产总值的 40%下降到 1973 年的 28%左右，20 世纪 80 年代则进一步下滑。

第二，美国的国际经济地位受到削弱。由于受 1973 年经济危机的冲击，以美元为中心的“布雷顿森林体系”崩溃，使得美国对外资本输出发生了不利的局面，美国的金融货币实力和跨国公司实力都有所下降，美国的国际贸易持续下滑。加之战后美国长期扮演“世界警察”的角色，给自身带来了沉重的经济负担，使其在经济上付出了高昂的代价。自 1971 年美国首次出现贸易逆差始，到 1985 年，美国已从最大的债权国变为最大的债务国。

第三，美国依然是世界经济的超级大国。尽管美国在这一时期经济发展缓慢，通货膨胀严重，美元地位发生动摇，其在世界经济中的霸主地位受到西欧和日本的挑战，但是美国仍是世界上最强大的资本主义国家，且随着 20 世纪 80 年代中期美国政府经济政策的调整，经济发展形势不断得到好转。

（二）欧共体崛起，日本上升为世界经济大国

西欧和日本经过战后几十年的发展，与美国的经济差距呈逐步缩小之势，到 20 世纪 70 年代，在世界资本主义经济阵营，出现了美、日、欧三足鼎立的局面。

西欧通过建立欧洲经济共同体，推进国家间的经济联合，逐渐摆脱了对美国的依赖，在世界经济中的地位不断增强。20 世纪 70 年代，其国民生产总值不断接近美国，其出口贸易是美国的近 3 倍，黄金外汇储备是美国的 5 倍多，其整体经济实力已与美国相当。1979 年，西欧主要国家建立起欧洲货币

体系，在经济上的独立性明显增强。

日本虽然也经受了1973—1975年的资本主义世界经济危机的冲击，经济从高速增长转入低速增长，但仍高于其他发达资本主义国家。进入20世纪80年代，日本在世界经济中的地位全面增强，不但人均产值超过了美国，金融实力大大增强，而且日本完成了从贸易大国向技术大国的转变，已成为世界上最大的产品、资本输出国和最大的债权国，1987年日本取代苏联成为世界第二经济大国。

随着西欧和日本对世界经济的影响力日益加大，它们开始要求在国际经济体系中获得相应的发言权和地位，因此在这一时期，随着国际经济竞争的加剧，它们成为美国强劲的对手，与美国在国际贸易领域的摩擦不断，并扩展到金融及生产领域，世界经济向多极化演进。

（三）社会主义经济发展出现分化，苏联和东欧国家经济实力不升反降，中国走出了一条中国特色社会主义道路

20世纪70年代初，苏联经济总量已跃居世界第二，大多数东欧国家也已基本上实现了工业化。但是，从70年代中期始，苏联和东欧国家的经济发展速度呈现出直线下滑之势；到了80年代，经济发展速度进一步放缓，甚至陷入停滞状态。其下降的主要原因在于僵化的经济管理体制对经济发展的制约和苏联为维持其与美国、华约与北约的战略平衡的行为举措。80年代中后期，苏联经济持续恶化，然而苏共领导人戈尔巴乔夫领导的改革并未能使苏联摆脱困境，反而激化了各种社会矛盾，加剧了政局的动荡。苏联的发展动向在极大程度上影响着东欧国家的政局，并最终导致了80年代末90年代初东欧剧变的发生。东欧剧变又使得原本就衰弱的经济雪上加霜，处于经济崩溃的边缘。

同为社会主义国家的中国在20世纪70年代后期开始了艰难的改革进程。1978年召开的十一届三中全会重新确立了“解放思想、实事求是”的马克思主义思想路线，确定以经济建设为中心，实行改革开放。这一重大战略决策切合实际，收效显著。1981—1990年，中国国民生产总值的年平均增长速度高达9.2%，经济增长率远远高于世界平均增长率3%的水平。中国工业生产发展迅速，1986年至1989年，年均增长率为14.6%，远远高于世界4.1%的速度，是世界上工业发展速度最快的国家之一。由此，中国走出了一条不同于苏联发展模式的中国特色的社会主义道路，成为世界经济多极化中的重要

一极，经济、社会生活发生了深刻的变化。

（四）发展中国家作为一支新兴的经济力量登上了世界经济舞台

20世纪70年代，发展中国家的经济得到了较快的发展，特别是石油输出国不断崛起和新兴工业化国家和地区的出现，标志着发展中国家作为一个整体，在国际经济领域中的地位和作用明显提高。其具体表现在：一是经济增长速度明显快于西方发达资本主义国家。1970—1980年，发展中国家（包括中国，但不包括高收入石油出口国）国民生产总值年平均增长率为5.3%，高收入石油出口国为6.3%，西方发达资本主义国家为3.2%。且同期发展中国家人均国民生产总值年平均增长率达到3.1%，也高于西方资本主义国家的2.4%。二是工业发展迅速，部分发展中国家的国民经济部门构成，开始接近西方工业国家的一般水平。特别是发展中国家的石油化工、基本金属（包括钢铁和有色金属冶炼）和机械设备部门的增长比较迅速。例如巴西在80年代初已成为世界第十大钢铁生产国。三是出口能力和市场容量不断扩大，改变了世界贸易格局。发展中国家的出口贸易总额（不包括中国），从1970年565亿美元，增加到1980年的5671亿美元，年平均增长率达26.1%，高于同期世界出口贸易的年平均增长率（20.4%）。四是经济自主程度明显加强。在发展中国家的努力下，在资金、技术和市场等方面的经济自主程度明显加强，长期形成的对发达国家的经济依附继续减少，“工业欧美，原料亚非拉”的传统国际分工格局也开始改变。

进入20世纪80年代后，由于世界经济环境急剧恶化，大多数发展中国家的增长速度明显放缓，出现了通货膨胀、粮食短缺、人口膨胀、债务危机等问题。这些问题的原因是多方面的。从国内来说，发展中国家实施的工业化经济发展战略和经济政策存在弊端，突出问题在于：过于强调工矿业发展，不注重国民经济各部门的均衡发展；片面追求经济增长，忽视人民生活改善和社会公平；过度依赖外部资金和国外市场，忽视经济的自主发展等。这一切使发展中国家经济发展带有很大的不稳定性、依附性和脆弱性。但是，更直接的原因在于1980年到1982年连续三年的世界资本主义经济危机和西方发达国家为应对危机利用不合理的国际经济制度向发展中国家转嫁危机。值得注意的是，当发展中国家普遍呈现不景气现象时，却不乏有一些经济发展较快的“亮点”地区与国家，其中亚洲“四小龙”即新加坡、韩国、中国台湾地区和中国香港地区尤为引人注目。仅以出口贸易为例，1980—1987年，发达国家出口年均增长 3.7%，发展中国家年均增长 1.1%，而同期新加坡为 6.5%，韩国为 14.8%，中国台湾地区为 15.3%，中国香港地区为 13.7%。

三、区域经济集团化加快发展

随着两极格局的解体，在世界经济多极化地发展经济全球化的推动下，20 世纪 80 年代末以来，区域化经济集团有了长足的发展。美、日、欧三大区域经济中心的较量越来越激烈、复杂，直接推动了北美、亚太、西欧经济区域化的发展，形成了三大区域组织密切联系、相互依赖、矛盾斗争的新格局。

（一）欧洲联盟

欧洲联盟（European Union，简称 EU），总部设在比利时首都布鲁塞尔，是由欧洲共同体发展而来的，创始成员国有 6 个，分别为德国、法国、意大利、荷兰、比利时和卢森堡。该联盟现拥有 28 个会员国，即法国、德国、意大利、荷兰、比利时、卢森堡、丹麦、爱尔兰、英国（包括直布罗陀）、希腊、西班牙、葡萄牙、奥地利、芬兰、瑞典、波兰、捷克、匈牙利、斯洛伐克、斯洛文尼亚、塞浦路斯、马耳他、拉脱维亚、立陶宛、爱沙尼亚、保加利亚、罗马尼亚、克罗地亚，总面积约 438 万平方公里，人口 5.1 亿。2017 年，欧盟 28 个成员国国内生产总值达到 17.3 万亿美元，人均 GDP 为 33715 美元。1991 年 12 月，欧洲共同体马斯特里赫特首脑会议通过《欧洲联盟条约》，通称《马斯特里赫特条约》。1993 年 11 月 1 日，《马斯特里赫特条约》正式生效，欧盟正式诞生。1994 年 1 月 1 日，欧洲经济暨货币联盟（Economic and Monetary Union of the European Union）进入第二阶段，成立欧洲货币管理局，1998 年 1 月欧洲中央银行成立。1999 年欧元开始运作，2002 年 1 月 1 日正式流通，3 月 1 日成为欧元区国家唯一法定货币。

欧盟的诞生使欧洲的商品、劳务、人员、资本自由流通，使欧洲的经济增长速度快速提高。欧盟是世界上一支重要的经济力量，其经济实力曾一度超过美国，跃居世界第一。可以说，欧盟是当今世界一体化程度最高的区域经济集团，而且还是全球最不发达国家最大出口市场和最大援助者，多边贸易体系的倡导者和主要领导力量。欧洲一体化带动了金融化与技术变革的推进，一定程度上促进了生产力的发展，但是却使欧洲愈发形成了鲜明的两极“分层”。由于货币主权和财政主权分属欧洲央行和各成员国，欧盟内部各成员国发展的不平衡，财政和货币政策会冲突和错配，执行效率低下；加之长期以来，欧盟（欧共体）与美国互为最大的贸易伙伴和投资伙伴，美欧在投资和贸易上具有高度的关联性，当2007年美国次贷危机引发的金融危机向全球蔓延的过程中，首先席卷的是欧洲金融业，并随后引发了主权债务危机。由此，欧盟遭遇到成立以来的经济衰退程度最深、持续时间最长、影响范围最广、破坏程度最大的一场经济和金融危机。受金融危机和债务危机的双重打击，各种利益分歧明显加大，加之欧盟内部经济发展的不平衡造成的内部分化和移民问题引发的国家、地区的动荡和冲突，部分成员国“脱欧”的声音甚嚣尘上，欧盟一体化结构岌岌可危。特别是欧债危机爆发以后，英国将自己置身事外的一系列举措遭到欧盟成员国强烈不满，逐渐被欧盟区域内的其他大国排挤、边缘化，法国和德国对欧盟的主导性逐步显现，英国与欧洲大陆间矛盾加剧。对发达的英国而言，虽然欧盟提供了诸多优惠政策，但是英国要承担的责任和义务也相对较大，比如，要承担高昂的欧盟会费。由于利益冲突不断加剧，2013年1月23日，英国首相卡梅伦首次提出了脱欧公投。2016年6月英国举行公投获得了52%的支持票决定脱欧；2017年2月1日晚，英国议会下议院投票通过政府提交的“脱欧”法案，授权首相特雷莎·梅启动“脱欧”程序。2020年12月24日，历经多次延期，三任英国首相和两任欧盟理事会主席接力，英国和欧盟达成贸易协议，结束了它47年的欧盟成员国身份，一波三折的英国脱欧终于落下帷幕，这也标志着英国与欧盟的关系展开全新的一页。2020年12月28日，批准了与英国的“脱欧”贸易协议，欧盟自此正式步入“后脱欧时代”。值得一提的是，从英国“脱欧”成为现实，到英国“脱欧”长跑结束，但英国与欧盟之间又将走向何方，仍是一个未知数。自此，欧洲未来必将重塑，全球化的未来进入一个新的阶段。以英国为代表的新自由主义国家恰好反映出“新自由主义转向在某种程度上与经济精英力量的恢复或重建密切相关”。

（二）北美自由贸易区

北美自由贸易区（North American Free Trade Area，简称NAFTA）是在区域经济集团化进程中，由发达国家和发展中国家在美洲组成的。1992年8月12日美国、加拿大和墨西哥三国就《北美自由贸易协定》达成一致意见，同年12月17日三国领导人分别在各自国家正式签署这一协议。1994年1月1日，协定正式生效，北美自由贸易区宣布成立。三个会员国彼此必须遵守协定规定的原则和规则，如国民待遇、最惠国待遇及程序上的透明化等来实现其宗旨，借以消除贸易障碍。自由贸易区内的国家货物可以互相流通并减免关税，而贸易区以外的国家则仍然维持原关税及壁垒。北美自由贸易区是一个以美国为核心的南北区域性经济组织，美国在北美自由贸易区内有着绝对的主导作用。北美自由贸易区给美国在双边贸易、直接投资、技术转让及第三产业诸领域内提供控制和渗透加拿大和墨西哥的机会，从而在贸易区对内、对外事务上拥有了绝对的发言权。美国不仅是北美自由贸易区的倡导者，而且是该自由贸易区的主导国，它在贸易区的运行中占据绝对的主导和支配地位。从贸易区内部的实力来看，美国占有 2/3 的人口和 90% 的经济实力；加拿大则仅有 7% 的人口和 8% 的经济实力；墨西哥虽拥有近 26% 的人口，但经济实力则不到 2%。三国按工业化程度和发展水平分属三个不同的层次：美国属于第一个层次，加拿大属于第二个层次，二者均是发达的工业化国家，墨西哥则是第三个层次，为新兴的工业化国家。因此，无论从经济实力、工业化程度和发展水平等方面相比，美国都处于绝对的优势地位，自然对加拿大和墨西哥具有很强的制约力。

从根本上说，北美自由贸易区的建立更多地体现出了美国的战略意图。但是，在另一方面，北美自由贸易区又给加拿大和墨西哥提供了难得的进入美国市场的机会，对于促进这两个国家的经济发展具有非常重要的作用，三国联合起来在国际贸易中的地位也随之大为增强。因此，北美自由贸易区在很大程度上是双赢的选择和结果。当前，世界各国都非常重视通过建立和发展自由贸易区来为自己国家的经济发展服务，而自由贸易区的产生和发展也有着深刻的原因和独特的作用。全球范围内自由贸易区的数量不断增加，涵盖议题快速拓展，自由化水平显著提高。

（三）亚太经济合作组织

亚洲太平洋经济合作组织（Asia-Pacific Economic Cooperation，简称 APEC），简称亚太经合组织，是亚太地区重要的经济合作论坛，也是亚太地区最高级别的政府间经济合作机制。亚太经合组织总人口达 26 亿，约占世界人口的 40%；国内生产总值之和超过 19 万亿美元，约占世界的 56%；贸易额约占世界总量的 48%。这一组织在全球经济活动中具有举足轻重的地位。

1989 年 11 月 5 日至 7 日，举行亚太经济合作会议首届部长级会议，标志着亚太经济合作组织的成立。1993 年 6 月改名为亚太经济合作组织。1991 年

11月，中国以主权国家身份，中国台北和中国香港以地区经济体名义正式加入亚太经合组织。亚太经合组织共有21个成员。2001年10月，APEC会议在中国上海举办。这是APEC会议首次在中国举行。2014年，APEC会议时隔13年再次来到中国。目前，亚太经合组织共有21个正式成员，分别是澳大利亚、文莱、加拿大、智利、中国（中国香港、中国台北）、印度尼西亚、日本、韩国、马来西亚、墨西哥、新西兰、巴布亚新几内亚、秘鲁、菲律宾、俄罗斯、新加坡、泰国、美国、越南。此外，APEC还有3个观察员，分别是东盟秘书处、太平洋经济合作理事会和太平洋岛国论坛。亚太经合组织是截至2014年世界上规模最大的多边区域经济集团化组织，APEC成员国的广泛性是世界上其他经济组织所少有的。APEC的21个成员国，就地理位置来说，遍及北美、南美、东亚和大洋洲；就经济发展水平来说，既有发达的工业国家，又有发展中国家；就社会政治制度而言，既有资本主义国家，又有社会主义国家；就宗教信仰而言，既有基督教国家，又有佛教国家；就文化而言，既有西方文化，又有东方文化。成员国的复杂多样性是APEC存在的基础，也是制定一切纲领所要优先考虑的前提。亚洲经济一体化的步伐落后于前两个地区。从发展阶段来看，亚太经合组织仍然属于一个政府间合作的经济论坛；从组织原则看，它形成了独树一帜的组织方式，即在承认多样化的前提下，实行互利、协商一致、自愿、灵活的原则，多形式、多结构地推进本地区的经济合作。

战后最早出现的区域经济集团化组织是1949年建立的经济互助委员会，目前世界上主要的区域集团组织有30个左右，涉及将近三分之二的国家。区域经济集团的发展，不仅促进了区域经济和世界经济的发展，更赋予世界经济多极化以新的内容。除了上述这三大区域化组织外，还有众多的经济集团遍布世界各地，尤以二十国集团（G20）成员涵盖面广、代表性强，该集团的GDP占全球经济的90%，贸易额占全球的80%。

第三节　当今世界经济发展的趋势与特点

20世纪90年代以来，世界经济在经济关系、经济体制、经济结构等方面出现了许多新情况和新特点，特别是2008年国际金融危机的爆发，深刻影响着世界经济和国际社会的未来发展。

一、经济全球化在曲折中发展

经济全球化是指在生产不断发展、科技加速进步、社会分工和国际分工不断深化、生产的社会化和国际化程度不断提高的情况下，世界各国、各地区的经济活动越来越超出某一国家和地区的范围而相互联系、相互依赖的过程。经济全球化的实质是资本的全球化，是生产社会化和经济关系国际化发展的客观趋势。

20世纪80年代末90年代初，“随着冷战结束，两大阵营对立局面不复存在，两个平行的市场随之不复存在，各国相互依存大幅加强，经济全球化快速发展演化”，加之以信息技术为代表的新科技革命的推动，长期以来美苏对抗带来的世界经济体系的分割被打破，技术、资本、商品等真正实现了全球范围的流动，各国之间的经济联系日益密切，相互合作、相互依存大大加强，世界进入经济全球化时代。

（一）经济全球化的表现

第一，市场经济的全球化。经济全球化是以市场机制的全球性扩张为依托的。随着社会主义国家由计划经济向市场经济的转轨，俄罗斯和东欧国家市场机制的建立，发展中国家纷纷调整经济战略，实行对外开放政策，全球绝大多数国家实行了市场经济体制，全球范围内统一的市场真正形成。市场机制在世界范围内实现了对资源的优化配置，国际分工进一步深化，国际水平分工逐渐取代国际垂直分工，成为居主导地位的分工形式。

第二，生产经营的全球化。生产全球化是经济全球化的基础，而跨国公司是生产全球化的载体，是推动经济全球化的直接组织者和担当者。国际水平分工的形成为生产全球化奠定了基础，为每个国家参与国际分工和国际竞争提供了机会和条件；也使各国成为全球生产体系的一部分，成为商品价值链中的一个环节，整个地球俨然成为一个大工厂。自20世纪90年代以来，跨国公司主导的国际直接投资的规模迅速扩大，投资和生产的国际化程度不断提高，跨国公司成为国际分工、全球生产和要素流动的主体力量。跨国公司通过市场内部化进行全球性生产经营活动，将全球的生产连为一体，并且形成生产—研发—销售全球一体化，越来越多的跨国公司通过兼并、收购、合并的方式组成“战略联盟”，形成了庞大的全球生产和销售网络。

第三，贸易的全球化。贸易全球化是指商品和劳务在全球范围内的自由流动。20 世纪 80 年代以来，由于更为便捷的通信和运输条件的出现、日益先进的贸易手段的使用以及各国政府采取更为开放的贸易政策，全球贸易实现了前所未有的高速发展，商品贸易增长速度加快，规模越来越大，服务贸易、技术贸易以及产业内贸易、跨国公司内部贸易在全球贸易中的比重不断上升，参与贸易的国家急剧增加，对外贸易在各国国民经济中的地位和作用进一步提高，成为许多国家经济增长的“引擎”和最重要的增长源。国际贸易体制和规则更为规范，对全球贸易活动进行规制和调节的范围和作用趋于扩大，有力地推动了贸易的全球化进程。

第四，金融的全球化。金融全球化是指世界各国、各地区在金融业务、金融政策等方面相互协调、相互渗透、相互竞争不断加强，使全球金融市场更加开放、金融体系更加融合、金融交易更加自由的过程。20 世纪 80 年代以来，由于金融自由化浪潮的兴起和信息技术在金融领域的广泛应用，全球金融市场和金融机构加强联系和融合，金融创新日新月异，金融衍生工具层出不穷，极大地推动了金融交易的发展，大规模的资金流动可以在瞬间完成，这使得国际金融资本在全球范围大规模快速流动，推动了金融的全球化进程。

（二）经济全球化在曲折中发展

从本质上讲，经济全球化是生产力发展和社会化大生产的必然要求。20 世纪 70 年代以来的信息技术革命，将整个世界空前地联系在一起；跨国公司的迅速发展，使生产、资本和商品的国际化进一步深化；世界范围内的市场经济体制的建立，使各国经济与世界市场接轨；世界贸易组织的成立，使贸易自由化和投资自由化进程加快。所有这些都为国际资本的流动、国际贸易的扩大、国际生产的大规模进行提供了适宜的体制环境和政策条件，推动了经济全球化的发展。习近平指出：“经济全球化是社会生产力发展的客观要求和科技进步的必然结果，不是哪些人、哪些国家人为造出来的。经济全球化为世界经济增长提供了强劲动力，促进了商品和资本流动、科技和文明进步、各国人民交往。”①

经济全球化体现了社会化生产的要求，不仅发达国家从中受益，一些发展中国家在参与经济全球化进程中也得到了快速发展。经济全球化使资本、技术、管理、劳动力等生产要素在全球范围内自由流动和优化配置，推动了

---

① 习近平. 习近平谈治国理政：第二卷［M］. 北京：外文出版社，2017：477.

世界市场的深化扩张，使世界各国、各地区经济发展日益紧密地联系在了一起，形成了“你中有我，我中有你”的局面。一些新兴工业化国家和地区抓住经济全球化的有利时机，借助外部资金和技术促进自己的发展，成就令世界惊叹。但经济全球化也是一把双刃剑，它在促进经济发展的同时也带来了一些负面影响。第一，最突出的问题是利益分配不公。经济全球化非但没有缩小南北差距，相反，由于长期以来发达资本主义国家依靠其强大的经济实力主导经济全球化进程，主导制定、操纵贸易和竞争规则和国际经济组织，加大对资金匮乏、技术水平落后的部分发展中国家的掠夺，南北差距日益扩大。第二，发展中国家资源短缺和环境污染恶化问题加剧。在经济全球化进程中，发达国家由于产业链优化升级，不断把高污染、高能耗产业向发展中国家转移，从而加剧了发展中国家在经济增长的同时出现的资源短缺和环境恶化。第三，世界范围内的经济风险增加。经济全球化加深了世界的经济联系和相互依赖，在有效的全球性经济协调机制没有建立起来的情况下，世界上的某一国家或地区爆发的危机将会迅速传导至全球，增加全球经济发展的不稳定性和经济风险。

2008年全球金融危机之后，经济全球化的强劲发展势头戛然而止，随之而来的是贸易保护主义抬头，逆全球化浪潮兴起。其表现是：其一，国际贸易的规模和增速都显著萎缩。2008年国际金融危机以来，全球贸易增速明显放缓，跨国公司的发展和对外直接投资增速也持续放缓，至今未恢复到危机前的水平。贸易和投资增速持续呈现低迷状况，意味着经济全球化陷入停顿。其二，投资限制和贸易壁垒加大。自2008年全球金融危机爆发以来，发达经济体普遍陷入空前严重的经济衰退，为了实现经济复苏，一些国家纷纷采取保护主义措施。曾经风靡一时的投资自由化和贸易自由化政策被束之高阁，严格的投资限制和严密的贸易壁垒大行其道。美国、日本和欧盟背信弃义，无视中国严格遵循国际贸易规则和自觉履行义务的事实，不承认中国的市场经济地位，公然践踏国际规则。美国前总统特朗普在美国优先的口号下大行保护主义，更是直接挑起中美贸易战。保护主义严重阻碍国际贸易和投资的扩大，使经济全球化面临严峻挑战。其三，区域经济一体化呈现排他性、封闭性、碎片化发展态势。区域经济一体化是经济全球化的重要组成部分和推动力量，区域经济一体化有助于推动经济全球化的发展。但是金融危机之后，由于各种复杂的政治、经济、社会原因，一些地区的区域经济一体化进程受到重创。如欧盟的建立曾是区域经济一体化和经济全球化取得的标志性成果，然而英国却不顾欧盟各国以及国际社会的劝阻和反对，借助公投强硬脱离欧盟，使欧洲一体化进程和经济全球化进程遭遇重创。区域经济一体化进程的扭曲和逆转严重阻碍了经济全球化的发展。

面对经济全球化发展的历史必然性和国际范围内保护主义倾向抬头，国际经贸规则制定出现政治化、碎片化的风险挑战。必须认识到，经济全球化不是一部分国家的独角戏，而是世界各国、各民族共同实现发展的大舞台。在世界经济的大海中，想人为切断各国经济的资金流、技术流、产品流、产业流、人员流，不仅是不可能的，也是不符合历史潮流的。可以说，当前经济全球化正在步入十字路口，一些西方大国对待全球治理的立场正在发生重大转变，全球治理体系的基础出现了裂缝和晃动。而且，伴随着经济全球化深入发展，全球性问题可能会越来越多，必须认识到，解决全球性问题的基本途径就是合作。面对单边主义和贸易保护主义，坚持合作共赢是积极之策。应秉持构建人类命运共同体理念，坚持共商、共建、共享的全球治理观，维护多边贸易体制，反对一切形式的单边主义和保护主义，合力引导好经济全球化走向，共同推动世界各国的繁荣发展。同时，各国也应加强宏观政策协调，兼顾当前和长远，着力解决深层次问题。

二、综合国力较量加剧

冷战结束以来，虽然世界并不平静，局部战争与冲突时有发生，但总的时代潮流是和平与发展。国家间竞争不再以军事为主战场，而变为以科技为先导、经济为核心的综合国力的较量。

（一）综合国力的含义

综合国力（Comprehensive National Power）是一国实际存在的综合力量。形式上表现为一种矢量——有大小、方向和作用体。它是衡量一个国家基本国情和基本资源最重要的指标，也是衡量一个国家的经济、政治、军事、文化、科技、教育、人力资源等实力的综合性指标。简而言之，综合国力是反映一个国家在国际社会中所处地位和作用的一种尺度。如何界定和衡量一个国家综合国力或战略资源，国际上尚无统一的定义和计算方法。各国学者对综合国力的概念理解也不一致。阿什利·泰利斯将国家实力定义为两个分量相互作用的产物，即一个国家在给定时间上具有掌握经济创新周期的能力，并利用这种控制能力形成有效的军事能力，反过来创造一个稳定的政治环境，加强现存的经济优势，也为保持国家的战略优势以及从国际体系中获益提供基本条件。概言之，综合国力可以简单地定义为一个国家通过有目的的行动追求其战略目标的综合能力。肯尼思·华尔兹将实力定义为各种能力的分布，认为综合国力就是国家战略资源的分布组合，被动员和利用来实现一个国家的战略目标。汉斯·摩根索认为综合国力包括地理、自然资源、工业能力、军备状况、人口、民族特征、国民士气、外交质量、政府质量等要素。小约瑟夫·S. 奈认为综合国力包括支配性的实力和吸取性的实力两个方面，即硬实力和软实力。

因此，综合各国学者观点，基于辩证唯物主义出发，综合国力应该是一个综合性概念，是一个反映出主权国家所拥有全部实力的动态的大系统。它既包括自然因素，又包含社会（人为）因素；既包含物质因素（硬实力），又包含精神因素（软实力）；既包含实力，又包含潜力和由潜力转化为实力的机制。换句话说，综合国力是包括政治、经济、科技、文化、教育、国防、外交、社会、地理和自然资源等要素在内的各类国家战略资源之总和。在当今世界上，一个国家的强弱不仅仅决定于军事力量或经济力量，更重要的是取决于这个国家的综合国力，国际竞争归根结底是综合国力的竞争。综合国力的主体是经济实力，经济实力对科技、文教、国防、外交都有着直接影响。综合国力的发展是个全面的过程，成为强国的必要条件还是在于硬实力的强劲，根本在于国力资源的强劲，需要科技、人力资本这些高级生产要素的不断提升，仅仅靠人口众多就成为国力强国是不可能的，但是人力资源是根本因素。各国的国情、国力发展状况不同，提升综合国力的重点也不同。总体上看，综合国力的发展不是一蹴而就的，综合国力的提高一方面需要国力系统中各要素的均衡发展，另一方面需要抢占科技进步的制高点，发展在全球创新系统中的领先产业，谁拥有这些条件，谁将成为未来的国力强国。正如习近平主席 2015 年 5 月 27 日在浙江召开华东 7 省市党委主要负责同志座谈会上所说："综合国力竞争说到底是创新的竞争。"

（二）大国战略竞争呈现新变化

在人类国家发展史上，国家兴衰更替作为一种常态化现象，长期困扰着世界各国执政者们。许多曾处在世界权力巅峰的国家逐渐衰落，而许多曾相对落后的国家却迅速崛起，并拥有巨大的财富和权力。从国家角度来看，国家的兴衰首先是国力的对比变化。其中，经济的崛起是国力评价的一个重要因素，但又不能简单理解为国家兴盛。现代经济学鼻祖亚当·斯密认为经济增长的动力来自劳动分工和专业化以及促进要素流动的市场规模的不断扩大。库兹涅茨则注重人口、资源等要素投入的增加以及经济结构的升级。在熊彼特看来，经济增长在于技术进步和人力资本的积累。而作为新制度经济学的代表人物之一——曼瑟·奥尔森将制度创新视为经济增长的源泉。从全球范围来看，国家兴衰有其更为宽广的视角，国家之间的战略竞争常为国家兴衰提供最为直接的注脚。在1988年出版的《大国的兴衰》一书中，美国历史学家保罗·肯尼迪从经济和军事视角考察了近500年大国兴衰的历史，并认为大国的兴盛缘于经济发展以及随之而来的军事强盛和对外扩张，而大国的衰落在于过度扩张以及因此而产生的军事安全需要耗费了过多的国家财富。这是一种具有很明显的战略竞争思维的分析，提供了国家之间战略竞争的历史经验教训，展现了所处的历史时代的鲜明特色。然而，随后的苏联解体宣告了这一时代的结束，留给了人们关于新时代的大国兴衰之问。

进入21世纪，随着世界多极化、经济全球化、社会信息化、文化多样化的深入发展，人类真正迎来了全球化时代的到来。如今，国家兴盛发达仍是世界各国的梦想，战略竞争也仍是大国关系的表现形式之一，但战略竞争的内容与形式有其时代性。国家实现经济崛起以及那种依赖经济崛起和军事扩张来实现的战略竞争的基础条件正在随着时代的变迁而发生深刻变化。一方面，各国相互联系和依存的日益加深使国家之间战略利益的界限不再泾渭分明，一方所得为一方所失的零和博弈也不再是国际关系的主要特征。另一方面，在全球性问题面前，任何国家都难以独善其身，更不可能成为唯一的赢家。因此，中国领导人认为，当今世界合作远大于竞争，共识远大于分歧。经过改革开放40年来不断发展，已成为世界第二经济大国的中国，在新时代始终坚持互利共赢的开放战略，坚决摒弃冷战思维和丛林法则，走对话而不对抗、结伴而不结盟的国与国交往新路，积极发展全球伙伴关系，扩大同各国的利益交汇点，呼吁各国人民同心协力构建人类命运共同体。中国的崛起得益于坚持发展是第一要务，建设一个共同繁荣的世界同样离不开发展。为此，习近平主席于2013年提出“一带一路”倡议，主动将本国的发展规划与他国的发展战略相对接，实现优势互补，为“一带一路”区域内国家发展和繁荣提供了共商、共建、共享的双赢多赢平台。然而，与全球经济一体化背道而驰的是部分西方学者与政客乐于将美国的衰落与中国的崛起联系，并将中美两国放在大国兴衰的历史维度加以讨论和争辩。与此相对应的是，美国则进入了以坚持单边主义、贸易保护主义为特征的“美国优先”新时代。2017 年 1 月 20 日，美国总统特朗普在国会大厦的就职演讲上提出“美国优先”理念；同年 12 月 19 日，特朗普政府发表的《国家安全战略报告》重申“美国优先”，强调经济发展攸关国家安全，经济安全是其“印太战略”的重中之重，宣称美国正面临一个前所未有的“竞争”世界，中国和俄罗斯等国家是美国的战略“竞争”对手。2018 年 3 月 22 日中午，美国总统特朗普在白宫签署针对中国的总统备忘录，宣布将对从中国进口的商品大规模征收高额关税、对中资投资美国设限并在世贸组织采取针对中国的行动等，拉开了中美贸易战的大幕。美国单方面挑起的中美贸易战不仅使中美两国遭受巨大经济损失，而且打乱了全球产业链、价值链，破坏了全球经贸秩序，严重损害了世界经济复苏的动力，给世界经济发展增加了更多不确定性。

展望未来，发展仍然是世界各国的第一要务。在全球化时代，单边贸易霸凌主义必将遭到越来越多的国家反对与反制，着眼自身战略扩张的大国战略竞争将为借势发力的资源整合、谋求共同繁荣发展所代替。随着拜登赢得 2020 年美国总统大选，美国将进入后特朗普时代，中美两国结束贸易战可期。但是，作为世界唯一的超级大国，美国对新兴大国或经济组织的崛起决不会轻易善罢甘休，贸易保护主义的大棒也不会轻易放下，甚至可能挥向更多领域、更多国家。加之受新冠肺炎疫情的影响，世界经济发展的未来依然充满了不确定性。未来大国的发展及其大国体系的前景将“在很大程度上取决于华盛顿、莫斯科、东京、北京以及西欧各国首都的政府领导人的智慧”，“取决于他们在‘时间长河’中驾驶航船的‘技能和经验’”①。

三、经济信息化加速发展

科学技术进步是世界经济发展的主要动力。20 世纪 90 年代以来，信息技术不断创新，信息产业持续发展，信息网络广泛普及，信息化成为全球社会经济发展的显著特征，并逐步向一场全方位的社会变革演进。进入 21 世纪，

① 保罗·肯尼迪. 大国的兴衰［M］. 陈景彪，等译. 北京：国际文化出版公司，2006：527.

信息化对社会经济发展的影响更为深刻，是当今世界发展的大趋势，是推动经济社会变革的重要力量。

（一）全球信息化发展的基本趋势

信息化是充分利用信息技术、开发利用信息资源、促进信息交流和知识共享、提高经济增长质量，推动经济社会发展转型的历史进程。当前，信息资源日益成为重要的生产要素、无形资产和社会财富。信息网络更加普及并日趋融合。信息化与经济全球化相互交织，推动着全球产业分工深化和经济结构调整，重塑着全球经济竞争格局。

互联网加剧了各种思想文化的相互激荡，成为信息传播和知识扩散的新载体。电子政务在提高行政效率、改善政府效能、扩大民主参与等方面的作用日益显著。信息安全的重要性与日俱增，成为各国面临的共同挑战。信息化使现代战争形态发生重大变化，是世界新军事变革的核心内容。全球数字鸿沟呈现扩大趋势，发展失衡现象日趋严重。发达国家信息化发展目标更加清晰，正在出现向信息社会转型的趋向；越来越多的发展中国家主动迎接信息化发展带来的新机遇，力争跟上时代潮流。自 2012 年全球知名咨询公司麦肯锡第一次提出人类进入“大数据时代”以来，“万物互联”“人工智能”“数字经济”等已成为当前互联网关键热词，5G 的商用将为万物互联时代的加速迭代提供源动力，数据来源将由多元的各个终端汇集大数据并进行云计算。从 PC 时代的信息互联，到移动时代的人人互联，再到今天的万物互联，人工智能将会覆盖到各种生活场景，并与人和世界形成更好的互动。现如今各种智能化新技术的兴起以及成熟运用，使智能化步伐大幅加快，以驱动新一轮的科技与产业革命。从全球范围来看，信息化、网络化对经济、政治、社会等各领域的渗透、融合趋势越来越明显，成为推动经济社会转型、实现可持续发展、提升一个国家综合竞争力的强大动力。谁掌握了先进的信息技术、网络技术，谁掌握了丰富的网络信息资源，谁就抢占了发展的先机。

总之，信息技术的飞速发展，将人类带入了信息时代。全球信息化正在引发当今世界的深刻变革，重塑世界政治、经济、社会、文化和军事发展的新格局。加快信息化发展，已经成为世界各国的共同选择。

（二）信息化是把双刃剑

信息技术造福于人类的同时，也存在安全的隐患和使用的技术壁垒等一系列问题。

信息时代一切信息数字化了，彻底改变了经济增长方式以及世界经济格局，带领社会进入了网络经济时代。网络经济是基于网络，以知识为基础的经济，是以应用知识、添加创意为核心的经济活动的总和，包括数字经济、知识经济、智能经济、后工业经济、新经济等。随着网络无国界的延伸以及知识无国界的影响，网络经济已成为全球化经济的重要组成部分。网络经济加速了经济的市场化和全球化进程，为促进世界经济快速增长增添了动力。然而，由于信息技术发展的不平衡，一些发达国家常常借降低成本、提供便捷之名，利用信息技术壁垒行贸易保护之实，使信息技术处于落后地位的发展中国家在国际贸易中处于被动地位，甚至被边缘化。

随着全球信息化时代的到来，网络成为继陆、海、空、天之外的国家第五大主权空间，信息安全问题已成为世界各国普遍关注的国家安全问题，确保网络安全成为重中之重。随着互联网的飞速发展，在全球范围内，计算机病毒、网络攻击、垃圾邮件、系统漏洞、网络窃密、虚假有害信息和网络违法犯罪等问题对世界各国而言日益成为难题。据预测，到 2019 年全球网络安全的市场将超过 1550 亿美元。2016 年《中国网民权益保护调查报告》显示，我国网民因为垃圾信息、诈骗信息、个人信息泄漏等遭受经济的损失人均 133 元，总体经济损失约 915 亿元；全国有 37％的网民会因为收到各类的诈骗信息而遭受经济损失，甚至可能会付出生命的代价。比达咨询（Big Data-Research）数据中心 2017 年监测数据显示，我国有 79.3％网民对网络安全问题有所了解，但在遭受问题时不堪一击，仅有 4.5％的人具备自我应对能力。同时，由于广大发展中国家网络核心技术和关键设备严重依赖他国，大量数据和信息单方面流向美国等西方发达国家，信息失衡问题日趋严重。

此外，随着网络新技术和应用模式在世界范围内的广泛应用，便捷了人们的同时，也造成了大量工作岗位的消失，吞噬着优秀传统文化，易引起人们过多追求物质而缺乏精神享受，导致精神贫瘠，甚至引发网络欺凌、上网成瘾等青少年问题。

四、全球性经济问题日益突出

当前，世界经济形势呈现四方面特征：一是整个世界经济的增长动力在减弱；二是国际贸易增长有所放缓；三是大宗商品价格下跌比较多；四是一些先行指标出现了比较明显的回落。简而言之，当前世界经济形势变数、挑战不确定性与过去比有所增加，全球性经济问题更加突出，并呈复杂化态势。

（一）全球性经济问题仍然突出

人口方面，老龄化问题更加突出，数据显示，当前高收入国家 60 岁以上老人平均占比 22.1%，2019 年德国 60 岁以上老人将超过 30 岁以下年轻人（分界点将是 29%），作为全球第二大经济体的中国 60 岁以上老人已达 2.5 亿；欠发达国家和地区人口增长过快，导致更加贫困；一些国家性别比严重失衡，社会问题突出。粮食方面，联合国粮食及农业组织等多家机构在联合发布的《2017 年全球粮食危机》报告显示，全球逾亿人面临严重粮食问题。能源方面，当前世界能源结构仍以化石能源为主，且化石能源枯竭问题和能源环境污染问题依然困扰人类。水资源方面，由于淡水资源本就有限且分布不匀衡，加之人口增长、生态系统破坏、全球性水污染等因素叠加，水资源全球性缺乏，日益成为人类生存和发展越来越重要的战略资源。生态环境方面，世界经济论坛 2019 年《全球风险报告》显示，“在所有风险中，与环境有关的危机很明显是全世界共同的噩梦”，全球在应对气候变化和减少温室气体排放的措施仍然不足。

（二）世界经济持续增长堪忧

2008 年全球金融危机爆发后，世界经济增长出现了断崖式下跌。之后在各国政府的协同努力下，全球经济开始缓慢复苏。2015 年以来，全球经济继续温和增长。2018 年世界 GDP 增长率按购买力平价（PPP）计算约为 3.7%、按市场汇率计算约为 3.2%。增速与上一年持平。2017 年世界 GDP 增长率从 2016 年的 3.3%快速上升到 3.7%，提高幅度达 0.4 个百分点。2018 年世界经济增长并没有持续 2017 年各国同步强劲回升的势头，除美国等少数经济体的增速继续上升之外，其他大部分经济体的经济增速出现了回落。国际货币基金组织预测数据显示，2018 年世界 GDP 增长率与 2017 年基本持平。其中，2018 年发达经济体 GDP 增速为 2.4%，比 2017 年上升 0.1 个百分点；新兴市场与发展中经济体 GDP 增速为 4.7%，与 2017 年一致。国际货币基金组织的总量数据掩盖了大部分经济体增速回落的事实，且可能高估了 2018 年世界 GDP 实际增长率。在主要发达经济体中，只有美国经济增速表现出上升趋势，欧元区和日本等其他经济体均出现增速回落现象。新兴市场与发展中经济体 2017 年出现了经济增速普遍回升，但 2018 年明显分化。除印度、越南等极少数国家之外，其他主要亚洲新兴经济体均有一定程度的经济增速回落。新兴与发展中欧洲地区经济增速在 2018 年出现大幅度下降。拉美和加勒比地区多个国家出现经济动荡，阿根廷和委内瑞拉 GDP 出现负增长。中东北非地区和俄罗斯经济出现了一定程度的回升，但是伊朗重新受到美国制裁，经济形势再一次恶化。全球经济在经历了 2017 年同步复苏、2018 年不平衡发展后，2019 年增速逐季降低；在新冠肺炎疫情冲击下，2020 年更是不断下行萎缩。

（三）全球新一轮金融危机引爆点增多

当前的世界经济面临三大金融危机的诱发因素。一是美联储进一步加息、缩表引起其他国家尤其是新兴市场国家的货币贬值和货币危机。土耳其和阿根廷等国发生了货币危机。货币大幅度贬值破坏了土耳其国内的经济秩序，其生产活跃程度大幅度下挫，GDP 增长率也大幅度下降。阿根廷货币危机也引起经济严重收缩，2018 年第二季度其 GDP 季度同比甚至出现 4.2%的负增长。未来美联储进一步加息和缩表的可能性很大，这将引起资本进一步回流美国和美元进一步升值，新兴市场国家进一步爆发货币危机的可能性在加大。对于那些具有经常账户逆差的国家，在资本流入减少而资本流出增加的情况下，很容易出现一个国家货币大幅度贬值引发类似国家同样发生货币大幅度贬值的现象。二是高债务国家出现债务违约风险甚至债务危机。一些重债的新兴市场国家和低收入国家政府债务激增，容易引发主权债务的违约风险和债务危机；美联储加息引起的全球利率水平上行，导致各国债务负担加重，加上发达经济体经济增速下降引起的偿债能力下降，也可能导致发达经济体出现债务危机。三是美国实体经济增速下行引起其资产价格暴跌并向其他国家传播。美国股市从 2009 年以来持续牛市，股票市值从 2008 年的 11 万亿美元上升到 2018 年的 40 万亿美元。美国金融危机以前股市最繁荣的 2007 年，其市值最高也没有超过 19 万亿美元。美国股市泡沫风险已经开始显现。如果美国股市价格暴跌并引发其他国家股价同步暴跌，则世界经济将再一次面临较严重的金融危机冲击。这三类危机可能以个案的方式发生，但也有可能在一系列国家引起连锁反应造成较大影响，甚至可能三类风险叠加造成大面积深度危机，对世界经济以及对我国经济安全造成重大负面冲击。

此外，欧洲政治动荡、全球地缘政治冲突、全球流动性收紧、全球股市震荡、国际油价波动、印尼和埃塞航空波音客机空难等频发的“黑天鹅”和“灰犀牛”事件，随时也可能引爆全球金融危机。

（四）逆全球化趋势愈演愈烈

当今世界正处于百年未有的变化格局中，贸易保护主义、单边主义等逆全球化浪潮给世界经济带来了潜在的风险，各国贸易壁垒对贸易的制约作用愈加明显。2018 年世界经济发展表明，部分新兴经济体脆弱性增加，多边及区域贸易体系进入深度调整期，特别是美国特朗普政府单边贸易保护主义政策引发的贸易摩擦已经对世界经济产生多重负面影响。贸易战打破了世贸组织营造的安全和可预期的贸易环境，给国际商业活动带来不稳定因素，降低了投资信心。美国发起的这一次贸易冲突还通过提高关税和原产地标准，阻碍中间品贸易发展，从而阻碍国际分工扩展和全球生产率的提升，这将对世界经济造成长期不利影响。贸易战可能演变为全球经济规则的重新设定，也可能演变为金融冲突、政治与军事冲突等，如果是后者，世界经济将受到灾难性的影响。世界银行发布最新报告预测 2019 年全球经济将增长 2.9%，低于它去年 6 月预测的 3%，这也是经济增长连续第二年放缓：全球经济 2018 年增长 3%，2017 年增长 3.1%。其中对美国经济增长的预测维持在 2.5%不变，低于 2018 年的 2.9%；对欧元区 19 个国家的增长率为 1.6%，低于 2018 年的 1.9%；对日本经济增长的预期从 2018 年的 0.8%上调至 0.9%；对中国的增长率为 6.2%，也低于 2018 年的 6.5%。同时预测，世界贸易增速将从 2018 年的 3.8%和 2017 年的 5.4%放缓至 3.6%。令人欣慰的是，在中美关系持续恶化、世界遭受新冠肺炎冲击之际，迎来了两大必将载入经济全球化史册的标志性事件。2020 年 11 月 15 日，东盟 10 国和中国、日本、韩国、澳大利亚、新西兰共 15 个亚太国家正式签署《区域全面经济伙伴关系协定》(RCEP)，标志着当前世界上人口最多、经贸规模最大、最具发展潜力的自由贸易区正式启航；同年 12 月 30 日中欧完成投资协定谈判，这是中欧关系史上的一个里程碑事件。RCEP 的签署和中欧投资协定谈判的完成，极大地鼓舞了世界对经济全球化和自由贸易的信心。然而，最为困难的也是最为关键的是，无论中美之间，还是美国和其他主要贸易伙伴之间，要达成终止增加关税的协议都需要经过艰难的谈判和妥协。英国脱欧表明当今世界格局正在裂变，未来的世界经济发展充满了不确定性。

五、跨国公司的作用明显

随着全球经济一体化的发展，跨国公司作为当今世界经济发展的一支重要力量，在加大对外投资和国际市场的控制力度方面，深刻影响着世界经济格局，同时也在某种程度上影响到了具体的国家行为，它们越来越多地参与到国家之间的交往和国际经济交流之中，对当代世界经济发展的作用日益突出。

（一）跨国公司是推动经济全球化的重要力量

在全球化时代，跨国公司不仅是推动经济全球化的重要力量，也是国际社会重要的非国家行为体，兼具经济与政治特征。据统计，目前世界最大的250家跨国公司的出口额已经占全球总产值的1/3以上，控制着70％的对外直接投资、80％的世界金融资本、2/3左右的贸易额和80％的技术专利。至少有12家跨国公司的年销售额超过了一半以上国家的GDP。跨国公司的国际生产推动了各种生产要素的国际流动和优化组合，同时，生产的国际化进程带动了国际分工的深化，专业化的协作程度也随之提高。跨国公司广泛的国际化生产和网络直接推动了全球化的形成（全球化生产和国际一体化网络是全球化的主要特点）。进入21世纪以来，由于受政府政策、经济增长、竞争、技术变化和社会发展的刺激和推动，全球经济带来的机遇和挑战造成了跨国公司战略和结构的改变。跨国公司通过主导全球价值链与全球的供应链系统实现资源配置优化，把世界各国紧密地联系在一起，并使得各国从中共同获益。随着价值链的全球拓展，各种产品、资本、运输、服务、专有技术和知识的转移等越来越多，发展中经济体和转型经济体的跨国公司也得到了快速发展。同时，跨国公司的全球生产一体化导致其不可能回撤所有在外企业，将产品的所有生产环节回归到一个国家。随着全球价值链的不断拓展，跨国公司的生产已经离不开世界各地的要素禀赋，其价值链对他国的依赖程度也不断加深。由此导致跨国公司维护和平与发展的愿望与动力就越强，在当前贸易投资保护主义抬头、一些发达经济体推动跨国公司回流的形势下，跨国公司在消弭贸易投资摩擦、促进母国与东道国经贸合作中越来越发挥积极作用，主导着全球化进程。2018年，在外部环境不确定性的情况下，跨国公司在中国的投资不降反升，在华投资地区总部、研发中心超过2000家。

（二）跨国公司主导世界经济的发展趋势

目前世界上排名前十名的跨国公司，年销售额都在1000亿美元以上，大大超过了许多中小国家的国内生产总值。如此巨大的经济实力使跨国公司在世界经济领域具有举足轻重的影响。无论是跨国并购还是新设子公司，跨国公司都会对东道国的经济、就业增长产生深刻的影响，进而对东道国的政治、文化及伦理等意识形态领域产生强烈的影响。跨国公司通过股权对外直接投资方式深化全球产业链的分工，同时，通过非股权对外投资方式参与全球产业链的升级，通过合同制造与服务外包、特许经营、技术授权、技术服务、许可转让、管理合同、战略联盟合作经营等方式，吸收部分境外企业加入本土企业的产业链或价值链中，以整合全球资源，开拓全球市场，从而保证全球产业链的持续升级。跨国公司通过组织跨国生产、销售而形成的全球网络和产品助推了国际或区域性公共产品的供给，并直接提供特定的国际或区域性公共产品。当前跨国公司提供的国际或区域性公共产品种类丰富，包括环境类公共产品、公共健康和公共卫生类公共产品、教育类和人才培养类公共产品、制度类公共产品、扶贫类和人道援助类公共产品、技术类和教育创新类公共产品、基础设施类公共产品等，基本涵盖了国际公共产品所有的外延种类。可见，跨国公司在全球经济一体化中的作用越来越重要，正在深刻地改变全球经济的结构和功能。

阅读书目：

1. 张宇燕：《世界经济黄皮书：2019年世界经济形势分析与预测》，北京：社会科学文献出版社，2018年。

2. 王钰：《世界经济前沿专题》，北京：科学出版社，2018年。

3. ［美］彭慕兰、史蒂文·托皮克：《贸易打造的世界》，黄中宪、吴莉苇译，上海：上海人民出版社，2018年。

4. ［美］大卫·哈勒、利里克·休斯·哈勒：《世界经济大趋势》，周子平译，北京：石油工业出版社，2013年。

5. ［英］保罗·肯尼迪：《大国的兴衰》（上下册），王保存、王章辉、余昌楷译，北京：中信出版社，2013年。

6. 国务院发展研究中心课题组：《百年大变局：国际经济格局新变化》，

北京：中国发展出版社，2018 年。

7. 方连庆、王炳元、刘金质：《国际关系史》（战后卷），北京：北京大学出版社，2006 年。

8. [美] 欧文：《国富策：自由贸易还是保护主义?》，梅俊杰译，上海：华东师范大学出版社，2013 年。

思 考 题

1. 2008 年爆发的国际金融危机暴露了当前世界经济运行机制哪些方面的问题?

2. 美国是怎样确立世界经济霸权的?

3. 为什么说信息化是把双刃剑?

第二章 当代世界政治的发展变化与基本趋势

关键词：

世界政治；政治格局；世界多极化；大国关系

要点提示：

- 世界政治的构成与发展变化
- 世界政治多极化趋势
- 当代世界政治发展的特点

世界政治是指国际社会中国家行为体之间、国家行为体和非国家行为体之间以及各类非国家行为体之间相互关系与矛盾运动的总和。世界政治是人类历史发展到一定阶段的产物，它是世界经济的集中体现，是国际关系中最活跃、最有影响力的因素，它所反映的是世界政治舞台上各种政治力量的分化、组合、协调和较量，从中展示出的是世界政治格局的特点和规律。

第一节 当代世界政治的行为主体

一、世界政治的行为主体

世界政治的行为主体是指能够独立参与国际事务的政治、经济实体，包括主权国家和国际组织等。在国际社会中，世界政治的行为主体经历了一个由一元走向多元的发展过程，即由开始的单一主权国家行为主体逐步发展为国家与非国家两大类世界政治的行为主体并存。主权国家仍然是世界政治的主要行为体，但行为主体的多元化和多样性的特点越来越明显。当今世界政治的行为主体包括国家行为主体和非国家行为主体两大类，这些行为主体之间的政治关系的总和构成了当代世界政治的具体内容。

（一）主权国家

主权国家，指具有固定领土、一定的居民、一定的政权组织形式和主权的政治单位。主权国家是国际社会的最基本成员，是世界政治的最重要和最基本的行为主体。国际法将主权国家定义为一个非物质的法律实体，依据国际法而对确定的领土拥有主权，并以一个法定的政权机构为代表行使主权，主权可分为国内和国际两个方面。当今世界共有 195 个主权国家，包括 193 个联合国会员国、2 个联合国观察员国（巴勒斯坦、梵蒂冈）。国家主权是主权国家的固有属性，是一个国家固有的在国内的最高权力和在国际上的独立自主权利。依据公认的国际关系准则，各国一律享有主权平等，包括各国法律地位平等，每一国均享有充分主权之应有权利，国家之领土完整及政治独立不得侵犯，每一国均有权利自由选择并发展其政治、社会、经济及文化制度等。

（二）非国家行为主体

非国家行为主体是与国家行为主体相对的概念。它是指国家以外能够独立地参与国际事务的实体，它是以民族国家为中心的国际关系基础上产生的，是国际关系发展到一定历史阶段的产物。非国家行为体一般包括国际组织、宗教组织、跨国公司、分离主义组织、国际恐怖组织等。其中国际组织是最重要的非国家行为主体，是指两个以上国家或其政府、人民、民间团体基于特定目的，以一定协议形式而建立的各种机构。各类国际组织是现代国际生活的重要组成部分，按构成组织的成员划分，国际组织可分为政府间国际组织、非政府间国际组织；按地域性划分，国际组织可分为全球性国际组织和区域性国际组织；按性质划分，国际组织可分为政治性国际组织和专业性国际组织。专业性国际组织又可分为专业性政府间国际组织和专业性非政府间国际组织。

现代国际组织最早出现在欧洲，是工业革命后欧洲国家多边关系发展的产物，是为了在一定业务领域进行国家间的合作而成立的机构。国际组织的发展经历了三个阶段：第一阶段是两次世界大战期间，以人类第一个具有广泛职能的世界性组织——国际联盟的成立为标志。据国际协会联盟统计，截至二战爆发前共有国际组织 955 个，其中政府间国际组织有 123 个，非政府国际组织有 832 个。第二阶段自二战结束前至 20 世纪 80 年代末，是国际组织发展史上的黄金时期，以联合国的诞生为标志，一大批全球性、区域性政府间国际组织雨后春笋般涌现。1989 年共有各类国际组织 24131 个，其中政府间国际组织 4068 个，非政府国际组织 20063 个。第三阶段自冷战结束后至今，是国际组织处于全球化时代的发展阶段，也是国际社会组织化程度和地位大幅度增强的阶段，随着信息技术的迅猛发展和全球化趋势的推进，国际组织快速扩张，它们不仅数量上数以万计，而且覆盖广泛，包括政治、经济、社会、文化、体育、卫生、教育、环境、安全、贫穷、人口、妇女儿童等众多人类生存和发展相关的领域，已成为左右世界局势和人类社会发展的重要力量。截至 2016 年，世界上已有 6.2 万个国际组织。国际组织发展的进程表明，各类国际组织是世界经济政治发展到一定阶段的产物，在全球化的今天，它们在国际事务中越来越发挥着积极的不可替代的作用。

二、联合国等国际组织的地位、作用和面临的挑战

政府间国际组织是若干国家为实现特定目的和任务，根据多边国际条约而建立的，即创设性文件建立的组织。它根据公认的国际法准则规定自己的宗旨、原则及活动章程，有一套常设的组织机构。在国际社会中，有许多著名政府间国际组织，如联合国（United Nations）、欧洲联盟（European Union）、非洲联盟（African Union）、东南亚国家联盟（Association of Southeast Asian Nations）、世界贸易组织（World Trade Organization）、亚洲开发银行（Asian Development Bank）、上海合作组织（Shanghai Cooperation Organization）、20 国集团（Group 20）和国际原子能机构（International Atomic Energy Agency）等。

（一）联合国（UN）

联合国是当代世界代表性最广泛、规模和影响最大、活动领域最宽、在全球范围内最具权威性的国际组织，是最重要的国际讲坛和开展多边外交的场所，其国际集体安全机制的功能已经得到国际社会的普遍认可。联合国在维护世界和平与安全、促进全球发展上发挥着其他国际组织、任何一个国家或国家集团所不能取代的重要作用。

根据雅尔塔协议，1945 年 4 月 25 日在美国的旧金山召开了联合国家国际组织会议。6 月 26 日，来自 50 个国家的代表在美国旧金山签署了《联合国宪

章》，10 月 24 日开始生效，联合国正式成立。后来 10 月 24 日被定为“联合国日”。与会代表国，再加上后来在宪章上签字的波兰，共 51 国，被称为联合国的创始成员国。联合国的总部设在美国的纽约，现有 193 个成员国、2 个观察员国（巴勒斯坦和梵蒂冈）。联合国有 6 个主要机构，即联合国大会、安全理事会、经济与社会理事会、托管理事会、国际法院和秘书处。联合国大会每年举行一次，主要讨论有关维持国际和平与安全，促进经济、社会、文化合作的问题，并向安全理事会提出建议。安全理事会是联合国维持国际和平与安全的执行机构，是联合国最重要的机构，现由美国、英国、法国、中国、俄罗斯 5 个常任理事国和 10 个非常任理事国组成，后者由联合国大会选举产生，任期两年。联合国行动以“五大国一致”为基础，非常任理事国拥有集体否决权。联合国致力于促进各国在国际法、国际安全、经济发展、社会进步、人权及实现世界和平方面的合作。

《联合国宪章》规定，联合国的宗旨是：维护国际和平与安全；发展国际间以尊重各国人民平等权利及自决原则为基础的友好关系；进行国际合作，以解决国际间经济、社会、文化和人类福利性质的问题，并且促进对于全体人类的人权和基本自由的尊重；作为协调各国行动的中心，以达到上述共同目的。联合国及其会员国应遵守的基本原则：各会员国主权平等，履行宪章规定的义务，以和平方式解决国际争端，禁止对其他国家进行武力威胁或使用武力，集体协作，确保非会员国遵守上述原则，不干涉任何国家内政。

联合国在成立初期的相当长历史时期里被美国所操纵，其宗旨和原则没有得到落实。20 世纪 60 年代的联合国又成为美苏争霸的场所。随着发展中国家作为新兴政治力量的崛起，特别是 1971 年中国在联合国合法席位的恢复，联合国的面貌大为改观，在国际事务中发挥着越来越重要的作用。然而，由于霸权主义和强权政治的干扰，联合国应该发挥的作用，尚未充分发挥出来，甚至其权威面临严峻的挑战。2003 年，美国不顾联合国多数国家的反对，在没有联合国授权的情况下向伊拉克开战，违背了国际法和《联合国宪章》的精神，使联合国的命运面临严峻的考验。当前，地区冲突和国际难民危机未决，地缘政治分歧日益加深，俄罗斯与西方阵营尤其是美国关系紧张等诸多问题对于联合国来说，都构成了严峻的挑战。

（二）上海合作组织

上海合作组织，简称上合组织，是中华人民共和国、哈萨克斯坦共和国、吉尔吉斯斯坦共和国、俄罗斯联邦、塔吉克斯坦共和国、乌兹别克斯坦共和国于2001年6月15日在中国上海宣布成立的永久性政府间国际组织。前身是“上海五国”会晤机制。2017年6月9日，印度和巴基斯坦正式成为上海合作组织成员。这也是上合组织首次扩员。除8个成员国之外，上海合作组织现有4个观察员国（阿富汗、白俄罗斯、伊朗、蒙古国）、6个对话伙伴国（阿塞拜疆、亚美尼亚、柬埔寨、尼泊尔、土耳其和斯里兰卡）。目前，上海合作组织已成为人口最多、地域最广、潜力巨大的跨区域多边综合性组织，为维护地区安全稳定、促进共同发展繁荣做出了重要贡献。

上海合作组织的宗旨与任务是：加强成员国的相互信任与睦邻友好；维护和加强地区和平、安全与稳定，共同打击恐怖主义、分裂主义和极端主义、毒品走私、非法贩运武器和其他跨国犯罪；开展经贸、环保、文化、科技、教育、能源、交通、金融等领域的合作，促进地区经济、社会、文化的全面均衡发展，不断提高成员国人民的生活水平；推动建立民主、公正、合理的国际政治经济新秩序；上海合作组织遵循的主要原则是：恪守《联合国宪章》的宗旨和原则；相互尊重独立、主权和领土完整，互不干涉内政，互不使用或威胁使用武力；所有成员国一律平等；平等互利，通过相互协商解决所有问题；奉行不结盟、不针对其他国家和组织及对外开放原则。

上海合作组织每年举行一次成员国国家元首正式会谈，定期举行政府首脑会谈，轮流在成员国举行。为扩大和加强各领域合作，除了已形成的相应部门领导人会谈机制外，可视情况组建新的会谈机制，并建立常设和临时专家工作组研究进一步开展合作的方案和建议。上海合作组织发展壮大进程中形成的以“互信、互利、平等、协商、尊重多样文明、谋求联合发展”为基本内容的“上海精神”，是合作中积累的宝贵财富，应继续发扬光大，使之成为新世纪上海合作组织成员国国家关系的基本准则。上海合作组织迄今已基本完成机制建设任务，建立起涵盖不同层次、涉及众多领域的较完善的机构体系，为自身发挥职能和作用奠定了坚实基础。

尽管上海合作组织一再宣称他不针对任何第三国，但由于其影响力不断扩大，并成为一个重要的地区性的国际组织，北约和美国等西方发达国家仍然对其提防，并认为是与北约的对抗，在上海合作组织举行反恐演习时，经常同期在亚太地区举行军事演习，以示对抗。

除联合国、上海合作组织外，其他国际组织在维护地区和平与稳定、应对全球问题、促进社会发展等方面都发挥了重要作用。

第二节　战后世界政治格局的演变

世界政治格局是指世界上各个国家或地区政治力量的对比以及政治利益的划分情况。包括主权国家、国家集团和国际组织等多种行为主体在国际舞台上以某种方式和规则组成一定的结构，由各种政治力量对比而形成的一种相对稳定的态势和状况。战后世界政治格局经历了一个两极格局向多极化方向发展、演变的过程。

一、雅尔塔体系

第二次世界大战深刻地决定和影响了20世纪后半期的世界格局。随着二战结局的明朗，新的世界格局也在酝酿之中。反法西斯同盟的主要国家美国、英国、苏联三国首脑，就如何结束战争、处理战后遗留事务和维护世界和平问题，举行了三次重要会晤，即1943年11月德黑兰会议，1945年2月雅尔塔会议和1945年7月波茨坦会议。三次国际会议的协议构筑了以大国均势为主要内容的战后世界秩序和政治格局的基本蓝图，其中在苏联雅尔塔举行的雅尔塔会议对战后世界政治的发展最具影响力，形成了以《雅尔塔协定》为主体的国际关系体系，即雅尔塔体系。

第二次世界大战使欧洲的中心地位遭到严重削弱，德、意、日等法西斯国家被彻底击溃，英、法等战胜国也元气大伤。与此相对应的是美、苏两个超级大国崛起，占据了世界政治舞台的中心位置。美、苏、英三大国在第二次世界大战后期，为了各自的利益，就如何结束战争、处理战争遗留问题以及维护世界和平与安全等问题，在以雅尔塔会议为代表的一系列国际会议上达成了谅解和协议。其实质是由美、苏两个大国安排战后世界，划分势力范围。雅尔塔体系的确立，反映了二战期间形成的国际力量对比的状况，在一定程度上体现了和平与民主原则；对加速反法西斯战争的胜利，维护战后世界和平，发挥了积极的作用；实现了不同社会制度和意识形态的国家和平共处；联合国的建立也是雅尔塔体系的一项重要内容，是各国合作的一个重要标志。但它具有美、苏、英三大国根据各自实力和利益争夺胜利果实的性质，具有明显的强权政治色彩，损害了一些主权国家的主权和利益。

总之，雅尔塔体系的确立，标志着以欧洲为中心的传统的国际格局被美苏两极格局取代，开启了美苏两个超级大国争夺世界霸权的先河，国际关系进入一个新时代。

二、两极政治格局

两极政治格局是以美、苏为中心，在欧洲形成北约与华约两大对立的军事集团，在全球形成资本主义阵营和社会主义阵营全面对抗的格局。具体表现为经济上的相互禁运和封锁，军备上的疯狂竞争，意识形态上的相互攻击，双方都妄图取得战胜对手的优势。实际上，就是以美国和苏联的两大集团在世界权力结构中占据绝对主导位置，相互敌视、对峙，但是又不能击败对手的世界权力划分形势。

（一）两极政治格局的形成与冷战的开始

美国由于得天独厚的地理环境，在二战中不仅没有受到损失，反而借助战争，其经济、军事力量跃升至史无前例的高度，一跃成为世界头号强国。与此同时，苏联采取一系列措施，将工作重心由战争转变为和平建设，国民经济迅速从战争创伤中恢复过来，一跃成为仅次于美国的世界强国。二战结束后，德、意、日法西斯国家败亡，促使美国与苏联在反法西斯战争中结成同盟的共同敌人已经消失，同盟的基础不复存在，意识形态的矛盾重新主宰了它们的关系。

美国为改变由欧洲列强主宰世界的局面，独霸世界，对社会主义国家采取了冷战政策，以遏制社会主义的发展。所谓“冷战”，是指除了公开的战争手段以外的一切敌对行动。诸如实行经济封锁和制裁，推行政治孤立政策，粗暴干涉他国内政，甚至进行颠覆活动，煽动战争，进行原子战争讹诈和军事威胁等。它是战后国际关系中一种激烈对抗的形式，是社会主义国家与资本主义国家对峙的一种重要形式。1947 年杜鲁门主义的出台，标志着美、苏同盟正式破裂，冷战全面展开。1948 年“马歇尔计划”开始实施，在帮助西欧恢复和发展经济的同时，加强了美国对西欧的控制，并为西方内部建立稳固的政治军事联盟奠定了基础。1949 年 4 月策划建立了“北大西洋公约组织”

（简称“北约”）以及其他一些组织，形成对社会主义国家的包围圈。北大西洋公约组织的成立，标志着以美国为首的帝国主义阵营的形成。

二战结束后，在苏联的帮助和影响下，欧亚大陆相继出现了南斯拉夫、阿尔巴尼亚、波兰、保加利亚、捷克斯洛伐克、匈牙利、罗马尼亚、民主德国等人民民主国家。这些国家与苏联关系密切，且都宣布要走社会主义道路，从而为社会主义阵营的形成奠定了基础。面对美国和西方其他国家政治上的孤立和敌视、意识形态上的攻击与诬蔑、经济上的制裁与封锁、军事上的包围和威胁，苏联和东欧人民民主国家不得不奋起自卫，采取了一系列针锋相对的措施。在政治上，针对美国的“杜鲁门主义”，在苏联的推动下，1947 年 9 月成立欧洲 9 国（苏联、波兰、南斯拉夫、罗马尼亚、匈牙利、保加利亚、捷克斯洛伐克、法国、意大利）共产党和工人党情报局，加强欧洲各国共产党和工人党之间的联系并协同行动。朝鲜、中国、越南等人民民主国家成立后，立即得到了苏联、东欧国家的承认与支持，1950 年 2 月中国和苏联还签订了为期 30 年的《中苏友好互助同盟条约》。在经济上，针对“马歇尔计划”，苏联与波兰、匈牙利、保加利亚、捷克斯洛伐克、罗马尼亚成立了经济互助委员会（简称“经互会”）。在军事上，针对北约的建立，1955 年 5 月苏联与波兰、捷克斯洛伐克、匈牙利、罗马尼亚、保加利亚、阿尔巴尼亚和民主德国在华沙举行会议，签订《华沙条约》，正式结成政治军事同盟，即华沙条约组织（简称“华约”）。至此，社会主义阵营完全形成。

两大阵营在欧洲冷战对抗的突出表现是 1948 年爆发的柏林危机；在亚洲则表现为“热战交锋”，突出表现为 1950—1953 年的朝鲜战争和 1955 年开始的越南战争。从战后初期到 50 年代中期，形成了帝国主义阵营和社会主义阵营对峙的世界政治格局。两极格局的形成，实质上反映了资本主义与社会主义的矛盾冲突。其根本原因是由于西方国家害怕、敌视并千方百计扼杀社会主义国家和蓬勃兴起的世界革命运动，而美国又借此机会谋求世界霸权。这一格局的特点集中表现在：政治上两面旗帜的斗争；经济上封锁与反封锁的斗争；军事上冷战和局部的侵略与反侵略的斗争；意识形态上和平演变和反和平演变的斗争。

（二）美、苏争夺霸权与两极格局的动荡与分化

由于世界各种现实和潜在的政治经济力量不断发展变化，20 世纪 50 年代中期以后，战后初期形成的两极格局开始出现松动的征兆，美、苏两个超级

大国在各自阵营中的领袖地位开始受到逐步壮大起来的其他政治力量的挑战，两极格局由此进入了动荡与分化阶段。

1. 美、苏争夺世界霸权的斗争

20 世纪 50 年代和 60 年代两极格局主要表现为帝国主义阵营和社会主义阵营的冷战对抗，其中虽然也含有美苏争霸的成分，但还不是主要的抗争因素。从 60 年代后期开始，苏联逐步走上了霸权主义道路，开始同美国争夺世界霸权，而且越演越烈。如果说美、苏争霸态势在 50 年代中期到 60 年代末还是美攻苏守，那么到 70 年代就变为苏攻美守。直至 80 年代，里根上台后提出“扩军抗苏”和“重振国威”的口号，美国又扭转了不利局面，加上苏联国力的下降，苏联的扩张势头得到了遏制。从 80 年代中期开始，美、苏开始从对抗走向对话，就一系列国际问题达成协议，使困扰世界的紧张局势出现了缓和局面。1989 年 12 月，美、苏两国首脑的马耳他会晤被认为是冷战结束的标志。

美、苏两个超级大国争夺世界霸权是以强大的军事实力为基本支撑的。愈演愈烈的军备竞赛，成为美、苏争夺军事优势的主要表现形式。常规军备方面，美、苏竞相发展技术含量高、机动性能强、打击目标准的先进武器系统，两国常规武器的数量大大超过世界上任何一个国家，技术性能一直处于世界领先水平。20 世纪 70 年代，美国在经历了越南战争的失败和国内最严重的经济危机之后，为摆脱困境，不得不调整对外政策，实行战略收缩，奉行“尼克松主义”。苏联借此机会同美国展开军备竞赛，将海军发展为一支具有远洋作战能力的武装力量，并在常规武器方面超越了美国。在战略核力量方面，苏联取得了与美国的大体平衡。早在 1949 年、1953 年苏联先后试制成功原子弹和氢弹，打破了美国的核垄断，1957 年苏联还发射了世界上第一枚洲际导弹，到 1972 年，苏联的战略核武器数量达到 2167 件，仅比美国少 18 件。20 世纪 80 年代末，美、苏核武器规模达到顶峰，拥有占世界 98%的数万枚核弹头，爆炸当量上升到天文数字。外层空间是美、苏军备竞赛的新领域。20 世纪 50 年代，苏、美相继发射成功了人造地球卫星；20 世纪 60 年代，苏、美又相继发射成功载人飞船，美国阿波罗飞船还实现了人类首次载人登月；20 世纪 70 年代初，苏、美分别发射了各自的试验性航天站；1981 年美国航天飞机首次试飞成功并于翌年 9 月建立了世界上一个航天司令部，1986 年苏联成功地发射了“和平号”轨道站。

2. 两极政治格局的动荡与分化

20 世纪 50 年代中期至 60 年代末，世界政治在两极格局的大框架下，开始出现动荡、分化和改组，两极政治格局发生动摇。

第一，亚非拉新兴政治力量的崛起。二战前，亚、非、拉丁美洲广大地区几乎都是帝国主义的殖民地或附属国，是帝国主义列强宰割和争夺的对象，从而被排斥于国际舞台之外。在第二次世界大战胜利的鼓舞下，许多国家掀起了民族解放运动的高潮。到 20 世纪 60 年代末已有 104 个国家获得独立。在反对帝国主义、争取民族独立和发展的共同事业中，广大亚非拉国家相互支持、团结斗争。1955 年亚非会议在印尼万隆举行，1961 年不结盟国家第一次首脑会议召开，1964 年“七十七国集团”成立，标志着亚非拉广大发展中国家作为一支不可忽视的政治力量登上了国际舞台，大大冲击了两大阵营对峙的两极格局。

第二，社会主义阵营的分裂。第二次世界大战后，苏联为维护世界和平、促进欧亚社会主义国家的建设等方面发挥过积极的作用。但随着时间的推移，苏联开始推行大国沙文主义，恣意对其他社会主义国家横加干涉并妄图实现指挥和控制，从而破坏了它与这些国家的关系，在社会主义阵营内部造成了一系列矛盾和冲突。二战后，苏共以领导党自居，干涉南斯拉夫内政，要求南斯拉夫照搬苏联模式，批评南斯拉夫在外交上不与其磋商。1948 年，苏联指责南斯拉夫共产党反苏，操纵欧洲九国共产党和工人党情报局开除南斯拉夫，攻击南斯拉夫共产党是帝国主义的奴仆，号召南斯拉夫人民推翻南共领导人的领导，迫使其他国家断绝与南斯拉夫的一切关系。1956 年，波兰和匈牙利人民强烈要求突破苏联模式，进行经济改革，并要求撤走苏联军队，苏联对此采用了武力威胁和武装干涉的错误做法激化了矛盾，最终酿成了震惊世界的波匈事件。20 世纪 50 年代末开始，苏联从大国沙文主义逐渐走向霸权主义，捷克斯洛伐克发起“布拉克之春”民主化改革，为防止捷离心倾向在东欧一些国家发生连锁影响并加紧控制捷克斯洛伐克，1968 年，苏联公然入侵捷克斯洛伐克。1958 年，苏联无理要求在中国建立长波电台和联合舰队，妄图控制中国，遭到中国政府断然拒绝。1960 年苏联单方面撕毁合同，撤走专家，废除科学技术合作项目，在对华贸易上实行限制和歧视政策。20 世纪 60 年代初，中、苏两党展开理论上的大论战。1964 年，苏联在中苏、中蒙边境陈兵百万，多次挑起武装冲突，中苏关系严重恶化。1969 年 3 月，苏联在中苏边界的珍宝岛地区制造武装冲突，双方兵戎相见，中苏两党、两国公开敌对。中苏关系破裂，标志着社会主义阵营的基本解体。

第三，帝国主义阵营的分化。20 世纪 50 年代末开始，帝国主义阵营的力量对比发生了变化，美国霸权地位开始衰退，战后初期受到美国控制的西欧、日本，随着经济力量的壮大，在政治上出现了独立自主的倾向，从而导致了帝国主义阵营的分化。1958 年欧洲经济共同体成立，寻求经济政治的联合自主。1958 年戴高乐再次出任法国总统，提出“欧洲是欧洲人的欧洲”的口号，坚持恢复法国在国际事务中的大国地位和独立自主的方针，推行对美国态度强硬的戴高乐主义。1964 年，法国公开与中国建交；1966 年 6 月，戴高乐正式访问苏联。1969 年，联邦德国勃兰特政府积极推行“新东方政策”，奉行更符合本国利益的外交政策。1972 年田中内阁上台，提出以“对美协调为主轴”，以恢复日中邦交为“首要课题”的“多边自主外交政策”，谋求“国际国家”地位。1972 年 9 月，中日两国正式建交。这些都表明帝国主义阵营已发生了严重分化。

三、世界政治格局多极化

20 世纪 70 年代至 90 年代初，美、苏全球争霸加剧，最终导致东欧剧变、苏联解体，两极格局终结。两极格局结束后，美国作为唯一的超级大国，推行单边主义扩张战略，力图建立单极世界，确保美国在全世界的“领导地位”，并使 21 世纪成为“美国的世纪”，遭到了其他大国和国家集团的强有力的抵制，世界政治格局由此进入了“一超多强”、竞争共处的多极化时代。

（一）两极政治格局的终结

随着社会主义阵营的分裂和帝国主义阵营的分化，两大阵营的对抗直接转变为两个超级大国的对峙和争霸。20 世纪 80 年代初，由于双方经济和军事实力对比的变化，美国在完成了尼克松的战略调整后，里根政府推行以重振国力为中心的“新遏制政策”，并于 1983 年提出“星球大战计划”，一改 20 世纪 70 年代的苏攻美守的战略态势，采取全方位进攻战略。与此同时，苏联经济开始恶化，加之军备包袱日益沉重，自身经济体制固有的弊端愈发突出，1985 年 3 月戈尔巴乔夫上台后，鉴于苏联力量的急剧下降，提出了“改革与新思维”。苏联对外政策的变化影响到了东欧国家的稳定。东欧国家之前生搬硬套苏联建设模式，进入 20 世纪 80 年代后遇到困难出现经济滑坡。为了迎合西方，戈尔巴乔夫支持东欧国家变革，不干预东欧事务，任凭事态发展。在苏联放弃对东欧监管权的情况下，西方国家乘机采取政治、经济、思想文化等各种手段加紧了对这些国家的和平演变。1989 年，东欧国家政局开始出现急剧动荡，仅半年时间，东欧国家的共产党相继丧失了政权，放弃了社会主义道路，政治制度、经济制度和对外政策都发生了根本变化。同年民主德国（东德）政局严重变化，11 月 9 日，柏林墙倒塌。1990 年 10 月 3 日东德加入西德，分裂长达 40 多年的德国重新实现了统一。1991 年 6 月 28 日，经互会宣布解散；同年 7 月 1 日，华沙条约组织在布拉格的会议中宣布正式解散。至此，欧洲两大军事集团对峙的基础已经瓦解。

苏联的“改革与新思维”不仅没能扭转局势的恶化，反而引起苏联国内思想混乱，导致苏联社会的全面危机，分裂势力在政治斗争中获得优势，导致苏联局势的急剧转折。1991 年“8·19”事件后，苏共中央被解散，同年 12 月 21 日，苏联 11 个加盟共和国领导人在哈萨克斯坦签署《阿拉木图宣言》；正式宣告组成独立国家联合体；25 日，戈尔巴乔夫辞去武装力量最高统帅职务，将武装部队和“核按钮”的控制权移交给俄罗斯总统叶利钦；次日，苏联最高苏维埃共和国院举行最后一次会议，宣布苏联作为一个国家和国际法的主体停止存在。苏联解体作为 20 世纪最重大的历史事件，不仅终结了人类历史上第一个社会主义国家的命运，而且标志着二战后雅尔塔体制形成的两极格局完全瓦解，世界政治格局呈现出向多极化发展趋势。

（二）多极化是当今世界政治发展的基本趋势

世界多极化是指一定时期内对国际关系有重要影响的国家和国家集团等基本政治力量相互作用而朝着形成多极格局发展的一种趋势，是对主要政治力量在全球实力分布状态的反映。多极化发展并不是偶然的，它孕育于两极格局的演变之中，两极格局终结后，并没有随之出现单极格局，事实上，国际政治的力量出现新的分化、组合，大国关系经历重大而深刻的调整，世界主要政治力量对比呈现出“一超多强”的竞争态势。在众多政治力量竞相角力中，美国、欧盟、日本、俄罗斯、中国等大国和国际组织处于突出地位，在国际社会中扮演着重要角色。五大力量之间存在的相互竞争、相互制约的关系，使军事霸权主义受到更多的制约和限制，有利于世界的安全与稳定。

世界正在走向多极化，这是当今国际形势的一个突出特点。

1. 世界多极化形成的原因

世界多极化是顺应时代发展需求和不以人的意志为转移的客观发展趋势。世界多极化的形成有着深刻的经济、政治、文化等方面的原因。

第一，经济全球化进程使单极世界构筑的可能性大大降低，科技和经济实力成为越来越重要的因素。全球化既打破了传统的经济上的壁垒，也在一定程度上打破了精神、文化上的壁垒，各个国家在经济、政治、科技、文化、教育、军事以及社会生活方面越来越多、越来越深入的相互交往。在科技与经济的迅速发展中，已没有哪一种力量能够全方位占据绝对优势，随心所欲地控制世界。同时，由经济全球化带来的许多全球性问题也是任何一个国家都无法单独处理的，必须通过各国间的广泛合作才能妥善解决。这在客观上推动了更多国家在国际事务中作用的发挥和地位的展现，有利于多极化趋势的发展。简而言之，经济多极化是世界多极化的基础，世界多极化是世界经济多中心和区域化趋势在世界政治格局发展中的体现。

第二，世界多极化是世界经济发展不平衡规律作用的结果。世界各国综合国力的较量，必然导致世界政治格局的多极化。尽管美国是冷战后世界上唯一的超级大国，但其与二战后鼎盛时期相比，相对实力已明显下降。欧盟作为当今世界上规模最大、一体化程度最高的地区经济集团，GDP总量与美国相当，且科技一体化和防务一体化也取得了显著进步，日益成为世界政治格局中的重要一极，在国际舞台上发挥着积极作用。中国作为世界上最大的发展中国家，已成为仅次于美国的第二经济大国，始终是维护世界和平与稳定的重要力量。日本尽管20世纪90年代以来，经济有所下滑，但并未动摇其世界经济大国地位，且近年来加快了向政治大国迈进的步伐，其军事力量也不断扩充。俄罗斯作为苏联的继承国，虽失去超级大国的地位，当前外部发展环境也较为恶劣、经济发展困难重重，但其仍是世界第二军事强国，且自然资源丰富、教育与科技发达、国民素质较高、工业基础雄厚，同时，具有横跨欧亚大陆的地缘优势，其发展潜力不容低估。

第三，各国文明的多样性成为世界多极化重要的社会基础。人类社会是一个由不同类型文明所构成的共同体。世界文明发展的历史事实告诉我们，多样性是世界文明的一个基本特质。当今世界，随着科学技术的迅速发展、交通和通信方式的巨大改进、经济全球化的日益推进，整个世界已经越来越紧密地联系在一起。同时，每种文明都有其独特的历史发展过程，当今世界，不同地区、不同国家的文明之间仍存在着差异。既有内容的差异，也有形式的差异，还会有发展水平的差异。虽然各种文明的发展可以是并行不悖的，但是不同文明间的差异，在一定条件下也难免不发生摩擦和冲突，即人们常说的“文明的冲突”。然而，从古到今的人类社会，从来就没有出现过一个大一统的文明类型。任何一种文明的发展并不排斥其他文明的发展，也不必然地以其他文明的衰亡为前提。相反，不管主观上的意愿如何，每一种类型的文明都会从其他文明中吸取养分，同时，也会给其他文明以不同程度的影响。因此，世界多极化恰恰符合世界多样性的客观规律。美国打着文明的旗号推行霸权主义企图建立单极世界的做法必然遭到世界上大多数国家的抵制。正如习近平所指出：“历史反复证明，任何想用强制手段来解决文明差异的做法都不会成功，反而会给世界文明带来灾难。”

第四，多极化趋势必然发展的根本原因在于各大力量都要维护自己的国家利益，决不会牺牲或放弃自己的国家利益，屈服于别国利益。当今世界依然是以民族国家为基础的，不同国家和国家集团必然会有不同的利益追求。世界朝着多极化方向发展既是一个不以人们意志为转移的客观趋势，也是除美国以外的国家和国家集团所追求的目标。美国想建立单极世界，但力不从心。反对单极、主张多极的力量不断壮大，欧盟、日本、俄罗斯等力量中心的国际政治利益诉求越来越强烈，世界和平与民主力量随着广大发展中国家的崛起而不断壮大，特别是中国经过改革开放40年的发展，在国际舞台上的作用大大增强。这些国家与地区集团不约而同地主张世界向多极化方向发展。世界各种力量的分化组合以及大国关系的深刻调整有利于多极化的发展。

2. 世界多极化在曲折中发展

世界政治格局走向多极化是大势所趋，但其发展不会一帆风顺。世界多极化格局的形成将是一个曲折的、长期的过程。这是因为：

第一，美国的霸权主义和构建单极世界的图谋，是多极化趋势发展的最大障碍。冷战结束以来，美国凭借自己是世界唯一超级大国的强大综合国力，力图建立由它主宰的单极世界，为此，从20世纪90年代以来便采取一系列相应的战略以达目的。政治上，美国按自身模式和价值标准，千方百计推行

“全球民主化”，实行“新干涉主义”①，对违反美国意志和标准的国家和地区，实行经济制裁，直至军事打击。经济上，美国运用诱压兼施的手段迫使他国无限开放市场，利用高科技优势和不等价交换手段，获取垄断利润。同时，在美洲推行经济一体化，与欧盟争夺市场。军事上，美国大量增加军费，建立绝对军事优势。在全球战略上，美国控制欧洲，利用、制约日本，挤压、削弱俄罗斯，用接触、遏制手段对付中国，主导中东事务，分化第三世界。舆论上，美国为实现建立单极世界的战略目标，极力宣扬“单极稳定论”和“多极危险论”。21世纪初，美国奉行咄咄逼人的单边主义政策，推行防止任何大国对其构成威胁的战略。为此，美国加紧研制、开发导弹防御系统，对付它所谓“无赖国家”的导弹威胁，同时，也使多个强国的核武器失效。“9·11”事件后，由于反对恐怖主义获得世界上绝大多数国家的同情和支持，这为美国推行单极独霸战略提供了难得的机遇。美国抓住这一机遇及时变换策略，调整单边主义政策，按照“要么站在美国一边，要么站在恐怖分子一边”的原则划分敌友，建立由它主导的国际反恐联盟。特别是美国还把有可能在未来对其构成挑战的俄、中、欧、日等国际战略力量都纳入该联盟，加以利用、约束和监督，不让它们任何一方成为能与美国抗衡的力量，企图阻止世界多极化趋势的发展。特朗普政府更是抛出了以“让美国再次伟大起来”“美国第一”“重建美国在世界的地位”为口号的特朗普主义。特朗普主义的实质，就是振兴和重建美国的全球霸权主义，简言之就是“站起来”的霸权主义。冒险性、经济性、孤立性是“站起来”的霸权主义的鲜明特征。冒险性主要表现在对联合国的规则和已签订的国际条约、对待传统盟友、对待移民等方面，采取诸如“说退就退”“说废就废”“说建就建”“说禁就禁”的不计后果的做法。经济性主要表现为特朗普把强攻经济作为世界大国对抗的主战场，视经济安全为国家安全的首要目标。美国在经济战上，直接出击中国和俄国，乃至其他贸易大国，并已正式挑起“贸易战”，气势汹汹，主要矛头直指中国，将中国正常的贸易行为视为“经济侵略”“新帝国主义”。孤立性主要表现在其四面出击，破坏了一系列的国际规则，乃至“盟友”对其政

① “新干涉主义”，是指以人道主义和捍卫西方共同的价值观为借口，以武力干涉别国内政为手段，以推行霸权主义和构筑有利于西方的国际关系新秩序为目的的思潮和模式。

策鲜有响应和拥护。美国宣告正式承认耶路撒冷为以色列首都，承认以色列对戈兰高地拥有主权，这是对国际法的直接挑战，必将使美国处于更加孤立的地位。

第二，冷战思维的继续、南北贫富差距的扩大，以及民族分裂和宗教纠纷等，也会对多极化趋势产生各种干扰和冲击。一方面，冷战结束后，一些西方势力，尤其是美国的保守势力妄图建立单极世界的“冷战思维”并没有寿终正寝。他们抱残守缺，继续树敌和打压，不仅没有停止，反而还在加剧和恶化。这让许多国家的发展面临“人祸”的袭击。世界上长期存在的“零和博弈”“修昔底德陷阱”等现象还没有消除干净。特朗普政府更是认为，美国的国家安全遭受到的主要威胁，已不再是伊斯兰恐怖组织，也不是朝鲜和伊朗所谓“流氓国家”，而是中国和俄国两个“修正主义大国”，并认为中国更加危险。另一方面，南北贫富差距持续扩大是20世纪90年代以来影响多极化格局的重要因素。据全球发展及救援非政府组织乐施会所发布的报告显示：2017年全球创造的财富之中，82%都由仅占人口1%的超级富豪所有。37亿贫困人士全年财富零增长，占全球贫穷人口的一半。事实上，贫富差距的扩大必然影响世界格局的稳定，贫富悬殊会造成一些发展中国家经济持续增长缺乏动力，进而陷入“中等收入陷阱”。然而，2008年国际经济危机以后，西方发达国家在利用自身在旧的国际秩序中的优势使其发展得到迅速恢复的同时，让新兴市场国家承载了更大压力。这些国家的经济增速明显下滑，一些贫穷国家更加贫穷，日益成为极端主义和恐怖主义的温床。此外，冷战结束以来，宗教极端主义思潮空前活跃。进入21世纪后，宗教极端主义又与恐怖主义和民族分裂主义结合，给国际秩序和地区稳定带来巨大安全威胁。

第三，多极化格局的形成是世界各种力量重新组合和利益重新分配的过程，由此将产生多种不确定因素，世界多极化进程将充满矛盾和斗争。进入21世纪，特别是自2008年国际金融危机以来，世界各种力量对比发生了深刻变化，正如习近平所指出，“世界处于百年未有之大变局”。一是，百年来西方国家主导国际政治的情况正在发生根本性改变。自近代以来，世界权力首次开始向非西方世界转移扩散，一大批新兴经济体和发展中国家群体性崛起，世界经济中心向亚太转移，出现“东升西降”的现象，国际权力在少数几个西方国家之间“倒手”的局面走向终结。二是，国际格局剧烈动荡。世界力量对比变化加深美国的危机感。美国在增加军费、维持军事上一超独大的同时，继续实施战略收缩，审慎对外用兵；内顾倾向上升，外交服务于国内党派斗争的意图明显；在国际关系中更多运用“制裁”、极限施压等经济手段。美国推行以“美国优先”为圭臬的特朗普主义，使国际格局进一步分化、重组。一方面，特朗普主义令美国与盟国关系发生深刻的变化。在重大国际问题上，美国与盟国裂隙扩大，甚至出现对着干的现象，美国陷入了二战之后前所未有的孤立状况，与盟国关系跌入二战之后最低点。在西方国家，国家利益至上取代意识形态的趋势上升，日益成为主导盟国关系的核心因素，美国盟国正试图走上战略自主道路。另一方面，特朗普主义导致中美、美俄战略博弈加剧。美国极力拉拢和分化新兴经济体国家，企图对中俄各个击破，为美独霸世界扫清障碍。三是，世界秩序出现坍塌的危险。美国特朗普政府为拓展自身利益，以牺牲别国和世界整体利益为代价，试图以不平等的双边关系取代现有国际政治经济秩序。在重大国际问题上，特朗普政府认为现行国际秩序让美国吃了“大亏”，肆无忌惮地破坏现行国际规则，先后退出《跨太平洋伙伴关系协定》、《巴黎气候协定》、联合国教科文组织、《伊核协议》等国际组织和协议；同时，在贸易问题上，无视 WTO 为核心的全球贸易治理机制，推行贸易霸凌主义，挑起贸易争端。四是，大变局要素的比拼前所未有。二战之后形成的国际秩序基本上是由美国为首的西方发达国家主导建立的。随着第四次工业革命方兴未艾，人工智能、机器人技术、虚拟现实以及量子科技等蓬勃发展，人类生产和生活方式发生了深度改变，世界各国相互依赖日益紧密，现有国际秩序和全球治理机制的弊端也日益突出。新兴经济体的崛起和非国家行为体作用上升，是重塑世界格局的一个新的重要变量。国家治理机制、手段、执行力的比拼成为主导变局走向的主要因素。大变局要素的比拼涉及国家生活的方方面面，其广度和深度令人震惊，也必然对世界多极化进程产生重要的影响。

第三节　当今世界政治发展的趋势与特点

进入 21 世纪以来，国际政治发生深刻变革，特别是 2008 年国际金融危机以来，伴随着世界新兴市场国家的快速崛起和西方的相对衰落，国际格局出现了结构性变化，世界处于百年未有之大变局之中，各种不稳定、不确定因素日益增多，诸多新问题、新挑战层出不穷。总体而言，当今世界是一个变革的世界，是一个新机遇、新挑战层出不穷的世界，是一个国际体系和国际秩序深度调整的世界，是一个国际力量对比深刻变化并朝着有利于和平与发展方向变化的世界。

一、国际局势总体和平，世界政治发展呈现新趋势

和平、发展、合作、共赢从未像今日般成为不可阻挡的历史潮流。而且，随着新一轮科技革命和产业革命的孕育成长，随着各国相互联系、相互依存的日益加深，和平力量的上升远远超过战争因素的增长，和平、发展、合作、共赢的时代潮流更加强劲。冷战结束后，世界政治的主题转变为和平与发展，并大致经历了三个发展阶段。

第一阶段为东欧剧变、苏联解体后至新世纪元年。

在这一阶段，世界政治潮流似乎像弗朗西斯·福山在历史终结论①里所预想的那样，朝向西方式的自由民主。许多国家都卷入亨廷顿所描述的“第三波民主化”② 浪潮中：叶利钦领导下的俄罗斯重建的国家制度，至少在表面上同西方民主制相类似；东欧出现剧变，推翻了共产党的领导，又在此后爆发“颜色革命”；20 世纪 90 年代南斯拉夫解体后，新成立的国家模仿老牌欧洲大国的政治模式，对外关系方面向欧盟靠拢；拉美军人政权纷纷还政于民；不少非洲国家摈弃了苏联式发展道路，推翻或改造了独立初期由民族解放领导人开创的政权。乍看起来，大半个世界似乎都在用西式民主自由的思想武器对抗“专制统治”。这一时期，美国继续引领世界政治潮流。在政治思想方面，美国宗教右翼（主要是基督新教右翼）正在复兴，这同教会（主要是东正教会和天主教会）在俄罗斯、中东欧地区的复苏遥相呼应。倾向自由化的美国政治派别则高举多元文化主义和“政治正确性”的大旗，其内容包括反

① 历史终结论是指日裔美国人弗朗西斯·福山于 1988 年在其所作的“历史的终点”讲座中提出：历史的发展只有一条路，即西方的市场经济和民主政治。福山认为，人类社会的发展史，就是一部“以自由民主制度为方向的人类普遍史”；自由民主制度是“人类意识形态发展的终点”和“人类最后一种统治形式”。

② 塞缪尔·亨廷顿在《第三波——20 世纪后期民主化浪潮》书中认为世界上大致历经了三波民主化浪潮：1828 年—1926 年起源于美国革命和法国革命的第一次民主化长波；1943 年—1962 年始于第二次世界大战的第二次民主化短波；始于 1974 年葡萄牙康乃馨革命并席卷全球的第三波民主化浪潮。

对歧视妇女、少数族群、其他宗教、同性恋者等，并强调保护生态环境。由各类非政府组织构成的公民社会应运而生。美国公民社会的兴盛带动了世界其他地区的自由化浪潮。在外交上，历史终结论和民主和平论①风靡一时，人权外交在克林顿执政时期被放在了突出位置，同经济扩张和国家安全并列为“三大支柱”。美国在 20 世纪 90 年代轻松打赢了海湾战争和科索沃战争，表明这一时期没有任何外部力量能对美国构成真正的挑战。美国由此也享受到了“和平红利”，克林顿当政的八年是美国现代史上国力最强盛的时期。这一阶段，中国作为世界上最大的发展中国家，坚持改革开放的基本国策，开创了一条中国特色社会主义发展道路。在世界政治舞台上，一方面，积极开展睦邻外交，与周边各国纷纷建交，实现了关系正常化；另一方面，按照“一国两制”方针，先后对香港、澳门恢复行使主权，同时又积极开展元首外交，打破了西方国家的制裁，恢复和稳定了同西方发达国家的关系。此外，中国还积极开展了一系列多边外交活动，最为突出的是进行加入世界贸易组织的谈判。

但是，冷战时期遗留的民族、族群与宗教问题此时在世界舞台上日益凸显，具体事例包括卢旺达大屠杀、南斯拉夫内战、车臣战争、“基地”等宗教激进势力的崛起。同时，全球人口发展失衡，欧洲和美国人口增速放缓，俄罗斯人口呈现负增长，西欧、北美、俄罗斯劳动力出现短缺，老龄化问题日趋严重；而南亚、撒哈拉以南非洲、拉美和加勒比地区人口增速较快，人口日益年轻化。这些地区同欧美国家的经济差距和生活水平差距扩大，造成经济

① 民主和平论的概念最早由伊曼努尔·康德在 1795 年写的《论永久和平》一文中提出，康德将宪法制共和国作为永久和平的必要条件之一，他认为大多数人们永远不会在投票中支持发起战争，除非是出于防卫。作为一种国际关系、政治学和哲学的理论，其发展相对较晚，直到 20 世纪 60 年代以后才受到学术界重视，Dean Babst、鲁道夫·拉梅尔等学者研究并发展了这一理论。民主和平论主要观点包括：“民主国家是不会发生战争的”，这是由“民主”政治制度的约束机制决定的；转型中的“民主国家”发生战争的可能性较大；而“非民主国家”则频繁地发生战争；“民主国家”不能回避与“非民主国家”的战争，“民主国家”在继续维护世界民主和平的同时，要以战争的方式帮助那些“非民主国家”重建民主，通过民主的建立，在“非民主国家”实现和平。2002 年 6 月 1 日布什在西点军校的演讲中公开宣称，为了“支持人类自由的和平”，就必须对那些“恐怖主义和暴君的威胁”发动战争，“民主国家”对“非民主国家”进行的军事打击和战争是实现民主和平的“崇高使命”。由此，这一理论成为美国奉行新干涉主义政策的重要依据。

发展和财富分配进一步失衡。人口和经济的双重失衡，驱动跨国、跨地区、跨洲的大批人口迁移，中东、北非移民向欧洲流动，拉美移民大量流入北美。独联体内部移民也迅速增加，从经济相对落后的中亚、南高加索国家流向俄罗斯的欧洲部分。新移民、难民同移居国家的原有住民之间，肤色、语言、宗教信仰往往不同，经常产生矛盾。非洲和中东部分国家的动乱，多数同族群、宗教问题相关。冷战后的民族宗教矛盾在全球范围变得日益尖锐，宗教和族群认同问题就成为冷战后世界政治的一个突出问题。因此，亨廷顿在1993年提出的文明冲突论①，从某种意义上来说，其忧虑不无道理。

第二阶段为2001年至2016年。

这一阶段世界政治突出表现是强调市场作用和政治民主化的新自由主义遭到抨击和抵制。在拉丁美洲和非洲，新自由主义的试验多数失败了，在东欧也遭遇很大阻力。民主化浪潮同样遭到反抗和挫折。2008年国际金融危机爆发后，资本主义的制度弊端进一步显露，全世界范围内的贫富悬殊继续加大，“大中东”地区（从阿富汗、巴基斯坦到北非的广大地区，多为伊斯兰国家）的动荡在加剧。2011年“阿拉伯之春”爆发后，美国起初出现了错判，以为“阿拉伯之春”是反抗突尼斯、埃及等国暴政的民主运动，实际上这一运动并非只是对本国政权的不满，而是掺杂了太多对社会现状的反感，对生活前景的失望，包括对美国和西方的不满。埃及的穆斯林兄弟会上台后很快又被推翻，取而代之的是军人为首的高压政权。随后是叙利亚的长期内战，中东大部分地区陷入混乱之中。

与此同时，世界力量对比此消彼长，大国之间进入既相互借重又相互制衡、既相互合作又相互竞争的新发展时期。

美国社会受到2001年“9·11”事件的巨大震撼，资本主义积弊集中暴

---

① 文明冲突论是指塞缪尔·亨廷顿提出的一种国际关系理论。其核心观点包括：未来世界的国际冲突的根源将主要是文化的而不是意识形态的和经济的，全球政治的主要冲突将在不同文明的国家和集团之间进行，文明的冲突将主宰全球政治，文明间的（在地缘上的）断裂带将成为未来的战线；国际政治的核心部分将是西方文明和非西方文明及非西方文明之间的相互作用；在不同文明之间，核心国家间的关系将影响冷战后国际政治秩序的形成和未来走向；文明冲突是未来世界和平的最大威胁，建立在文明基础上的世界秩序才是避免世界战争的最可靠的保证；全球政治格局正在以文化和文明为界限重新形成，并呈现出多种复杂趋势；文化之间或文明之间的冲突，主要是目前世界七种文明的冲突，而伊斯兰文明和儒家文明可能共同对西方文明进行威胁或提出挑战，等等。

发。从小布什到奥巴马执政的16年里，出于对国内外穆斯林的恐惧和警惕，政府以反恐名义加强了对社会的管控，在相当大的程度上损害了公民自由。2003年开始的阿富汗战争和伊拉克战争，加上国内的治安投入，耗费了大量的财力物力和社会资源。“9·11”刚刚发生时，美国人同仇敌忾，表现出了很强的国家团结精神。但是随着恐怖主义威胁的下降，美国国内社会的贫富差距和族群矛盾就浮到了表面。因金融监管不力、社会分配关系失衡等诸多原因造成的美国次贷危机引发了自20世纪30年代以来最严重的2008年国际金融危机，进一步加速了美国的社会分裂和“左右”争吵。左的方面，是社会的99%反对1%的“占领华尔街”运动席卷美国；右的方面，则是在全球化中利益受损的白人中产阶级组成的“茶党”异军突起，代表民粹主义思潮向奥巴马为代表的权贵发起攻击。虽然左右两边均对政治建制派①表示极大不满，但双方却无法在诊断政治病因和寻找药方方面达成共识，这就为高举民粹主义大旗的特朗普赢得2016年总统选举埋下了伏笔。在奥巴马执政的八年，他试图转变小布什时期以反恐为第一优先的国际战略，纠正迎合“华尔街肥猫”、石油集团、军工集团利益的国内政策，公开宣称自己的原则是在外部世界“不做蠢事”(主要指不像小布什政府那样频繁对外使用武力)，集中处理国内事务。就国内而言，虽然经济取得了增长，但是医疗改革和社保改革没有成功，贫富差距也没有缩小，反而，其宽松的移民政策引起了以欧洲白人后裔为主的传统社会的更大不满。“不做蠢事”不但没有减轻政治痼疾，带给美国人好感，相反，却被视为放弃在世界上的领导权。在共和党保守势力的阻挠下，美国人在应对气候变化、发展可再生能源、削减国防经费、改革教育等问题上都难以达成全国共识。在对外政策方面，从阿富汗和伊拉克脱身使美国进退两难，与俄罗斯的关系因乌克兰危机而恶化，因担心中国崛起而提出的“亚太再平衡战略”无果而终，中美关系开始走下坡路。这一阶段，虽然美国社会仍然存在一些积极因素，例如公民社会的发展，高技术领域仍旧独占鳌头，并继续吸引大量全球高端人才，但同冷战刚刚结束的时期相比，美国在世界上的软实力和“民主灯塔”效应明显下降了。

① 政治建制派原意是指比较传统的、温和的保守派，他们长期在美国两党中掌握着较大的权力。出于政治上的考量，愿意做出较多的妥协和让步（和交易）来保持地位。现已成为一种嘲讽和攻击对手为了赢得选举不择手段、放弃本党派的观点和原则的标签。

欧盟不断发展壮大，欧洲一体化进程加速。2002 年欧元正式成为欧元区国家唯一法定货币，2004 年欧盟 25 个成员国的领导人在罗马签署了《欧盟宪法条约》，2007 年欧盟各国首脑在里斯本签署《里斯本条约》并于 2009 年开始生效，2013 年克罗地亚正式成为欧盟第 28 个成员国。随着队伍的扩大，成员国的利益诉求越来越分化，欧盟面临新问题、新挑战。欧盟成员国经济发展水平上的巨大差异、文化传统的差异、价值观上的差异是影响欧洲一体化进程的关键变量。尤其是欧盟成员国的财政赤字和债务问题，使整个欧洲都面临严峻考验。没有了独立货币政策的欧元区国家，只能完全依赖财政政策调控经济，结果造成财政赤字和债务问题更加突出，这也是 2009 年 12 月始于希腊的欧洲主权债务危机爆发的根本原因。

作为仅次于美国的科技经济强国的日本，其经济在经历了失落的 20 年后在 21 世纪初开始缓慢复苏，然而，受 2008 年国际金融危机冲击，随后再次陷入衰退，但其社会经济状况仍然平稳，且科技经济实力依然强大。2006 年安倍政府执政后，从国家战略原则、战略重点及国家利益出发，以政治、外交及安全领域的一系列重要的政策、法规为象征，摆脱战后体制，以“正常国家”为诉求，实质性谋求全面大国化已经成为日本各派政治势力的战略共识。

进入新世纪，俄罗斯开启了普京时代。2000 年执政以来，普京致力于复兴俄罗斯超级大国地位，对内加强联邦政府的权力，整顿经济秩序，打击金融寡头，加强军队建设；对外努力改善国际环境，拓展外交空间，维护本国利益，在国际舞台上恢复了世界性强国地位。

作为世界力量重要的一极，中国在谋求变革国际政治经济秩序的同时，争取西方主导的国际格局接纳自己，在融入美国主导的世界体系过程中实现自身崛起，中国与世界的关系发生了根本的变化。2001 年，中国多边外交成果就相当丰硕，这一年，中国成功加入世界贸易组织，成功举办亚太经合组织领导人非正式会议，主导成立上海合作组织，北京申奥成功。2002 年，推动建立中国—东盟自由贸易区，2010 年中国超越日本成为世界第二经济大国，2013 年提出建设“新丝绸之路经济带”和“21 世纪海上丝绸之路”（简称“一带一路”）的合作倡议和筹建亚洲基础设施投资银行（简称“亚投行”）倡议，2015 年正式成立“亚投行”，2016 年成功举办 G20 杭州峰会，同年，人民币正式纳入 SDR 货币篮子。值得一提的是，中国在应对 2008 年国际金融危机时发挥了中流砥柱的作用，当年 GDP 增长高达 9.6%，高增长有力地助推了新兴市场经济强劲复苏，给了低迷的世界经济极强的信心。经过十多年的发展，中国特色社会主义事业取得了前所未有的成就，国际地位实现了前所未有的提升。中国特色社会主义进入了新时代，实现了中华民族从站起来、富起来到强起来的伟大飞跃，在世界上高高举起了中国特色社会主义伟大旗帜；拓展了发展中国家走向现代化的途径，为解决人类问题贡献了中国智慧和中国方案。此外，这一阶段广大发展中国家整体实力增强，形成了由新兴大国为成员的“金砖国家”（中国、俄罗斯、印度、巴西、南非）和“发展中五国”（中国、印度、巴西、墨西哥、南非）等，它们之间加强了相互间的多边协调与合作，为 21 世纪的世界政治掀开了崭新的一页。

第三阶段为 2016 年美国特朗普政府执政至今。

世界政治发展呈现新趋势，世界进入一个较长的不确定期。这一阶段，世界政治处于大发展、大变革、大调整时期，世界面临的不稳定性、不确定性突出。

在世界政治新阶段，特朗普是世界政治和国际关系中最大的不确定性。自 2016 年执政美国以来，特朗普以“美国利益优先”为借口，肆无忌惮大搞单边主义，对多边的军事安全和经济的可预期性提出了严重挑战。在国际政治领域，频频“退群”，公然践踏国际关系基本准则。特朗普政府已经退出了 TPP、巴黎协定、联合国教科文组织、全球移民协议、伊朗核协议、联合国人权理事会、万国邮政联盟、美苏《中导条约》，还声称将退出更多重要的多边机构或者国际组织，如联合国、北约、WTO 等；在继 2017 年承认耶路撒冷是以色列的首都之后，2019 年 3 月特朗普政府又宣布正式承认以色列对戈兰高地的主权。在世界经济领域，特朗普政府全面挑起贸易战，践踏正常国际经贸体系。自 2018 年 3 月特朗普政府宣布对进口钢铁和铝产品分别征收 25% 和 10% 的关税以来，贸易争端硝烟四起，特别是由其挑起的中美贸易战，打乱了全球产业链、价值链，破坏了开放性的全球经贸秩序，损害了世界经济复苏动力，迫使世界经济这艘轮船驶向风高浪急的险滩。在地缘战略领域，特朗普用行动落实将美战略中心从反恐转向与大国地缘竞逐。在西线，美国首次在波兰驻军，加强了在欧洲尤其是在东欧和波罗的海沿岸国家的军事存在与活动，对俄罗斯形成抵近战略围堵态势。在东线，美国加紧实施“印太战略”，罕见地强化对华遏制，尤其在台湾问题上，频踩中国红线，冒可能引发双方战略碰撞的风险；推出多年来美国耗费最高的军事预算，大力扩充军备，特别着力研发新式核武器，并宣布推动组建“太空部队”，明确提出要确保美国“太空霸主地位”，以图取得对中俄全面绝对军事优势，为美独霸世界扫清主要障碍。在中东，美国推行极端亲以政策，放任并支持以色列霸道横行；极端敌视和极限制裁伊朗；强化对叙的军事干预和打击，全面搅乱了地区局势，使之面临爆发更大战乱的危机局面。由此，世界已经进入一个形势变动复杂、充满不确定性的时期。

在世界政治新阶段，英国脱欧使欧洲一体化遭遇严重挫折，对欧洲地区和世界政治格局产生复杂影响，欧盟的国际地位和全球影响力受到削弱，全球多边合作治理面临巨大考验。在经济上，英国脱欧延缓了欧盟自由贸易和单一市场的推进，给英国和欧洲的劳动力市场管理、对外贸易、金融监管和国际资本流动机制等带来更多不确定性。在欧债危机影响未尽、经济复苏依然低迷的形势下，这些不确定性将使欧盟经济发展更加缺乏稳定性，进一步削弱欧盟的经济实力。脱欧的“负面示范”效应也必将不断发酵外溢，使原本并不稳固的成员国关系面临更加严峻的挑战，刺激更多成员国效仿考虑脱欧的可能性，欧盟经济一体化面临停滞乃至倒退的风险，从而开启“欧洲民族国家的回归”浪潮。但是，历史的发展往往呈螺旋式上升，当前全球化与国际合作的深度盘整，也许是未来合作与更高层次全球化的先导。

在世界政治新阶段，世界政治的权力结构多维交错，国际关系也变得复杂多变，世界处于百年之未有大变局之中。随着新兴大国的不断崛起、发展中国家力量的不断增强，世界各大力量的此消彼长，国际关系民主化无疑是大历史演进的方向，也是权力结构变化的必然结果。但是，世界政治从来都不会直线发展。美国特朗普政府随心所欲采取反复无常的外交政策表明：至少在未来较长时期里，美国和西方仍将是国际体系的主导国家；在世界权力结构中，美国依然处于绝对优势。为了维护美国的霸权地位，特朗普政府将中国定性为美国的战略竞争对手，于是，中美关系也就成了世界政治变迁的一个重要风向标。可以预见，中美竞争将是一场持久博弈，不可能朝夕化解，至少在短期内不会纾解，其间甚至不排除发生严重危机事态的可能性。这是因为中美矛盾本质上是守成霸权美国与新兴大国中国之间的矛盾，是美国企图遏制中国而引发的摩擦冲突。美国特朗普政府挑起的与中国的战略竞争，事关其对霸权的护持，如果美国不能跳出威斯特伐利亚和约框架的束缚，走出“零和博弈”的思维定式，就不可能轻易收手。导致中美间摩擦发生的实质性原因，是中美之间的力量对比正在发生深刻变化，传统关系结构与行为模式无法适应崛起中国的需求。尽管自2018年特朗普政府挑起中美贸易摩擦以来，一直表现得咄咄逼人，貌似掌握着一步步升级的主动权，但也无形之中把自己推向这样的窘境：中国不输就是赢，美国不赢就是输。同时，再仔细审视特朗普在世界政治舞台上的绝大多数诉求，就不难发现其实质并非主张扩大美国的国际责任，而是主张压缩美国承担的国际责任。

因此，世界政治新阶段，尽管美国在经济总量上和科技创新水平上仍然是当今世界的超级大国，占据着霸权地位，但是从战后的发展轨迹看，美国的霸权地位在衰落也是不争的事实。今日世界，所有国际问题都指向旧的国际秩序，重建公正的国际新秩序迫在眉睫而又任重道远，世界政治将在较长时期内处于不确定期，走出不确定期，关键在于中美两个大国是否能避免“修昔底德陷阱”。否则，尽管当前和平与发展仍是时代的主题，人们对战争有天然的排斥，讳言战争在建构人类政治秩序中的作用，但是，在人类历史上重组大政治格局之际，战争从来都是最强有力的手段。如果今日和平方式不能重构世界新秩序，战争一定会出现。现代战争的杀伐，后果不堪设想。战争是人类建构政治秩序的最后办法，也是政治新秩序的“助产婆”。

二、权力结构深刻调整，世界政治发展呈现复杂多变的新特点

当今世界，越来越多的因素影响着国际局势的发展变化。除了权力政治、霸权主导、资本扩张以及地缘竞争等传统因素还在发挥作用以外，以信息技术为代表的科技创新发展、全球性问题的增多与扩散、非国家角色地位上升、思想观念的多元化发展等非传统因素对世界政治发展的影响日渐凸显，也就是国际进程中各种变量的结构发了重大变化。在新的历史条件下，世界政治多极化进程中旧的矛盾没有得到根本解决，新的问题又更多地涌现出来，国际安全面临更多的风险。大国关系经历重大而深刻的调整，世界政治的权力结构多维交错，国际关系受各种因素叠加影响更加复杂多变。

（一）大国关系错综复杂

大国关系正在进行着重大而又深刻的调整，这是多极化趋势中世界政治最显著的特征。20世纪90年代中后期以来，大国之间的首脑会晤空前活跃，大国之间纷纷建立和加强战略伙伴关系。1997年以大国关系调整年而载入国

际关系史册。自 1997 年 1 月 4 日德国总理科尔访问俄罗斯以来，中、美、俄、法、英、德、日诸国首脑频繁互访。在西方，当时的法国总统希拉克、德国总理科尔和俄罗斯总统叶利钦分别互访；俄美首脑在赫尔辛基举行会晤前，德国总统赫尔佐克、法国总统希拉克和英国首相布莱尔相继访俄；叶利钦首次出席欧洲委员会首脑会议，俄、欧、美关系进一步调整，俄、法、德三国领导人做出决定，今后每年至少举行一次三国首脑会晤，形成首脑定期会晤机制。在东方，江泽民主席成功地对美国进行了历史性访问；日本首相桥本也先后访问中国和俄罗斯；叶利钦总统第三次访华，亚洲地区大国关系发生了新的变化。1998 年，大国首脑外交仍频繁展开，中、美、俄、德、法、英、日等国家领导人进行了新一轮的首脑外交活动。他们为了一定的国家利益进行合作，但是大国的核心利益并不完全一致，相互之间的结构性矛盾依然存在且不易解决。大国之间相互竞争、相互防范和相互合作的态势同时增强，世界力量对比日益呈现结构性变化。

科索沃战争和“9・11”事件后，大国关系再度深入调整，大国关系重组，西方与“非西方”界线依稀可见。俄罗斯、印度、巴西等新兴大国迅猛发展，彼此联合自强与共谋发展态势显现。中国力图争得有利的国际地位，实现全方位的开放战略，通过建立各种类型的伙伴关系来快速发展自己。欧盟领导人强调欧美共同利益与价值观，欧美关系重归于好。美日同盟在调整中继续深化，日本与欧盟联系增强。为继续维持世界主导地位，西方大国不断加强政策协调，重塑西方联盟形象。大国关系进入既相互借重又相互制衡、既相互合作又相互竞争的新的发展时期。多种力量交叉互动，强调各国在平等的条件下协调矛盾、发展合作，将有助于推动世界多极化趋势的发展，对美国谋求主导世界的外交政策产生制衡作用。美国力图摆脱战略困境，战略中心从“反恐”至上转向“反恐”与防范大国崛起并重，地缘重点从“大中东”为主转向同时兼顾亚太及东欧，行为方式从单边主义与迷信武力转向借助大国协调、国际多边机制与软硬兼施。德国、英国、法国对外大力凸现“欧洲声音”，对内推动“欧宪条约”，促使欧盟一体化取得实质性进展。日本对外战略更加强调在美日同盟与亚洲外交之间取得平衡，继续争当“全面型大国”。

2008 年 8 月 8 日俄罗斯和格鲁吉亚冲突及随后不久骤然席卷全球的国际金融危机，对多极化发展进程中的大国关系具有深远影响，国际格局进行了新一轮深刻调整。俄格冲突作为冷战后欧亚地区的一个重大事件，对2008年下半年以后的俄罗斯与西方关系乃至欧洲与美国的关系，均产生了重要的影响，且折射出宏观国际格局正在发生重大变化的端倪。国际金融危机使国际力量发生了重大变化，大国力量此消彼长，特别是中国加速崛起，加之危机后世界经济复苏缓慢，使得各个层次上的政治、经济乃至社会心态走向之间的复杂互动更为扑朔迷离。此外，美国特朗普政府借“美国优先”“让美国再次强大”大行单边主义，大国关系更加错综复杂并呈现了更多不确定性。受金融危机和两场反恐战争拖累，美国仍处于国力相对衰落的下行通道，特朗普引领下的美国一改其前任推出的“亚太再平衡战略”，在国际舞台上高举“退出主义”进行战略收缩，将“多边主义无用论”推向了高潮；同时，公开将中、俄列为战略竞争对手，重拾“新冷战思维”。自俄格冲突后，面对北约的强势挤压，俄罗斯采取适时出击、适度出手、以小博大的非对称策略，2014年初俄罗斯策动克里米亚脱乌入俄，2015年10月俄罗斯高调出兵叙利亚，自冷战结束后覆盖在北约与俄罗斯之间那层“面和心不和”的窗户纸被捅破、撕碎，双方关系已经彻底“告别”之前斗而不破的微妙状态，双方在黑海、波罗的海、中东等热点地区的军事对抗呈现出白热化局势，“新冷战”有卷土重来之势。从欧债危机开始，欧洲就深陷危机泥潭，一个危机接着一个危机，一个挑战接着一个挑战。由于经济的持续低迷，欧盟一体化进程受“英国脱欧”事件影响严重受挫，欧盟内部对欧盟的成立产生质疑，很多隐藏在压制下的矛盾被激发，加之欧债危机、地缘政治的紧张、恐怖主义威胁、难民危机等综合发酵影响，欧盟内部不排除进一步裂变。随着美欧对欧洲安全事务主导权争夺的加剧，美欧在安全利益上的日益分离，加之特朗普作为商人出身的总统追求经济利益和注重交易式讨价还价的执政风格，美欧同盟关系不确定性明显增多。无论是“亚洲再平衡战略”还是“印太战略”，美日同盟都在事实上得到了强化。美国对美日同盟的战略定位不仅仅是双边意义上的，更在于从全球战略的角度、从维护美国霸权的高度，来防止中国的挑战。日本则是从双边的角度，从自身发展安全的压力出发来考虑美日同盟，借帮助美国防范中国，最终谋求实现“正常国家化”的战略构想。

随着中国的不断崛起，一方面，中美的结构性矛盾、意识形态的分歧和战略互疑日趋凸显，中美战略竞争与对抗的风险明显上升；另一方面，尽管摩擦不断，但中美相互依赖的现状客观存在着，主张发展两国关系的正能量并未完全消逝。因此，当前中美关系处在十字路口。自 2012 年中日钓鱼岛争端以来，中日关系经历了历史性的大变局，中国正前所未有地接近世界舞台的中央，2018 年正值《日中和平友好条约》缔结 40 周年之际，中日关系出现了明显改善的势头。20 世纪 90 年代以来，中欧关系稳步发展，呈现竞相发展、相互促进的新态势。中欧都是当前世界上最主要的经济体，在文化、教育、科技等领域可以有很多合作、互补和相互借鉴的地方。中欧之间没有直接的主权、领土和地缘政治的纠纷。中欧关系的共性明显大于相互之间的差异。中国始终把欧洲视为多极化进程中的重要一极，在推进全球治理维护多边主义、共同应对全球性挑战、促进世界和平与发展等方面，中欧有着广泛的共识，随着“一带一路”合作对接走深走实、首脑外交的密集开展，欧洲开始更加客观平和地看待中国的发展崛起，不断扩大合作领域，中欧关系进入新时代。冷战后，中俄关系不断加深和发展，建立了全面战略协作伙伴关系。中俄务实合作逐步提质升级，经贸关系稳中向好，人文交流不断迈上新台阶，在国际事务中，两国倡导建立以合作共赢为核心的新型国际关系，坚决维护联合国核心地位，呼吁各方通过和平方式解决国际和地区热点问题。此外，中国和俄罗斯还积极利用以两国为核心建立起来的上海合作组织和金砖五国机制加强相互协调，以及在联合国、G20 等各种国际多边框架内加强合作。但值得一提的是，中俄关系的性质是战略性协作，共同面对美国压力是中俄加强战略协作的关键性外部因素，因而受地缘政治尤其是俄美和中美关系影响，中俄关系具有不稳定性。作为两个最大的发展中国家和亚洲大国，又同是文明古国和新兴市场经济国家，中印关系也已远远超出双边范畴，具有广泛的地区和全球影响。印度在中国外交议程中的地位相当独特，中印关系兼具多重属性。印度既是能与中国等量齐观的新兴市场国家，又是与中国存在重大领土争端的关键邻国；既在双、多边场合中对华开展合作与借重，又在战略上视中国为重要防范对象；既利用美日等大国牵制中国，又强调自主自尊、自己坐大，拒当他国反华棋子。经济关系始终是中印关系中最具活力的方面。当前，受亚太地区地缘政治变局等因素触动，中印都在“重新发现”对方，着手构建“中印关系新模式”或“新兴大国相处之道”，客观上推动以合作共赢为核心的新型国际关系。此外，为了占据战略制高点，大国之间合纵连横，以前所未有的方式竞相上演一幕幕令人眼花缭乱的牵制与反牵制、制衡与反制衡的大戏。以议题为驱动的大国关系组合层出不穷，一些大国在这个问题上是合作伙伴，在另一个问题上又成了战略对手，如中俄印三国外长会晤机制、美日澳印四国战略对话机制、金砖国家合作机制等大国关系组合。

（二）全球性挑战日益增多，世界分裂加剧

一方面，全球性挑战层出不穷，国际机制失灵。冷战结束后，经济全球化加速发展。它促进了许多国家和地区的发展繁荣、技术进步、信息沟通、人员流动，增加了政府透明度。各国之间的经济合作降低了战争的危险，提高了政治冲突的门槛。但是，全球化是一把“双刃剑”，全球化带来的全球性挑战日益增多。伴随经济增长和物质财富的增加，出现的是：能源和其他自然资源的超高消耗、对地球生态环境的破坏、财富的集中及贫富差距的扩大，以及资本与人力资源加速流通所带来的更为复杂的社会矛盾。由美国次贷危机引发的2008年国际金融危机深层次影响继续显现，形形色色的保护主义明显升温，地区热点此起彼伏，霸权主义、强权政治和新干涉主义有所上升，军备竞赛、恐怖主义、网络安全等传统安全领域威胁和非传统安全相互交织，维护世界和平、促进共同发展依然任重道远。粮食安全、资源短缺、气候变化、网络攻击、人口爆炸、环境污染、疾病流行、跨国犯罪、恐怖主义威胁等全球非传统安全问题层出不穷，诸多非传统安全问题已经成为世界政治的中心议题。同时，全球化进程中出现的全球经济、社会发展的不平衡，使非传统安全问题同以领土主权为核心的传统安全问题交织在一起，对各国的社会稳定造成冲击，增加了国际政治中的冲突因素。例如，人们开始担心，能源、粮食、水资源的紧缺，将使一度趋于缓解的领土争夺死灰复燃。一些研究结果表明，冷战后世界上的武装冲突集中在社会和经济发展相对滞后的撒哈拉以南非洲、中东、南亚、东南亚等地区，其中绝大多数为国内冲突，而国内冲突又经常引发国际冲突和地区动荡。

与全球化加速发展相对应的是国际机制已经远远不能应对当前人类面临的跨国性挑战和全球性挑战，对全球治理体制机制进行相应的调整改革是大势所趋，国际规则和秩序正在经历重大变革。弱肉强食的“丛林规则”曾导致一战、二战的爆发，生灵涂炭、两败俱伤的战争教训以及国家间经济上日益紧密的相互依存，催生了国际法、国际关系准则，以及逐步建立起来的国际组织、机制和规范。然而无数事实说明，第二次世界大战后形成的国际组织和现存的全球合作机制，远远地落后于全球化的进程，出现了严重的“国际机制赤字”。例如，联合国改革的呼声很高但进展缓慢；WTO 失灵亟须改革；国际货币基金组织的改革仍不能满足世界金融体系多样化的发展需求；美国退出《巴黎协定》，建立国际气候全球合作治理机制的前景被蒙上了阴影；国际人道主义干预的原则和规则争议很大；国际社会缺乏处理民族分离主义倾向的共识；各种非政府组织和跨国公司在国际事务中的作用日益扩大，其行为需要纳入规范的轨道；G8 峰会虽已扩展为 G20 峰会并达成多项共识，但面临多重考验。此外，2008 年国际金融危机虽然发生在金融和经济领域，但是也激化了一些国家的社会矛盾并对世界政治格局产生了深远影响，同时还暴露了国际协调机制和监管机制的缺失。

另一方面，宗教势力、民粹主义和民族主义复苏，世界加速裂变。冷战结束虽然意味着两大意识形态对抗的终结，但是人类历史从来都充满着思想激荡。在全球化进程中，国家主权受到冲击，人口和信息的跨国界流动加快，各国的相互了解加深的同时，社会的对外开放使人们更加意识到“我们”和“他们”的差别，增加了许多人对本国、本教派、本民族的认同感，使他们更加有意识地维护自己的传统文化、习俗和价值观，抵制外来影响。随着全球化的负面影响日益显现，人们在全球化带来的复杂矛盾中，依靠和寻找着精神依托以及对群体的归属感。虽然宗教和民族主义都有某些增强社会凝聚力的作用，但也可能被引导到破坏和平、稳定、繁荣的方向上去，造成不同宗教、教派、民族之间的隔阂甚至仇恨。特别是随着传统宗教的复苏，一部分宗教势力复归到所谓“原教旨主义”，并得到部分群体的拥戴；而恰恰当这些群体自认为是处于弱势的民族时，民族问题与宗教问题就相互纠缠在一起，产生一些国家内部民族分裂的倾向，并往往受到国际势力的干预。

与宗教势力复苏同步的是民粹主义和民族主义的同步发展。2008 年金融危机之后，美国的民粹主义一浪高过一浪。右翼的民粹主义主要表现在以白人保守派为主体的“茶党”运动，口号是反对高税收、高支出和医保改革，要求缩减政府规模。“茶党”运动中多有歧视非主流族裔、反对奥巴马总统的人。2011 年开始的“占领华尔街”运动，代表的是偏向左翼的民粹主义，参加者以下层草根阶层居多。民主党人利用“占领华尔街”运动对国会共和党人施压，企图迫使他们通过民主党人提出的创造就业、增加税收等法案。这两个运动加剧了美国政治的两极分化。在 2016 年的美国大选中，特朗普和共和党人竭力挑动右翼民粹主义，并且将其同日益上涨的民族主义和白人种族主义思潮结合起来，煽动反移民情绪，提出“美国优先”的口号。特朗普入主白宫后，变本加厉地推行其政策主张，否定奥巴马政府的成绩，激烈攻击民主党。美国两大政党势不两立，争斗空前激烈，两党都在重新划分选区上做文章，加剧了美国的族群矛盾和社会裂痕。传统上美国号称“民族熔炉”，曾被认为有希望成为不同族群融合的楷模。美国社会精英希望，不同种族、肤色、宗教、政治倾向的移民到了美国，能够融入主流社会，忠于美国，而且移民的第二代、第三代能够同化得更好。但是近年来族群和移民问题的发展趋势与这种希望背道而驰。与此同时，西方其他国家以至更大范围的民粹主义和民族主义呈现相互呼应、同时上升的潮流。这一潮流推动了英国公投脱欧。法国的国民阵线、德国的选择党、意大利的五星运动党、澳大利亚的单一民族党、新西兰的优先党、奥地利的自由党等，都带有右翼民粹主义色彩和反移民倾向，近年来都在本国获得了更大的政治能量和支持。许多中东欧国家加入欧盟后，曾经对欧盟抱有很高的热情与期待。但随着民粹主义的兴起，东西欧之间似乎又一次筑起了一堵高墙。同西欧相比，民粹主义政党在中东欧国家的势力更加强大。波兰、匈牙利、捷克现在的执政党都对欧洲一体化持保留态度，反对欧盟被德、法等大国主导，不愿意接收难民。在韩国、马来西亚、泰国等东亚国家，民粹主义也对政局造成了很大影响。民粹主义的来源是人们普遍的不安全感。在 21 世纪，这种不安全感主要不是来自战争和暴恐行为的威胁，而是来自相对收入下降、就业和社会福利无保障、教育机会和医疗待遇不平等、环境污染等与切身利益相关的问题。值得注意的是，全球经济发展放缓加剧了社会发展失衡，经济民族主义明显上升，表现为强烈的贸易保护主义，以及对国际资本流动的警惕和抵制。在美国和其他许多国家，人们对全球化、现存政治建制的怨言越来越多。经济民族主义、贸易保护主义在特朗普政府中大行其道。特朗普政府向很多国家挑起贸易摩擦，其动机在于利用其国内民众的不安全感、被剥夺感，同时诿过于外。美国对外发动贸易摩擦，也激起了很多国家的反美民族情绪，引发了他们保护性的相应政策调整。

民粹主义和民族主义不断发展造成世界政治发展最鲜明的特点就是强人政治、威权主义的卷土重来。在民粹主义和民族主义的共同作用下，人们往往寄希望于权力集中的政府以及强大而决策果断的政治领袖，来领导他们恢复民族荣耀，凝聚国家认同，并采取强力的措施来改变不公正现象。冷战后采用多党制的转型国家和发展中国家，在民主化进程中不断发生种种乱象，包括贿选、腐败、暴力冲突、政治对立等，为威权主义的复归和强人政治的回潮提供了深厚的土壤。当今世界政治中的许多“强人”，包括俄罗斯总统普京、匈牙利总理欧尔班、捷克总理巴比什、印度总理莫迪、菲律宾总统杜特尔特、土耳其总统埃尔多安、埃及总统塞西、马来西亚总理马哈蒂尔等，他们的个人背景、政策偏好、从政经历、领导方法都有很大差别，但都有鲜明的个性，都在一定程度上鄙视自由主义的价值观，善于利用本国的民族主义和民粹主义，采取一些出人意料甚至在政治和法律方面“出轨”的行动。虽然特朗普当选总统有一定的偶然性，但他上台后的所作所为（其中许多可以说是“肆意妄为”）仍然可以维持一个国内相当多人数的“铁杆粉丝”；特朗普自比里根（也被很多人比作里根）甚至林肯。这些情况都可以说明对政治人物的偶像崇拜在美国不但没有绝迹，反而正在卷土重来。与国家社会制度的示范效应相类似，强人政治也有示范效应。几年来世界政治中的强人不断涌现，绝不是偶然的。伴随强人政治回归的，是威权主义在很多国家抬头。就美国传统而言，自由价值观是天经地义，威权主义是离经叛道。但是关注个人的自由主义，同忠于本族群、本国家的民族主义之间有着难以克服的矛盾，而且这种矛盾正在日益凸显。在今日美国，多元文化主义不再时髦，右翼民粹主义甚嚣尘上，对自由派传统媒体深恶痛绝；在今日世界，美国等西方国家的民主光环销蚀，软实力下降，话语权受到强烈的质疑和抵制。被美国人长期指责为“威权主义”的中国和其他一些发展中国家，取得了令人瞩目的快速经济增长。虽然将世界简单划分为“民主”和“专制”两类国家的观念在美国政界仍旧盛行，但推广西方民主和人权价值观，已经不再是美国外交的主要目标之一。民粹主义和民族主义在美国同时上升，标志着美国传统价值观受到严重冲击，威权主义的幽灵若隐若现。自由主义衰微的趋势是全球性的。威权主义和强人政治的回潮可能不是短暂的历史现象，而代表着世界政治新阶段的重要特征。

在自由主义意识形态的影响下降后，民粹主义和民族主义正在各国形成一种新的“政治正确性”。一个政党或政治派别、一位政治领导者的对外政策表态越强硬，表现出的民族主义和排外情绪越强烈，就越容易得到国内政治支持。这一倾向集中表现在美国政府的贸易保护、限制移民、扩充军费等政策中。美国 2018 财年的国防预算较 2017 财年约增长 10%。美国政府还极力迫使其安全同盟体系里的国家增加国防预算，以减轻美国的海外防务负担。在美国的督促或刺激下，世界主要国家纷纷大幅增加本国的国防预算，加速发展武器装备，提升军事实力。特朗普政府公开把中国和俄罗斯定位为美国的主要安全威胁，加剧了大国间的地缘战略竞争。俄罗斯与西方国家关系持续退化，美俄在叙利亚及西亚、北非地区博弈更趋激烈。美、欧、俄在中亚东欧地区的对峙无望缓和，乌克兰东部顿巴斯冲突升级风险明显，停火协议将沦为一纸空文。美国、沙特、以色列同盟与俄罗斯、土耳其、伊朗组合博弈。美国承认耶路撒冷为以色列首都、公开支持库尔德人独立和承认以色列对戈兰高地的主权，必将成为中东局势新的引爆点，中东乱局向危局演变只是时间问题。朝核问题、南海问题等地缘战略竞争虽有缓和，但重返对抗的风险依然高居不下。此外，美拉拢印、日、澳全方位围堵搅局中国“一带一路”建设推进，使“一带一路”沿线地域风险和大国博弈政治风险交织上升。

总之，进入21世纪以后，美国在世界政治中由“战略误导”转向“战略迷失”，加之国际金融危机的冲击，特朗普执政后的美国对外战略进退失据，欧盟和日本经济发展持续低迷；与之相反，中国、印度、俄罗斯、巴西、南非等诸多新兴国家崛起，在世界舞台上的影响日益扩大。世界权力中心、财富中心和发展驱动力正在从西方向东方转移，国际规则和秩序正在经历重大变革。由于中国在新兴国家中发展速度最快，已成为仅次于美国的经济大国，又是共产党领导下的社会主义国家，所以在当今世界权力与财富转移的过程中，中美间的对立与冲突增多在所难免。由此，中美关系已进入一个新的历史关节点，中美竞争也必将是一场持久博弈。在日益错综复杂的世界政治中，中国能否成功跨越“中等收入国家陷阱”，中美能否超越“修昔底德陷阱”，关乎当代世界政治走向，关乎国际关系民主化进程。可以预见，未来世界大势仍会风云翻卷、扑朔多变，人类文明进程将在风云激荡中进入一个更加错综复杂的历史阶段。

阅读书目：

1. 王缉思：《世界政治的终极目标》，北京：中信出版社，2018年。

2. 王辑思等：《世界政治研究》（第二辑），北京：中国社会科学出版社，2018年。

3. ［英］布赞：《美国和诸大国：21世纪的世界政治》，刘永涛译，上海：

上海人民出版社，2007年。

4. ［美］罗伯特·吉尔平：《世界政治中的战争与变革》，宋新宁、杜建平译，上海：上海人民出版社，2019年。

5. ［美］香农·布兰顿、查尔斯·凯格利：《世界政治：趋势与变革》（第16版），夏维勇译，北京：北京大学出版社，2019年。

6. ［美］尼古拉斯·斯皮克曼：《世界政治中的美国战略：美国与权力平衡》，王珊、郭鑫雨译，上海：上海人民出版社，2018年。

7. ［美］罗伯特·基欧汉：《霸权之后：世界政治经济中的合作与纷争》（增订版），苏长和译，上海：上海人民出版社，2012年。

8. 张树华：《民主化悖论：冷战后世界政治的困境与教训》，北京：中国社会科学出版社，2017年。

思考题

1. 联合国在当今世界中具有怎样的地位和作用？当前面临哪些挑战？

2. 为什么说世界多极化格局的形成将是一个曲折的、长期的过程？

3. 当今世界政治发展呈现哪些新特点？

第三章 战后发达资本主义国家的经济与政治

关键词：

发达资本主义国家；经济体制；政治体制；对外关系

要点提示：

- 战后发达资本主义国家经济发展及面临的深层矛盾
- 战后发达资本主义国家政治的新变化
- 美、欧、日的对外关系

二战以后，随着以原子能工业、电子工业和高分子合成工业和空间技术为标志的第三次科技革命的发生，发达资本主义国家的经济结构进一步升级，生产力、生产关系和上层建筑等领域都发生了深刻变化，国家垄断资本主义获得了充分发展，国际经济协调也在不断增强。20世纪末至今，以信息网络技术为载体的第四次科技革命则为发达资本主义国家经济社会的发展提供了新的动力，使资本主义呈现出向国际垄断阶段过渡的趋势。发达资本主义国家生产力快速发展使生产力水平达到了前所未有的高度的同时，在对外政策上开始频繁地推行霸权主义和强权政治，使多数发展中国家长期处于极端困难的境地。然而，在充当“世界警察”的同时，资本主义的固有矛盾不断发展，发达资本主义国家自身也面临着诸多突出的经济和政治问题，在新兴大国群体性崛起之际，西方发达国家的实力地位相对下降。特别是自2008年国际金融危机发生后，发达资本主义国家大都陷入衰退，自身问题逐渐浮现，经济发展停滞不前、社会问题严重，政治体制一定程度失灵。美国的单边主义倾向亦有所下降，有时不得不依赖和借助盟友来推行自身战略。发达资本主义国家在经济上呈现出对发展中大国的高度依赖，扩张能力总体上呈现出一定程度的萎缩。

第一节　发达资本主义国家的经济

一、战后发达资本主义国家经济的发展

二战以后，发达资本主义国家的经济经历了曲折发展的过程，其发展历程大体可分为五个时期：

第一，战后恢复时期（1945—1950年前后）。第二次世界大战给世界人民带来了巨大灾难，同时也对发达国家的经济造成了极大破坏。战争结束后，在美国的支持和援助下，发达资本主义国家迅速对经济进行了调整和恢复。到1950年，整个西欧已完全恢复到战前水平。日本到1955年，除对外贸易以外，主要经济指标全面恢复或超过了战前水平。美国、加拿大等国顺利完成了由战时经济向平时经济的转轨，并实现了快速增长。美国推行的马歇尔计划以及以布雷顿森林体系为中心所形成的相对统一的资本主义世界经济体系和有利于发达国家的国际经济秩序对发达资本主义国家经济的迅速恢复起了积极作用。

第二，快速发展时期（1950—1973年）。这一时期，发达资本主义国家经济平均增长率达到5.3%，工业生产和对外贸易增速更快，均创下了历史最高纪录。战后经济高速增长的原因是多方面的，美国凭借其经济军事实力，建立了相对统一的国际经济秩序，为各国经济发展提供了较为良好的国际环境；新科技革命极大地提高了各国劳动生产率，使经济增长加速；战后国家垄断资本主义逐步占据主导地位，国家对经济的宏观调控能力加强，凯恩斯主义的膨胀性财政金融政策对经济增长发挥明显的推动作用。这一时期，发达资本主义国家在经济保持高增长率的同时，保持了较低的通货膨胀率、基本稳定的物价水平及较低的失业率，因此这时期被称为资本主义历史上的“黄金时期”“大繁荣时期”。

第三，“滞胀”时期（1973—1982年）。20世纪70年代开始，以美国为首的西方国家经济先后出现增长乏力、通货膨胀严重的现象。这一时期，西方七国年均增长率仅为2.4%，而发达国家通胀率却高达7.0%～12.4%。造成发达资本主义经济“滞胀”的原因有：美国侵略越南战争失败，爆发美元危机，布雷顿森林体系瓦解，以美国为中心的国际经济秩序受到严重冲击；

石油危机的打击；国际贸易竞争加剧，发达国家之间贸易战愈演愈烈；长期推行凯恩斯主义政策导致政府财政赤字增加、通货膨胀严重等。

第四，调整时期（1982—1992年）。为了克服“滞胀”，发达资本主义国家开始调整凯恩斯主义经济政策，普遍以货币主义和供给学派的经济理论为指导，实行新的改革措施，包括紧缩货币、削减福利、减税、对国有企业实行私有化、放松对经济的管制、加大企业结构调整等。这些措施对抑制通货膨胀、刺激市场活力起了一定作用，到20世纪80年代末，物价年均增长率已下降到3%左右。但西方国家经济增长仍然缓慢，且失业率居高不下，财政赤字仍然连年扩大，国家债务日益沉重，贫富差距进一步扩大，国际金融动荡，国际贸易失衡严重。发达资本主义国家之间经济发展不平衡加剧，1987年日本整体经济实力跃居世界第二位，成为世界最大的债权国。

第五，经济转变时期。世界经济格局和经济发展发生一系列变化。经济全球化和科技革命的加速发展，引起生产领域的一系列变革，以信息技术为中心的高科技迅猛发展，科技革命出现新的高潮；产业结构升级，服务业和高新科技产业成为主导产业；企业组织形式和经营方式发生新变化；经济增长方式高度集约化，生产率进一步提高；国际竞争更加激烈；经济全球化和区域一体化发展迅速。国际生产、国际贸易和国际金融进一步扩展，国家垄断资本主义的国际调节也随之加强，世界经济发展不平衡加剧。经济全球化的扩展也使资本主义社会内部的各种困难和矛盾有了新的发展，最终酿成了2008年国际金融危机。随着危机的持续深化，主要资本主义国家陷入长期停滞。为了转移视线，摆脱危机，美国特朗普政府高举“美国优先”大旗实行贸易保护主义，英国实施脱欧，由此，西方资本主义大国之间出现了更多的矛盾和冲突。

二、战后发达资本主义国家经济体制和社会政策的调整

针对第二次世界大战后的新科技革命的深入发展，生产社会化及国际化程度的提高，国际竞争的日趋激烈以及经济危机出现新特点等新情况，发达资本主义国家在不动摇资本主义私有制的前提下，对生产关系和经济结构进行了调整。

第一，发展国家垄断主义，全面干预经济生活。战后初期，主要资本主义国家普遍面临着战后重建的艰巨任务，要求国家作为一个强有力的力量在

经济的重建和恢复中发挥主导作用。为了使政府的宏观调控和市场调节达到最佳结合，战后初期，西方发达国家普遍建立和发展宏观调控机制，纷纷采取了凯恩斯主义，加强了政府对经济的干预。其主要措施是增加国有企业，利用财政手段干预经济，利用货币政策调控经济，实行充分就业，政府直接参与国民收入的再分配，并占据支配地位，制定各种经济社会发展计划来规范市场活动。国家干预在一定程度上缓和了资本主义生产方式内部的矛盾，但是引起了信用和通货膨胀、财政赤字和生产萎缩、失业增多。从 20 世纪 70 年代起，随着资本主义经济陷入“滞胀”和新自由主义思潮的泛滥，西方国家普遍走上强化市场调节、弱化政府干预的道路，即通过国有企业私有化来提升经济竞争力；通过福利制度改革，减少政府的财政负担；通过放松对经济和金融的管制，释放经济活力。随着政府干预经济能力的弱化，资本主义生产方式固有的局限性越来越突出，即难以化解生产社会化与生产资料资本主义私人占有之间越来越尖锐的矛盾，资本主义经济一步步陷入衰退和停滞，经济危机呈现新的特点：去工业化和产业空心化日趋严重，产业竞争力下降；经济高度金融化，虚拟经济与实体经济严重脱节；财政严重债务化，债务危机频繁爆发；两极分化和社会对立加剧；经济增长乏力，发展活力不足，周期性危机与结构性危机交织在一起；金融危机频发，全球经济屡受打击。

第二，调整所有制结构和产业结构，提高资本的社会化程度，促进新产业的发展。二战后，发达资本主义国家在所有制结构调整方面，国家资本所有制形成并发挥重要作用，法人资本所有制崛起并成为居主导地位的资本所有制形式，资本的社会化程度大大提高。国家资本所有制指生产资料由国家占有并服务于垄断资本的所有制形式。国家资本所有制的主要特点是，国家作为出资人，拥有国有企业的所有权和控制权，国有企业的重要职能是推行政府的社会政策和经济政策，为私人垄断资本的发展提供服务和保障。国家资本所有制在整个资本主义经济中所占的比重并不大，但是由于其主要存在于基础设施和公共事业部门，所以对整个社会经济的发展有着重要的影响。法人资本所有制是资本主义生产资料所有制发展的新形式。法人资本所有制是法人股东化的产物。法人资本所有制的基本特点是：各类法人（企业法人和机构法人）取代个人或家族股东成为企业的主要出资人，企业的股票高度集中于少数法人股东之手，法人股东凭借手中集中化的控股权干预甚至直接参与公司治理，监督和制约管理阶层的经营行为，使公司资本的所有权与控制权重新趋于合一。在产业结构调整方面，大力扶植新兴企业的发展，促使产业结构不断升级。在政府的扶植下以服务业为龙头的第三产业和高新科技产业得到了快速发展。到1995年，西方七国的第三产业占国内生产总值的比重分别为：美国71%（1993年数字）、日本58%、德国63%、法国70%、意大利66%、英国66%、加拿大72%（1992年数字）。

第三，建立和完善社会福利制度，实现国民收入的再分配。第二次世界大战后，随着经济的恢复和发展，特别是一批社会主义国家的出现，以及资本主义国家内部工人阶级同资产阶级斗争的发展，发达资本主义国家为了缓和矛盾，避免社会剧烈冲突和动荡，保持社会的稳定，建立并实施了普及化、全民化的社会福利制度，在一定程度上满足劳动者的安全和保障需求，保证他们维持最低生活水平，改善其生活状况，劳动者工资水平也有所提高。这一政策在一定程度上缓和了战后发达国家的社会阶级矛盾，但庞大的社会保障开支已经使西方各国政府不堪重负，成为政府财政赤字的重要因素，迫使各国政府不得不进行必要的改革，改革的基本方向是社会福利多元化、私有化和市场化。然而，习惯享受政府高额福利的西方各国国民对政府的福利改革抵触情绪很大，致使西方各国政府的社会福利改革道路举步维艰。

第四，逐步实现企业管理体制社会化、民主化和现代化。企业管理体制是资本主义经济制度的重要方面。为了获得更高的效率，发达国家对企业管理体制进行了多方面的更新。其一，企业管理日益超出个别企业的范围，而与多种形式的社会化管理相结合。发达国家大型企业越来越多地实行生产管理的全球性协作，形成了社会化的专业管理机构网络。其二，企业管理民主化。企业实行所有权与经营权分离的结果是，出现了庞大的经营管理阶层，即职业经理阶层；另外，在股份制扩展过程中，股份分散化和股份小额化使普通职工能拥有公司的股份，因而也拥有参与企业部分决策的权力，实现劳资双方的合作。其三，管理因素的开拓和管理关系的改善。随着工业中现代化、自动化服务和新工艺的广泛采用，新的生产管理方法和生产组织形式的广泛实行，企业实现了从传统劳动方式向现代劳动方式的转变，职工在生产过程中更多地从事监督者、调节者和操作者的工作，管理关系得到了持续改善。其四，调整企业内部管理体制，由集中管理转为分权管理，并尽量地减少管理层次，以提高企业管理的灵活性和效率。企业管理体制的改革，大大提高和优化了资本主义生产力和生产关系。

第五，建立国际经济协调机制。第二次世界大战后，西方社会形成了主要发达资本主义国家对资本主义世界经济进行合作干预和调节的机制，以及部分资本主义国家间的经济一体化。战后资本主义国家间的矛盾仍然存在，并在某些领域有新的发展，但是，生产的高度社会化以至于生产的国际化趋势日益加大，使资本主义国家不得不改变解决矛盾的方式，不再轻易使用武力，而是更多采用协商和对话的方式。通过协商对话，不仅能缓和彼此间的矛盾，而且能实现多方共赢。西方发达资本主义国家间形成了国际货币基金组织、世界银行、世界贸易组织、西方七国首脑会议等协商机制，除了这些国际经济协调机构外，各种区域一体化组织也扮演了重要的经济协调角色，如欧洲联盟、北美自由贸易区等。资本主义国际经济协调机制实际上是在整个资本主义世界对经济利益进行再分配和平衡，达到缓解资本主义世界矛盾的目的。

三、发达资本主义国家面临的现实困难和深层矛盾

二战后，为了应对社会主义阵营的挑战，发达资本主义国家在不触动资本主义基本经济制度的前提下，在吸取和总结社会主义国家经验的基础上对资本主义制度进行一系列改良，在一定程度上调整了资本主义生产关系，修补了传统资本主义经济运行机制的缺陷，使资本主义进入新的发展阶段。然而，由于其并没有改变资本主义制度的本质，没有克服资本主义的基本矛盾，发达资本主义国家面临的失调、失衡、停滞等危机并未去除，而是在程度趋缓的总趋势下有了进一步的发展，越来越成为一种结构性的问题和难以去除的慢性疾患，即结构性失衡和综合性危机。

（一）发达资本主义国家面临的现实困难

第一，周期性生产停滞与经济危机始终是发达资本主义国家无法治愈的痼疾。二战后，垄断资本利用所控制的国家政权，对社会经济生活进行全面的直接干预，采取“反危机”政策措施，对经济进行调节，试图消除危机。然而这种干预并没有消除危机，却使战后世界经济危机出现一些新特点：一是主要资本主义国家经济危机频繁发生，但发生时间参差不齐、情况各异。二是危机周期四个阶段较战前已不十分明显。现在，经济危机实际上只包括危机、回升、高涨三个明显阶段。三是20世纪70年代以前的经济危机不如战前垄断阶段严重，但在70年代后却呈现逐步深化的趋势，出现“滞胀”现

象。四是危机时物价并不下跌，而是上涨。这也是战后危机不同于战前的重要特点。由美国次贷危机引发的2008年国际金融危机是自20世纪30年代大萧条以来最为严重的全球性经济危机，它迅速从局部发展到全球，从发达国家传导到新兴市场国家，从金融领域扩散到实体经济领域，造成了一系列灾难性后果。在这场危机的影响下，西方国家的经济生活、政治生活和社会民生等方面都出现了各种问题。

第二，失业率居高不下，乃至成为一个结构性问题。为攫取剩余价值，资本家不断采用科技含量更高的机器代替工人，资本有机构成不断提高，大量劳动者被排斥在生产过程之外。在制造业领域，信息技术和运输能力的存在又使得西方国家可以进行更大规模的海外外包，产业空心化进一步加剧，劳动力需求本已萎缩的制造业又在数量和规模上进一步缩减。在金融、服务业等领域，互联网工具和自动化机器也在管理成本、运营效率等方面体现出了优势，劳动者的就业机会和就业稳定性不断下降，不论是蓝领工人还是以往的白领工人都面临着不断被排挤的命运。随着传统产业的萎缩和高科技产业吸纳就业能力的减弱，越来越多的传统产业工人失去就业机会，失业人口越来越多。2008年国际金融危机以后，西方国家为了摆脱危机所采取的逆全球化、生产智能化等措施却难以成为再工业化的有效手段，甚至带来了更为严重的失业问题。

第三，财政赤字和政府债务持续地扩大，成为经济发展中的顽症。第二次世界大战后，随着国民经济军事化和军备竞赛的增长以及政府对经济生活干预的加强，各发达资本主义国家的财政支出持续膨胀，财政赤字越来越大。各国政府为了弥补巨额财政赤字，除依靠大量举债外，还将增发货币作为筹措资金的重要手段。由于滥发纸币和实行信用膨胀，使国内货币流通量的增长大大超过商品流通中的实际需要量，从而引起严重的通货膨胀甚至引发经济危机。加之西方国家长期形成的借债消费习惯和高支出的福利制度，以及为应对金融危机而采取的救市措施，使得政府债务负担积重难返。2008年国际金融危机后，西方发达资本主义国家纷纷拨付巨额财政资金救助大型金融机构，推出大规模经济刺激计划，实施量化宽松货币政策，造成政府债务不断攀升。巨额政府债务又埋下了新一轮金融危机的隐患。

第四，贫富差距不断扩大，福利制度面临危机。1970年以来，由于资本收益率持续大幅高于经济增长率，西方发达资本主义国家的收入不平等状况日益严重。在就业方面，低收入的劳动岗位大量增加，中等收入的劳动岗位明显减少，就业结构的这种变化意味着西方发达资本主义国家重新走上了两极分化的道路。随着收入不平等的加剧，西方社会的流动性明显减弱，社会固化程度逐步加深，全球出现了“中产阶级危机”。2008年全球金融危机对中产阶级的冲击最大，不断攀升的失业率以及沉重的债务负担，使全球中产阶级正在面临坍塌的危机，西方国家出现了“集体向下沉沦”的局面。同时，随着全球化的推进、“自由市场体系”在全球范围的扩张以及世界格局的重大变化，发达资本主义国家的福利制度也遇到了前所未有的挫折。处于经济全球化时代的西方国家不再着重依赖本国的“劳动者”和“消费者”，削减了对本国社会福利的持续投入，西方的福利制度越来越沦为“兜底”的工具，陷入左右为难的困境之中。在福利制度发达的国家，一些中下层民众拿的救济金甚至比正常工作收入还高，因而失去了工作意愿和动力。随着人口老龄化快速发展，特别是在国际金融危机之后，福利制度使国家财政不堪重负，福利风险不断增加。

（二）发达资本主义国家存在的深层矛盾

第一，国家垄断资本主义在克服市场经济弊端的同时，又带来了阻碍社会生产力发展的新矛盾。第二次世界大战后，以原子能的利用、电子计算机和空间技术的发展为主要标志的第三次科技革命使社会分工迅速扩大，生产社会化程度进一步提高。在科技革命的推动下，新兴产业不断涌现，社会生产力迅速提高，物质财富生产的规模不断扩大，导致资本主义基本矛盾不断激化。为了维护和巩固垄断资本主义，应对经济的剧烈波动乃至经济危机，缓和社会各阶级、阶层之间的矛盾，发达资本主义国家普遍建立起垄断国家资本主义，为私人垄断资本提供服务，通过对经济的宏观调控和介入国民收入的再分配领域，有效地克服了市场经济弊端。但是，国家垄断资本主义对经济发展的促进作用是建立在私有制基础上的，它为了更好地保证垄断资产阶级获得高额垄断利润，必然加强对劳动人民的剥削和掠夺，使社会矛盾进一步激化；同时它也会使社会产生经常性的财政赤字、经济中“滞胀”等在现代市场经济运行下的新问题。

第二，科技革命在推动社会生产力大力发展的同时，又造成结构性的失业，使得社会贫富分化加速发展。第二次世界大战后，世界发生了第三次科技革命，极大地促进了生产力的发展。西方主要资本主义国家劳动生产率提高，产业结构改善，经济快速发展。具体表现在：第一产业和第二产业的国民生产总值和就业人数方面比重进一步下降，特别是农业的比重下降；传统工业发展缓慢甚至停滞，在工业结构中的比重日益下降，技术知识密集型的专业化、小型化的新兴工业迅速崛起。这就要求劳动者必须不断充电，获取新知识，才能跟上时代步伐，否则，自身素质满足不了工作岗位的需求，就会被抛入结构性失业的队伍。但是，事实上很多劳动者由于自身知识结构、年龄结构、就业观念等方面的原因，并不能适应科技革命，无法跟上技术进步，因此，他们无法胜任新工作岗位，只能处于失业的境地。同时随着新兴科技的广泛应用，特别是人工智能、机器人和无人驾驶等技术的应用直接造成许多人失业。因此，科技革命在促进生产力发展的同时，也使得各国之间、一国内部不同群体之间收益差距进一步拉大，社会问题激增，社会矛盾日益加深。

第三，资本主义经济在全球扩展中也加剧了各种固有的矛盾，南北贫富鸿沟日益加深。由于国际竞争条件越来越严峻，发达国家之间的经济矛盾、摩擦和冲突趋向激烈，这种状况使发达国家经济发展的稳定性受到削弱。发达国家与发展中国家的矛盾在经济全球化背景下表现得更加突出，北富南贫的鸿沟加深。2008 年国际金融危机之后，发达资本主义国家内部民粹主义、民族主义、保护主义抬头，加之在世界格局过渡时期对主动权和有利地位的角逐，发达资本主义国家之间在许多问题上都显示出利益和立场的分歧，例如对俄关系、伊核问题、气候变化、移民问题、经贸关系等。特别是美国特朗普政府以“美国第一”为由，在经贸问题上态度强硬，加剧了美国与其他发达国家之间的矛盾；接连退出联合国教科文组织、联合国人权理事会、万国邮政联盟等国际组织，退出《跨太平洋伙伴关系协定》《巴黎气候协定》《全球移民协议》《维也纳外交关系公约》《维也纳外交关系公约关于强制解决争端之任择议定书》等一系列国际条约，强制要求重谈《北美自由贸易协定》和《美韩自贸协定》，美国的单边主义行为对国际规则和全球治理构成重大挑战，显然也无法得到其他主要发达国家的认同和支持。美国退出伊朗核问题全面协议、退出《中导条约》以及要求欧洲国家承担更多军事开支、反对建立欧洲军队的态度，更是加剧了美国与其他主要发达国家之间的分歧。同时，在国际金融垄断资本主义时代，发达国家的国际金融垄断资本掌握着世界上大部分的资本，控制着全球经济的命脉，凭借其在资本、技术、信息等方面的垄断优势，凭借其掌握的世界政治经济组织和各种制度安排，从世界性的生产与交换活动中，通过国际间产品、技术、资金、劳动力、信息的不平等交换及剩余价值的转移，获取巨额利润，使南北发展差距和贫富悬殊愈来愈大。此外，资本主义霸权国家还经常对发展中国家进行金融攻击，制造颜色革命、地缘政治危机，挑起领土争端，民族、宗教以及教派冲突等来转嫁危机、转嫁矛盾，以实现种种霸权企图。

第四，跨国和全球性经济活动大大扩展了经济发展的空间，同时又造成严重的经济失控现象。第二次世界大战后，以美国为首的发达资本主义国家的生产进一步集中，垄断程度进一步加深，过剩资本日益增大，为了将大量的“过剩”资本输出国外，发达资本主义国家主导的跨国和全球性经济活动迅速扩展。一方面，它推动生产要素和资源的合理配置，扩展了世界经济发展的空间，促进世界生产力的发展。另一方面，它一步一步挖掉其他国家或地区民族工业的自主性和独立性，把世界各国和人民整合到新的符合全球资本利益的全球积累循环之中。资本的唯一目的，就是自我增殖，其本性就是贪婪地攫取剩余价值。随着跨国和全球性经济活动的扩展，在世界范围内必然造成一端是财富的积累，一端是贫困的积累。直接后果便是发达资本主义国家与发展中国家之间、发达资本主义国家内部贫富差距日益扩大，最终使得经济严重失控，爆发经济危机。而每当经济危机来临，资本的自私和贪婪就会表现得更加彻底、更加赤裸裸。2008 年由美国次贷危机引发的全球金融危机是一次空前深刻和影响广泛的经济危机，这场危机暴露了西方国家国内的阶级矛盾和资本主义国家之间的矛盾。美国发生了广泛的、波及欧洲的“占领华尔街运动”，欧洲发生了英国脱欧事件，法国和意大利等国选举中民粹主义明显抬头。美国对中国等新兴经济体的贸易争端和战略冲突空前激烈，特别是特朗普执政后，美国资本向全世界转嫁危机的急迫心情表现得淋漓尽致，更把资本的贪婪和自私本性表现得淋漓尽致。

总之，发达资本主义经济面对的最大难题和存在的根本矛盾仍然是生产的高度社会化与生产资料私人占有的矛盾。虽然第二次世界大战以后随着历史条件的变化，发达资本主义国家反危机的能力有所提高，但是资本主义的基本矛盾并没有消除，从其基本矛盾产生出来的那种自我破坏、限制和否定的消极属性也就不能根除，资本主义在发展的同时，结构性的失衡和综合性的危机也在同步发展。尽管资本主义可以通过对经济体制和政策的不断调整来缓和矛盾，但资本主义生产关系不能适应新科技革命推动下的生产力发展的深层次矛盾，却无法从根本上得到解决，福利制度的危机、金融危机、能源危机、生态危机等无不反映出发达资本主义国家存在的经济结构失衡的痼疾。

第二节　发达资本主义国家的政治

一、战后发达资本主义国家的政治体制

政治体制是指国家政权的组织和管理形式以及有关国家政治活动的制度。战后发达资本主义国家的政治体制仍采用建立在“三权分立”基础之上，为资产阶级利益集团服务的西方民主制。

战后发达资本主义国家政治体制虽然各有特点，但都遵循一些基本的政治原则。这些共同的原则是：天赋人权原则、人民主权和限权政府原则、“三权分立”和权力制衡原则、代议制民主原则、法制原则、私有财产不可侵犯原则。在这些原则基础上，确立了西方民主政治的基本制度，包括议会制度、行政制度、司法制度、选举制度、政党制度等。

议会制度是资本主义民主的象征和资产阶级民主制的核心，其产生是以“三权分立”的原则为依据，议会一般拥有立法权、财政权和监督权，它是资产阶级统治的重要工具。战后发达资本主义国家多采取两院制，但两院的名称在各国并不相同，其权限在各国也有所侧重。议会制度使资产阶级各阶层都有了参与国家政治生活的机会，并使统治阶级内部的权力分配得以实现。

行政制度是资产阶级民主制的重要组成部分。政府行政机构行使国家行政权力，推行宪法和法律，依法治理国家。与立法机构和司法机构相比，各国的行政机构在国家权利机构中占有明显优势。另外，战后发达资本主义国家普遍建立了现代公务员制度，公务员制度是政府实施统治的重要支柱。

司法制度为资产阶级民主制度提供合法依据和法律保障。战后发达资本主义国家一般在立法权和行政权之外，设置独立的司法检察系统，司法机关以“独立公断人”的身份，通过审理和裁决各种诉讼实施法律，并在司法实践中贯彻司法民主原则、辩护原则、陪审原则等。

选举制度是资产阶级民主制度的基石。它是资产阶级制定某种原则和程

序，通过竞选产生议会和国家元首的一种政治机制。在资本主义国家中，选举已经成为国家政治制度运行中对社会发展和稳定产生举足轻重影响的一个不可或缺的政治机制。从形式上看，竞选制度是公民参与国家事务的重要形式。公民主要通过竞选参与政治活动，表达自己的愿望和要求，对国家公职人员的产生及其政治决策施加影响。从实际政治作用看，选举制是协调统治阶级内部利益关系和矛盾的重要措施。在战后发达资本主义国家中，统治阶级内部的利益冲突和矛盾在很大程度上是通过选举制度来平衡和调节的。哪个政党执政还是下野，由哪个代表资产阶级不同利益集团要求的政治人物充当国家元首，一般都是通过选举制度的运行，根据竞选结果来决定的。

政党制度是西方民主政治的中枢，资产阶级政治体制运转的推动器。资本主义国家的政党是阶级和阶级斗争发展到一定历史阶段的产物，在国家政治生活中发挥着很重要的作用，如代表资产阶级执掌政权，对政府施加政治影响，控制议会；制定和推行符合资产阶级利益的方针、政策；操纵选举；控制群众团体和舆论宣传等。竞选是政党的重要职能，政党通过竞选获得执政地位，并依法执政，实施竞选纲领。从政党制度的类型上看，大致有两党制和多党制等形式。无论实行哪一种政党制度，政府大权都一直为主要代表资产阶级利益的政党所掌握，是维护资本主义制度和巩固资产阶级专政的一种手段。实行两党制的国家主要有英国、美国、加拿大、新西兰、澳大利亚等，法国、意大利、日本、德国、西班牙、瑞典等国家则实行多党制。

二、战后发达资本主义国家政治的重大变化

第二次世界大战后，随着经济生产方式的变化，发达资本主义国家政治出现了许多新情况，发生了许多新变化，这些重大变化涉及各个领域，主要表现在政治制度的法制化、行政权力的扩大化、政党格局的两极化、社会阶层和阶级结构的复杂化、政治思潮的多元化等方面。

（一）政治制度的法制化

二战后初期，发达资本主义国家一方面积极恢复战争破坏的经济，另一方面把加强法制放在政治生活的首位。在此后的数十年中，西方各国普遍建立了以宪法为核心的国家法律体系。国家权力的运行和各权力主体的活动均纳入法制轨道，美、英等国家在战后保持了原有的宪法传统，不断进行修正并制定一系列法律从而适应了当代政治发展的需要和形势变化。法国、加拿

大等国家在战后重新制定了宪法。例如，法国于1946年颁布了法兰西第四共和国宪法，后于1958年颁布了法兰西第五共和国宪法，其目的是使其符合国内变化了的政治力量的对比状况，德国、日本、意大利等国家作为二战期间的法西斯国家，在战后制定了新宪法，开始了实现政治民主化的进程，联邦德国于1949年、日本和意大利于1947年分别通过了新宪法。发达资本主义国家强化法制的根本目的在于保障资产阶级国家权力的有效行使和资本主义政治制度的运行，但客观上也不可避免地使公民的权利得以扩大和加强，至少从宪法和法律的明文规定来看，公民的各项权利在数量和程度上都有所扩大。

（二）行政权力的扩大化

行政权力的扩大化是20世纪以来特别是二战后资本主义民主制度发展的共同趋势，它代替了权力重心偏向于议会的代议民主制，政府权力结构的重心向行政转移，在三权分立、机构分设形式不变的情况下，行政权不断扩大并向立法、司法领域渗透。在很多情况下，行政首脑可以绕过议会，通过行政协定或行政命令来处理国家的内外事务，政府实际上夺取了议会的部分立法权，议会对行政的监督也大打折扣。从传统上讲，立法权属于国会，但战后许多西方国家的议会通过委托立法的形式把部分立法职能转移给政府，使行政机构的权限不断扩充。不仅如此，行政权还向司法权渗透。行政首脑对法官的任命，实际上是对司法权的最大干预。西方国家行政权日益扩大，是西方社会现代化程度提高、社会关系日益复杂、社会管理事务日趋增多、立法越来越多、执法任务也越来越重的必然结果。随着国家对经济、社会、文化生活全面干预的不断加强，行政机构膨胀和行政费用猛增也就成了西方各国的普遍现象。但是，议会的权力和地位衰落、行政权力不断膨胀，容易产生侵害公民个人权利、形成行政专制或独裁、滋生各种权力腐败等严重的社会后果。

（三）政党格局的两极化

政党格局的两极化是指在西方资本主义国家政治生活中形成的具有两种垄断地位的政党或政党联盟，他们轮流执政。为了加强政府的权威性和政治制度的稳定性，维护政治经济社会的稳定，二战后，无论是在实行典型两党制的英美两国，还是在多党制的法国和意大利等其他国家，政党格局都呈现了两极化的特点或趋势。在英国，除了工党和保守党两大政党外，还存在着第三党，即自由民主党。但自由民主党力量有限，从几次大选的结果看，走中间路线，打破两大政党轮流执政的格局并非易事。法国是最早实行多党制的资本主义国家，在第三共和国时期，法国党派林立，大约有170多个，第五共和国时期减少到了20多个，到70年代中后期已剩下不到一半，有能力问鼎政权的只有两派四党——左派、右派、保卫共和联盟、民主联盟、法国共产党及社会党。二战后初期，德国成立了150多个政党，名义上实行多党制，但实际掌权的是两个阵线联盟：基督教民主联盟、基督教社会联盟组成的右翼阵线联盟和以社民党为核心的左翼阵线联盟，尽管小党在德国的民主制度中的作用不可忽视，但政党格局两极化的趋势已日益明显。

（四）社会阶层和阶级结构的复杂化

在当代资本主义生产关系中，社会阶层、阶级结构发生了新的变化：一是资本家的地位和作用已经发生很大变化。随着科技的发展和生产社会化程度的不断提高，大公司内部的资本所有权与控制权发生分离，拥有所有权的资本家一般不再直接经营和管理企业，而是靠手中拥有和掌握的企业股票等有价证券的利息收入为生，最终成为以剪息票为生的食利者。二是高级职业经理成为大公司经营活动的实际控制者。大公司的高级管理人员一般都拥有丰富的专业知识和很强的管理能力，享有优厚的薪金和职务津贴、企业董事所得利润等，与企业的资本所有者的利益是高度一致的。他们在企业中控制企业决策，组织和指挥生产，控制人事调动，处理劳资纠纷，因而具有控制企业的实际权力。三是知识型和服务型劳动者的数量不断增加，劳动方式发生了新变化。随着科学技术革命的不断深入，工人阶级的受教育程度和科学文化素质显著提高。在工业和农业等物质生产部门就业的人数相对减少，在为生产和生活服务的运输、邮电、贸易、金融、教育、保健等各类服务业就业的人数大幅度上升。随着工业中现代化、自动化服务和新工艺的广泛采用，新的生产管理方法和生产组织形式的广泛实行，从事体力劳动的蓝领工人越来越少，从事脑力劳动的白领工人不断增加，越来越多的工人在生产过程中从事监督者、调节者和操作者的工作，实现了从传统劳动方式向现代劳动方式的转变。

（五）政治思潮的多元化

第二次世界大战后，一些改良主义政党在英、法、联邦德国等发达资本主义国家相继获得执政地位。这些政党在执政时期，凭借国家政权，在不触动资本主义基本经济制度的前提下，对资本主义生产关系的个别环节进行了自觉的改良，如在维护私有制的同时推行国有化，在坚持市场调节的同时实施经济的计划调控，在不剥夺私人资本权力的同时对其权力的运用进行一定限制，在不牺牲效率的前提下倡导社会公平，等等。这些改良措施的实施，在一定程度上对资本主义生产关系进行了调整，修补了传统资本主义经济运行机制的缺陷。同时，随着西方社会阶级结构的变化，大量中产阶级的兴起，资本国际化和经济全球化的扩展，以及社会矛盾和问题的复杂化，促使西方国家政治思潮呈现多元化趋势。各种政治思潮如民主社会主义、新自由主义、新保守主义以及“第三条道路”① 等纷纷出现，为资产阶级统治提供新的治理理念。这些政治思潮对西方各国政府和政治精英的政治决策产生了直接影响。但是，2008 年国际金融危机以后，新自由主义思潮受到广泛质疑，发达资本主义国家陷入整体衰退，单边主义、贸易保护主义、新孤立主义、经济问题政治化等逆全球化思潮以及民粹主义、民族主义等右翼极端主义思潮沉渣泛起，各种社会运动风起云涌。

三、发达资本主义国家面临的社会政治问题

发达资本主义国家的社会经济虽然有了巨大发展，但各种社会政治问题层出不穷，有些问题积重难返，被看作是社会的“癌症”。西方国家的一些有识之士也对资本主义制度和价值观提出了质疑。发达资本主义国家面临的主要社会政治问题突出表现在以下几方面：

第一，西方民主政治体制失灵。长期以来，西方国家标榜民主，并不遗余力地向外输出民主，但近年来移植西式民主的国家陷入动荡，西方国家本身也出现了某些治理危机，暴露出西式民主的弊端和局限。一是西式选举往往难以选贤。西方选举制度对政治人物的考察往往主要不是着眼于治国能力，而是选举能力，以博得选民好感并能胜选为标准。这样，能说会道但却不一定有实际经验的人往往容易当选。二是政党利益可能凌驾于国家利益之上。

---

① 第三条道路是指在资本主义和社会主义中间找到“第三条道路”，主要内容为：在社会民主主义的基础上，肯定自由市场的价值，强调解除管制、地方分权（非核心化）和低税赋等政策。美国前总统比尔·克林顿、英国前首相托尼·布莱尔、德国前总理格哈特·施罗德等人的政策就体现了“第三条道路”的核心理念。

西方国家的政治运作基本以政党为载体，执政党和反对党经常实现角色互换，“你方唱罢我登场”的钟摆效应成为常态。随着政党博弈愈演愈烈，政客为取悦舆论或特定选民，往往特立独行容易走极端，导致缺乏理性和包容的“否决政治”盛行，从而加剧政治极端化和朝野矛盾。三是“民主陷阱”会阻碍国家治理。主要表现为政府决策的短视化，以及少部分人的利益或非理性的民意，以民主的名义绑架社会公益，阻碍国家治理和建设。一些既提振经济又改善民主的重大项目，因为少数居民极力阻挠导致项目一拖再拖甚至“胎死腹中”的事情屡见不鲜。四是传统精英政治走向衰落。第二次世界大战后，精英政治在欧美国家权力结构中发挥主导作用，并逐渐形成两党轮流执政的格局。例如，美国的共和党与民主党、英国的保守党与工党、德国的基督教联盟党与社民党、法国的共和党与社会党交替执政或联合执政，成为精英治国的典型模式。2008年国际金融危机以来，西方资本主义国家的经济长期萎靡不振，贫富差距扩大，民众不满情绪上涨，欧美主流的政治精英在竞选中提不出吸引选民的主张，在执政中也开不出应对国际金融危机和全球化挑战的改革良方。大众政治与精英政治的对立日趋严重，民粹主义思潮的泛起使西方精英政治陷入困境。

第二，社会不平等和贫富差距加大，社会流动性退化。自20世纪70年代以来，新自由主义开始在全世界尤其是西方国家盛行起来。而市场经济是新自由主义的两大核心之一。新自由主义中的市场经济所标榜的“自由市场体系”，实际上是一种有利于资本最大限度地追逐利润的经济体系，强调的是重视货币的作用，寻求最大限度的市场化、私有化和自由化，以及市场的全球化，同时反对政府对经济的干预和对市场的监管。这种经济模式，不仅使强势的经济利益集团从中获利，也使以美国为代表的具有国际竞争优势的国家迎来了经济增长的黄金时期。新自由主义下的虚拟经济不仅正逐渐掏空实体经济，还让西方国家原本就亟待解决的贫富差距问题变得日益严重。这主要在于，一方面，以资本为导向的虚拟经济实际上是“有钱人的盛宴”，它越繁荣，就会导致越大的社会贫富差距；另一方面，更重要的是，虚拟经济一定要有实体经济作基础才能真正兴盛。“虚拟经济”的兴盛，在相当程度上掏空了实体产业基础，而实体产业恰恰是孕育和支撑中间阶层的最重要的经济基础。事实表明，以推行私有化、市场化、自由化为核心内容的新自由主义，实质是维护富人阶层利益以及让富者愈富、穷者愈穷的思想和政策体系。它所带来的是贫富差距扩大、不平等加剧、资本绑架民主、富豪统治和金钱政治，严重违背了公平原则，侵蚀了公众利益，撕裂了社会，导致民主制度劣质化。随着贫富差距不断扩大、中产阶层萎缩，社会各阶层之间的健康流动也呈现“凝固化”。根据经济合作与发展组织 2015 年发布的报告显示，经合组织国家最富有的 10%的人与最贫穷的 10%的人的收入比从 20 世纪 80 年代的 7∶1 蹿升到了近年来的 9.6∶1。其中美国占总人口 10%的最富有人群的税前收入占比从 1981 年的 34.7%上升到了 2007 年的 45.8%和 2014 年的 47.0%。英国公布的一项调查显示，大约 63.4 万英国最富有的人拥有的资产是最贫穷的 1300 万人所拥有资产的 20 倍。英国最富有的 10%的人口拥有该国总财富的 54%，而占人口总数 20%的底层贫困人群仅拥有该国总财富的 0.8%。越来越多的中产阶级滑向贫困线。

第三，社会矛盾激化，民粹主义等极端思潮抬头。近年来，西方社会不断出现不同群体、阶层的矛盾与冲突，甚至社会动荡。西方社会群体性事件增多，2011 年美国爆发的“占领华尔街”运动，不仅参与人数多、持续时间长，并且由纽约迅速蔓延到美国各大主要城市，汇集了各个职业群体和年龄阶段的人。“占领华尔街”运动的实质就是西方普通民众看不到希望，要抗争求变。2012 年“五一”期间，美国从东海岸到西海岸超过 100 个城市同步举行了罢工示威活动。而且，随着社会被撕裂，人们失去了安全感，严重暴力、枪击或大规模骚乱事件时有发生。近年来，美、英、法甚至个别北欧国家发生过多起震惊世界的严重暴力、枪击或大规模骚乱事件。例如 2017 年 3 月至 6 月，短短 3 个月内英国遭到 3 次恐怖袭击。2017 年 4 月，瑞典首都斯德哥尔摩市中心发生卡车冲撞人群的恐袭事件。2017 年 10 月 1 日，美国拉斯维加斯曼德勒海湾赌场度假村附近发生枪击事件，50 多人丧生，500 多人受伤，这是美国近年来死伤最严重的枪击案。这类群体性和恶性事件是与淤积难解的社会问题相联系的。2008 年国际金融危机以后，由于失业问题严重，于是针对有色人种和外来移民的排外情绪在发达资本主义国家蔓延开来，主张排外的极右政治势力在欧洲多国政坛上势力越来越壮大。一些欧洲国家出现右翼政党“登堂入室”的势头。譬如 2009 年英国极右翼的不列颠民族党首次获得欧洲议会议席。2012 年希腊极右翼的金色黎明党在议会选举中获得大量议席。这些右翼势力甚至公开采取暴力手段，恐吓、打击外来移民。2017 年法国极右翼国民阵线候选人勒庞进入总统最后角逐，2018 年冬季法国社会掀起带有极左翼政治色彩的“黄背心运动”。

总之，冷战结束后，西方国家的社会政治问题不仅没有减轻，反而在加深，已经发展成一种社会“综合症”，局部的修补已无法解决这些问题，只有从社会制度上进行彻底的变革才能解决。

第三节　发达资本主义国家的对外关系

一、美国称霸世界的全球战略

第二次世界大战结束后，美国作为当代最发达的资本主义国家，其全球战略的根本目标就是长期称霸世界。但由于内外条件的变化，美国又不断调整其外交策略和手段，以维护其霸权地位。

（一）杜鲁门主义与美国霸权地位的确立

1946 年 4 月 12 日，美国总统罗斯福逝世，杜鲁门继任总统。他上台后，面对苏联为首的社会主义力量的壮大和民族解放运动的蓬勃兴起，很快改变了罗斯福确立的大国合作战略，确立了以遏制苏联、遏制共产主义为特征的全球战略。遏制战略的基本内容包括：一是提出“杜鲁门主义”，对苏联为首的社会主义国家实行全面的冷战策略；二是通过“马歇尔计划”和建立北大西洋公约组织控制西欧盟国，扶持联邦德国，对苏联和东欧各国实行全面遏制政策；三是通过“道奇计划”“占领地区救济基金”和“经济复兴基金”，重新扶植日本并将其纳入美国全球战略的轨道；四是在亚非拉地区，推行“第四点计划”，争夺和控制处于美苏之间的广大中间地带，进行势力扩张，包围、遏制社会主义国家，达到称霸世界的目的；五是在军事上，“实行共同安全计划”，包括加强原子弹的研制与开发、缔结军事同盟、建立广泛的军事基地，主要的军事同盟条约有：《北大西洋公约》《美菲共同防御条约》《日美安全条约》《美泰军事援助协定》《美澳新共同防御条约》。通过这些军事同盟条约，构筑起对苏联及中国的军事包围圈，美国甚至发动朝鲜战争，企图达到遏制共产主义力量扩展的目的。通过上述系列措施，杜鲁门政府初步确立了美国在战后世界的霸主地位。

朝鲜战争的失败，迫使美国政府实行“和战结合”的政策。面对新形势，艾森豪威尔政府调整了美国全球战略，调整后的战略被称为“新面貌战略”，其目标是“用尽可能最小的代价取得对共产主义尽可能最大的威慑”。“新面貌战略”的基本内容包括：一是在政治上，提出针对社会主义国家的“解放”战略，即“和平演变”战略，其核心是力图用战争以外的手段，把社会主义国家“从共产党的统治下解放出来”，纳入西方“自由世界”中。二是在军事上，艾森豪威尔政府提出了对付社会主义国家的“大规模报复战略”，即大力发展核武器和战略空军，利用“核威慑”推行霸权主义。1956年美国国务卿杜勒斯还提出了“战争边缘政策”。三是在亚非拉地区，加紧扩张。针对东南亚和中东局势，先后提出了多米诺骨牌理论和艾森豪威尔主义。1961年上台的肯尼迪政府提出“一手拿箭，一手拿橄榄枝”的“和平战略”，企图以软硬兼施的两手来达到全球战略目标。同时在军事上，提出“灵活反应战略”和“两个半战争战略”，发展多样化军事力量，以使美军能应付各种类型的战争。1963年肯尼迪遇刺身亡，副总统约翰逊继任总统，对外政策上继续执行肯尼迪的策略，为阻止共产主义力量的扩展，美国扩大了在越南的战争。

（二）尼克松主义与美国全球战略的调整

20世纪60年代中后期，美国的霸权地位遭到严重削弱，美国陷入内外交困的严重局面。首先，持续的越南战争导致了严重的国内政治危机，社会矛盾尖锐。其次，美国经济发展放缓，出现衰退的征兆。巨额的战争费用使财政赤字扶摇直上，通货膨胀严重，国际收支出现巨额逆差，美元地位急剧跌落，美国的工业总产值、出口贸易和黄金储备在资本主义世界中所占的比重与战后初期相比大幅度下降。再次，美国的盟友西欧、日本实力增强，独立自主的倾向越来越强，资本主义世界三足鼎立的格局初步形成。最后，美苏军事力量对比发生了不利于美国的变化。苏联趁美国陷于越战困境，扩大了势力范围，并在核力量方面实现了与美国的战略均衡。以杜鲁门主义为标志的进攻型全球称霸战略已无法继续下去，尼克松主义应运而生。

1969年，尼克松上台后在关岛提出美国收缩战线、越南战争越南化、用亚洲人打亚洲人的“新亚洲政策”，西方报刊称之为“尼克松主义”或“关岛主义”。1970年他将这个主义归结为“伙伴关系、实力和谈判”为三大支柱的“新的和平战略”。尼克松主义的核心内容是加强与西方盟国的伙伴关系，缓和与西欧、日本的矛盾，稳固美国全球战略重点；坚持以实力为后盾，以谈判为手段，推行“现实威慑战略”，迫使苏联签订限制战略核武器条约，维持美苏战略均势，同时通过谈判缓和美苏关系、中美关系。尼克松主义是美国霸权地位衰落的产物，其实质在于通过战略收缩维持美国的全球霸权地位，它是美国战后对外政策的重要转折，标志着从杜鲁门主义开始的冷战、遏制政策的结束。但是，尼克松的“缓和战略”并不意味着美国的撤退，而是企图运用军事战略，牵制苏联和其他所有可能威胁美国霸权的力量，以达到维持美国霸权的目的。1974 年 8 月，尼克松因“水门事件”辞职，福特继任总统，其对外政策延续了尼克松主义的战略。1977 年 1 月卡特上台执政，他在对苏联执行“缓和战略”的同时，提出了“新世界秩序战略”，主张以人权外交作为反对苏联的武器。然而，因苏联在南部非洲及波斯湾的系列扩张行动，卡特政府不得不改变了 1970 年以来对苏的缓和政策，1980 年提出了“卡特主义”，对苏联的扩张做出强硬姿态，从而为里根政府以实力为核心的对苏强硬政策打下了初步基础。

（三）里根主义与“重振国威”

1981 年 1 月 20 日，里根正式就任美国总统。针对 20 世纪 70 年代苏联咄咄逼人的攻势，特别是苏联入侵阿富汗以后，西方各国和美国朝野对苏要求实行强硬政策的现实，里根调整了对外战略，提出“扩军抗苏，重振国威”、以“实力求和平”为对外关系总方针的新遏制战略。其主要目标是：通过重振美国的经济实力，恢复美国的军事优势，在世界范围内制止苏联的冒险行为，努力恢复美国在世界的霸主地位。里根政府的新遏制战略突出表现在：一是制订并实施星球大战计划。1983 年 3 月，里根总统发表电视演说，正式提出了反弹道导弹防御系统的战略防御计划，俗称“星球大战计划”。1984 年 1 月由里根总统批准实施。“星球大战计划”标志着美苏核竞赛发展到了一个新阶段，实质上是以高科技为基础的综合国力竞赛，此举给苏联造成极大的压力，意在以高强度的军备竞赛拖垮苏联。二是推行“里根主义”。1986 年 3 月里根发表了题为《自由、地区安全和全球和平》的咨文，提出了“里根主义”，其主要内容是以实力为后盾，以苏联为主要对手，通过北约和西方七国首脑会议加强与西欧、日本的协调，使各盟国服从美国抗苏的总战略，针对不同情况，分别运用军事、政治和经济手段，压缩苏联势力范围，扩大美国影响。三是实行实力遏制与谈判并重的灵活政策，加大了对苏联和东欧国家的“和平演变”，尤其是在苏联领导人戈尔巴乔夫上台后加大了和平攻势，并于 1987 年与苏联签订了《中导条约》，美苏关系由严峻对抗走向缓和，进入对抗与对话的新时期。“新遏制战略”是里根总结了前几届政府的遏制战略后提出的一种综合战略，他综合使用了前几届政府所采用的各种手法，并随着形势发展的需要，逐步加大了和平演变的力度。它在一定程度上扭转了美国在与苏联竞争中的颓势，但也给美国经济留下了严重的后遗症，高财政赤字和高债务问题越来越难以解决。

（四）布什政府的“超越遏制战略”

1989年布什就任总统后，东欧处于剧变前夕，世界格局正孕育着巨大转变。面对苏东各国刮起的政治多元化、经济私有化的变革之风，布什总统在得克萨斯农业大学毕业典礼上发表讲话，提出其政府经过三个多月的回顾和审议所制定的新的对苏政策。布什称之为“超越遏制”战略，宣称它是“美国战后对苏政策的彻底改变”，标志着“美国外交政策将进行哲学思想的变革”。这一战略强调，此后美国和北约组织对苏政策的主要重点将转向更多地同苏联的公开性和经济改革打交道。在对苏保持警惕的同时，充分利用当前国际形势的缓和，发挥美国的相对优势，抓住戈尔巴乔夫的“新思维”所提供的历史机会，用“和平演变”的方式，最终改变苏联制度的基础，使苏联同过去的政策彻底决裂。在这一战略的指导下，布什政府的对外政策主要表现为：一是在确保美国军事优势的前提下，对苏东社会主义国家以“融合”“纳入”代替孤立、打击。利用苏东内部变革之机，展开全方位进攻。特别是运用经济、政治、文化和意识形态等手段，以经济援助为诱饵，以“和平演变”的方式将苏东等社会主义国家逐步“融合”到西方社会体系、政治体系之中。二是调整同盟国内部的关系，提出“新大西洋主义”构想，强调北约仍将是大西洋两岸共同的军事组织，并将进一步扩大其职能，使之成为肩负欧洲防务、政治和经济事务的超级机构；要求欧共体向其他国家开放，用条约的形式把美国同欧共体连结起来，使欧共体在促进苏联和东欧转化方面发挥更大的“政治作用”；主张更多地发挥安全的作用，使之成为欧洲大陆的管理机构和东西欧的桥梁，从而促进苏联和东欧更快地实行市场经济和自由选举。“新大西洋主义”表明了美国90年代对西欧政策的基本点，即政治上维持盟主地位、适当“卸除军事包袱”、与欧共体在经济上共同分享。三是对中国推行既维持美中关系基本框架，又诱压中国进行“和平变革”的基本方针，目的是最终导致中国国内出现动乱。中国政府平息动乱后，布什政府发动西方各国联合对中国实施经济制裁，使中美关系发生了曲折。四是大力推进

“全球民主化进程”，将对亚非拉国家的经济技术援助同受援国的经济、政治改革紧密结合起来，同时对于损害美国战略利益的地区大国，不惜用军事高压政策，甚至不惜发动战争以武力逼使其就范，如海湾战争。五是在海湾战争取得重大胜利之后，趁势提出建立“世界新秩序”的主张，企图利用世界格局转化之际，确立美国对世界的单极领导，用美国的价值观统治世界。因此，布什时期对外政策特点是以压促变，不断扩展西方政治、经济制度的影响，最终导致雅尔塔体制的瓦解和冷战的结束。

（五）克林顿政府的“参与和扩展战略”

冷战结束后，美国明显处于战略优势地位，其综合国力也遥遥领先，霸权主义迅速扩展开来。1993 年 1 月，克林顿就任总统，不久即确立了其对外政策的基础和目标，强调把“经济安全、军事安全和促进民主”作为美国外交的三大支柱。1994 年 7 月，美国政府发表了题为《参与和扩展的国家安全战略》的报告，全面总结和论述了美国冷战结束以来经过不断调整和更新而制定的国家安全战略，克林顿政府的对外战略框架大致形成。“参与和扩展战略”明确提出了其核心目标，就是要防止潜在的战略对手和新的超级大国，控制西欧、东亚、西南亚和苏联地区，重点遏制那些有潜力成为全球大国的国家，如中国和俄罗斯。其主要内容包括：一是把经济问题放在对外政策的中心地位，把恢复美国在世界经济中的领导地位作为其外交政策的出发点。克林顿强调，“如果人们不在国内重建这个国家的经济实力，我们就不会成为超级大国，就不能在世界上起领导作用”。为此，克林顿政府以复兴美国经济为落脚点，广泛开展经济外交，通过乌拉圭回合协议和新的世界贸易组织，革新世界经济体系、机构和规则，建立由美国主导和倡导的美洲、亚洲自由贸易框架，以便有利于拓展美国产品的国际市场占有率，最大限度地维护和扩展美国的经济利益。二是突出美国外交中的意识形态因素，强化软权力的扩张。克林顿政府在外交中大力推行美国“自由”“民主”“人权”等价值观，力图在全球建立一个由美国领导的资本主义一统天下的世界。克林顿声称，“冷战后时代的外交政策要反映美国历史性的民主和人道主义的价值观念”，“我们的对外政策将以民主原则和民主制度为根基”。三是保持一支强大而又灵活的军事力量，应付新的安全挑战。克林顿强调，美国仍要保证拥有世界上最强大的军事力量，“保持美国武装部队高度的战略状态及技术装备和质量优势”，但要削减军费、缩减军队规模，以高科技为基础建立“一支精干和机动的技术力量"，并保证美国在世界各关键地区的军事存在，以提高危机的反应能力及与盟国联合作战的能力。四是确立了对华"全面接触"政策，即希望通过接触而不是对抗保证美国战略利益的实现；通过与中国交往影响中国内外政策，改变中国；通过吸引中国参加国际体系，约束中国，使之按美国倡导的国际规则、规范行事。

克林顿政府的"参与和扩展战略"尽管与冷战前的美国全球战略有了比较大的变化，但与其称霸世界的意图是一脉相承的，它充分体现了世界形势发生巨大变化的情况下，美国垄断资产阶级旨在谋求独霸世界的战略需要。然而，克林顿政府的"参与和扩展战略"存在诸多矛盾，表现为：膨胀的理想和有限的设立的矛盾；坚持美国"领导地位"和世界多极化的矛盾；经济外交和民主、人权的矛盾。这些矛盾制约了战略的实际效果。虽然克林顿政府在经济、外交和某些重大的国际问题，如苏联和东欧问题、中东问题等方面取得成效，但对多数地区热点问题的处理严重失当。如波黑问题、海地问题、索马里和卢旺达问题，尤其是以美国为首的北约对南联盟实施了长达78天的空中打击，极其不得人心，遭到俄、中两国的强烈反对，也受到国际舆论的谴责。

（六）布什主义与"先发制人"战略

2001年1月布什就任美国总统。9月11日，发生了震惊全球的"9・11"事件。这一事件使美国冷战后的全球战略发生了重大变化。布什政府开始实行极为强硬的外交政策，在国际上大行单边主义，宣布美国将集中力量对恐怖主义进行严厉打击。2002年9月20日，布什正式向国会提交了《美国国家安全战略》，美国媒体称之为"布什主义"，即布什所主张的先发制人、单边主义，追求美国仁慈的霸权，运用美国的军事力量在世界上推进民主的外交政策。布什主义的根本目标仍然是加强美国在军事、经济、政治和意识形态领域的主导地位，维护和扩展美国的霸权地位。

布什主义体现了美国作为唯一超级大国全方位的总体战略意图，即在世界范围内实行无限制的霸权主义。其基本内容包括：一是实施"先发制人"战略。以"恐怖主义"和"无赖国家"作为美国主要的现实对手、威胁源和作战对象，将反恐战争作为国家安全战略的中心，不惜采取单边行动，重点铲除全球性恐怖组织及庇护恐怖主义的政权。布什政府明确宣布："美国一方面将尽力继续支持国际组织，但是如果需要的话，我们将毫不犹豫地单独行动，通过对恐怖分子的先发制人而行使我们的自我防卫权，防止他们伤害我们的人民和国家。”布什认为，“对付恐怖威胁的最好防御是进攻。美国在必要时将采取先发制人的打击行动，在恐怖威胁抵达美国边境之前发现并予以摧毁”。“先发制人”战略的推行意味着美国将按照自己选择的时间和方式对自己认定的对手和威胁源（“背弃基本的人类价值、仇视美国及美国所代表的一切的国家”）发动“事先毫无警告的打击”，“将自己的意志强加于对手。包括改变敌国的政权，对其实行军事占领，直到达成美国的战略目标”。为实施“先发制人”战略，布什政府采取了一系列措施，包括大幅度增加军费；加速美军转型，大力提升信息战、远距离作战、精确打击、空间作战、联合作战、特种作战等能力，以“保持和发展美军在关键领域的军事优势，并剥夺敌人的不对称优势”；发展由进攻性战略核力量、导弹防御系统和国防基础设施构成的“新三位一体”战略力量，加速导弹防御系统的建设，增强核武器的威慑和实战双重效能。二是以防止能对美国霸权地位构成挑战的大国崛起作为长期战略目标。布什政府将“防止欧洲、东北亚、东亚、中东和西南亚等关键地区落入与美国为敌的国家控制之中”列为美国的核心国家利益之一，在加强与中、俄等大国的协调、磋商、对话和合作的同时，关注防范这些大国的兴起，防止新兴大国对美国霸权的挑战。三是将反恐和推行美国的价值观相结合，将意识形态的考虑渗入贸易、投资和外援等许多政策领域，以确保美国的单极地位。布什的《国家安全战略报告》开宗明义的第一句话便是：“20世纪自由与专制的大决战以自由力量的决定性胜利而告终。在21世纪，美国握有把自由对所有仇敌的胜利发扬光大的机会。美国愿意承担领导这种伟大使命的重任，努力把民主和自由扩展到世界各个角落。”为此，美国首先要“鼓励俄罗斯和中国进一步实现民主和经济开放”，并在大国之间“建立有利于自由的力量均势”。与此同时，美国将对外经济援助与发展中国家的“民主化”进程紧密挂钩，宣布开设“千年挑战账户”，将对外发展援助额增加50%，以“向敢于进行民主化改革的国家提供援助”为诱饵，向各国扩展美国的价值观和政治经济模式。

然而，布什主义存在的单边霸权作风使它的破产不可避免，尤其是其声称的“仁慈的霸权”和发动战争的合法性问题，不仅使美国陷入了前所未有的困境，而且加深了美国与其他国家的矛盾，遭到国际社会的普遍反感，并给国际社会带来了动荡和不安。

（七）奥巴马主义与“巧实力”战略

2009 年 1 月，民主党人奥巴马就任总统。在他就任之时，美国遭遇到空前的经济危机，反恐战争也受到挫折。在伊拉克战争中，美国虽然赢得了胜利，却也没能带来伊拉克的和平，美国的人力、物力消耗较大，国民强烈要求从伊拉克撤军。面对困境，奥巴马对美国的对外战略做出了重大调整。2010 年 5 月 27 日，美国白宫发布了奥巴马政府的《国家安全战略报告》。在该报告中，奥巴马政府放弃了布什政府的单边主义，转而实行多边务实外交，主张善用美国的巧实力，重建美国因单边主义、伊拉克战争、虐囚丑闻等受损的道义形象和领导地位。我们可以将奥巴马的对外战略称为“巧实力战略”，主要内容包括：一是在单边主义和多边主义的关系上，突出多边主义。奥巴马政府摒弃了布什政府单边主义的对外政策，更加强调国际协调与多边合作的重要性。奥巴马认为，“美国在 21 世纪面临的主要问题和威胁无法通过一个国家单独解决，甚至无法通过与传统盟友的合作得到解决，而是必须通过与大多数国家和国际组织的合作来解决”。他选择其竞选时的主要外交顾问苏珊·赖斯担任美常驻联合国代表，并将其地位提升至内阁级，显示对联合国等多边机构的重视。二是在硬实力和软实力的关系上，突出软实力。奥巴马继续加强硬实力的建设，提出要打造一支“21 世纪的军队”。他表示，“战争是残酷的”，但在一定条件下却是“最正确的选择”。2010 年 4 月 12 日，美海军在索马里海域“亮剑”，成功解救被海盗劫持的菲利普斯船长，显示奥强硬的一面。但奥巴马更多强调，“实力本身并不能保护美国，也不允许美随心所欲”，“美安全来自事业的公正性、以身作则的示范效应和保持适当谦卑和克制的品性”。他上台伊始即推出“巧实力”外交理念，强调要把外交置于武力之上。三是在传统安全与非传统安全的关系上，突出非传统安全。奥巴马在继续认同恐怖主义是美国面临的“严重威胁”的同时，在战略上调整了布什政府“反恐优先”的做法，主张对恐怖主义作出更加有效的全球性反应，并加强美国本土安全。他积极从伊拉克、阿富汗两场战争撤出，主张美国通过支持弱小国家重建，增强和平的力量，推进和世界的交往，进而摧毁滋生恐怖主义和极端主义的温床。面对日益加剧的核扩散问题，奥巴马倾向于全球做出共同努力，阻止大规模杀伤性武器特别是核武器的扩散，防止核武器落入恐怖分子之手。奥巴马政府一改布什政府时期主要应对大国崛起等传统安全威胁做法，努力在应对传统和非传统安全威胁之间寻求平衡，一方面继续对大国崛起保持高度警惕，提出“亚太再平衡”战略；另一方面则加大了对非传统安全的关注和投入，将经济安全放在优先地位，强调经济是实力的源泉，认为经济上的成功对于美国保持海外影响力至关重要，必须把推动经济增长和扭转财务财政乱象作为国家安全的优先任务。四是在理想主义和现实主义的关系上，突出现实主义。奥巴马继续高举民主党的理想主义大旗，声称“美真正的力量并非来自武力威胁或财富规模，而是来自理想的持久力量，即民主、自由、机会和不屈的希望”。但他更加强调理想主义目标与现实主义利益的统一，批评布什政府以武力更迭他国政府、秘密设置“黑狱”等行径与“推进民主”的目标背道而驰，借此重塑美国国际形象。希拉里明确指出，美外交的基础是“原则性和实用主义的结合，而不是僵硬的意识形态”。

奥巴马将美国的外交由单边主义改为多边主义，在外交手法上确实是冷战结束以来最重大的调整，但这种调整并不意味着美国将改变其霸权主义的本质，维护美国的世界霸主地位和国家利益仍然是奥巴马政府外交的根本目标。

（八）特朗普主义与“美国优先”战略

2017 年 1 月 20 日，特朗普正式成为美国第 45 任总统。面对美国国内经济、社会和政治的深刻变化，尤其是民粹主义势力大增，为了重整美国霸权，特朗普政府一改奥巴马时期的多边主义外交原则，实施以“美国优先”为纲的“压制性回缩”全球战略，具体表现为以“退出主义”，从全球事务中不断“抽身”，以“经济民族主义”对抗“全球主义”、以强调“主权”的双边方式取代多边主义，试图通过“极限施压”，在简单的扩张和收缩、国际主义和孤立主义之外走出维护美国霸权的“第三条道路”——“压制性回缩”。美国主流媒体将特朗普执政以来展示出的孤立主义、保护主义等特征统称为“特朗普主义”。

从特朗普几年来的执政来看，他一直将“美国优先”贯彻到底，坚持内政优先、实力优先，对内“雇美国人，买美国货”，加大移民限制，不让“外人”享受美国的发展成果，开启了美国历史上规模最大的减税运动，并不断增加政府开支，以刺激美国经济；对外“以实力求和平”，强调重整军备，夯实美国制造业，充分利用美国相较于其他大国仍然极为强大的国家经济、技术、安全实力，并以双边主义方式放大这种实力优势，通过“退出主义”“贸易战”等讹诈性、霸凌性手段，向对手极限施压，逼迫对手做出较大让步。这意味着美国霸权的重整和战略性收缩，世界格局或将因此改变，华盛顿也有机会保留和强化霸权的“硬核”。因此，特朗普主义，就是最新版的美国霸权战略。应当看到，特朗普主义的产生具有深刻的国内、国际背景。就美国国内实际而言，经济全球化加剧了美国国内利益分配不平等问题，导致白人中下层民众与“全球主义者”和其他精英阶层的尖锐对立，前者反对美国承担过多国际责任，美国的“内顾倾向”日益增强。尤其是，近年来宣扬“白人至上主义”的“另类右翼”运动以及“左翼民粹”现象在美国逐渐兴起，进一步加大美国国内的种族、阶层裂痕。就国际态势而言，当今时代是“多元权力中心”的时代，当今世界处于百年未有之大变局，一大批新兴经济体和发展中国家群体性崛起，世界经济中心向亚太转移，出现“东升西降”的现象。国际权力在少数几个西方国家之间“倒手”的局面走向终结，百年来西方国家主导国际政治的情况正在发生根本性改变。美国从这样一个局促且充满不确定的环境中后退，无疑会动摇世界格局，但并不意味着美国要放弃全球领导地位，它实际上是一种“以退为进、欲退还进”的大战略，是针对全球化催生国内矛盾、大国战略竞争回归、美国霸权相对衰落等重大挑战而提出的解决方案，旨在重新打造更加对美国有利、更加能够为美国所主导的经济全球化模式和国际体系。

显而易见，特朗普主义是对二战以来美国流行的“自由主义霸权”战略的破坏，将赤裸裸地追求单边主义、美国优先、美国例外与美国强权表现到了极致，既挑战和扰乱美国战后主导建立的国际政治与经贸秩序，又加剧了国际社会的分裂与大国对峙。具体表现在：一是特朗普政府以“美国优先”为圭臬，大搞单边主义和保护主义，令美国与盟国关系发生深刻的变化。在西方国家，国家利益至上取代意识形态的趋势上升，日益成为主导盟国关系的核心因素，美国盟国正试图走上战略自主道路。二是特朗普政府把中国和俄罗斯两国确定为“主要战略竞争对手”，重点施压、围堵中俄，导致中美、美俄战略博弈加剧。美国极力拉拢和分化新兴经济体国家，企图对中俄各个击破，为美独霸世界扫清障碍。2018 年，特朗普更是不顾中方劝阻，以消除美国对华贸易逆差为借口挑起中美贸易战，给世界经济增长带来极大不确定性和不稳定性。三是美国在增加军费、维持军事上一超独大的同时，继续实施战略收缩，审慎对外用兵；“内顾倾向”上升，外交服务于国内党派斗争的意图明显；在国际关系中更多运用“制裁”、极限施压等手段逼迫对手做出让步，给世界和平与安全带来严重挑战。四是特朗普政府认为现行国际秩序让美国吃了“大亏”，肆无忌惮地破坏现行国际规则，试图以不平等的双边关系取代现有国际政治经济秩序，谋求建立更加有利于美国的世界新秩序。美国先后退出一系列国际组织和协议，对国际规则造成了严重破坏。在贸易问题上，特朗普政府无视世界贸易组织（WTO）规则，推行贸易霸凌主义，阻挠WTO上诉机构法官遴选等，致使以WTO为核心的全球贸易治理机制陷入瘫痪境地。在其他重大国际问题上，美国置现行国际规则于不顾，以牺牲别国和世界整体利益为代价，拓展自身利益，变成一个纯粹的利益索取者。因此，在美国国内民粹主义社会思潮的加持下，突破“建制派”力量的束缚、以“美国优先”为纲的特朗普主义，在未来数年，将继续给美国和世界带来深刻影响。

二、西欧的对外关系

西欧国家众多，国家利益也有差异，但由于历史传统和地缘政治的关联性，西欧在经济一体化的推动下，对外政策的共同性越来越强。欧共体走上一体化道路，日益发展成为一支对地区和国际事务产生重大作用的力量。西欧国家共同的对外战略目标是：保持欧洲安全与稳定；在地区和世界事务中起主导作用；扩大欧洲资本主义模式的影响力。

（一）欧洲一体化进程

欧洲是世界资本主义的发祥地。第二次世界大战使欧洲受到严重破坏，丧失了世界政治、经济的中心地位，成为美苏两个超级大国争夺的重点地区。西欧各国在政治、经济和军事上都依靠美国，沦为美国的附庸，东欧更是在苏联的控制之下。面对美苏争霸，西欧各国在冷战开始之初，就开始酝酿欧洲国家一体化的问题。

1950年5月，法国外长罗贝尔·舒曼提出，建立一个欧洲统一的煤钢市场，在市场内取消关税限制，由一个超国家的共同体机构，统一对欧洲的煤钢生产、流通和分配进程进行干预，以实现互惠互利。舒曼的建议得到了德、意、荷、比、卢5国的响应。1951年4月，6国在巴黎签订为期50年的《欧洲煤钢联营条约》，1952年8月开始生效。煤钢共同体的建立给各国煤钢的生产带来明显收益，各国决定扩大联合的范围。1955年6月

1日，6国外长在意大利的墨西拿举行会议正式建议把煤钢联营的原则推广到其他一切经济部门。1957年3月，6国外长在罗马签订了无限期的《欧洲经济共同体条约》和《欧洲原子能联营条约》，即《罗马条约》，并于1958年1月开始实施。西欧的联合获得深入的发展，相继建立了关税同盟，实行了共同的农业政策。

20世纪60年代初，英国、爱尔兰、丹麦、希腊、土耳其等先后提出申请，要求加入西欧一体化进程。为了适应西欧联合的新需要，1965年4月，共同体成员国签订《布鲁塞尔条约》，决定将欧洲煤钢联营、原子能联营和经济共同体三个组织的部长理事会和执行委员会等重要机构合并成立欧洲共同体。1967年7月，条约正式生效，欧洲共同体成立。1973年英国、爱尔兰、丹麦加入，欧共体由6国扩大到9国，从而加强了欧共体的经济实力，提高了国际地位。1981年1月希腊成为欧共体第10个成员国。1986年1月1日，西班牙、葡萄牙也正式成为欧共体的成员国，欧共体扩大为12个成员国。同年，欧共体各成员国政府首脑签署了《单一欧洲法案》，明确提出要在1992年12月31日前建成内部市场，该“内部市场应包括一个没有内部边界的区域，在此区域内，商品、人员、服务和资本的自由流通应予以保证”。这就是著名的欧洲1992计划。1992年2月7日欧共体12国外长和财政部长在荷兰马斯特里赫特正式签署《欧洲联盟条约》并正式生效，同时欧洲共同体更名为欧洲联盟。1993年1月1日，欧盟单一市场正式在当时的欧盟12个成员国启动。1995年1月1日，瑞典、芬兰和奥地利正式加入欧盟，其成员国扩展为15个；同年12月，马德里首脑会议决定将欧洲单一货币定名为欧元。1997年10月2日上午，欧盟15个成员国的外交部长在荷兰首都阿姆斯特丹签署了《阿姆斯特丹条约》，解决了《马斯特里赫特条约》遗留的部分问题，同时赋予了欧洲议会更多权力和更大影响。1998年欧洲中央银行成立。同年5月，布鲁塞尔首脑会议正式排定欧元11个创始国名单。1999年1月1日，欧元在欧盟各成员国范围内正式发行，它是一种具有独立性和法定货币地位的超国家性质的货币。2002年1月1日，欧元被11个欧洲国家承认为官方货币并正式流通。2001年2月26日，欧盟部长理事会正式签署《尼斯条约》，2003年2月1日正式施行。2004年，马耳他、塞浦路斯、波兰、匈牙利、捷克、斯洛伐克、斯洛文尼亚、爱沙尼亚、拉脱维亚、立陶宛加入欧盟；同年6月18日，欧盟25个成员国在布鲁塞尔举行首脑会议，一致通过了《欧盟宪法条约》草案的最终文本；同年 10 月 29 日，欧盟 25 个成员国的领导人在罗马签署了《欧盟宪法条约》。2007 年 1 月 1 日，罗马尼亚和保加利亚正式成为欧盟成员国；同年 10 月 19 日，欧盟非正式首脑会议通过了欧盟新条约，即《里斯本条约》，结束了欧盟长达 6 年的制宪进程，经欧盟成员国批准后，条约于 2009 年 12 月生效。2007 年 12 月 12 日，旨在保障欧盟公民权利的《欧盟基本权利宪章》在斯特拉斯堡欧洲议会总部颁布。2013 年 7 月 1 日，克罗地亚正式成为欧盟第 28 个成员国。2018 年 6 月 25 日，欧盟 9 国防长在卢森堡签署"欧洲干预倡议"意向书，承诺组建一个欧洲联合军事干预部队。

（二）战后西欧的安全与外交战略

1. 从普利文计划到《欧洲防务集团条约》

1949 年苏联原子弹爆发成功和 1950 年朝鲜战争爆发后，美国提出"前沿防御战略"，将军事线东移至联邦德国，并考虑重新武装联邦德国，以其武装力量作为第一线的核心防御力量，但最初遭到了法国的极力反对。由于美国决心已定，出于共同反苏的需要，为把重新武装德国对法国安全造成的负面影响降至最小，1950 年 10 月 24 日，法国总理普利文向国民议会提出建立欧洲军计划，即普利文计划。计划内容包括西欧各国建立欧洲防务共同体，由各国提供军队组成"欧洲军"；联邦德国加入欧洲军，但不得单独行动，也不参加北约，不得设立国防部、国防军和参谋本部。在普利文计划的基础上，法国、联邦德国、意大利、荷兰、比利时、卢森堡六国及美国政府于 1951 年开始进行谈判，6 国外长并于 1952 年 5 月 27 日在巴黎签订《欧洲防务集团条约》，又称《欧洲军条约》或《巴黎条约》。联邦德国对普利文计划基本持肯定态度，但仍无法接受计划中对联邦德国的诸多限制；美国则认为计划对联邦德国限制过严而有碍于其遏制战略的实施，因此对普利文计划不满，遂利用法国正处于印度支那战争的困境向法国施压；1954 年 8 月 30 日，在法国舆论继续反对联邦德国重新武装的情况下，法国国民议会拒绝批准《欧洲防务集团条约》，普利文计划最终以失败而告终。

2. 伦敦—巴黎协定

以建立一支由联邦德国军队作为骨干、由美国控制的欧洲军为目的的欧洲防务集团条约谈判宣告破产一个月之后，英国提出了艾登计划。1954 年 9 月 28 日至 10 月 3 日，美、英、法、意、联邦德国等 9 国外长在伦敦开会，就艾登计划进行磋商，并通过了最后议定书，其主要内容包括：一是邀请联邦德国和意大利参加布鲁塞尔条约；二是联邦德国保证不在它领土之内制造任何原子武器、化学武器及远程火箭、导弹和排水量在3000吨以上的军舰等军事装备；三是监督除英国以外的成员国在欧洲的军备机构；四是英国作出继续在欧洲保持4个师和战术空军之保证；五是联邦德国作出承诺不以武力实现德国统一和改变目前的疆界。尔后，9国外长又在巴黎开会，审议通过修改布鲁塞尔条约议定书和西欧联盟成员国武装力量的议定书、关于接纳西德参加北大西洋联盟的议定书、关于在西德停止“占领制度”的议定书和修改后的波恩条约、关于外国军队驻军西德领土的协定、关于萨尔问题的协定等一系列文件。其中会议决定将布鲁塞尔条约中关于防止“西德侵略政策复活”的表述改为“促进西欧团结并鼓励其进行统一”。伦敦会议和巴黎会议所通过的文件，通称为“伦敦—巴黎协定”。上述文件于1955年5月5日正式开始生效。

3. 戴高乐主义与“伏歇方案”“空椅子”两次危机

为了维护法国的民族利益，提高法国的国际地位，法国总统戴高乐于1958年提出了一系列政治主张和外交政策。具体措施包括：一是撤出北约军事一体化组织，改变法国在联盟中对美国的从属地位，维护民族独立；二是建立法国独立的核威慑力量，打破美国的核垄断；三是同苏联及其他社会主义国家建立“缓和、谅解、合作”的关系，积极推动中法建交，在东西方关系中发挥作用；四是建立一个摆脱美苏控制，以法国为中心的，法德联合为支柱的，由欧洲主权国家联合起来的“大欧洲联合”；五是实行非殖民化，在亚非拉地区推行“积极存在”的政策，以求保持和增进法国在亚非拉地区的利益和影响。

20世纪60年代初，戴高乐积极倡导共同体六国建立欧洲政治联盟，实现各国政府间在外交、防务领域的合作。在他的推动下，1961年，共同体举行了两次首脑会议，讨论建立政治联盟问题，就一般原则性的意见达成一致，并指定法国驻丹麦大使伏歇领导一个特别委员会起草联盟方案。特别委员会于1961年11月2日提出的第一个“伏歇计划”，不提大西洋联盟，有明显的反美排英倾向，一些成员国认为没有反映首脑会议的精神，要求修改。1962年1月18日，特别委员会又提出经过修改后的第二个“伏歇方案”。哪知这份草案中反美排英的倾向不仅没有被纠正，反而有所加强，舆论为之哗然。而戴高乐仍认为该草案限制超国家一体化不够明确有力，建议对草案再次进行修改，取消共同体执委会的自治权，缩小欧洲议会的权力，加强部长理事会的职能。双方立场针锋相对，难以调和。经过两个多月的激烈争吵，谈判于 4 月 14 日宣告破裂。双方同意暂时把这个问题搁置起来。

1965 年 4 月至 6 月，法国与欧共体其他成员国在农业和共同体超国家组织的扩权问题上发生了严重的分歧。德、意等成员国提议把共同体内部的决策机制从一致通过改变为多数赞成。戴高乐坚决反对这项提议，认为引入多数赞成机制将损害大国的独立性。同年 6 月 30 日，在轮值主席国法国的主持下，欧共体理事会在布鲁塞尔开会讨论这项建议，但会议持续到第二天凌晨也未能达成一致意见，法国同其他所有成员国关系也搞僵了。无奈之下，主持会议的法国外长莫里斯·顾夫·德姆维尔宣布无限期休会。随后戴高乐召回了法国在共同体常设代表委员会的代表，全面实施缺席抵制政策，在以后 7 个月的时间里，法国代表没有参加任何欧共体会议，从而引发了持续半年之久的“空椅子”危机。1966 年 1 月，欧共体与法国达成了妥协，其他成员国都做出让步，实际上答应了法国的要求，同意法国提出的决策机制的全体一致原则。通过“空椅子”事件，法国人达到了自己的目的。

值得指出的是，虽然两次危机曾把共同体的内部关系搞得很紧张，但通过这两次大辩论，共同体的主权国家联盟的性质基本确定了下来，从而出现了一个持续平稳发展的时期。

4. 新东方政策

20 世纪 50 年代联邦德国执行以外交部国务秘书之名命名的“哈尔斯坦主义”，即坚持联邦德国在国际上代表整个德国，拒不承认第二次世界大战后的欧洲边界和民主德国，除苏联外不与任何同民主德国建交的国家建立和保持外交关系。此政策使联邦德国与苏联东欧长期对立，加深了对美国的依赖。

1969 年 10 月，勃兰特出任总理，放弃“哈尔斯坦主义”，正式推行“新东方政策”。这个政策的主要设计师是外交部计划司司长埃贡·巴尔。1963 年埃贡·巴尔提出了“以接近求演变”的思想。其含义是：承认战后现状，以换取联邦德国与东方关系的改善，逐步求得德国问题的解决。“新东方政策”内容包括：一是承认德意志民主共和国；二是放弃使用武力，与东欧各国签约建交；三是在全德削减美苏驻德的军事人员及装备；四是建立欧洲安全体系。

新东方政策反映联邦德国在国际形势缓和、经济发展的基础上，摆脱美国的控制，谋求独立的外交，提高国际地位的倾向。“新东方政策”对70年代东西方关系的缓和起了重要的作用，但是它实质上以联邦德国的地位和利益为出发点，以实现德国统一为目标，它是联邦德国凭借其经济实力向东欧和苏联推行自己战略的具体表现。“新东方政策”虽然立足于西方，但却自主地发展了同苏联、东欧国家的关系，这是联邦德国在国际政治舞台上重新发挥重要作用的开端和标志。

5. “用一个声音说话”

1973年10月爆发的第四次中东战争，使依靠石油进口的西方工业国家遭到沉重打击，导致这些国家生产大幅度下降、国际收支恶化、通货膨胀加剧、失业人数激增，从而爆发了第二次世界大战结束以来最严重、为时最长的一次世界性经济危机。石油武器震撼了西欧，西欧各国出于自身利益考虑，纷纷拒绝美国利用其领土向以色列转送武器。战争进入停火阶段时，美国撇开西欧各国，企图同苏联包办中东事务，彻底激怒了西欧国家。正当欧洲国家群情激愤的时候，法国总统蓬皮杜于1973年10月31日致信欧共体各国政府首脑建议在年底举行9国首脑会议，就中东和其他问题交换意见、协调政策，得到热烈响应。1973年11月6日，共同体9国外长在布鲁塞尔举行会议，通过了“欧洲同一性文件”并发表了联合声明，谴责以色列的政策，要求以色列结束对阿拉伯领土的占领，指出任何和平解决方案都必须“考虑巴勒斯坦人的合法权利”。1973年12月14日—15日，欧共体9国首脑会议在哥本哈根举行，这是英国加入共同体后举行的首脑会议，并且由于它顺利地批准了“欧洲同一性文件”，显示了共同体国家的团结，因而格外引人注目。文件认为，国际上的事态发展以及权利和责任日益集中于少数大国手中，目前的国际问题是9国中的任何一国难以单独解决的，欧洲必须团结起来，并且必须越来越用一个声音说话，如果它要发表自己的意见并且要在世界上发挥适当作用的话。文件还明确指出，所谓“用一个声音说话”就是9国应该在对外政策方面逐步确定共同的立场。

1974年2月，美国倡议在华盛顿举行有13个石油消费国参加的会议，企图把石油消费国组织起来同石油生产国对抗。西欧国家对此不以为然。3月4日，欧共体9国外长在布鲁塞尔聚会，探讨与阿拉伯国家开展经济、技术和文化合作的途径，并制定了“前三步”设想，即邀请阿拉伯国家代表同欧共体部长理事会轮值主席在波恩会晤；双方成立联合工作小组，讨论合作的领域；如有可能考虑举行欧共体和阿拉伯国家的部长级会议。

以中东问题为开端，“用一个声音说话”成了欧共体成员国在外交领域开展政治合作自觉追求的目标。对国际上发生的一系列重大事件，如南非问题、天然气管道问题以及美国在拉美地区进行大规模军事干涉问题等，欧共体国家都发表了共同声明，表明了西欧的独立立场。同时，它们还经常作为一个整体参加各种国际活动与国际谈判，如关税及贸易总协定谈判、欧阿对话、南北对话等。正如欧共体执委会指出的，由于越来越经常地“用一个声音说话”，“自 1973 年以后，欧共体对世界事务的影响愈来愈大”。不过，这种影响仍主要限于对发生的国际事件发表意向性声明，远未达到实行共同的对外政策的程度。事实上，由于没有统一的机构和管理，共同外交只是一句空话。

然而，西欧国家在外交领域谋求“欧洲同一性”或“欧洲特性”，对美国来说，这就是离心倾向的表现。为了遏制西欧离心倾向，美国提出了“大西洋关系宣言”，企图重新把西欧拉回到美国全球战略轨道中去。但西欧国家对此的反应却相当冷淡，经过一段时间颇不轻松的谈判，最终达成协议。1974 年 6 月，北大西洋集团各国首脑齐集布鲁塞尔，正式签署了《大西洋关系宣言》，使美欧关系表面上有了一个新的开端，但未能解决它们站在不同立场上的深刻分歧。为了真正实现“用一个声音说话”，提升欧盟在外交上的影响力，2010 年 7 月 8 日，欧洲议会投票通过了有关组建欧洲对外行动服务局的方案，同年底，这个人称“欧盟外交部”的机构正式运转。

6. “防务＋缓和”的对苏政策

“防务＋缓和”政策是 20 世纪 60 年代后期由西欧国家推行的一种具有欧洲特性的对苏政策。20 世纪 60 年代后期，东西方关系呈缓和态势。戴高乐早已率先对东方开放；美国自肯尼迪推行“和平战略”以来，加强了同苏联的对话和接触；在联邦德国也出现了要求执行“新东方政策”的强大势头；其他西欧国家在这股缓和潮流的驱使下，纷纷同苏联和东欧国家发展关系，捞取经济和政治实惠。由于各国的政策和步调缺乏协调，相互猜疑比较严重，致使欧美各国的许多人担心正在升温的“缓和热”有可能被苏联利用，损害西方的团结，“腐蚀北约的防务基础”。为此，1967 年 12 月，北约接受了比利时外长哈米尔的建议，将“防务＋缓和”确定为西欧国家的对苏新政策，该政策重申苏联仍是西欧安全的主要威胁，因而主张加强防务，但同时适当缓和与苏联的关系。其原因有三：一是从西欧自身安全考虑，缓和可以减轻来自苏联方面的压力；二是改善与苏联关系后，西欧国家可以通过加强对苏贸易，刺激处于停滞状态的西欧经济；三是可以在政治上对东欧国家进行影响和和平渗透，使东欧国家成为缓冲地带。

西欧国家认为，“防务＋缓和”是对苏政策的两只不可偏废的轮子。它应包括军事均势、政治缓和、均衡裁军三个互动的要素，而缓和居于中心地位。其要点包括：首先，北约和华约两个集团保持军事均势是推行缓和政策的前提条件。没有军事均势，就不会有政治缓和；而保持军事均势的关键，在于美苏在欧洲地区采取克制态度，不谋求军事上的优势。联邦德国前总理勃兰特明确指出，“只有保持了两个超级大国卷入欧洲的均势，保持欧洲均势的任务才能完成”。因此，西欧国家对美国一再提出的要求欧洲盟国在加强常规军备方面多作贡献的建议一直不热心，对苏联在欧洲地区加强军备更保持高度警惕。其次，缓和进程必须包括裁军谈判。通过均衡裁军，实现“低水平”的军事均势，它反过来又可巩固缓和的成果，推动缓和进程。70 年代初期，联邦德国在德苏条约谈判中，就运用了这种联系原则，推动了西柏林问题的解决，以及欧安会和中欧裁军谈判会议的召开。由于将政治缓和放在三大要素的中心地位，不论任何时候西欧国家都抓住缓和的旗帜不放。即便出现突发事件和谈判破裂的情况，它们也不放弃任何机会同苏联、东欧国家改善关系，极力保持对话通道的畅通。70 年代末和 80 年代的头几年，因频繁发生“中导危机”和苏联入侵阿富汗之类的事件，东西方关系重新被紧张气氛所笼罩。但除英国外，西欧国家都不愿追随美国对苏联实行经济制裁，也不同意美国关于“缓和已经破产”的论断。法国总统德斯坦明确表示，他“不赞成对苏联进行惩罚”，“从外交上孤立苏联是一个严重的政治错误”。德国总理施密特也强调，为了防止冷战恢复，“仍然需要保持与苏来往的渠道”。这时，苏联由于世界抗议浪潮正处于孤立状态，这两位西欧国家领导人不顾盟国反对，分别去华沙和莫斯科同勃列日涅夫会晤。这一时期西欧国家东方政策的另一特点是，努力把东欧国家同苏联分开，虽然同苏联的关系出现紧张，却没有影响西欧国家同东欧国家保持正常往来，东西方关系在此期间得以呈现出一种“大紧张、小缓和”的景象。西欧并不掩饰它们推行的缓和政策实质上是和平演变政策，是“进攻性”的。联邦德国外长根舍曾著文专门阐述了这个问题，他说：“欧洲对东方的缓和政策，是在分裂的欧洲寻找和维持彼此相安无事的妥协办法，使东西方在不同的思想和不同的长期目标的鸿沟上搭起对话和合作的桥梁。”这样做的意图是在短期内减轻欧洲分裂的后果；从长期来说，在于促进东欧和苏联本身的演变过程，最终……在欧洲建立真正的和平秩序演变的重点对象是东欧国家。因此，西欧国家对苏联推行“防务＋缓和”政策的同时，努力利用东西方缓和的大气候，加强对东欧国家进行政治和文化渗透。在做法上，它们主要坚持了以下三条：一是分别打交道的原则。20 世纪 70 年代末，苏联提出经互会和欧共体两个一体化组织建立直接合作关系的建议，遭到欧共体的断然拒绝。拒绝的理由是，苏联的建议旨在加强对东欧国家的控制，限制东欧国家与西欧自由发展关系。它坚持经互会国家只能单个地同欧共体建立合作关系。二是区别对待的原则。罗马尼亚是华约集团中独立性较强的一员，欧共体同意给它以联系国待遇，而对那些紧密追随苏联的国家，则在政治和经济上采取严厉的态度，这样做的目的在于促使东欧国家发生分化。三是利用欧安会达成的《最后文件》强化“人权”攻势，尤其注意物色和扶植这些国家中倾向西方文明的政治反对派和代表人物，以期通过他们促进这些国家的自由化进程。西欧国家对它们实行的“防务＋缓和”政策的评价很高且基本上达到了预期的目的。在政治上，大体上维持了欧洲地区的安宁，增强了西欧独立自主的行事能力，并对东欧和苏联的和平演变发挥了重要的促进作用。在经济上，西欧国家打开了苏联、东欧的市场，获得不少经济实惠。

7. 洛美协定：西欧国家与非加太地区国家长足发展

洛美协定是欧洲经济共同体与非洲、加勒比海沿岸和太平洋地区的一些发展中国家（简称非加太国家）在多哥首都洛美签订的贸易与经济协定。1975 年 2 月 28 日签订第一个“洛美协定”，1976 年 4 月 1 日生效，有效期 5 年。主要内容为：①非加太 46 个国家的工业产品和绝大部分农产品可以免税和不限量进入欧洲共同体市场，而共同体成员国向 46 国出口时不要求互惠，只享受最惠国待遇。②制订“稳定出口收入制度”，当 46 国 34 种初级产品因出口价格下跌而遭受损失时，由共同体给予补偿。③共同体 5 年内向 46 国提供 35 亿欧洲货币单位（合 46.5 亿美元）的经济援助。

第二个“洛美协定”于 1979 年 10 月 31 日在多哥续签，1980 年 4 月起生效，有效期 5 年。此次欧共体提供的援助增至 56.07 亿欧洲货币单位（约合 74.57 亿美元），参加签署该协定的非加太地区国家增至 58 个。第二个“洛美协定”引入了稳定矿产品出口收入的机制，以保证非加太地区国家向欧共体出口矿产品的稳定收益。

第三个“洛美协定”于1984年12月8日在多哥续签，1986年5月1日起生效，有效期5年（1985年3月1日—1990年2月28日）。该协定确定了双方之间的平等伙伴和相互依存关系。根据协定，欧共体在五年内向非加太地区国家提供财政援助85亿欧洲货币单位（约合93.5亿美元）。参加签署该协定的非加太地区国家增至65个。

第四个“洛美协定”于1989年12月15日在多哥续签，有效期10年。1990年3月1日其贸易条款生效。鉴于缔约国对该协定的批准程序进展缓慢，欧共体部长理事会决定将其正式全面实施日期由原定的1991年3月1日推迟4个月，将第三个协定的截止日期相应延长至同年6月30日。根据协定，欧盟向非加太地区国家提供的援助分为两个阶段：第一阶段，即头五年内，提供财政援助120亿欧洲货币单位（约合132亿美元），其中108亿为欧洲发展基金拨款，12亿为欧洲投资银行贷款，总额比上一个“洛美协定”增加40%。第二阶段（1995—2000年）的援助总额为146.25亿欧洲货币单位（约合190亿美元），比第一阶段增加了22%，其中129.67亿为欧洲发展基金拨款，16.58亿为欧洲投资银行贷款。此外，欧盟用于稳定非加太地区国家农业和矿产品出口收入机制的两项资金，分别增加了62%和16%，达15亿和4.8亿欧洲货币单位。新协定的主要内容还有：①放宽对非加太地区国家产品进入欧共体市场的限制，这些国家的制成品凡在其本国的增值部分达45%（此前为60%）者即可进入欧共体市场，其享受专项资助的出口产品增加黄金和铀两项；欧共体自1992年起对非加太地区国家开放酒类市场，并减少对其农产品如柑橘、草莓和西红柿等农产品的进口限制，且不要求这些国家退还按有关规定已索取的价格补偿。②禁止欧共体成员国与非加太地区国家进行任何有毒、危险及核废料的交易。③从全部财政援助中拨出18%，专门用于支持非加太地区国家实施经济结构调改计划。1995年11月，欧盟与非加太国家签署了新的议定书，作为对第四个“洛美协定”的修改和补充。该议定书首次将民主和人权问题与欧盟援助挂钩，并规定非加太国家获得援助数额的多寡取决于其经济运行状况，欧盟还由以往单纯负责发放贷款改为直接参与制定援助项目。

“洛美协定”曾是非加太集团和欧盟间进行对话与合作的重要机制，也是迄今最重要的南北合作协定。2000年2月，非加太集团和欧盟就第五期“洛美协定”达成协议，并于同年 6 月在科托努正式签署，称“科托努协定”。“洛美协定”就此宣告结束。经欧盟 15 国和非加太集团 76 国政府的正式批准，“科特努协定”自 2003 年 4 月 1 日起正式生效。

8. 西欧联盟“复活”

西欧联盟 1955 年 5 月 6 日成立，前身为布鲁塞尔条约组织。1948 年 3 月 17 日，法国、英国、荷兰、比利时和卢森堡五国签署《布鲁塞尔条约》，宣布成立布鲁塞尔条约组织。1954 年 10 月 23 日，布鲁塞尔条约组织五国同联邦德国和意大利在巴黎签署《巴黎协定》，对《布鲁塞尔条约》进行了修改，决定将布鲁塞尔条约组织改为西欧联盟。1955 年 5 月 6 日《巴黎协定》生效，西欧联盟正式成立。联盟总部最初设在伦敦，1993 年 1 月迁至布鲁塞尔。联盟的宗旨是促进欧洲的团结和推动欧洲统一的进程；协调成员国在防务、武装力量和军工生产方面的政策，以增强成员国集体防御能力；促进成员国间经济、社会和文化方面的合作。

由于西欧在防务上主要依靠北约，西欧联盟的主要活动集中于协调成员国在安全和东西方关系问题上的立场，并未实际发挥其防务职能。1984 年 6 月 12 日，西欧联盟在巴黎举行中断多年的外长会议，正式宣布西欧联盟“复活”。同年 10 月 26—27 日，西欧联盟七国外长和国防部长在罗马举行首次联席会议，发表《罗马宣言》，宣布重振西欧联盟。1987 年 10 月 26 日，西欧联盟部长理事会在海牙通过了《欧洲安全宪章》，决心进一步加强西欧的防务合作。这是西欧联盟成立 30 多年来发表的第一份西欧安全宣言。它全面阐述了欧洲安全的原则，指出军备控制是西欧安全政策的一个不可分割的部分，强调西方的防务战略“必须继续建立在足够的核力量和常规力量的基础上，只有核因素才能对付潜在的侵略者”。1991 年 12 月 9 日，西欧联盟成员国外长在欧共体马斯特里赫特首脑会议期间草签了《西欧联盟与欧洲联盟和北约关系的宣言》。主要内容有：西欧联盟将成为欧洲联盟的防务组成部分，并以此加强北约中的欧洲支柱；西欧联盟将负责制订并执行欧盟共同防务政策。1992 年 6 月 19 日，西欧联盟九国外长和国防部长在德国彼得斯堡召开的联席会议上通过《彼得斯堡宣言》，决定从成员国常规部队中抽调部分部队组成西欧联盟军队，执行由西欧联盟领导的人道主义救援、维和、处理危机和恢复和平等军事行动。1993 年西欧联盟决定将原北约框架下的欧洲独立计划小组并入西欧联盟，成立西欧军备小组，负责成员国之间军备合作。1994年西欧联盟原则上通过了《欧盟共同防务政策的基本原则》，强调共同安全与防务是欧洲一体化的组成部分，西欧联盟要加快组织机构与军事机构建设，尽快成为欧盟的军事机构。1995年西欧联盟重申北约是欧洲安全的根本保障，西欧联盟是北约的欧洲支柱，决定两组织继续举行政治军事小组联席会议和理事会联席会议。1996年6月3日，北约在柏林举行外长会议，正式决定建立多国多兵种联合特遣部队，同意西欧盟国在美国不参加的情况下可以以西欧联盟名义动用上述部队，并可使用北约参谋、情报、通信、运输和后勤等设施，对外实施维和、人道救援等行动。1998年5月8日，西欧联盟正式成立军事委员会，标志着西欧联盟朝着实体化方向迈进了一大步。1999年西欧联盟就本身作为“武装臂膀”并入欧盟达成一致。2010年3月31日，西欧联盟宣布“完成历史使命”，正式解散，并决定于2011年6月底结束所有活动。

（三）当前欧盟对外政策的调整与展望

欧盟作为当今世界重要的一极，自2009年《里斯本条约》正式生效之后，其对外政策发生了巨大的结构性调整。欧盟致力于将自身塑造成为国际社会最主要行为体的角色，同时对推动外交与安全事务一体化的雄心壮志高涨。但是自欧债危机以来，欧盟经历了一系列内外突发事件，使得欧盟的对外政策不得不做出了一系列调整，深刻影响了欧盟在未来对外政策的走向。

1. 欧盟对外政策的最新调整

第一，在对外政策一体化方面，“再国家化”处于明显上风。虽然《里斯本条约》试图强化欧盟层面在外交与安全事务领域的话语权，进一步推动一体化朝向外交、安全、防务等“高级政治”范畴扩散，但是近年来的现实却是欧盟一体化进程中的“再国家化”势头越加明显且强劲，在外交与安全事务领域尤其明显。虽然《里斯本条约》推动成立了欧盟层面的具有“超级外交部”属性的欧盟对外行动署，且由欧盟委员会副主席兼任联盟外交与安全事务高级代表主管对外政策，但是实际效果并不明显。在莫盖里尼接替阿什顿担任外交与安全事务高级代表之后，欧盟对外行动署在欧盟对外政策领域的影响力和话语权甚至进一步削弱了，严重影响了欧盟推进外交与安全事务一体化的努力。相比之下，德国、法国、英国等主要成员国在欧盟对外政策领域的话语权则得到了进一步提升。近年来，虽然对外行动署甚至委员会推动了一些对外行动，但是欧盟在对外政策的重大行动，诸如乌克兰危机、难民危机、利比亚危机、叙利亚危机等问题上，都是各主要成员国在发挥主导作用。从本质上看，对外行动署还是支持主要成员国在上述重大外交政策上的行动。

第二，从对外政策的风格方面看，欧盟由进攻性的“奋发有为”转向危机应对性的“有所作为”。欧盟从商业政策、贸易政策、投资政策等逐步扩展到对外政策的几乎所有方面。外交、安全、防务、气候变化、人权、金融等方面都是欧盟着力在联盟层面推进的重点，而且欧盟凭借自身强大的综合实力，积极开展对外行动。欧盟在对外政策日程设置、规则制定方面具有很强的话语权，并在对外交往中表现出了较强的进攻性。但是，近年来受欧债危机和难民危机等内部事务的严重掣肘，欧盟的对外政策并没有完全展开，甚至逐步收缩局限在了难民、周边等事务之中。近来，欧盟的对外政策努力更多的是危机应对型政策，特别是对处理利比亚危机、叙利亚危机、乌克兰危机和难民危机等。

第三，在对外政策工具方面，由强调规范性力量转向强调硬实力的回归。欧盟本身是基于一套复杂的、长期的谈判过程建立起来的行为体，规范和规则在欧盟的建设中具有重要的地位，对规则的重视甚至形成了一定的路径依赖。欧盟作为一个定位于“后现代”发展方向的行为体，在对外政策中也强调国际规范和国际法的核心地位，强调对民主、自由等价值观理念和人权等意识形态的推广。基于此，欧盟的对外政策把自己塑造为“规范性力量”，更加重视软实力的使用，虽然这一切仍然是建立在欧盟强大的综合实力基础之上。但是随着国际政治经济形势的变化，欧盟自身在一体化进程中遭遇到了系统性危机和制度危机等挫折。在对外政策中，欧盟越加趋于向现实主义的回归，更加频繁使用传统的对外政策工具，例如制裁、军事等手段在欧盟对外政策工具箱中动用的频率越来越高，以应对东部周边和南部周边所面临的严峻局势，甚至发起了对叙利亚和利比亚的军事打击，以及对俄罗斯持续不断的贸易和金融制裁等。

第四，在对外政策的核心领导力量方面，由法德核心和法德英三方协调转变为领导核心的暂时缺失。欧盟一体化进程中法德两国作为核心一直是最重要的推动力量，而且两国之间进行了较为充分的协调与配合，在外交与安全事务方面，英国也扮演着非常重要的角色。法德核心和法德英三国协调推动形成了现有的欧盟对外政策机制。但是，由于近年来一体化遭遇的重大挫折，以及英国脱欧、法国陷于国内事务之中，德国的影响力虽然大幅提升但仍不愿也无法过于积极公开主导欧盟对外政策，欧盟对外政策的协调与沟通出现力量中心的暂时缺失。各成员国特别是主要大国，在对外政策方面出现了回归的倾向，欧盟层面新组建的对外政策协调与决策枢纽无力承担领导核心的功能。

第五，对外政策目标方面，由追求全球舞台上的最重要行为体转为务实利益。自《马斯特里赫特条约》颁布以来，一直到《欧洲宪法草案》，欧盟一以贯之的目标就是通过内部持续深化和扩大的一体化，将自身塑造成为全球舞台上最重要的行为体。欧盟的定位是跨大西洋共同体的两大支柱之一，要积极参与全球事务，锻造欧盟对外政策自主性，在人权、民主推广，以及气候变化等新的对外政策领域都扮演重要角色。但是近年来，欧盟的对外政策目标更趋现实，逐渐回归至追求务实利益，特别是经济利益，例如欧盟持续推进同中国等新兴经济体的合作，开启更多自贸协定谈判和多边、双边投资协定谈判，同日本也商签了超大规模的日欧经济伙伴关系协定。这既和欧盟当前最重要的实现经济复苏的目标有关，也是欧盟在“迅速变化的现实主义国际政治丛林中，变得更加清醒和实现觉醒”的反映。

2. 欧盟对外政策的未来展望

第一，欧盟在全球政治安全中的影响力继续下降。欧盟不论是在自身的经济实力、军事实力等方面都很难实现爆发式的增长，即便在软性的规范及规则制定方面追求维持既有影响力也都有很大的挑战。因此，伴随着全球范围内权力的进一步转移和扩散，欧盟将更趋内向化，对外政策则更加有心无力，在全球政治安全中的影响力将进一步走低。值得强调，这不仅是欧盟的问题，具体到各主要成员国方面也是如此。欧盟从根本上整合自身实力，实现聚合效应的可能性较低，这就决定了在现有制度框架难以突破的情况下，特别是“再国家化”难以阻遏的背景下，欧盟整体也只能勉强列为全球主要力量的第一集团。

第二，欧盟将逐渐接受自身在全球政治安全中的现实处境。欧洲长期处于世界的中心地位，欧盟及其成员国并不满足于世界二流国家的地位。但是经过了近十年的力量下滑，特别是由于迟迟难以实现自身的多项政策目标，甚至在全球政治、经济的多个领域欧盟都不再被视为最重要的力量之一，加之欧债危机等造成的制度危机的影响，更是严重削弱了欧盟在对外政策中的信心和长期拥有的“自豪和骄傲”。欧盟将逐渐接受自身已经难以作为超强力量的现实，而不得不与更多的新兴力量中心加强合作与协调，作为重要的但非主导性力量之一。

第三，欧盟仍将长期作为全球最重要的力量之一。“瘦死的骆驼比马大”，何况欧盟在社会稳定和发展程度、科技创新和人才培养等各个方面都具有明显的优势，欧盟各成员国实力相加也仍然稳居世界第一。欧盟在全球政治经济舞台上仍然是无法忽视的重要力量。此外，新的全球战略重心也正在向欧盟的边界地区回归，乌克兰危机、东地中海沿岸的叙利亚危机、利比亚危机等仍将持续，凸显了欧盟周边地区在全球格局演变中的特殊重要性，欧盟是其中重要的参与者和直接利益相关者之一。

三、日本的对外关系

第二次世界大战结束后，日本被美国单独占领，直到 1951 年才逐步恢复主权国家的地位，其对外政策是根据国内经济的发展需要、国际形势的变化以及它的经济实力的增长和国际地位的提高而演进的。其演进过程大致经历了以下阶段：

（一）战后初期到 20 世纪 50 年代中期：卧薪尝胆，依美图存的外交政策

第二次世界大战后初期，日本被美国占领。尽快恢复主权国家地位是日本最紧迫的国家目标，其次便是恢复遭受重创的经济。日本统治阶级采取了依托美国庇护，伺机发展自己、重新在国际社会崛起的对外战略。这一对外战略得到充分实现。事实上，战后日本投入美国的怀抱，换取到宽大的媾和条件和安全保障措施，它从日美基轴路线中得到的“实惠”是显而易见的。首先，在国内体制方面，日本凭借美国占领政策的力量，实现了由战前政治与经济统治体制向议会民主和市场经济体制的转型。其次，在“战后处理”和安全方面，日本作为对亚洲各国犯有滔天侵略罪行的战败国，在美国的庇护下，逃避了巨额赔款、分割占领以及接受战胜国监督管理的命运；同时，日本栖身于《日美安保条约》的卵翼之下，以最小的代价取得了最大的安全效果。再次，在经济方面，日本从美国那里得到了最为有利的援助以及技术、资金和市场。同时，实现媾和及结束占领之后，日本又依靠与美国建立的日美安全体制，减少了军备负担，把有限的资金投入到恢复和重建经济上，可

谓“一举两得”，日本政要小泽一郎得意地总结说：“在冷战时期，美国为了筑起防范共产主义势力的护波堤，很重视日本。本来应该由日本为维持和平与自由而承担的代价，由美国代为承担了。如果当时日本承担了相应的代价，它要想达到今日的繁荣程度是不可能的。”最后，在外交方面，日本在早期媾和、加入国际组织、享受自由贸易体制的优惠、恢复对外关系直至跻身西方发达国家集团等方面，都得到美国的鼎力相助。

因此，日本在这一时期采取对美国“一边倒”的外交政策，是当时国际国内形势所决定的。日本以美国为靠山，利用美国的力量来恢复和发展日本经济，达到重返国际社会的战略目标。虽然日本外交处处追随美国，对美国的反苏反共政策亦步亦趋，并因此被称为“政治侏儒”，但是在思想上坚决反共的鸠山内阁，为了消除苏联对日本的潜在威胁，减少吉田内阁对“美一边倒”政策给日本安全带来的负面影响，在日美同盟为基轴的前提下，恢复了日苏关系，使日本避免了过早地介入冷战对峙风险，为本国经济的发展争取了有利的国际环境。

（二）20世纪50年代后期至60年代：恢复主权、重返国际舞台的对外政策

20世纪50年代中期以后，日本经济进入了一个高速发展的“黄金时期”。基于经济高速增长的需要以及日本曾经是侵略国家的政治敏感性，日本选择通过经济、外交的方式重返国际社会。1957年，岸信介任日本首相，提出日本外交三原则，即“以联合国为中心”“与自由主义各国保持协调”“坚持作为亚洲一员的立场”。“以联合国为中心”，表达了日本作为国际社会的一员，同世界各国建立平等的关系，走向世界的愿望。在1957年召开的第12次联合国大会上，日本政府对参加国积极进行外交活动，取得了联合国安全理事会非常任理事国的席位。“与自由主义各国保持协调”，表明日本政府仍把以美国为首的西方国家的关系放在首位，注重与之协调立场，发展关系。但此时的日本已开始谋求恢复主权，1957年6月，岸信介首相访问美国，提出了修改对日本不平等的安全条约，归还冲绳和小笠原群岛的行政主权，放宽对日本商品进口的限制等问题。“坚持作为亚洲一员的立场”，表明日本政府对外政策的立足点是亚洲。日本政府首先瞄准东南亚，把它看成是日本的商品市场和取得资源的基地，又是走向世界的政治舞台。岸信介在出任首相后不久便访问了东南亚9国，致力于建立亲善关系。

进入20世纪60年代，日美经济力量对比发生了重大变化，随着日本商品不断打入美国市场，日美之间的贸易摩擦也不断出现。在外交上，日本已不甘心做美国的小伙伴，在与美国合作的前提下力争与美国平起平坐。1960年，岸信介专程赴美并在华盛顿与美国国务卿赫托正式签署了《日美国内共同合作和安全条约》，具体内容如下：缔约国按照联合国宪章的规定，用和平方法并以不致危害国际和平、安全和正义的方式解决可能涉及两国的任何国际争端；两国设法消除他们在经济政策中的矛盾，鼓励两国间的经济合作，表明日美将加强经济合作关系；两国将单独的或相互合作，通过不断和有效的自助和互助，维持并且发展他们抵抗武装进攻的能力，规定了日本不断增加防务力量的责任；缔约国将随时就本条约的执行问题进行协商，确立了事前协商制度；两国对日本管理下的领土上的任何一方发动的武装进攻将采取行动以应付共同的危险，从而明确了美国对日本的防卫义务；本条生效十年后在缔约国的任何一方宣布终止以前一直有效，明确规定了条约的期限以及废除的法律程序。此外新条约删除了损害日本国家安全的不平等条款，突出了日美关系的对等性，扩大了两国的合作范围。1963年池田首相访问西欧七国，并首次提出日本和西欧、美国一样，是资本主义世界的“三大支柱之一”。从1963年开始，日本先后与加拿大、英国、法国、联邦德国等国缔结了双边通商条约，并建立了部长级定期会议制度。1966年日本从美国手中收回了小笠原群岛的主权，1972年美国又把冲绳岛的行政权归还给日本。

（三）20世纪60年代末至70年代：多边自主外交政策

进入20世纪70年代，世界形势发生重大变化，美国的霸权地位开始衰落，其全球战略采取了“收缩态势”。中美关系的大门打开，亚洲冷战趋于缓和。日本已发展为仅次于美国的资本主义世界第二经济大国，拥有可与美国、苏联、西欧抗衡的经济实力。日本政府基于形势的变化，决心摆脱“政治侏儒”的国际形象。1972年田中角荣上台后，明确表示“日本跟着美国脚步的时代已经过去了”，提出了以“对美协调为主轴”，以恢复日中邦交为首要课题的“多边自主外交政策”。其基本内容是：首先，以日美安全保障体制为基轴，谋求同美国建立“富有成果的伙伴关系”，在政治上“发挥美国难以发挥的特殊作用”，在军事上“分担责任”，在经济上维持协调，缓和矛盾，充当“对等的真正合作者”。其次，借助中国抗衡苏联。1972年2月，尼克松访华对日本造成“越顶外交”，于是恢复与中国的邦交成为田中角荣“多边自主外交”的首要课题。1972年9月田中访华，双方签署了联合声明，恢复了日中两国正式的外交关系。1978年2月日中签订了长期贸易协定；同年8月，两国又签署了《中日和平友好条约》，使两国睦邻友好关系发展到一个新阶段。再次，加强同发展中国家的经济关系。1973年石油危机后，日本开始实施“新中东政策”，注重发展同阿拉伯世界的关系，保障日本的石油供应。1977年8月福田政府提出了推进与东盟关系的“福田主义”三原则，即“不做军事大国”、同东盟建立“心心相印”的信任关系、“为东南亚的和平与繁荣做贡献”。此外，日本的经济外交有了新的变化，援助外交成为其推行经济外交、缓解本国危机的主要手段，成为政治外交的重要一环。日本加强了同拉丁美洲和非洲国家的经济合作关系，增加对发展中国家的援助。多边自主外交是日本扩大国际影响、谋求在国际社会中拥有更多发言权的表现，它是日本迈向政治大国的前奏。

（四）20世纪80年代以来：谋求政治大国的外交政策

政治大国是日本政府长期以来梦寐以求的战略目标。早在20世纪60年代，佐藤政府就提出了过渡到“政治大国”的口号；进入80年代之后，日本愈来愈明确地谋求与自身经济地位相匹配的政治大国地位。1982年，中曾根首相正式提出了谋求政治大国的目标，并采取了一系列战略措施。在政治上，提出了“战后政治总决赛”的口号，宣传对现行的以新宪法为基本框架的基本制度和结构进行大胆改革，意在摆脱日本作为战败国的束缚；在经济上，推行财政改革，平衡政府的财政收支，为此，在收入再分配问题上，部分恢复个人权利从属于国家之类的战前价值观；在军事防务问题上，继续坚持“无核三原则”、专守防卫的基本方针，同时以相应的方式谋求高质量的防卫力量，并强调日美“两国都负有世界性的责任”。日本防卫费在1987年首次超过国民生产总值的1%，成为仅次于美国、苏联，位居世界第三的军费大国，为实现政治大国的目标奠定了强大的军事基础。20世纪80年代日本已把触角伸向全球，日本首相在发达国家首脑会议上极为活跃，并把东南亚地区作为自己的势力范围，重点发展与东南亚各国的关系，企图成为东南亚地区的领头羊。同时还积极发展与欧洲各国的关系，突出自己已是日、美、欧三极中的一极，并寻求欧洲对它走大国化道路的支持。

20世纪90年代以来，为实现政治大国的战略目标，日本开始全力推进

“积极进取”的外交。日本认为要在国际事务中发挥作用，必须展开外交攻势，在国际上树立大国形象，确保日本在国际社会的发言权。主要表现为以下六个方面：

第一，加速向军事大国迈进，为政治大国目标的实现提供支撑。20 世纪 90 年代以来，日本将制定和修改法律与调整军事战略交织在一起，不断加强日本军事力量。1992 年 6 月，日本国会通过了《联合国维持和平活动合作法》，即 PKO 法，为日本向海外派兵提供了法律依据。90 年代以来，日本已经多次派出维和部队，相继在柬埔寨、海湾、莫桑比克、卢旺达、戈兰高地、扎伊尔等地参加维和行动，还利用美国发动的海湾战争、科索沃战争、阿富汗战争及伊拉克战争的机会，实现了法律和战略突破。1996 年 4 月修订《日美安全条约》，1997 年 9 月制定新的《日美防卫合作指针》。1999 年 4—5 月，通过了三个相关法案及《周边事态法》《自卫队法修正案》和《日美相互提供物资和劳务协定修正案》，完成了《日美防卫合作指针》的日本国内立法程序。2001 年 10 月通过了《反恐特别措施法》，并相应修改了《自卫队法》和《海上保安厅法》，同年 11 月，通过了《联合国维和行动合作法修正案》，解除了迄今对自卫队参加联合国维和主体行动的限制。2002 年 3 月 2 日，日本派出 690 名陆上自卫队员参加东帝汶维和行动。2003 年 6 月日本颁布“有事法制”相关 3 项法律，即《应对武力攻击事态法》《安全保障会议设置法改正案》《自卫队法改正案》；2004 年 5 月对“有事法制”进行补充，通过了《限制外国军事用品海上运输法案》《美军行动便利法案》《自卫队法修正案》《交通通信管制法》《国民保护法》《处罚违反国际人道法法案》《俘虏处理法案》7 项法案。2015 年 9 月日本新安保法案正式通过，标志着日本已从根本上颠覆了战后体制，在谋求军事大国的道路上迈出了实质性一步。除了在法律和政策层面不断突破“和平宪法”的限制以外，日本还通过实际行动来谋求军事大国地位。2003 年 12 月，日本政府决定部署战区导弹防御系统，突破了日本宪法规定的“禁止行使集体自卫权”的限制；2004 年初日本派遣自卫队员抵达伊拉克，开创了日本自卫队首次公然携带现代化武器装备进入处于战争状态下别国领土的先例。2017 年日本更是以应对朝核危机为由，公然提出了“先发制人”的战略思想。此外，日本还是“中国威胁论”的最先鼓噪者，积极追随美国加紧对我国的遏制，不仅企图拉美国插手钓鱼岛问题，还从政治上阻挠我台湾问题的解决，并企图与美国一起将台湾拉入准军事同盟。当前日本军费投入全球第二，自卫队装备世界一流，部分主战装备水平甚至超过美国，综合军力已经跻身世界一流阵营。

第二，强化日美同盟，夯实日本对外关系的基石。日本要成为政治大国，首先要得到美国的支持。日本在国际上的政治地位很大程度上需要美国的支撑，日本想成为联合国安理会常任理事国，没有美国的认可和支持，就只能是幻想。另外，通过科索沃战争、阿富汗战争、伊拉克战争，美国显示了其强大的军事力量，日本认为发展自身军事力量，要紧密地跟随美国，配合美国的战略部署。可见，日美同盟是日本扩大政治影响、发展军事力量的有力后盾。因此，日本特别加强了与美国的军事同盟关系，把防范中国放在了日美同盟的首位。日本感到中国的崛起给它带来了巨大的压力，特别是社会制度、意识形态的不同使日本对崛起后的中国在国际政治、经济中发挥何种作用心存疑虑，而且有相当一部分日本政要希望日本是唯一能在亚洲发挥领导作用的国家，不希望看到中国的强大，因此它所出台的《日美防卫合作新指针》及相关法案基本上都是针对中国制定的。

第三，谋求在亚洲的主导权。战后数十年来日本外交的重点一直是美国和欧洲。20 世纪 90 年代以来，日本为适应其政治大国战略的需要，外交重点回归亚洲。一方面成为联合国安理会常任理事国需要争取亚洲国家的支持；另一方面扩大其在亚洲的影响，树立“亚洲代言人”的形象，以此同欧美国家相抗衡，分享世界领导权。为此，日本采取以下举措：一是广泛开展经济外交。日本把经济手段作为重要的外交手段，日本经济援助的重点一直是东南亚国家，政府开发援助贷款的大部分也用于该地区，为成为联合国安理会常任理事国拉选票。二是积极提倡多边经济政治体制，争取亚洲主导权。这几年日本在亚太经合组织（APEC）、东盟地区论坛等多边体制中抢占主导权。三是积极介入热点问题，扩大在亚洲的政治影响。在朝鲜半岛事务中，日本紧随美国参加六方会谈，加大介入力度，以期在日朝关系上有所进展，加大对朝鲜半岛事务的影响力。

第四，力推“印太战略”。2016 年下半年，日本首相安倍晋三正式提出了新的外交战略，这项战略被称为“自由开放的印度洋太平洋战略”。安倍在发表主旨演讲时强调称，连接亚洲与非洲的是一条海上之路，“将把亚洲到非洲这一带建设成为发展与繁荣的大动脉”，并表示在未来三年，将通过日本政府和民间渠道向非洲投资 300 亿美元，用以促进非洲国家的发展。安倍打着

“积极和平主义”的旗号，提出“俯瞰地球仪外交”，意图通过加大对非投资夯实日非经济关系，着力扩大在非洲的影响，以争取更多非洲国家理解并支持其成为联合国安理会常任理事国。同时，由于“印太战略”涵盖的范围与“一带一路”实施的区域存在部分重叠，安倍难逃利用“印太战略”牵制中国的嫌疑，而中日两国在非洲等地区的竞争态势或许会更加明显。

第五，开展联合国外交。争取成为联合国安理会常任理事国是日本多边外交最重要的目标。冷战结束后，联合国表现出强大的生机和活力，日本非常清楚这个政治资源的重要性，并形成了国家共识。所以 20 世纪 90 年代以来，开始在联合国内为提高地位和影响力展开广泛的外交。其目标有三：废除联合国宪章中针对日本等国的“敌国条款”；派遣日本自卫队参加联合国维和活动；争当联合国安理会常任理事国。安倍晋三执政后，重视外交的战略性和自主性，继续强调把实现“入常”作为其对外政策的重点。

第六，缓和与俄罗斯的关系。长期以来，曾经的苏联和现在的俄罗斯令日本感到了巨大的安全压力。日本长期重视领土问题，期待有朝一日能够要回南千岛群岛。而当前，俄罗斯在西方联合制裁之下，石油大幅度跌价，资金大量外流，处于最软弱的状态，再加上俄罗斯赢得了克里米亚大规模的领土，普京总统的人气也已经提升到了历史上空前的水平，安倍政府期待在经济上对俄罗斯给予大的支援和让步，换回领土。同时，中俄两国作为紧密的战略伙伴，关系日趋密切，日本已经深深感受到了两国联合给日本造成的压力，安倍想通过缓和与俄罗斯的关系，在中俄关系之间，打进楔子，分化中国与俄罗斯之间的关系；同俄方缔结和平条约，以便缓解来自北方的安全压力，变威胁于合作。

总之，20 世纪 90 年代以来，日本在谋求政治大国目标上已经取得了很大成效。无论在实力上还是战略意图上，日本已经是事实上的军事大国，其参与国际事务的能力和国际影响力都大大增强。在日本政坛总体保守化的形势下，日本基于经济低迷产生的社会危机及“忧患意识”，表现出保守主义和民族主义的特质。当前日本保守政党奉行的保守主义执政理念，适时与日盛的民族主义形成“共鸣”，在以“自由主义史观”“爱国心”及传统文化等方式粉饰殖民及军国主义侵略历史的同时，力求通过解禁集体自卫权达到修改和平宪法的目的，不断推动“正常国家论”所言的政治军事大国化进程。特别是安倍再次上台执政以来，日本政治右倾化演绎出一系列的保守主义政策主张，潜移默化地影响着日本的内政和外交，并将长期左右21世纪日本的政治局面及国家发展战略走向。然而，由于日本政坛总有人拒绝承认甚至美化日本的侵略历史，世界人民尤其是亚洲人民对日本仍心存戒备，日本成为真正的世界政治大国还有很长一段路要走。

阅读书目：

1. 朱大伟：《第二次世界大战与战后资本主义世界发展模式的转换》，北京：中国社会科学出版社，2014年。

2. 徐崇温：《国际金融危机与当代资本主义》，重庆：重庆出版社，2016年。

3. 郑伟民、黄苏、解德源：《战后资本主义经济》，北京：经济科学出版社，1986年。

4. 赵硕刚：《国际金融危机后的世界经济及全球治理变革》，北京：人民日报出版社，2018年。

5. 颜剑英：《布什时期美国霸权主义的调整与变化》，北京：知识产权出版社，2011年。

6. 潘锐：《冷战后的美国外交政策从老布什到小布什》，北京：时事出版社，2004年。

7. 余南平：《欧盟一体化共同安全与外交政策》，上海：华东师范大学出版社，2009年。

8. 陶涛：《西欧社会党与欧洲一体化研究》，北京：北京大学出版社，2001年。

9. 吴寄南：《新世纪日本对外战略研究》，北京：时事出版社，2010年。

10. 张卫娣、肖传国：《近代以来日本国家战略的演变》，北京：时事出版社，2013年。

11. [英] 菲益浦·阿姆斯特朗、安德鲁·格林、约翰·哈里逊：《战后资本主义大繁荣的形成和破产》，史敏、张迪恳译，北京：中国社会科学出版社，1991年。

思考题

1. 如何看待战后发达资本主义国家的经济调整？

2. 如何看待战后发达资本主义国家政治的新变化？

3. 特朗普“美国优先”口号实质是什么？美国能实现“再次伟大”吗？

4. 2008 年国际金融危机以来，欧盟对外政策调整呈现怎样的特点？原因何在？

5. 20 世纪 90 年代以来，日本为实现政治大国战略目标采取了哪些战略举措？前景如何？

第四章

战后发展中国家的经济与政治

关键词：

不结盟运动；南北关系；南南合作

要点提示：

- 亚非会议、不结盟运动和七十七国集团是发展中国家崛起的重要标志
- 发展中国家在国际舞台上具有重要的地位与作用
- 发展中国家经济政治发展的成就与难题
- 南北关系和南南合作相辅相成

第二次世界大战后，广大发展中国家开始摆脱殖民地、半殖民地时期被压迫、被奴役的地位，逐渐地成为国际舞台上主权独立的民族国家。万隆会议的召开、不结盟运动的兴起、七十七国集团的建立是发展中国家崛起的三个重要里程碑，标志着发展中国家由一个自在的、分散的群体逐步发展成为一个自为的、统一的和相对独立的政治力量登上世界舞台。发展中国家面临的首要任务是发展民族经济和争取经济独立。总的来看，战后前 30 年经济发展较快，进入 20 世纪 80 年代后，陷入停滞（被称为“失去的 10 年”），90 年代以后，又出现了新的发展势头。战后发展中国家的经济取得了一些成就，积累了许多宝贵的经验。发展中国家的对外政策和对外关系具有复杂性和多样性的特点，但普遍奉行和平、中立和不结盟的对外政策，以维护和巩固民族独立、国家主权和世界和平，重点是建立国际政治经济新秩序。

第一节　发展中国家的崛起

一、发展中国家的崛起

（一）战后世界民族解放运动

第二次世界大战后，亚非拉兴起了席卷全球的民族解放斗争风暴，殖民地纷纷独立，帝国主义的殖民体系瓦解。据统计截至 1990 年，全世界 180 多个国家中，有近 100 个国家是在战后宣布独立的，其中亚洲 27 个，非洲 48 个，拉丁美洲 10 个，大洋洲 11 个，欧洲 1 个。在短短的 45 年间，如此众多的国家挣脱殖民枷锁，登上世界历史舞台，其规模之大，影响之深远，是世界近代民族独立运动所不能比拟的。战后世界民族解放运动，大致经历了相互联系的三个阶段：

第一阶段：二战后到 20 世纪 50 年代中期，即兴起时期。以亚洲为中心的武装斗争是这一时期民族解放运动的主要特点。二战后，世界民族解放运动浪潮持续高涨，亚洲和北非一大批殖民地半殖民地国家纷纷经过武装斗争赢得民族独立，到 20 世纪 50 年代中期，亚非地区的独立国家已达30 个。这一时期最突出的事件是拥有世界人口 1/4 的大国——中国摆脱了半殖民地的枷锁，取得了人民民主革命的胜利。中国革命的伟大胜利冲破了帝国主义的东方战线，沉重地打击了帝国主义的殖民体系，改变了东方和世界的形势，大大鼓舞和促进了亚洲和世界被压迫人民的革命斗争。与此同时，拉丁美洲各国人民为维护政治和经济独立，展开了反对美国控制、反对本国军事独裁的英勇斗争，1952 年玻利维亚推翻了亲美独裁政权。

第二阶段：20 世纪 50 年代中期到 60 年代末，即蓬勃发展时期。这一时期，美苏冷战对峙加剧，为了争夺中间地带，美国加大了在亚非地区扩张，严重威胁着亚非国家的独立与安全。为维护政治独立，发展民族经济与文化，越来越多的亚非国家认识到有必要加强国际合作。1955 年亚非新独立国家在印度尼西亚的万隆召开了旨在团结合作、反帝反殖、捍卫和平、巩固独立的大型国际会议，即亚非会议。在亚非会议精神的鼓舞下，非洲人民掀起了新一轮民族独立运动的高潮。仅 1960 年就有 17 个非洲国家获得独立，这一年因此作为“非洲年”而载入史册。与此同时，拉美人民反对美国和本国独裁统治的斗争开始进入一个新阶段。哥伦比亚和古巴人民分别于1957年、1959年推翻了亲美独裁政权，1964年巴拿马、1965年多米尼加爆发了反美运动。

第三阶段：20世纪70年代以来，即纵深发展时期。这一时期世界殖民体系崩溃，民族解放运动不仅在政治上继续争取民族独立，而且斗争的重点开始从政治领域逐步转向经济领域，将政治斗争与经济独立相结合，用争取经济独立来巩固政治独立，并出现了联合反帝反殖反霸局面，开始了要求建立国际经济新秩序的斗争。1973年美军被迫撤出越南，同年阿拉伯产油国的石油斗争取得胜利；1974—1975年葡属非洲殖民地先后获得独立；1975年老挝和柬埔寨获得解放；1980年津巴布韦共和国诞生；1990年非洲最后一块殖民地纳米比亚获得独立。

（二）发展中国家崛起的三个重大里程碑

发展中国家的崛起是一个历史发展过程，20世纪五六十年代的亚非会议的召开、不结盟运动的兴起和发展以及七十七国集团成立与壮大在这一过程中具有里程碑的意义。

1. 亚非会议的召开

亚非会议又称万隆会议，是亚非国家和地区第一次在没有殖民国家参加的情况下讨论亚非人民切身利益的大型国际会议。20世纪50年代中期，亚非地区已有近30个国家获得独立，随着美苏冷战对峙的加剧，它们面临着新老殖民主义颠覆的巨大威胁。1954年，由印度、印度尼西亚、缅甸、锡兰（斯里兰卡）、巴基斯坦五国发起，于1955年4月18—24日在印尼的万隆召开了亚非会议，来自亚洲和非洲包括中国在内的29个国家共计340名代表出席了会议，并有5个国家派代表团列席了会议。会议本着“求同存异”的精神，从维护民族独立和国家主权出发，通过了《亚非会议最后公告》，涵盖了与会国在经济合作、文化合作、人权和自决、附属地人民问题、促进世界和平与合作等多个方面所达成的共识。公告中“关于促进世界和平和合作的宣言”，提出了载入史册的十项原则，是亚非国家对国际关系准则的重要贡献。

亚非会议的成功召开是亚非人民团结合作、求同存异、协商一致的结晶，是世界历史进程中划时代的里程碑。会议形成的以“团结、友谊、合作、和平共处、求同存异”等为核心的万隆精神，为亚非国家建立和发展友好关系提供了指导原则，为和平解决国家间历史遗留问题和国际争端指明了有效路径，成为国际社会普遍承认并遵循的国际关系和国际法基本准则。亚非会议有力推动了亚非国家的联合自强，鼓舞了广大发展中国家争取民族独立和解放，开启了“南南合作”与不结盟运动的序幕，推动了国际秩序的深刻演变。

2. 不结盟运动的兴起和发展

“不结盟”一词最早可追溯到1954年印度总理尼赫鲁在斯里兰卡发表的一场演说中。尼赫鲁将一年前中国总理周恩来为处理中印两国政治分歧所提出的和平共处五项原则（即“互相尊重主权和领土完整、互不侵犯、互不干涉内政、平等互利和和平共处”）作为不结盟运动的基础。之后在1955年举行的万隆会议上，与会的29个发展中国家的领导人向世界表明自己不愿意卷入美国和苏联之间的冷战，而将反对殖民主义、争取民族独立自主、消除贫穷和经济发展作为自己的目标。1956年，南斯拉夫总统铁托、埃及总统纳赛尔和印度总理尼赫鲁举行会谈，针对当时东西方两大军事集团严重对抗殃及广大中小国家的情况，提出了不结盟的主张。1961年9月，在南斯拉夫、埃及、印度和印度尼西亚等国的倡议下，首次不结盟国家首脑会议在南斯拉夫首都贝尔格莱德举行，25个国家的代表出席了会议，不结盟运动正式形成。

不结盟运动不设总部，无常设机构。它定期召开首脑会议、外长会议、协调局外长会议及纽约协调局会议等。不结盟运动现有120个成员国、17个观察员国和10个观察员组织。它包括近三分之二的联合国会员国，绝大部分是亚洲、非洲和拉丁美洲的发展中国家，其总人口占世界人口的55%左右，在国际社会具有广泛的代表性。中国一贯重视与不结盟运动的关系，在国际事务中与不结盟运动保持着良好的合作，并于1992年9月正式成为不结盟运动的观察员国。

不结盟运动是世界历史发展的产物，它突破了万隆会议的地域限制，大大提高了中小国家的国际地位，为争取国际关系民主化做出了积极贡献。它奉行独立、自主和非集团的宗旨和原则，支持发展中国家争取和维护民族独立、捍卫国家主权以及发展民族经济和文化的斗争，坚持反对帝国主义、新老殖民主义、种族文化和一切形式的外来统治和霸权主义。不结盟运动的成立是发展中国家走向联合自强的新开端，在支持和巩固成员国民族独立和经济发展、维护成员国权益等方面发挥了重要作用，成为国际社会的重要力量。

3. 七十七国集团的成立与壮大

七十七国集团是一个由发展中国家政府组成的国际组织。1964年3月，在日内瓦召开的第一届联合国贸易和发展会议期间，发达国家与发展中国家产生了尖锐分歧。亚非拉 76 个国家和南斯拉夫经过连日磋商，发表了《77 个发展中国家联合宣言》，提出了关于国际经济关系、贸易与发展的一整套主张。七十七国集团由此成立。随着发展中国家在世界事务中的作用越来越大，其成员也日益增多，但仍沿用了七十七国集团的名称。截至 2017 年 1 月，其成员国已增加到 133 个。

该机构的宗旨是在国际经济领域内加强发展中国家的团结与合作，推动建立国际经济新秩序，推进发展中国家经济社会发展进程。近年来，七十七国集团要求进一步加强团结与合作并强烈要求平等地参与国际经济事务的决定，强调在国际金融机构中加强协作与配合，对国际金融体制改革和建立多边贸易体制等提出具体主张。中国不是七十七国集团成员，但一贯支持其正义主张和合理要求，与其保持良好合作关系，在经济、社会领域一般以“七十七国＋中国”的模式表达共同立场。2018 年 9 月 27 日，“七十七国＋中国”第 42 届部长级会议在纽约联合国总部举行。中方重申了将继续与七十七国集团成员一道，坚定不移支持多边主义，为推动落实联合国 2030 年可持续发展议程、加强“南南合作”、完善全球经济治理做出努力。目前，中国已全面参与七十七国集团的所有会议和活动。

七十七国集团的产生是由于国际上的不平等经济秩序对发展中国家造成了严重损害，它反映了发展中国家联合起来维护自身利益的历史趋势。它自成立以来，已成为发展中国家在国际经济组织中共同利益的代表，其活动逐渐从联合国贸易发展会议扩展到联合国环境规划署、教科文组织、粮农组织、工发组织、国际货币基金组织、世界银行等机构，并建立了相应协调机制。它在促进“南南合作”、推动南北对话、维护自己的正当权益以及改变不合理的国际经济秩序等方面进行了不懈的努力，并取得了可喜的成就，在联合国贸易和发展会议主持的谈判中达成了一系列对发展中国家有利的国际公约和协定。

二、发展中国家在国际舞台上的地位与作用

发展中国家的群体性崛起是当代国际关系中意义最为深远的变化之一。第二次世界大战以来，发展中国家在国际舞台上经历了几十年的风雨。当前发展中国家的国际地位和影响力大大提高，成为国际政治舞台上的一支重要

力量，在国际治理中越来越占据更加主动有利的地位，在国际事务中日益发挥举足轻重的作用。

第一，发展中国家的崛起，不仅根本改变了以欧美为中心的国际政治格局，而且极大地促进了战后国际政治格局从两极向多极化方向发展。发展中国家的崛起，彻底摧毁了帝国主义的殖民体系，结束了长达数百年的殖民统治，打破了西方少数大国垄断国际事务、主宰世界的局面，使整个世界形势发生了有利于各国人民、有利于世界和平、有利于人类进步的深刻变化。在战后两极格局中，大批民族独立国家密切合作，凝聚成一支独立的国际政治力量，倡导建立国际政治经济新秩序，加深了美苏与盟国间的矛盾，推动了美苏两大阵营内许多国家独立自主倾向的发展，在一定程度上动摇了美苏两国的霸权地位，为两极格局的瓦解与多极化趋势的发展发挥了积极的作用。

到了 20 世纪 90 年代，随着冷战结束，两极格局宣告终结，世界多极化趋势逐渐形成。发展中国家联合自强的意识不断增强，在推动七十七国集团和不结盟运动等传统“南南合作”机制向前发展的同时，建立起金砖国家、上海合作组织等新兴国际合作机制，在国际贸易规则谈判、国际金融体系改革、气候变化谈判中发出越来越响亮的声音。进入 21 世纪，新兴市场国家和发展中国家群体性崛起，使世界初步形成经济增长中心多元化格局，并为世界多极化进程注入新动力。发展中国家的力量呈现整体抬升的态势，这使全球发展更加全面均衡，世界和平的基础更为坚实稳固。在 2008 年国际金融危机爆发之后，一批新兴市场国家实现相对快速的复苏。这些国家不仅成为国际贸易和国际投资的重要力量，也成为世界经济增长的重要引擎。当前，国际力量对比正在发生深刻变化，新兴市场国家和发展中国家在国际事务和全球治理中的话语权和影响力也不断提升。2018 年 7 月，习近平主席在金砖国家工商论坛上的讲话指出：“未来 10 年，将是国际格局和力量对比加速演变的10 年。新兴市场国家和发展中国家对世界经济增长的贡献率已经达到80%。按汇率法计算，这些国家的经济总量占世界的比重接近 40%。保持现在的发展速度，10 年后将接近世界总量一半。”

在推动世界多极化进程中，中国高度重视与发展中国家的关系，支持扩大发展中国家在国际事务中的代表性和发言权。习近平主席强调，“无论将来中国怎么发展，都永远属于发展中国家，都会坚定支持广大发展中国家发展”。党的十八大以来，中国同广大发展中国家的团结合作取得历史性进展。

随着世界多极化深入发展，发展中国家展现出更为美好的发展前景，世界和平与发展的力量将不断壮大。

第二，发展中国家是反对霸权主义、强权政治和维护世界和平的主要力量。第二次世界大战后，新的世界大战得以避免，主要得益于制约战争的和平力量的增长远远超过了战争力量的增长。战后新独立的国家达 90 多个，比过去二百年获得独立的国家还要多，加上战前独立的 36 个国家，共有 130 多个民族独立国家，它们在国际舞台上的地位不断提高，在国际事务中的影响和作用日益增长，大大促进了世界和平力量的发展。发展中国家的崛起，是建立在被压迫民族摆脱帝国主义统治而获得独立的基础之上的，共同的历史命运使它们之间有着团结合作、反帝反殖的共同愿望。战后爆发的一系列局部战争表明，霸权主义和强权政治是世界不安宁的根源。发展中国家取得政治独立后，迫切需要有一个和平稳定的国际环境来发展民族经济，争取经济独立。当霸权主义威胁着广大发展中国家的民族独立和国家主权的时候，要和平不要战争、要繁荣发展不要贫穷落后、要平等合作不要倚强凌弱，反对霸权主义和强权政治就成了发展中国家捍卫和平和巩固独立的共同诉求和使命。发展中国家普遍实行不结盟政策，不参加大国的军事集团，通过推进世界多极化来有效制约大国单边主义行为，阻止使用武力或以武力相威胁，从而推动以对话协商的方式解决各类安全问题，努力消除造成世界不稳定的根源，为世界持久和平奠定坚实基础。20 世纪 90 年代后，发展中国家以联合国为讲坛，与西方大国将自身价值观与发展模式强加于人的强权行径作斗争，取得了诸如在人权会议上连续七次挫败反华提案这样的重大胜利。

进入 21 世纪后，新兴市场国家和发展中国家崛起已经成为不可阻挡的历史潮流，十几亿、几十亿人口正在加速走向现代化，多个发展中心在世界各地形成，特别是社会主义中国的和平崛起，成为影响世界发展方向的重要力量中心，这是西方主导人类社会现代化进程数百年以来出现的最具有革命性的变化。全球发展的版图变得更加全面均衡，和平力量的上升远远超过战争因素的增长，世界和平的基础变得更为坚实稳固，和平、发展、合作、共赢的时代潮流更加强劲。

第三，发展中国家是促使联合国发生深刻变化、国际新秩序臻于合理的中坚力量。大批发展中国家加入联合国，深刻地改变着联合国的面貌，使联合国这一最大的国际组织不再是某一个或几个国家随心所欲地操纵的机器，在一定程度反映发展中国家的意志和声音。中华人民共和国在联合国合法席位的恢复，就充分体现了发展中国家的作用。21 世纪初的国际政治、经济秩序不能不继续利用美国和西方主导的现有国际政治、经济秩序的基本框架这只“旧瓶”，美国和西方不但要保留有利于其国际国内各种利益的“旧瓶”，还必然要在这只“旧瓶”中注入反映其利益的“旧酒”。要推陈出新，使“旧瓶”装“新酒”，即建立公平、公正的国际政治、经济新秩序，不能不经历反复斗争，而发展中国家正是这场斗争的主力军。战后发展中国家开展了一系列建立经济新秩序的斗争，并通过了一系列新文件，基本内容涉及：各国主权平等，并享有平等地参与世界经济、金融和货币问题的不可剥夺的权利；每个国家对其自然资源和一切经济活动行使永久主权，包括对经济和社会制度的自由选择权等。在发展中国家的推动下，2010 年 4 月 25 日世界银行发展委员会通过了发达国家向发展中国家转移投票权的改革方案；同年 11 月和 12 月，二十国集团（G20）峰会和随后的 IMF 理事会通过了国际货币基金组织份额和治理改革一揽子方案，2016 年 1 月正式生效；2016 年 10 月 1 日人民币正式加入国际货币基金组织（IMF）特别提款权（SDR）货币篮子。

作为发展中大国，中国倡导国际关系民主化，支持联合国等国际多边机制发挥积极作用，坚持继承和弘扬联合国宪章宗旨和原则；坚决主张世界各国一律平等，坚持国家不分大小、强弱、贫富一律平等，不能以大压小、以强凌弱、以富欺贫，各国主权和领土完整不容侵犯、内政不容干涉，各国自主选择社会制度和发展道路的权利应当得到维护，各国推动经济社会发展、改善人民生活的实践应当受到尊重。习近平主席出席第 70 届联合国大会一般性辩论时指出，中国将继续和广大发展中国家站在一起，坚定支持增加发展中国家，特别是非洲国家，在国际治理体系中的代表性和发言权，中国在联合国的一票永远属于发展中国家。

第四，发展中国家在世界经济中的地位与作用日益上升，它的发展逐渐改变着世界经济的面貌，成为改革不合理的国际经济旧秩序的基本力量。第二次世界大战后，为了巩固政治独立和维护国家主权，大多数发展中国家走上了独立自主发展民族经济的道路。发展中国家拥有极其丰富的人力、物力资源和广阔的市场。辽阔的地域和众多的人口提供了巨大的市场容量和规模，为世界经济的发展提供了更广阔的领域。自亚非会议始，发展中国家加强了合作，并赢得了相对和平的发展环境。20 世纪 50 年代至 70 年代，发展中国家的经济发展速度实现了高速增长，年平均增长率分别为 4.7%、5.6%和 5.3%，远远高于发达国家。从 1950 年到 1980 年的 30 年中，发展中国家在世界经济中的比重由 28%上升到 33%。1991 年到 2000 年的 10 年中，发展中国家的经济以平均 5%的速度发展。21 世纪以来，尤其是国际金融危机之后，新兴经济体和发展中国家加速崛起，深刻改变着世界经济的面貌，全球经济加速从大西洋向太平洋转移。自 2006 年金砖国家合作拉开序幕以来，“金砖国家”已经从研究报告里的投资概念，逐渐成为新兴市场和发展中国家互利合作的典范，成为促进世界经济增长和完善全球治理的重要力量。按 IMF 最新公布的世界各国 GDP 排名统计，到 2018 年底，按国际汇率计算，中国为 14.47 万亿美元，位居第二；巴西为 1.91 万亿美元，位居第九；俄罗斯为 1.58 万亿美元，位居第十二；印度为 2.67 万亿美元，位居第七。“金砖五国”国土面积占世界土地面积近 30%，人口占世界的 42%。2018 年五国的 GDP 约占世界总量的 21%，对世界经济的贡献率接近一半。近年来，新兴市场国家和发展中国家对世界经济增长的贡献率稳居高位，2016 年便已达到 80%，是当之无愧的主引擎。据世界银行估计，到 2030 年，发展中国家将有 12 亿人口进入中产阶层，相当于全球人口的 15%。随着新兴和发展中国家经济在世界经济中所占据份额逐步增大，对世界经济增长的贡献率将继续上升。

全球化加深了世界各国的相互依赖性，世界各国在经济、政治、社会、文化等方面相互渗透、相互依存日益加深。罗伯特·基欧汉和约瑟夫·奈认为，在全球化时代，世界各国就像连成一体的“蜘蛛网”，彼此不能分离，在世界小国、弱国、穷国对大国、强国、富国存在依赖关系的同时，世界大国、强国、富国也不能不依赖小国、弱国、穷国。在一定的条件下，后者甚至可以在重大问题上对大国、强国、富国施加重大影响①。发展中国家是发达国家重要的原料产地、销售市场和投资场所，其发展是发达国家生存和发展的前提；同时，发展中国家的经济发展也需要发达国家的资金、技术和市场。当今世界经济已呈现出你中有我、我中有你的发展态势，任何一个国家都无法独善其身。2008 年由美国次贷危机引发的金融危机迅速席卷全球，使发达国家政府债务攀升至二战以来最高水平，处于不可持续状态。美国等发达国家意识

---

① 罗伯特·基欧汉，约瑟夫·奈. 权力与相互关系——转变中的世界政治 [M]. 北京：中国人民公安大学出版社，1992：126.

到，应对全球化下的金融经济危机，西方体系已力不从心，必须借助东方力量。改革国际金融体系、让渡部分话语权、寻求新兴大国支持，成为发达国家应对危机的无奈但明智选择。G20 领导人峰会仓促上马，并匆匆替代 G8 成为全球经济合作主要平台，正是这一选择的现实反映。G20 机制化为重塑国际经济新秩序提供巨大机遇，其对多极世界的形成影响深远。G20 机制化事实上等于向世界宣告，发达国家正为发展中国家揭去粘在其身上长达60 多年的“配角”标签，发达国家与新兴国家在 IMF、世界银行等的地位将不可逆转地向有利于新兴国家转移。随着实力地位的不断上升，新兴和发展中国家在全球金融监管改革、国际货币体系改革等重大经济、金融事务中开始发挥越来越重要的作用。这从世界银行和 IMF 先后降低发达国家所占份额，增加新兴国家份额中可见一斑。中国作为世界上最大的发展中国家，通过倡导和推动共建“一带一路”、发起创办亚洲基础设施投资银行、设立丝路基金等，积极推动发展中国家基础设施建设，努力引导全球经济互联互通，为世界经济发展和国际经贸规则变革作出巨大贡献。

第五，发展中国家是解决全球治理问题、建立国际安全保障体系的基本力量。在全球化时代，国际和平与安全的内涵不同以往。从空间看，它已超越国界，成为跨国难题，一国安全已不可能单凭一国自身力量彻底解决，必须求助于国际合作。从内容看，它已超越传统的军事安全或主权安全，发展成综合安全问题，如能源问题、粮食问题、水荒问题、人口问题、难民问题、债务问题、核扩散问题、国际恐怖主义问题、环境保护问题、网络安全问题、海洋与太空开发问题等，统统已纳入安全范畴等，已成为世界各国，不论其大小、强弱、贫富，所面临的共同问题，不得不凭借全球治理谋求综合解决。在此过程中，发展中国家的努力不可或缺。离开了发展中国家的合作，西方国家将一筹莫展。进入新世纪，随着经济上的快速崛起，发展中国家日益从全球治理的“局外人”转变为积极的“参与者”，在全球经济治理中起了越来越重要的作用。小智治事，大智治制。全球治理体系变革紧迫性越来越突出，国际社会呼声越来越高。为应对 2008 年国际金融危机而启动的 G20 领导人峰会机制标志着全球治理进入转型期。一方面，新兴和发展中国家在全球治理中的代表性和发言权明显增加，传统秩序开始朝着有利于新兴和发展中国家的总体方向实施改革；另一方面，发展中国家对全球治理的参与也将有助于建立一个公平合理的国际秩序。

金融危机以来，世界面临和平赤字、发展赤字和治理赤字的严峻挑战。作为世界上最大的发展中国家、全球第二经济大国和最大贸易国，中国开始越来越多地承担起推动世界经济发展的责任并发挥更大作用，在参与全球治理方面采取了更加积极主动的行动。

第二节 发展中国家经济政治发展的成就与面临的难题

一、发展中国家经济政治发展的成就

（一）发展中国家经济发展的成就

在漫长的遭受殖民统治的历史时期，广大亚非拉地区成为宗主国的产品原料来源地和商品倾销市场，经济畸形发展。从经济结构上看，这些地区的工业在国民经济中的比重很低，农业和手工业是其主要的经济成分。即使有一定的工业，也是为宗主国服务的单一化产业或低水平的粗加工业。独立后各国的普遍任务就是加快工业化进程，但长期的殖民统治给发展中国家的经济发展带来了许多不利条件，如产业结构以农业、手工业等初级产业为主，没有完整的国民经济体系，民族资本十分弱小，严重依赖国外投资等；在国际上则不得不面对西方国家为主导的国际经济旧秩序。尽管如此，通过发展中国家政府和人民多年不懈的努力，经过战后四个阶段的发展，发展中国家的经济发展取得了显著成就。

1. 二战后发展的四个阶段

（1）二战后至 20 世纪 60 年代中期的初步发展阶段

这一阶段发展中国家的经济普遍落后，但已有初步的发展。新兴的民族独立国家最重要的经济任务是从原殖民统治者那里收回国家的经济主权，把国民经济命脉牢牢掌控在自己的手中。同时进行必要的改革和经济发展战略的制定，为全面开展经济建设做好准备。

（2）20 世纪 60 年代中期至 70 年代末的高速增长阶段

这一阶段的发展中国家普遍实行进口替代或出口导向的经济发展战略，充分利用有利的国际形势和发达国家的资金和技术，努力发展经济，取得了不俗的成绩。就发展中国家的人均国民生产总值来看，1956—1960 年，年均

增长为4.9%；1961—1965年的年均增长达到5.1%；1966—1970年则上升为6.6%，呈加速发展的态势，并且分别高于同期发达国家的增长水平。

（3）20世纪80年代——失去的10年

20世纪80年代是发展中国家经济停滞不前、徘徊于低谷的10年。虽然一些国家，如“亚洲四小龙”、拉美国家等发展比较迅速，但从总体上看，发展中国家的年平均经济增长率大为下降，经济上困难重重，粮食、债务等问题都成了挥之不去的困扰。经济的低迷和危机迫使这些发展中国家不得不走上调整和改革的道路。

（4）20世纪90年代以来的经济调整和群体性崛起阶段

进入20世纪90年代，发展中国家迎来了新一轮的发展机遇。随着冷战的结束，国际形势趋于缓和，经济全球化深入发展，新技术革命和发达国家的产业转移带动了发展中国家经济结构的升级和经济增长。许多发展中国家抓住这一历史机遇，对内采取市场化改革，对外积极融入世界经济，产业结构不断优化，增长效率显著提高。进入新世纪，许多发展中国家努力把握经济全球化和世界多极化趋势所带来的发展机遇，不断调整内外战略，实现了群体性崛起。

2. 经济发展的成就

（1）国民经济较快发展

经济上比较落后的发展中国家为改变不发达状况和追赶发达国家，普遍采用各种方式刺激经济增长。如有些国家通过政府投资或政府主导的经济发展战略，集中人力、物力、财力，强调重点工程建设；有些国家以高税收、高积累的方式高速发展工业，提高国民生产总值和人均国民生产总值，以期在各项经济指标上赶超发达国家。据世界银行统计，1955—1970年，发展中国家（包括中国，不包括高收入的石油出口国）国民生产总值年均增长率是5.4%，高于西方工业国家的4.7%。1970—1980年，发展中国家的增长速度为5.3%，而同期西方国家的增长速度为3.2% 。自90年代以来，发展中国家的经济又进入一个新的发展时期，在亚洲金融危机之前，其经济增长率一度达到6.3%（1996年）和6%（1997年），远远超过同期发达国家增长速度和世界平均速度。1999—2008年，发展中国家的经济年均增长率达到6.5%，是发达国家的2至3倍。2008年国际金融危机之后，新兴市场和发展中国家迅速崛起，国际格局“东升西降”“南升北降”态势深入发展，对世界经济增长的贡献率已超80%。据IMF统计，2016年新兴市场和发展中国家经济总量为发达国家的1.39倍，预计到2020年这一比例将达到1.66倍。

（2）经济结构发生变化

发展中国家独立之初，单纯依靠生产和出口一种或几种农产品或矿产品的畸形经济结构依然存在。在发展中国家从事经济建设的过程中，主要任务就是发展现代工业、尽早实现工业化。经过战后几十年的发展，大多数发展中国家的工业产值已占到国民生产总值的30%以上，基本建立了完整的国民经济体系。特别是出现了“亚洲四小龙”、“东盟五虎”、“金砖国家”、墨西哥、阿根廷、土耳其、尼日利亚等一批新兴工业化国家和经济体，部分发展中国家还建立了可与发达国家相媲美的强大工业体系。进入21世纪之后，为适应全球化加快、科技进步日新月异、产业结构加快调整的国际经济发展趋势，许多发展中国家积极主动参与国际经济结构调整，紧紧围绕扶“新”、扶“高”、扶“大”、扶“名牌”的方向进行经济结构调整。扶“新”就是大力扶持新的增长点，带动行业结构优化；扶“高”就是扶持发展高新技术产业，带动技术结构升级；扶“大”就是扶持企业扩大规模，推进企业组织结构优化，实现最大规模经济；扶“名牌”就是扶持名牌产品，改善产品结构，提高竞争力。部分发展中国家通过经济结构调整与优化，深度参与全球化，实现了群体性崛起，对当代国际关系的变化产生了深远影响。

（3）经济自主程度有所加强

发展中国家的经济在独立前完全被宗主国所控制，没有经济自主权。政治上的独立实现之后，为了尽快摆脱贫穷落后的困境，一大批发展中国家把西方发达社会看作现代化的样板，盲目照搬西方模式，自觉或不自觉地依赖西方社会来推动自身的发展。由于战后国际经济秩序是由美国为首的西方发达资本主义国家所主导的，发展中国家的工业化过程一开始就被纳入西方国家经济活动中，处于不平等的经济地位，在国际分工和商品交换中，沦为发达国家资本剥削的对象。发展中国家政府决心改变经济命脉被发达国家操控的局面，大力振兴民族工业，并建立民族工业体系、打破传统国际分工格局、依据国情自主调整国内产业结构，同时，它们收回了海关及征税权、货币发行权、黄金外汇管理权和资源开发权等，取消了帝国主义的各种特权，实现了经济主权的独立和完整。经过几十年的发展，过去那种“工业欧美，原料亚非拉”的传统国际分工格局开始改变，涌现出一大批新兴工业化国家和地区。如“亚洲四小龙”韩国的造船、汽车、电子、钢铁、纺织等产业产量均进入世界前10名，半导体销售额更是位居世界第1位；中国台湾也在半导体、IT、通信、电子精密制造等领域领先全球；墨西哥、阿根廷等国建立了以轻工业、农产品加工等为龙头的较先进的民族工业；中国经过改革开放40余年的发展，已经成为世界第一大工业国，在计算机、航空航天、生物工程、新能源、新材料、激光技术等领域都走在了世界的前列；其他如印度、巴西等国的微电子技术、辅助航天技术等都在世界上占有重要地位。此外，越来越多的发展中国家开始按照自身的国情和发展意愿来选择本国的经济发展模式，制定经济政策，不但增强了对本国经济的主导权力，还通过各种措施使外国企业能够按照本国的民族意愿来发展经济。

(4) 人民生活水平有所提高

发展中国家在大力发展本国工业的同时，也增加了用于教育、卫生、社会福利和其他服务事业的开支，使得普通人接受初等、中等甚至高等教育的比例不断上升，人均寿命大幅度提高，人民的生活水平也有了相当程度的改善。

上述事实表明，发展中国家作为一个整体，在世界经济领域中的地位作用有了明显的增强，对世界经济的影响也越来越大。

3. 发展中国家经济发展的主要经验

发展中国家在经济振兴的过程中积累了宝贵的发展经验，主要包括：

(1) 必须把独立自主与对外开放相结合

独立后的发展中国家面临着维护自身经济主权和政治主权的任务，一方面要警惕发达国家利用资金、市场的优势达到剥削、控制发展中国家的目的；另一方面发展中国家要实现经济的跨越式发展，就必须对外开放，引进发达国家的资金、先进的科学技术和管理经验。如何在对外开放的同时维护国家主权，是摆在发展中国家面前的重大课题。面对这样的局面，广大发展中国家在不危及自身经济安全的情况下，大胆地打开国门，大力吸收国外先进的生产要素为我所用，与此同时也通过法律、政策约束和外交联合等方式进行反控制、反霸权的斗争，基本实现了两方面的目标。

(2) 必须把对自然资源的开发和利用与科技创新相结合

许多发展中国家在独立之前的经济片面发展，或是农业国，或是单一的矿产资源开发地。在政治独立后很长的一段时间内，发展中国家仍然在经济上非常落后，基本上成为发达国家的原料产地和农产品供应地。这种只依靠粗加工，甚至只是简单出口自然资源的经济模式是没有前途的。发展中国家的产业结构必须升级，提高产品的科技含量。在这方面，许多石油输出国大力发展石油化工工业；一些农业和矿产品出口国加快发展农矿产品深加工产业，以提高经济效益，改变出口初级产品的落后状态，取得了一定的成效。

（3）必须把追求经济发展速度和可持续发展相统一

所谓可持续发展，着重要解决的是如何处理当下发展与未来发展的关系问题。如何在保证当代人发展的同时，为子孙后代留下继续发展的空间和条件，成为可持续发展的中心问题。在许多发展中国家内部，由于经济长期落后、人民生活水平相对发达国家来说差距很大，而其威权型的政治体制决定了人民对政府的期望值较高，因而这些发展中国家政府承受着更加现实的政绩的压力，在经济发展中急于求成的心理非常普遍。因此在发展过程中制造污染、严重破坏环境、滥用资源甚至竭泽而渔的现象经常出现，如东亚各国在发展过程中一度如此。但事实证明，只有那些摒弃急功近利、走可持续发展道路的国家才能保持一个稳定、良性的经济发展态势。单纯对 GDP 的狂热追求最终可能会被证明是愚蠢的。因此，强调社会综合发展、经济发展必须伴随文化进步和环境保护的可持续发展战略被越来越多的发展中国家所采用。

（4）必须把政治经济变革和政治社会稳定相统一

20 世纪 90 年代以来，发展中国家的政治经济变革风起云涌，这固然是社会的内在要求，但社会和经济转型是一个相当复杂的过程，如果因此而丧失了政治社会稳定，那么这种代价恐怕就不是改革的利益所能够抵消的了。因此，注意改革的公平性和循序渐进，才是发展中国家政治和经济走向进步的最优选择。

（二）发展中国家政治发展的成就

1. 发展中国家的政治发展历程

第二次世界大战结束以来，随着老牌殖民强国的衰落，其在全世界的殖民统治摇摇欲坠，民族自决、民族解放、民族独立运动风起云涌，争取独立的各民族纷纷以建立主权独立的民族国家作为其运动的最高指向。但在独立后建立什么类型国家的问题上，各国依据不同的国情，走上了不同的道路。少数国家走上社会主义道路；大多数发展中国家由于国际和国内的原因，选择了资本主义发展道路，但它与西方原生的资本主义相比，具有自己的特点。

20 世纪 90 年代初苏联解体后，国际力量对比向西方倾斜，东欧的一些发展中国家重新走上资本主义发展道路。由此也造成了发展中国家的政治制度和政治体制各不相同，且处在不断发展变化之中。

（1）西方式民主制度的涌现

20 世纪 50 年代是一个民主制度、特别是西方式的民主制度在发展中国家中纷纷涌现的年代。西方殖民者在这一时期基本上是向民族主义者和平移交政权，同时移交的还有一整套西式统治形式。由于曾遭受长期殖民统治，殖民地人民缺乏基本的政治经验和民族国家传统，因此，在 60 年代民族独立运动高潮之后，这些国家所建立起来的政体基本上是以英、法等宗主国的政治体制为蓝本的。在实际建立政治体制的过程中深受原宗主国的影响，甚至干脆就是由原宗主国一手设计了其政治体制和宪法。

大多数发展中国家在建国伊始走上了西式民主道路，这是因为：从国际环境来看，二战以来，世界经济、政治中占主导地位的国家还是西方资本主义国家，这促使发展中国家倒向政治上的西式民主和经济上的资本主义。从国内条件来看，大多数发展中国家由于资本主义经济发展水平低，工业比较落后，工人阶级数量较少，工人阶级政党和工会组织力量薄弱。农民的力量则更加分散。相比之下，民族资产阶级和原宗主国的政治势力无论是在思想上或是组织上都更占优势。

西式民主在战后发展中国家的存续并非一帆风顺，二十世纪五六十年代的发展中国家由于缺乏管理国家的经验，普遍出现了经济和政治危机，威胁到这些国家的政治和社会稳定，使得内阁更迭频繁，影响到政策的连续性。其结果是这些国家的人民对民主政治失去了信心，其他形式的政体，包括各种专制主义开始粉墨登场。

（2）军人政权、独裁统治、集权政体的出现

20 世纪 50 年代末到 60 年代，军人政权、独裁统治、集权政体纷纷取代了原来的西式民主政体，成为许多发展中国家、特别是非洲和拉美国家的一种政治潮流。战后的非洲曾经有 28 个国家建立过军人政权。在拉丁美洲的巴西、阿根廷、乌拉圭、玻利维亚、秘鲁、危地马拉、巴拿马、萨尔瓦多都有过军人政权长期执政的历史。1974 年，智利发生美国支持下的政变，民选总统、社会主义党人阿连德政府被推翻，皮诺切特将军上台执政，并随之全面废除了民主制度，实行恐怖的独裁统治，数千名反对派，包括许多外国人被

秘密杀害。这一期间，受社会主义国家影响，一些国家又打出了社会主义的旗号，建立起类似苏联等社会主义国家的政治体制。

（3）“第三次民主化浪潮”

这股军人执政以及其他形式的独裁统治的势头并没有维系很长时间。1974年初，葡萄牙军政府倒台，民主派领袖苏亚雷斯担任总理，从此吹响了此后20余年的时间里民主化在全世界胜利进军的号角。从佛朗哥铁腕统治的西班牙到皮诺切特执政的智利；从东亚古老的韩国到中非帝国，从太平洋到印度洋、大西洋，一个又一个专制政权覆灭了，人类在废除专制主义的道路上大踏步前进。这次席卷拉丁美洲、非洲、亚洲地区的民主化浪潮因与17、18世纪的第一次民主化浪潮以及一战、二战后第二次民主化浪潮遥相呼应，被有些学者称为“第三次民主化浪潮”。发展中国家在从极权体制向民主体制迈进的过程中，既受到了国际上民主化浪潮的外部冲击，也是这些国家内部经济结构、政治和社会结构演化的结果。即随着经济发展和社会的进步，在这些国家内部产生了对民主、自由的强烈要求，同时新兴的中产阶级、知识分子成为直接参与民主斗争的主要人群，他们的力量随着经济发展和对外开放而日益壮大，最后在全社会的共同参与下结束了专制统治。与此同时，西方国家还借全球化浪潮输出其民主价值观和理念，为这些国家的民主化起了推波助澜的作用。

（4）政治发展自主性日益加强

进入21世纪，经济全球化给发展中国家带来了前所未有的机遇，同时，发展中国家的民族文化和政治稳定也受到了发达国家的严重冲击，国家主权不断遭到侵蚀，国家经济安全面临重大挑战，而且还面临比发达国家更为严重的非传统安全威胁。大多数发展中国家认识到照搬照抄西方民主发展模式和道路实现现代化是行不通的，于是开始探索适合本国国情的政治发展模式和道路，充分利用国际国内两个市场和两种资源，客观认识后发优势，适度运用赶超战略，出现了一些比较成功的发展模式和道路，如东亚模式、拉美模式、印度模式。迄今为止，最为成功的当属中国特色社会主义道路，它不但使中国自身得到了快速发展，一跃成为世界第二经济大国，还拓展了发展中国家走向现代化的途径，给世界上那些既希望加快发展又希望保持自身独立性的国家和民族提供了全新选择，为解决人类问题贡献了中国智慧和中国方案。

2. 发展中国家的政治制度

二战后，新兴的民族独立国家大多数选择了资本主义道路，少数选择了社会主义道路，还有一些国家继续保留着封建的、前资本主义的制度。目前看来，发展中国家的政治体制类型呈多样化，而且随着经济的发展和阶级关系的变化、民主化进程的推进，各国政治体制也在不断地变动。总的来说，政权建设主要呈现以下几种模式：议会共和制政体、总统共和制政体、传统君主制政体、军人政权、政教合一体制、党政合一体制。

（1）西方共和制政体（包括议会共和制政体和总统共和制政体）

第一，议会共和制。即以议会为国家政治的中心，掌握国家最高权力，政府向议会负责。总统作为国家元首由选举产生。目前实行这种制度的有印度、新加坡、土耳其、津巴布韦、特立尼达和多巴哥、多米尼加联邦及苏里南等。

第二，总统共和制。总统既是国家元首，又是政府首脑，掌握行政权力。拉美的阿根廷、玻利维亚、巴西、哥伦比亚、墨西哥及委内瑞拉等；非洲的埃及、突尼斯、塞内加尔、科特迪瓦、喀麦隆、肯尼亚、赞比亚及马拉维等；亚洲的菲律宾、孟加拉、斯里兰卡、叙利亚及阿拉伯也门共和国等均实行这种政体。

（2）君主政体

这是建立在以传统或历史正统性为政治合法性基础之上，以世袭或王室家族为政治权力中心的政治体制。这类政体又分为君主专制政体和君主立宪政体。君主立宪政体又可分为二元君主制和议会君主制。在君主专制政体中，君主拥有国家全部的最高权力。实行这种政体的国家有沙特阿拉伯与阿曼等国。在二元君主制中，君主为国家元首，议会为立法机构，内阁向君主同时又向议会负责。君主的权力虽受宪法及议会限制，但国家实权主要掌握在君主手中。截至1989年，实行这种政体的国家有尼泊尔、不丹、约旦、科威特、巴林、卡塔尔、阿拉伯联合酋长国、摩洛哥、斯威士兰及汤加等。在议会君主制中，议会是国家的最高立法机关，内阁由议会产生，向议会负责，君主虽是国家元首，但不掌握实权，国家行政权掌握在内阁手中。实行这种政体的国家有泰国、马来西亚以及一些英联邦国家。

（3）军人政权

军人政权即军人掌权的军事专制统治。在这种统治模式下，国家权力不是掌握在民选的代议机构和公职人员手中，而是控制在军人领袖手里。其建立的过程大多是军队领袖通过发动政变，推翻文官政府，建立军人执政委员会或最高军事委员会之类的机构，作为国家最高权力机构，并依靠军事力量维持专制制度。拉丁美洲有一半以上在战后都实行过军人政权，有的国家如巴西、阿根廷、秘鲁、玻利维亚等，军人执政在11年以上。非洲也有28个国家采用过军人政权。在亚洲，曾经建立过军人政权的国家在一半以上。

亨廷顿认为，之所以发展中国家军人干政成风，各种社会势力和制度普遍带有政治性，是因为这些国家内部政治压倒一切，权力成为最高锦标，赢得权力就意味着同时赢得了其他的利益。任何群体想要争取或保护自身的利益都不能不诉诸残酷的权力斗争，从而其行为也带有某种政治性。军人政变不过是使用了自己最熟悉和擅长的方式罢了，和其他用极端手段参政的团体并无本质不同。

军人政权是发展中国家社会发展和政治发展不成熟的体现，是一种有利有弊的政治形式。在非常的形势下，这种政权能起到稳定社会秩序、促进经济发展的作用，但其专制集权的性质与社会进步、政治民主的历史潮流则是背道而驰的。因此，第三世界国家的军人政权在80年代兴起的民主化浪潮中大批垮台。

（4）政教合一制

伊朗伊斯兰共和国实行这种政体。伊朗1979年的宪法规定：作为国家元首的总统由公民投票直接选举产生，负责实施宪法、签署议会或经公民投票作出的决议，提出总理人选。但国家最高领导人不是总统，而是宗教领袖。该领袖由绝大多数人公认并接受的一位宗教首领来担任。无合适人选时由3至5人共同组成领袖委员会主持国家事务，领袖或领袖委员会拥有军权、任免权等重大决策权。

（5）党政合一制

通过宪法或法律把执政党确定为国家的最高权力机构。如扎伊尔、坦桑尼亚、加蓬、阿尔及利亚、莫桑比克、缅甸等实行这种政体。发展中国家的政党制度一般分为一党制、两党制、多党制等类型。

发展中国家的民族主义政党领导民族解放运动，争取国家的独立后，确立了执政地位，普遍在国内实行一党制。一党制又可分为“法定的一党制”和“一党优势制”，前者指在国家政治体系中，法律规定只允许一个政党存在，执政党是唯一合法的政党，法律上禁止其他政党活动。“法定的一党制”在非洲相当普遍，持续的时间也最长。此外缅甸、也门、阿尔及利亚等国家也实行这种政党制度。所谓的“一党优势制”，是指在一个国家内部存在两个以上的政党，但其中只有一个政党能够长期执掌政权。20 世纪 80 年代以前，属“一党优势制”的国家有印度、伊拉克、圭亚那等。多党制，即存在 3 个以上的政党，很少由一个政党单独执政，通常是由几个政党联盟取得议会过半数席位而上台执政。实行多党制的国家有土耳其、菲律宾、泰国、摩洛哥、毛里求斯等。需要指出的是，在实行多党制比较普遍的拉丁美洲，党的集权化和权威主义倾向比较明显。两党制是指国内存在两个势均力敌的政党，通过竞选轮流执政。目前实行两党制的国家较少，只有拉美的几个国家属于这种类型，其中最为典型的是哥伦比亚。

20 世纪 70 年代起，非洲、拉丁美洲加快了民主化进程，各国的一党制被多党制所取代，权威主义和集权制让位于民主自由化。到了 90 年代初，非洲几乎所有过去实行一党制的国家纷纷宣布放弃原有的统治形式，先后举行了多党选举和总统选举。有学者统计，到 20 世纪 90 年代中期，42 个非洲国家进行了多党选举，其中有 28 个国家成功。事实证明，发展中国家的政党在政党制度、组织结构等方面，正在逐渐完善和走向法制化。

3. 发展中国家的政治思潮

（1）民族主义思潮

民族主义是指一种特定的民族意识，强调对一个民族的忠诚和奉献。其目的是促进社会生活的一体化，并通过群众动员来决定现代国家政治发展的一种意识形态及以此为主导的社会运动。

发展中国家是高扬民族解放和民族自决的旗帜而赢得国家独立的。因此，二战之后，在反抗西方殖民主义者的统治和独立后的维护国家主权的斗争中，民族主义成为在第三世界最具影响力的政治思潮。尼赫鲁、苏加诺、纳赛尔、庇隆等人成为发展中国家实践民族主义的领军人物。

发展中国家的另一轮民族主义浪潮发生在冷战结束之后。这次民族主义浪潮以民族分离运动为主要内容。捷克斯洛伐克一分为二，南斯拉夫一分为七。由于苏联解体，导致维持了半个世纪的冷战体系的崩溃。在旧的国际体系不复存在，新的秩序尚未产生之时，许多地区出现了权力和信仰的真空状态，原先被意识形态和冷战压制着的民族主义要求在这样的状态下纷纷兴起，以填补真空。

(2) 社会主义思潮

从20世纪50年代到70年代，随着社会主义运动的高歌猛进，国际社会一度出现了“东风压倒西风”的格局。在第三世界国家中也产生了一股社会主义浪潮，许多获得独立的国家都宣布自己要走“社会主义”的道路。如利比亚的卡扎菲将国名定为“阿拉伯利比亚人民社会主义民众国”；埃及的纳赛尔把自己领导的党称为“阿拉伯社会主义联盟”；缅甸的奈温则将他领导的党称为“缅甸社会主义纲领党”。从1955年到1990年，先后有55个发展中国家宣称要搞社会主义，占战后新独立的国家总数的59%。此外，形形色色的民主社会主义、基督教社会主义、阿拉伯社会主义、非洲社会主义等纷纷登上历史舞台。

但实际上，这些所谓的“社会主义”运动，并非我们所理解的社会主义，有些甚至与马克思主义无关。这些国家真正要表达的东西其实是对社会主义思潮中“公平、反资本、照顾弱势群体”等内涵的向往，同时表明他们不完全赞同现存的资本主义制度，是发展中国家试图走独立道路的政治理想在理论层面的体现。20世纪80年代以后，随着苏联的解体和社会主义事业步入低谷，在这些国家的社会主义运动也悄然退潮。

(3) 伊斯兰复兴主义思潮

伊斯兰复兴主义思潮或称伊斯兰原教旨主义，其产生大规模的影响实际上是发生在20世纪70年代。这种思潮主张回到早期伊斯兰教，不允许对《古兰经》进行任何解释，反对非穆斯林文化的异端邪说，号召全面实现政治、经济以及社会生活的“伊斯兰化”。其高潮是1979年伊朗的伊斯兰革命，后建立了政教合一的伊斯兰教共和国。这一运动至今仍在发展，其影响日益扩大。特别是在以中东为中心的西亚和非洲广大地区，更是蓬勃发展。伊斯兰复兴主义思潮的影响是双重的，一方面它在反对霸权主义和强权政治、维护民族独立和民族尊严方面起了重要作用；另一方面，它盲目反对西方进步思想，倡导复古倒退，特别是某些领袖提出的输出革命理论和个别组织的恐怖主义活动，不仅无助于伊斯兰各国的稳定和发展，也有碍于世界的和平和进步。

4. 发展中国家政治发展的成就

发展中国家在发展道路、国体、政体上的多样性，是世界文明多样性的组成部分和具体表现。尽管经历了曲折、付出了代价，但总体看，经过战后50多年的探索、发展，发展中国家在政治发展方面取得了不少成效，其主要表现有：

第一，摆脱了殖民地、半殖民地时期被压迫、被奴役的地位，获得了国家的独立和民族的解放，成为国际舞台上主权独立的民主国家。独立后的发展中国家摆脱了帝国主义、殖民主义的束缚，发展潜力和空间进一步释放，开始在国际舞台上发挥重要作用。同时民族国家的建立也为其国内民主建设提供了基本的前提条件，使得民族国家框架下的民主政治成为可能。

第二，不断探索与本国国情相适应的发展模式和道路，促进了本国各方面事业的进步。发展中国家在争得民族独立后，有的选择了西方式的民主制度，有的选择了社会主义制度，也有的保留了原来传统的君主制。战后发展中国家政治制度的多样性说明，在这些民族特点、经济水平、文化传统各不相同的国家，不可能只采用一种政治制度，而是需要把政治理想与本国的国情紧密结合起来，探索出一条最符合本国人民最大利益的发展道路。

第三，政治参与的民主化程度不断提高，民主建设取得了一些成绩，不少国家开始了从极权体制逐步向民主体制的转变。发展中国家的历史上曾经出现过极权统治、专制主义和军政府的政治体制，给这些国家的人民带来了沉重的灾难。据统计，智利在皮诺切特军政府统治时期，共有数千名政治上的反对派惨遭杀害，其中有许多是外国人。伊拉克萨达姆政权统治时期，政治上的反对派和异己人士被大批杀害，甚至在镇压国内库尔德人起义时使用了毒气，致使成千上万起义者和平民死亡，遭到国际社会的严厉谴责。与此相对的是，独裁者制造出了在1999年大选中萨达姆以99.6%的高票当选、在2002年民意测验中100%的人民支持萨达姆的丑剧，而实际上人民对萨达姆的暴政敢怒不敢言。2003年4月，当美英联军攻入伊拉克首都巴格达时，人们走上街头拉倒萨达姆的铜像泄愤。其他巴西、阿根廷、印度尼西亚等国的统治者也都曾有过类似暴行，但最终都被民众推翻。现今大多数发展中国家都抛弃了极权政体，转而实行民主制度。建立起民主体制的发展中国家有了更好的条件进行经济、政治、社会、文化等方面事业的建设，也使得经济社会的成果不至于再被少数人所独享。

第四，一些国家摸索、制定了一套正确的民族、宗教政策，维护了国内局势的稳定，对国内和国际和平做出了贡献。至于发生在卢旺达、前南斯拉夫的民族冲突惨剧，则表明发展中国家在处理民族问题上依然任重道远。

二、发展中国家经济政治发展面临的难题

（一）发展中国家经济发展面临的难题及政策调整

1. 从发展中国家整体上看，经济发展不平衡

发展中国家政治独立后，在争取经济独立、发展民族经济过程中，做出了不懈的努力，取得了巨大成就。但由于发展中国家数量众多，各国的自然资源条件、社会政治条件、经济技术的原有水平等方面的差异，以及各国政府所奉行的经济发展战略和经济政策的不同，因而在发展中国家内部，其经济发展呈现出明显的不平衡：一是亚非拉各地区之间经济发展不平衡。几十年来，亚非拉经济发展差异很大，其中经济增长较快的是亚洲。二是各国经济发展水平和经济实力存在明显差异。发展中国家可划分为五大类：高收入的石油输出国，新兴工业化国家，中低收入国家，低收入国家以及正在崛起的印度、巴西和中国。

（1）高收入的石油输出国

这些国家拥有丰富的石油资源，如沙特阿拉伯、伊朗、阿曼、卡塔尔等波斯湾国家，全世界约67%的石油储量和31%的天然气储量集中在这里，类似的情况还出现在拉丁美洲的委内瑞拉等国。由于现代工业的发展对石油资源有着持续性的需求，由此也造就了它们重要的战略地位。这些国家多年来依靠大量出口石油，积累了大笔财富，石油工业发展迅速，国家日益富裕。不过，就总体来看，这些国家的经济并没有得到全面的发展，国家的工业化、现代化程度还不高。同时石油开采业的畸形发展，决定了它们的经济必然是外向型的，离开国际市场不仅谈不上发展，甚至无法生存。

（2）新兴工业化国家

20世纪60年代以来，一些发展中国家或地区在第三次科技革命浪潮和发达资本主义国家产业转移的过程中，抓住历史机遇、适时发展，形成了一批以“亚洲四小龙”——新加坡、韩国以及中国香港和中国台湾为代表的新兴工业化国家和地区。新兴工业化国家的发展策略，一是进口替代战略，即优先发展本国急需的制成品生产，用国货取代同类进口产品；二是实行出口导向战略，即改善出口商品结构，逐渐以工业制成品出口来替代农产品和初级产品出口。20世纪六七十年代恰逢新技术革命和国际性的产业升级和调整，

发达国家大力发展高科技产业，而将传统的劳力密集型产业转移出去。由于东亚地区劳动力价格便宜，其中类似“亚洲四小龙”的一些国家又制定了有吸引力的对外开放和对外引资政策，使得这些国家的外向型经济很快发展了起来。这种高速发展同时也带动了整个东亚经济的起飞，它们的发展经验被称为“东亚模式”。拉丁美洲的巴西、墨西哥、委内瑞拉、阿根廷等国也在相应调整产业结构和经济结构，进步明显，形成了工业化过程中的“拉美模式”。

（3）中低收入国家

按照世界银行2015年的标准：人均GDP低于1045美元为低收入国家，在1045美元至4125美元之间为中等偏下收入国家，在4126美元至12735美元之间为中等偏上收入国家，高于12736美元为高收入国家。

依据上述标准，中低等收入国家的人口总量最多，为29.726亿，全球占比为39.48%。但GDP总量仅为6.504万亿美元，仅占全球GDP总量的8.06%，且人均GDP也仅为2188美元（约为高收入国家人均GDP的5.3%）。包括印度在内的大多数发展中国家都属于中等偏下收入国家。这类国家经过几十年的努力，在工业化方面取得了不同程度的进展，有的还达到了相当的水平。但还有许多问题尚未得到解决，如它们的产业结构还未根本改变，不少国家仍然依靠原料和初级产品的出口作为国民收入的主要来源，经济发展受到人口膨胀、环境污染、民族宗教问题的干扰等，从而严重地制约了这些国家经济的快速发展。如发展中大国印度，虽然经过几十年的奋斗，已建立起比较齐全的工业体系，实现了粮食基本自给，并在科技方面取得了较大成就，但在许多方面却非常落后，富裕程度相对较低。

（4）低收入国家

世界银行数据显示：截至2017年底，全球总人口约为75.3亿，全球GDP总量约为80.7万亿美元，全球人均GDP约为10717美元。按照世界银行2015年划分标准，当今世界仍有30个国家为低收入国家，人口总量为7.324亿，低收入国家的人均GDP仅为750美元，约为高收入国家人均GDP的1.82%。

（5）正在崛起的发展中大国：印度、巴西和中国

布热津斯基、基辛格以及亨廷顿等人均认为，在21世纪的国际体系中，印度将同美国、欧洲、中国、日本、俄罗斯一起，成为世界的六大力量中心。自1947年宣布独立以来的半个多世纪，印度的社会经济发生了巨大变化：印

度成为世界上经济增长最快的国家之一；近年来服务业增长迅速，已成为全球软件、金融等服务业最重要出口国；全球最大的非专利药出口国；侨汇世界第一；已经跨入世界军事大国的行列；正加速推进全方位大国外交战略。不容讳言，印度在发展的道路上仍面临诸多问题和挑战：印度人口超过10亿，贫困问题和就业问题将更加严重；其IT业的兴旺与30%以上的文盲率同在，地区发展不平衡、城乡差距扩大和贫富悬殊等社会两极分化问题严重；作为一个多民族、多语言、多宗教、多种姓的多元复合社会，有着复杂的社会矛盾；印巴克什米尔争端仍是一个常引发军事冲突、为国际社会所关注的问题。

巴西是西半球最大的发展中国家，拥有拉美最为完善的产业体系，经济实力居拉美首位，是世界第九大经济体。从20世纪50年代起，巴西推行“进口替代”经济模式，并依靠大量举借外债获得了经济腾飞，其中1967—1974年年均经济增长速度达到10.1%，创造了“巴西奇迹”，初步建立起了较为完整的工业体系。其后的20年时间里，巴西一直为外债和通货膨胀所困扰，经济发展陷于停顿。1994年7月巴西推出“雷亚尔计划”，以联系汇率制为核心，成功地控制了长期困扰巴西经济发展的恶性通膨问题，使巴西经济在1994—1997年出现了一个稳定增长的时期。受1998年亚洲金融风暴波及，1999年巴西发生严重金融动荡，经济增速再次放缓。2003年劳工党人卢拉执政以后，采取稳健务实经济政策，巴西经济逐步走上稳定发展道路。2010年巴西一跃成为第七大经济体，经济结构接近发达国家水平。尔后受国际国内环境影响，巴西经济发展出现回落，2015年、2016年连续两年呈负增长态势。特梅尔政府上台后，出台恢复财政平衡、扩大出口和投资等经济调整举措，推动财税、社保、劳工等领域结构性改革，总体受到市场欢迎，经济重返增长轨道。巴西地理统计局（IBGE）数据显示，2019年巴西经济增长1.1%，这是继2017年和2018年各增长1.3%之后，巴西经济连续第三年实现增长。

关于中国的迅速崛起，后面会详细论述，此处不再展开。

上述国家和地区，从地理分布来看，高收入的石油输出国集中在中东地区；新兴工业国家和地区主要集中在东南亚和拉美；中低收入国家则主要分布在拉美、东南亚和北非；低收入国家则主要集中在撒哈拉以南的非洲和南亚地区。

2. 从发展中国家个体上看，经济发展面临着严峻的困难

如果说20世纪60、70年代是发展中国家经济起步和高歌猛进的时代的话，20世纪80年代却被许多学者称为“失去的10年”。发展中国家在这一阶段，原有的经济、政治和社会矛盾开始显现和爆发，国家陷入了严重的危机，其影响一直波及今天。具体说来：

（1）发展中国家债务危机深重

发展中国家在实现工业化的过程中，需要大量投资来促进经济发展。由于这些国家经济并不发达，国内资金并不充足，因此，吸引外资和举借外债是必然的选择。但如果债务过重，超过了本国的偿债能力，则会发生债务危机。目前许多发展中国家所面临的就是这样的窘境。国际金融协会（IIF）2017年研究报告显示，在各大央行都在准备终结长达多年的超级宽松信贷周期时，全球债务水平2016年再度攀升5000亿美元，创下了217万亿美元的历史新高，全球债务总规模现在已经相当于全球年度经济产出的327%。国际金融协会指出，全球债务的膨胀势头，主要应该归因于发展中国家，仅2016年，发展中国家的债务增加了3万亿美元，已经达到了56万亿美元。这一数字相当于发展中国家国内生产总值总和的218%，较之2015年增长5%。以欧元或者美元等硬通货形式举债的新兴市场国家发生债务危机的风险日益增加，2016年新兴市场的硬通货债务增长了2000亿美元，为2014年以来增速最快，而其中70%都是美元债务，未来新兴市场的偿债压力巨大。“一旦西方国家提高利率，货币汇率走强，他们想要还本付息，负担就将大大加重”，“债务水平的上扬可能会成为长期增长的阻力，并最终造成金融不稳定的潜在风险”。面临债务危机的发展中国家，只能压缩进口，减少投资，这就易导致生产停滞、财政赤字和居民收入下降，陷入债务危机和经济衰退的恶性循环之中。

（2）发展中国家粮食危机严重

发展中国家几乎都是农业国，然而对进口粮食的依赖却很大。战后以来，亚洲一直是粮食进口地区，而且进口数量年年上升，成为世界上进口粮食最多的洲。1980年拉美也成为粮食不足地区。非洲受自然灾害和人口急剧增长的影响，现在已经是严重依赖粮食进口。目前，由于水土流失、土壤沙化、草场森林的破坏、水资源的浪费、过分使用化肥以及全球变暖等因素的影响，发展中国家农业生产每况愈下。据联合国多家机构与合作伙伴共同发布的

《2019年全球粮食危机报告》显示，2018年全球仍有53个国家的约1.13亿人处于严重饥饿状态，其中有近三分之二集中在阿富汗、刚果民主共和国、埃塞俄比亚、尼日利亚、南苏丹、苏丹、叙利亚、也门这8个国家。17个发展中国家的重度饥饿比例持平或上升，且包括朝鲜和委内瑞拉在内的13个发展中国家因数据不足而未被列入报告的分析范围。虽然重度饥饿人口数量略有下降，但是在过去三年，全球面临粮食危机的总人数始终维持在1亿以上，且波及的国家范围正在扩大。此外42个发展中国家的1.43亿人距离重度饥饿仅有一步之遥。世界粮食计划署2020年发布的另一份报告显示，受新冠肺炎疫情的冲击，全球粮食安全危机进一步加剧。

（3）发展中国家人口问题不容忽视

人口问题历来是影响世界经济与政治发展的重要因素。对于一个国家来说，人口是具有多重属性的，首先，每一个人都需要消耗自然资源，人天生就是消费者，人口越多对于该国自然环境的压力就越大。其次，人口又是劳动者，当然主要是指在15岁至60岁年龄段的人口（我国标准），劳动年龄人口是社会财富的主要创造者，在人口年龄结构中这一年龄段人口数量越多，表明劳动力越是充足，此外0岁至15岁之间的青少年和60岁以上的老年人口多会给社会带来抚养、教育和养老等压力。以非洲、南美洲、亚洲的南亚和东南亚等地区为代表的发展中国家，人口自然增长率较高，属于过渡型人口增长模式，各国人口自然增长较快，各国人口数量不断增加，对于自然环境的压力也逐渐增加，人地矛盾不断加强。生育率最高的是贫穷落后的非洲，人口自然增长率高达28%。据联合国世界人口调查报告显示，2017年，每名非洲女性平均生育4.5个孩子，每名亚洲女性平均生育2.1个孩子，这一数据在南美洲为2.0，在欧洲则为1.6。而在2017年，全球平均每名女性生育2.5个孩子，非洲女性的生育数量明显高于全球平均数量。联合国经济和社会事务部（UNDESA）表示，世界人口预计将从2019年的77亿增长到2030年的85亿（增长10%），到2050年将进一步增长到97亿（增长26%），到2100年将达到109亿（增长42%）。撒哈拉以南非洲国家人口预计到2050年将翻一番，将新增10亿多人口，在2019年至2050年期间，这些国家将占世界人口增长的一半以上。发展中国家没有有效地控制人口增长，且无力养活快速增长的人口，国家负担过重，经济发展受到严重制约。在人口年龄结构方面，大多发展中国家青少年人口的占比较高，国家的抚养、教育和就业压力较大，整个社会属于年轻型的年龄结构，社会活力较好。一般随着青少年人口年龄的增加并逐步进入劳动年龄，这些国家劳动人口的占比也会不断增加，迎来发展的“人口红利期”。作为世界上最大的发展中国家，中国的人口问题和大多数发展中国家却完全不同，人口增速的放缓和老龄化程度的加剧，将成为影响中国家经济增长的重要因素。截至2018年年底我国人口总数达14亿，人口增速明显放缓，但庞大的人口基数对于我国自然环境的压力非常大。近年来，我国的人口自然增长率很低，2018年我国人口自然增长率仅为0.38%，低于世界上绝大多数国家，低自然增长率又使得我国人口老龄化问题不断加剧，我国即将进入深度老龄化社会。

（4）发展中国家面临发展模式转换问题

近年来，特别是金融危机之后，广大发展中国家特别是新兴经济体在世界经济复苏过程中发挥了举世瞩目的作用。据IMF数据，新兴和发展中经济体对全球经济增长的贡献度从过去的30%升至50%以上。尽管如此，新兴经济市场也面临着经济发展的诸多压力，如大宗商品价格上涨、通胀压力增大、出口下降、资本流动逆转、银行信贷紧缩、经济增速下滑等。尤其是他们当中多为出口主导型国家，发达经济体的经济减速与需求下降必然会给新兴经济体带来不利影响，贸易保护主义抬头也将给新兴经济体的外贸出口带来严重影响。为此如何转变经济增长模式，变出口主导为内需主导，降低对外外贸依存度，开拓本国和发展中国家市场正在成为新兴经济体面临的突出课题。

（5）发展中国家国内经济和社会矛盾突出

发展中国家目前面临着通货膨胀、失业率攀升、贫富悬殊、两极分化等日益严重的问题，并导致社会整体上的不满情绪和社会政治的不稳定。有些国家甚至在接连不断的军事政变和国内动乱中彻底丧失经济发展的机遇。

3. 发展中国家的经济政策调整

20世纪80年代后期开始，许多发展中国家对本国经济发展战略进行了调整。

（1）采用多元的产业政策

东亚国家大多采用鼓励发展支柱产业，特别是对出口型产业大力扶持的政策，积极推动了经济的高速发展。但1997年亚洲金融危机的爆发凸显了传统模式下产业政策中的政府干预、政企不分、创新能力不足等弊端，进入

21世纪以来，东亚各国为克服这些弊端对产业政策进行了深入调整，改变了重工轻农的方针，重新强调加强发展农业，采取多种措施和政策提高农民的积极性，推广先进的农业技术，提高农业劳动生产率。20世纪80年代，拉美国家普遍取消进口替代工业化战略，原材料加工产业迅速发展。非洲国家采取均衡发展的产业政策，近年来，积极对接中国“一带一路”倡议，加快了工业化进程，同时不断改善农业生产率。

（2）实行积极的财税政策和以市场为指挥棒的金融政策

20世纪70年代以来，发展中国家大多弱化了政府对金融市场的干预，以市场为指挥棒实行金融自由化改革。为了应对债务压力，1995年墨西哥金融危机后，墨西哥和阿根廷等拉美国家采用了紧缩性财政政策，不得不减少财政支出和扩大税收。与之相反，1997年亚洲金融危机后，东亚各国为了快速走出危机，采取了扩张性财政政策，通过增加政府支出和减少税收，刺激总需要，从而提高国民收入，缓和经济危机。然而，随着经济的增长，举借外债和扩大财政支出的弊端会逐步显现，加之以美国为首的西方强国凭借以美元为霸权的不合理的国际货币旧秩序形成的金融霸权，放手、放肆地掠夺他国财富，张着大嘴“巧吃”“白吃”世界，在全球经济日益一体化的趋势下，发展中国家不得不卷入西方发达国家酿成的国际金融危机之中。2008年国际金融危机之后，世界各国根据自身实际采取了更为积极的财税政策，以中国为代表的部分新兴经济体和发展中国家率先走出了危机，但另一部分发展中国家由于长期照搬西方经济发展模式，应对危机的财税政策不当，经济发展持续低迷甚至出现了衰退。同时，国际金融危机中暴露出的国际金融监管体系的长期缺失、金融创新的泡沫化和金融领域系统性风险也给广大发展中国家敲响了警钟，因此，防止发生金融领域系统性风险也成了发展中国家制定金融政策的根本性任务。

（3）实施经济开放政策，推行贸易自由化

20世纪80年代以来，许多发展中国家开始执行对外开放的政策，利用外国雄厚的资金和先进的科学技术发展自己。包括对外资实行优惠的政策，减免外国企业的所得税，保证投资安全等。随着贸易自由化进程的加快，各国的进出口规模也不断扩大。进入新世纪，发展中国家把握了经济全球化的发展大势，新兴市场和发展中国家实现了群众性崛起，成为不可逆转的时代潮流。

（4）深化经济体制改革，推进市场经济发展

全球化的过程也是市场经济体制不断推广的过程，为了适应全球贸易规则、发达国家的投资取向，赢得发展机遇，发展中国家开始对旧的内部经济管理体制进行深化改革；开始注重市场对资源的配置作用，建立生产要素在市场经济条件下自由流通的机制；有序调整产业结构，加强产业的多样化和工农业品自给的程度；主动实施“引进来”和“走出去”并重战略，积极参与全球竞争与合作，有效融入全球化进程中。

（二）发展中国家政治发展面临的难题

长久以来，由于历史的原因和现实政治战略上的失误，发展中国家内部民族、种族、教派、阶级之间的矛盾不断，甚至有时候矛盾变得更尖锐，导致国内冲突和大国介入，给这些国家和地区带来种种不稳定因素。发展中国家的政治生活受到来自多方面的威胁：

1. 政局不稳，社会动荡

政局不稳的关键是政权的合法性基础受损，中央权威流失，致使整个国家政治生活处于混乱无序的状态。具体体现在：一是作为后发国家，在选择发展道路、基本社会政治制度以及制定和执行方针、政策方面偏离该国历史传统和社会现实，致使国内经济社会发展受阻，民生问题长时间得不到解决；二是政治体系在权利、利益、价值等的分配方面明显存有偏颇，严重背离社会公平正义；三是对利益格局、社会文化、价值观念等多元化发展的认知不足或相对滞后，尤其是对渐趋高涨的夹杂浓厚宗教因素的国内各民族单元的族群意识引导、疏通力度不足；四是社会公共权力在行使过程中出现重大异化、腐败横生等。从一些国家的遭遇看，国内政局不稳，社会动荡还会为国外势力的入侵提供便捷途径与借口，因而是威胁政治安全的最具决定意义的因素。

2. 主流意识形态凝聚力不足

发展中国家在发展进程中，意识形态领域定会呈现出多元化格局，体现为传统意识形态与现代意识形态、国内意识形态与国外意识形态、先进意识形态与落后意识形态共存并相互争斗。一旦主流意识形态的功能不能正常发挥，民众对其产生抵制情绪甚至是不认同，不仅国内社会政治将会失衡，还极易为敌对势力意识形态的进入以及引发和平演变留下巨大空间。引起主流意识形态凝聚力不足的因素主要有：一是国家建立之初被证明是科学合理的、符合该国实际的指导思想没被坚持，随着领导人及领导人看法和注意力的改

变而改变；二是理论创新能力不足致使主流意识形态一成不变抑或是不能与时俱进，从而丧失了凝聚能力；三是国内各民族大多有宗教信仰，宗教信仰对少数民族的风俗习惯、道德观念、心理素质以及人生价值有着广泛而深刻的影响，并渗透于民族社会生活的各个领域和层次，积淀为超稳定的文化心理因素，使信教者的思想和观念严重地束缚在宗教的领域中，实现对宗教的认同感，拒斥对新信仰的认同，成为主流意识形态传播的重要障碍；四是理论自信不足，在事关大是大非和政治原则问题上缺乏主动性，对世界形势发展变化，对世界上出现的新事物新情况，对各国出现的新思想新观点新知识阐释不足，致社会民众的是非界限不清、认识不明；五是对网络、信息安全的认识与调控严重不足。在网络迅猛发展的今天，信息已经从单向传播变为双向传播，从链条式传播转变为圆规式传播。网络不断挑战传统社会管理模式，冲击现实社会秩序，甚至带来舆论引导危机、信息安全危机等。此外，国际民族分裂主义破坏活动有日益加剧的趋势，也极大影响了主流意识形态的传播和接受。

3. 外部势力冲击

外部势力冲击包括：领土争端、恐怖主义袭击；一些国家的西化、分化图谋等。各后发国家的历史充分证明，外部势力入侵是一国政治安全面临的最大也是最直接的威胁。这种冲击既可以源自入侵力量内部矛盾的转嫁，也可能是其自认为的所谓战略利益的拓展，但都直接损害了被入侵国的核心利益，危及政治安全乃至国家的存在。在和平与发展成为时代主题的现今，一国遭遇战争危机的可能性逐渐下降，但国际社会中局部战争、冲突却时有发生，成为诸多安全威胁因素现实的或潜在的根源。发展中国家在选择发展道路和维护社会基本政治制度的过程中，也经常会遭受外部冲击，这也是发展中国家维护政治安全的最大难点。二战后，诸多新成立的民族国家都面临着选择社会发展道路、选择基本社会政治制度等难题。它们或者是照搬模仿，或者是受到某些强势力量的干涉与影响，大多脱离了本国实际。随着冷战的结束，“过去为东西方军事对抗所掩盖的多种矛盾重新抬头，并且更加错综复杂，国际斗争的形式和重点也随之不断发生变化。但无论是军事对抗还是政治较量、高科技竞争，所表现出的控制与反控制、透与反渗透，实际都是和国家的政治制度密切相关”。

另外，发展中国家政治文明还面临着民主化进程未完、法制化任务艰巨、政党制度难题等颇多问题。

第三节　发展中国家的对外关系

一、和平、中立和不结盟的对外政策

和平、中立和不结盟政策是在 1961 年 6 月不结盟国家和政府首脑会议的筹备会议上明确提出的，是发展中国家对外政策的基本原则。

（一）提出的背景

发展中国家从殖民主义者手中争得独立地位，作为全新的主权国家登上历史舞台之后，其对外政策与对外关系具有复杂性和多样性的特点。所谓复杂性，指发展中国家由于其所面临的国际局势纷繁复杂，因此不得不随时间、空间，以及国内外形势的变化进行针对性的外交举措，以维护民族独立和国家尊严；同时发展中国家之间存在着多种多样的历史遗留问题，如领土争端、民主矛盾、宗教矛盾等，相关国家之间的关系既有共同对抗大国侵凌的一面，又有冲突争夺的一面，有时还会恶化为局部战争，因此发展中国家间的关系显得复杂多变。所谓多样性，是指发展中国家相互之间的政治制度、经济发展水平和文化传统存在较大差异，因此，在对外关系和外交政策上也呈现出不同的特色。

但是，发展中国家的外交利益还存在趋同的一面，因此形成了一些普遍性的外交原则和特点。发展中国家独立后所面临的国际环境可以说相当恶劣，美苏两个超级大国以种种威胁利诱的手段争取发展中国家加入自己的阵营中来，而发展中国家不愿成为两个超级大国争霸世界的工具，因而，在对外关系上，普遍坚持和平、中立和不结盟的外交原则，奉行独立自主的对外政策，以维护和巩固民族独立、国家主权和世界和平。如许多拉美国家便纷纷摆脱美国在政治上的控制，先后参加不结盟运动。到 1979 年，已有 11 个拉美国家参加了不结盟运动，壮大了发展中国家自主维护国家权益的力量。团结起来的发展中国家并不以保全自我的国家利益为最终追求。它们联合起来进行反帝、反殖、反霸、反对种族主义的斗争，取得了积极成果。

（二）提出的过程

“不结盟”一词最早可追溯到 1954 年印度总理尼赫鲁在斯里兰卡发表的

一场演说中。尼赫鲁将一年前中国总理周恩来为处理中印两国政治分歧所提出的和平共处五项原则（即“互相尊重主权和领土完整、互不侵犯、互不干涉内政、平等互利和和平共处”）作为“不结盟运动”的基础。之后1955年的万隆会议本着求同存异的原则，通过了团结反帝的纲领，显示了新兴民族独立国家的巨大力量，给不结盟运动以思想启示和政治推动。1956年南斯拉夫总统铁托、印度总理尼赫鲁、埃及总统纳赛尔在南斯拉夫布里俄尼岛会晤，正式提出了不结盟的主张。随后，印尼总统苏加诺、柬埔寨国家元首西哈努克、加纳总统恩克鲁玛等政治活动家也积极倡导不结盟运动。1961年6月由埃及、南斯拉夫、印度、印度尼西亚、阿富汗5国发起，在开罗举行了第一次不结盟国家和政府首脑会议的筹备会议，有20个国家参加，明确提出：和平、中立和不结盟政策是发展中国家对外政策的基本原则。

会议明确规定了参加不结盟国家会议的5个条件：奉行以和平共处和不结盟为基础的独立的外交政策；支持民族独立运动；不参加大国军事同盟；不与大国缔结双边军事协定；不向外国提供军事基地。

1961年9月1—6日，25个国家在南斯拉夫首都贝尔格莱德举行了第一次不结盟国家和政府首脑会议，会议发表了《不结盟国家的国家或政府首脑会议宣言》和《关于战争的危险和呼吁和平的声明》，正式宣告了不结盟运动的诞生。与会各国一致认为只有根除帝国主义、殖民主义和新殖民主义，才能实现持久和平；只有和平共处原则才是代替冷战、避免发生全面核灾祸的唯一出路。

1964年10月5—10日第二次不结盟国家首脑会议在开罗举行，与会国增加到47个。会议通过了《和平和国际合作纲领》，更加明确了反帝、反新老殖民主义的立场，再次指出帝国主义、殖民主义和新殖民主义是国际紧张局势和国际冲突的根源，只有消除这些不稳定因素，才能在世界范围内实现和平共处。会议制定了和平共处九项原则，并首次提出应“迅速建立一种新的、公正的经济秩序”。

1970年9月8—10日，有54国参加的第三届不结盟国家及政府首脑会议在卢萨卡举行，并最终通过了《卢萨卡宣言》（即《关于和平、独立、发展、合作和国际关系民主化宣言》和《关于不结盟和经济发展宣言》）。在《卢萨卡宣言》中，不结盟各国谴责超级大国的对立危及世界和平，批评美苏两国要干涉别国内政、进行颠覆活动、实行政治经济高压政策，破坏了各地区的安全。宣言强烈呼吁实现国际关系的民主化。卢萨卡会议另一项重大成果是促进了不结盟运动的进一步组织化、制度化。会议规定此后每三年召开一次不结盟运动首脑会议，会议东道国首脑担任会议主席和不结盟运动的发言人等事项，标志着不结盟运动日益走向成熟。

此后，不结盟运动定期举行首脑会议，到 2020 年为止已经在南斯拉夫、埃及、赞比亚、阿尔及利亚、斯里兰卡、古巴、印度、津巴布韦、印度尼西亚、哥伦比亚、南非和马来西亚、伊朗、委内瑞拉、阿塞拜疆等国举行了 18 次会议。

不结盟运动诞生后，随着国际形势的变化，不结盟运动的内容不断丰富，但始终奉行独立、自主和非集团的宗旨和原则，支持各国人民争取和维护民族独立、捍卫国家主权以及发展民族经济和民族文化的斗争，维护世界和平；呼吁发展中国家加强团结；主张国际关系民主化和建立国际经济新秩序。不结盟运动反映了广大发展中国家人民要求掌握自己的命运，维护和平、致力发展的历史潮流，因而具有强大的生命力，在国际舞台上发挥了重要作用。在不结盟国家的共同努力下，不结盟运动规模不断扩大，2019 年 10 月 2—26 日在阿塞拜疆首都巴库举行第十八次首脑会议，来自 160 多个国家和国际组织的代表出席了峰会。然而，不结盟运动的发展面临着许多困难和问题，如外部势力的干扰、内部的矛盾和纠纷、许多成员国存在严重的经济困难。

历次不结盟运动首脑会议

第四次首脑会议于 1973 年 9 月 5 日至 9 日在阿尔及利亚首都阿尔及尔举行，由于正逢世界石油危机，经济问题成为会议焦点。但是这时的不结盟运动其实已经开始被边缘化，一些出产石油的不结盟运动的成员国已经跻身前次会议所称的“富国”行列。会议通过了《政治宣言》《经济宣言》和《经济合作行动纲领》等，并决定成立协调局作为常设机构。

第五次首脑会议于 1976 年 8 月 16 日至 19 日在科伦坡举行。会议通过了《政治宣言》《经济宣言》和《不结盟国家和其他发展中国家经济合作行动纲领》等。

第六次首脑会议于 1979 年 9 月 3 日至 9 日在哈瓦那举行。会议发表了《不结盟国家首脑会议宣言》。到第六次不结盟运动首脑会议举行时，成员国之间的矛盾已经开始激化，许多国家虽然表示奉行独立自主的外交政策，但实际上却不得不屈服于现实政治的考虑。例如古巴始终是苏联忠实的盟友，越南战争中一些中东、东南亚的国家倒向美国，甚至连运动的创始国之一印度，也一直被质疑与苏联的关系暧昧。在古巴举行的这次会议上，因柬埔寨（当时被越南占领）的地位问题发生了争执，导致缅甸最终决定退出不结盟运动。

第七次首脑会议于1983年3月7日至12日在新德里举行。会议通过了《政治宣言》《经济宣言》《新德里文件》和《集体自力更生宣言》等文件。

第八次首脑会议于1986年9月1日至7日在哈拉雷举行。会议通过了《政治宣言》《经济宣言》《关于南部非洲特别宣言》和《哈拉雷裁军呼吁书》等文件。

第九次首脑会议于1989年9月4日至8日在贝尔格莱德举行。会议通过了一项宣言和40个专题性政治和经济文件。

第十次首脑会议于1992年9月1日至6日在雅加达举行。会议通过了《雅加达文告》《最后文件》以及关于索马里、外债、人口、非洲基金、粮食安全、国际合作和联合国改革7个决议。

第十一次首脑会议于1995年10月18日至20日在卡塔赫纳举行。会议通过了《最后文件》，要求建立一个以和平、公正、平等、民主、完全尊重国际法则为基础的新国际秩序。

第十二次首脑会议于1998年9月2日至3日在德班举行。会议发表了《德班宣言》。

第十三次首脑会议于2003年2月24日至25日在马来西亚吉隆坡召开，这次会议的焦点是伊拉克问题。马来西亚总理马哈蒂尔、南非总统姆贝基等人都发言表示反对美国发动对伊拉克的战争，会议最后还通过了反对伊拉克战争的决议。此外，会议还通过了《最后文件》《吉隆坡宣言》和关于伊拉克问题以及巴勒斯坦问题的两项声明。

第十四次首脑会议于2006年9月在古巴首都哈瓦那举行。会议通过了《关于当前国际形势下不结盟运动的目的、原则和作用的宣言》等5个文件。

第十五次首脑会议于2009年7月15日在埃及沙姆沙伊赫召开。中国作为观察员国参加会议。会议的主题是“世界团结　和平发展”。通过了会议最终文件和行动纲领《沙姆沙伊赫宣言》，阐述了不结盟运动对国际政治和经济问题的立场和看法。

第十六次首脑会议于2012年8月在伊朗首都德黑兰举行。会议主题是“联合全球治理　促进世界和平”。来自100多个国家的与会代表成员国家分别就不结盟运动面临的挑战、联合国改革、巴勒斯坦问题、伊朗核问题以及叙利亚危机等热点议题展开讨论，并通过了指导不结盟运动未来3年发展方向的最后文件。

第十七次首脑会议于2016年9月17日至18日在委内瑞拉举行，峰会通过了指导不结盟运动未来3年发展的《玛格丽塔岛宣言》。轮值主席国委内瑞拉总统马杜罗表示，不结盟运动将继续推动世界向多极化和“去帝国主义”方向发展。

第十八次首脑会议于2019年10月2日至26日在阿塞拜疆首都巴库举行，峰会通过了指导不结盟运动未来发展的巴库宣言，强调将进一步增强该组织的活力和效率，推动多边主义，促进地区和平与发展。本届峰会主题为“坚持万隆精神　积极应对当今世界挑战”，来自160多个国家和国际组织的代表出席峰会。阿塞拜疆在会上接替委内瑞拉成为该组织轮值主席国，任期至2022年。

（三）基本内容

发展中国家对外关系和对外政策存在着种种差异和不同的特点，但是作为一个整体，其对外关系和对外政策的基本原则和基本立场是一致的，即推行“和平、中立与不结盟”的对外政策，有时也称“独立自主政策”。其基本内容是：

第一，反帝、反殖、反霸，维护民族独立，巩固政治独立斗争的成果，发展民族经济。第二，支持第三世界各国人民的民族解放斗争，反对各种形式的种族歧视和种族隔离，承认一切种族平等，承认大小国家一律平等。第三，积极参加和支持不结盟运动，不参加任何大国军事集团。第四，遵守互相尊重主权和领土完整、互不侵犯、互不干涉内政、平等互利、和平共处五项原则，并依此处理与各国之间的关系。第五，遵守联合国宪章，主张通过谈判，用和平方法解决一切国际争端，不得使用武力或以武力相威胁。第六，加强第三世界各国的团结，实行南南合作，并扩大对话与合作的渠道，采取对各国都有利的方式来解决全球的经济、社会、人口和环境问题。第七，依据和平共处五项原则建立国际新秩序，为世界的和平与发展而努力。

总之，维护和巩固民族独立、国家主权是和平、中立与不结盟对外政策的本质，积极反帝、反殖、反霸、反对种族主义是不结盟运动的宗旨，改变不合理的国际经济关系、争取建立新的国际经济秩序是其斗争的目标。

（四）意义

和平、中立和不结盟的政策是不结盟国家和其他一些发展中国家的对外政策。其主要原则是实行和平共处、支持民族解放运动、反对战争、不参加军事同盟、不出租军事基地、不同别国签订可能被卷入武装冲突的军事协定等。这种政策有利于广大发展中国家反帝、反殖、反霸，维护民族独立、捍卫国家主权和领土完整的斗争。同时，和平、中立和不结盟政策要求不同社会制度国家之间和平共处，这也有利于广大发展中国家之间和平解决双边和多边国际争端，从而有助于缓和国际紧张局势。

二、南北关系

（一）南北关系的含义

南北关系是指发展中国家与发达国家的关系。世界上经济发达的国家大都位于北半球，所以国际上通常用“北方”代表发达国家。发展中国家多位于南半球，被称为“南方”。因此发展中国家与发达国家的关系被称为南北关系。南北关系主要表现为发展中国家与美、日、西欧的关系。其形成的前提和基础是：二战以后民族解放运动兴起而导致大批新独立国家的出现，可以与发达国家分庭抗礼。

南北关系的实质是北方发达国家控制和剥削南方发展中国家。目前世界经济的分工极不合理，发达国家在生产、贸易、技术和金融等领域一直保持垄断地位，他们通过压低原料价格、高价出售工业制成品、提高银行贷款利率等手段剥削发展中国家。南北关系的核心是南方国家的经济发展问题。

（二）南北关系的形成与发展

1. 二战后至20世纪60年代末，在国际原料贸易领域的斗争

第二次世界大战前，南方国家大都是北方国家的殖民地、半殖民地，受

北方国家的统治与剥削，长期处于贫穷落后的状态。战后，广大南方国家虽然取得了政治独立，但经济状况并没有根本改变，在国际经济体系中仍处于不平等的地位。他们要求发展独立的民族经济，巩固已经取得的政治独立，在国际经济体系中取得平等的地位。1955 年万隆会议通过决议，明确提出大小国家一律平等，在相互尊重国家主权和互利的基础上实行经济合作，采取集体行动稳定原料价格等原则。20 世纪 60 年代南方国家逐步组织起来，先后建立了石油、咖啡、花生、可可等输出国组织，1964 年在联合国第一次贸易和发展会议上成立了七十七国集团。南方国家在国际原料贸易领域中，逐步展开了反控制、反剥削、维护本国经济权益的斗争。

2. 20 世纪 70、80 年代，南方国家在国际经济领域中的斗争进入新阶段

1973 年阿拉伯产油国家以石油为武器，促进了发展中国家在经济领域的联合行动。1974 年第六届特别联大通过了《建立新的国际经济秩序宣言》和《行动纲领》，标志着南北关系问题被正式提上了国际议事日程。南北谈判深入发展到原料、贸易、技术转让、国际货币金融等各个领域。80 年代以来，南方国家经济发展面临贸易、债务和国际金融诸方面的巨大困难，它们在继续推动南北对话的同时，连续召开南南会议，把重点转向加强集体自力更生、实现南南合作方面。

20 世纪 70、80 年代，经过各方面的努力，南北关系的发展取得一些成果。如非洲、加勒比海沿岸和太平洋地区国家集团和欧洲共同体于 1975 年、1979 年、1984 年连续签署和实行的三个《洛美协定》就是一个例子。但总的来说，南北关系的改善进展是缓慢的，成果是有限的，主要阻力在以美国为代表的一些发达国家的阻挠。

20 世纪 80 年代以后，南北差距继续扩大。贸易条件恶化，贸易保护主义蔓延，资金转移和技术转让条件的苛刻以及世界性通货膨胀、经济危机的转嫁和沉重的债务问题，这些都是南方国家发展经济的严重障碍。这种情况继续发展下去，发达国家的经济也将大受影响，甚至可能引起资本主义世界的经济大危机。

3. 冷战后南北关系的新变化

两极格局解体以后，南北矛盾加剧。南北经济“数字化鸿沟”进一步加大，矛盾出现新的特点，如：南北经济发展差距悬殊；债务危机加剧，南方国家发展经济资金短缺；北方新贸易保护主义的抬头，加剧了南方国家的经

济困难；当前国际格局的转换仍对南方国家不利。但同时，南北关系出现了不同以往的新变化，表现在：

第一，南北关系中的政治问题日益突出。冷战时期，东西关系威胁着世界和平，和平问题成为世界政治的头等大事，南北关系中的政治问题处于次要地位。冷战后，发达国家将意识形态安全、军控的重点由苏联和东欧国家转向发展中国家，从而使发展中国家与发达国家在政治领域的矛盾突出出来。譬如关于国际安全、反恐斗争，发达国家日益需要一部分发展中国家的合作，如在阿富汗战争中改善了与中国、印度和巴基斯坦的关系；但同时对那些被指对发达国家经济、政治和国家安全构成威胁的发展中国家则采取严厉的打压措施，如对阿富汗、伊拉克直接出兵改变其国内政治。但这些措施都不能从根本上解决南北之间盘根错节的重重矛盾。

第二，南北经济矛盾依然存在，但出现了与冷战时期不同的特点。南方国家关于建立国际经济新秩序的斗争已经从经济领域扩展到国际政治领域。债务问题已成为南北关系中的一个重要问题，北方国家和一些国际金融机构纷纷采取措施以缓解债务危机。国际资金流向出现了从南方国家向北方国家回流的变化，使南方国家更加缺少发展资金，并承受着来自北方债权国的沉重压力。南北贸易摩擦增加，环保问题成为南北关系中的一个突出的新问题。

第三，南北对话与合作关系加强。北方国家从自身的利益出发，开始重视加强南北合作。美国总统克林顿在任期内两次访问非洲是一个典型的例子。在改善南北关系的进程中，最有意义的事件是2000年欧盟与非加太77国签署的为期20年的《科托努协定》，取代了已实施25年的《洛美协定》。新协定签署后前8年为过渡期，后12年为执行期。欧盟在8年过渡期中将向非加太国家提供135亿欧元的援助，非加太国家97%的产品可以免税进入欧盟市场。该协定标志着南北方国家在“努力建立一种新型的合作伙伴关系”。尽管在经济全球化和世界多极化趋势的推动下，南北关系得到了一定程度的改善，南北关系的发展也进入了一个新阶段，但是，在南北力量悬殊的情况下，国际旧秩序也不可能有根本性的改变，南北方之间控制与反控制、干涉与反干涉的斗争仍将存在。

第四，区域内或集团内的南北关系正在升温。1997年亚洲金融危机后，北方国家为防范亚洲金融风暴在世界范围内重演，主张推动国际金融体制改革以利于国际金融和货币体系的稳定，并提议发达国家和新兴市场国家之间就实质性问题进行讨论和研究，以寻求合作并促进世界经济的稳定和持续增长。美国等七个工业化国家的财政部长于1999年6月在德国科隆提出世界上主要经济体应就国际经济、货币政策举行非正式对话。1999年12月16日，中国、俄罗斯、印度、巴西、南非、阿根廷、墨西哥、印度尼西亚、沙特阿拉伯、美国、英国、法国、德国、意大利、日本、澳大利亚、加拿大、韩国、土耳其以及欧洲联盟二十方财政部长和中央银行行长在柏林举行二十国集团创始会议。会议强调，二十国集团是国际货币基金组织和世界银行框架内非正式对话的一种新机制。2000年10月24日至25日，20国财长会议在加拿大蒙特利尔举行。会议讨论了经济全球化以及如何防止和解决具有全球性影响的金融危机问题，并达成了旨在推动经济全球化和共同对付金融危机的“蒙特利尔共识”①。2008年由美国次贷危机引发的全球金融危机使得金融体系成为全球的焦点，为了应对危机，在美国的倡议下，二十国集团开始举行首脑会议并扩大了各个国家的发言权，南北关系进一步升温。2009年9月举行的匹兹堡峰会将G20确定为国际经济合作的主要论坛，标志着南北关系发展取得实质性进展，为推动全球治理机制改革带来了新动力和新契机。

（三）解决南北问题的根本途径

第一，改革不合理的国际经济旧秩序，建立国际经济新秩序，是解决南北问题的根本途径。发展中国家意识到，不合理的国际经济秩序，是造成发展中国家经济困难、落后的根本原因。所以“南北对话”的主要目的，是要改革不合理的国际经济旧秩序，建立国际经济新秩序，使发展中国家同发达国家的经济关系符合公平合理和互利的原则，以利于世界经济的持续发展。

第二，促进南北对话，寻找解决南北问题的各种方法，是一个现实的途径。发展中国家与发达国家之间的南北对话，成为处理南北关系的主要形式。1964年七十七国集团的建立及其《联合宣言》的发表拉开了南北对话的序幕。

---

① “蒙特利尔共识”主要内容包括：共同推动经济、贸易的全球化，使其成果延及发展中国家；改革国际货币基金组织等国际金融机构，增加这些机构的透明度；继续朝建立统一的国际金融标准和规则的方向努力，以增强联合抵抗金融危机的能力；对债务沉重的国家进行援助，并协助这些国家进入全球经济体系；在农业研究、环境保护和艾滋病等疾病的防治方面加强合作。

70 年代南北对话取得了较大的进展；在此期间南方国家建立了自己的经济合作组织，加强了南南合作；并举行了几次重要的南北对话。80 年代发展中国家经济陷入停滞，谈判的实力下降，于是西方发达国家对南北对话的态度又转趋强硬，使南北关系陷入僵局。冷战结束后，特别是 2008 年国际金融危机以后，南北对话向国际社会发出了团结一致和合作应对危机的强有力信号，提振了各国对全球经济复苏的信心。

第三，加强南南合作，既有助于南方国家发展经济，也有利于提高它们在南北对话中的地位，会促进南北问题的及早解决。

第四，发展中国家制定符合本国实际的发展政策，在自力更生为主的基础上争取外援，正确地对外开放，是谋求发展的根本保证。

在 21 世纪各国相互依存日益加深的情况下，发达国家需要考虑和照顾发展中国家的利益，共同解决发展中国家资金匮乏、债务沉重、金融脆弱和技术落后等问题，从经济层面改善其国内环境，也消除在这些国家内部产生对发达国家、特别是对美国仇恨的土壤。总之，南北关系的良性运行还有赖于发达国家和发展中国家在相互尊重的基础上开展对话，求同存异，共谋发展。

三、南南合作

（一）南南合作的含义及基础

1. 南南合作的含义

南南合作，即发展中国家之间的合作，由于世界上绝大部分发展中国家处于南半球和北半球的南部分，所以称之为南南合作。从 20 世纪 60 年代开始，这些国家之间为摆脱发达国家的控制，发展民族经济，开展专门的经济合作。南南合作的主要内容包括推动发展中国家间的技术合作和经济合作，并致力于加强基础设施建设、能源与环境、中小企业发展、人才资源开发、健康教育等产业领域的交流合作。

2. 南南合作的基础

南南合作具有牢固的政治基础。发展中国家都曾经是西方殖民统治下的殖民地、半殖民地或附属国，具有共同的历史遭遇，在民族感情上是相通的，又具有相似的现实环境和相同的国家目标，在现实斗争中更加感受到团结的可贵。因此独立后的第三世界各国走上了自主发展、团结合作、反抗霸权的道路。这种关系的产生，既是历史的演化，又是现实的要求，具有深厚的基础。

南南合作有着坚实的经济基础。发展中国家在争得独立地位之后面临着共同的历史任务，即政治上维护民族独立、经济上加快发展。要冲破西方殖民者的阻挠，完成这些历史任务，靠各个发展中国家自己单打独斗是不成的，必须加强彼此的合作。发展中国家要想彻底摆脱国家落后的状况，实现经济发展和人民生活水平的提高，就需要相互合作、创造一个良好的国际环境。

（二）南南合作的发展历程

南南合作机制从创建至今已走过了半个多世纪，我们可以把这段发展历程分为三个阶段：

1. 20 世纪 50—80 年代：南南合作的初创和初步发展

南南合作始于政治领域，发展于经济领域，深化于两者的有机结合。1955 年的万隆会议是南南合作的先声，20 世纪 60 年代的不结盟运动和七十七国集团的建立标志着整体性南南合作的开始，1973 年的石油斗争是南南合作政治与经济结合的典范，争取建立国际经济新秩序的斗争使南南合作的影响不断扩大。20 世纪 80 年代，南北对话陷入僵局，南方国家更加重视彼此之间的合作，并寻找多种合作形式。主要合作形式有：第一，区域性的经济合作。第二，贸易合作。第三，货币金融合作。第四，技术合作。

2. 20 世纪 90 年代：冷战后南南合作的新进展

20 世纪 90 年代，南南合作呈现出新的特点，主要有：第一，地区集团化趋势加速发展。如东南亚国家联盟从 6 国扩大到 10 国，并加强了经济、政治、安全、文体合作。非洲一体化开始起步，拉美的南方共同市场于 1995 年正式启动，等等。第二，合作内容的多样化和合作伙伴的多元化。第三，不结盟运动和七十七国集团调整了战略，继续在国际舞台上发挥作用。当前，影响南南合作的主要因素有民族矛盾、宗教矛盾、领土与边界纠纷、地区霸权主义、经济矛盾以及由这些问题引起的冲突和战争。南南关系中有矛盾和冲突的一面，但合作关系是主流。

冷战后，南南合作的新进展在各个地区都有所体现。首先在亚洲，东南亚国家联盟进一步发展壮大。其次在拉美，目前已形成了南方共同市场（1995 年）、安第斯自由贸易区（1991 年）、加勒比共同体、中美洲共同市场等区域性集团，并且出现了互相融合的趋势。再次在非洲，区域性一体化趋势自 20 世纪 90 年代以来方兴未艾，2002 年以后非洲国家联合自强又进入了新的发展时期。冷战后南南合作新发展，还有一个重要表现，就是不结盟运动和七十七国集团重新趋于活跃。不结盟运动与七十七国集团在经济发展问题、世界和平与安全问题、人权问题、建立国际新秩序等问题上，共同确立了后冷战时期的奋斗目标。

3. 21世纪初：新世纪南南合作的新趋势

进入21世纪，在全球化浪潮的推进下，南南合作表现出新特点与新趋势：随着经济全球化进程的加速，发展中国家不仅在区域性合作方面取得了长足的进步，而且在其他范围内的南南合作也取得了重要的进步。目前，南南合作不仅形式更加多样化，而且采取的方式也更加灵活。近年来，一系列新型合作倡议与平台陆续出台，比如设立亚投行、提出并推进“一带一路”倡议、建立南南合作援助基金等，一系列新型机制、平台搭建起来，并逐渐为新多边主义的开拓打开新的局面。

(1) 区域经济一体化成为21世纪南南合作的重要推动力量，单一的政治或经济合作组织发展成为政经合一的区域联盟

发展中国家经济一体化组织始于20世纪60年代。尽管这一时期它们的实质性进展不大，一直停留在低层次发展阶段，也取得了不少成果，为后来发展中地区经济一体化的发展奠定了基础。20世纪70年代中后期起，随着发展中国家面临的经济难题增多，南南合作逐渐失去活力，地区经济一体化进入徘徊阶段。除个别组织外，地区一体化组织不仅没有取得实质性进展，东非共同体等部分地区一体化组织甚至一度销声匿迹。

进入20世纪90年代后，发展成了世界各国关注的首要问题，在世界经济区域集团化发展的形势下，发展中国家进入发达国家市场的难度增加，危机感增大，南南合作的意识增强。鉴于小范围的经济合作操作相对简单，成员国之间的矛盾容易协调，发展中国家次区域和区域经济合作组织再度活跃起来，形成区域经济一体化新浪潮。目前，地区一体化组织已遍布亚非拉各洲，并在南南合作中扮演十分积极的角色。如在拉美，一体化进程经历了20世纪60年代产生与发展、70—80年代衰退与停滞、90年代的复苏与振兴三个阶段后，21世纪步入健康稳定的发展之途。2004年12月8日，由“南共市”4国（巴西、阿根廷、乌拉圭和巴拉圭）和“安共体”5国（秘鲁、委内瑞拉、玻利维亚、哥伦比亚、厄瓜多尔）以及另外南美3个（智利、圭亚那和苏里南）总共南美12国正式成立“南美洲国家共同体”成为继欧盟之后

世界上第二个由主权国家组成的地区集团。该集团准备仿效欧盟，实现统一货币、统一关税、共同议会，建立南美国家的经济与政治联盟。此外，作为拉美经济一体化的协调、指导机构，拉美一体化协会也发挥着重要作用。

（2）发展中大国在南南合作中的作用明显增强，扮演“领头羊”的角色

发展中大国在南南合作中一直起着举足轻重的影响。近年来，随着全球化的逐步深入，发展中国家在南南合作中的作用更加凸显。一些发展中大国力量今非昔比，中国经济已经连续25年保持高速增长，经济规模居发展中国家第一。而印度、巴西等发展中大国也取得了不错的经济发展成绩。中国、印度、南非、巴西等国在地区经济中扮演越来越重要的角色，占世界经济的份额越来越大。据统计，21世纪初，巴西和墨西哥分别占拉美中低收入国家GDP的1/2和1/3；中国占亚洲中低收入国家GDP的1/2；南非占撒哈拉以南非洲GDP的1/3。

随着发展中国家经济实力的不断增强，南非、巴西、尼日利亚、埃及等发展中大国在国际舞台上发挥着重要的作用。南非早就设想建立“发展中国家8国集团”，成为与西方集团相抗衡的发展中国家集团的核心。2003年6月，南非、印度、巴西三大国在巴西召开会议，组建发展中国家权力核心的意图明显，并希望中国和俄罗斯加入。经俄罗斯倡议，巴西、俄罗斯、印度、中国四国外长于2006年9月联合国大会期间举行了首次金砖国家外长会晤，并发表《“金砖四国”领导人俄罗斯叶卡捷琳堡会晤联合声明》。首次会晤的举行开启金砖国家合作序幕。2009年6月，金砖国家领导人在俄罗斯叶卡捷琳堡举行首次会晤。金砖国家领导人会晤机制的建立，为金砖国家之间的合作与发展提供了政治指引和强大动力。2011年，南非正式加入金砖国家，英文名称定为BRICS。多年来，金砖国家在重大国际和地区问题上共同发声，积极推进全球经济治理改革进程，大大提升了新兴市场国家和发展中国家的代表性和发言权。

正是由于发展中大国在国际舞台上的总体实力不断增强，八国集团首脑会议才越来越频繁邀请发展中国家与其对话。继2003年法国邀请中国、印度等发展中大国参加与八国集团“南北领导人非正式对话会议”后，2005年英国又邀请中国、印度、巴西、南非、墨西哥五国领导人参加“八加五对话会”，就共同关心的全球性问题，如气候变化、国际发展合作及国际贸易等问题进行了探讨。与此同时，有发展中国家大国参加的二十国集团的影响力也

在逐步上升。2008 年国际金融危机以后，作为国际经济合作主要论坛，G20 为南南合作、南北对话带来了新平台和新路径，全球治理开始从“西方治理”向“西方和非西方共同治理”转变。

（3）全球性发展中国家组织正越来越多地将南南合作的重心从政治合作转向经济合作，在南南合作中起着重要的指导性作用

第二次世界大战结束以来，全球性发展中国家组织在推动发展中国家民族独立和解放斗争中起着十分重要的作用，也为推动南南合作做出了巨大的贡献。不结盟运动扮演过重要政治集团的角色，并逐步增加南南经济合作的内容。冷战后，由于两极对立格局的消失，不少人尤其是西方的一些人认为不结盟运动已经过时。但事实上，不结盟运动作为南北矛盾的产物，其存在的依据并没有消失，这也是冷战后不结盟运动仍然具有强大生命力的重要理由。冷战后，不结盟运动队伍仍在继续扩大，为更好适应形势，不结盟运动在冷战结束后对其目标进行了调整，在继续争取建立公正、合理国际秩序的同时，经济和社会目标的重要性明显上升。近年来，七十七国集团与不结盟运动在强化发展中国家间的定期协商，推动彼此间的人员交流和培训、促进和鼓励发展中国家的相互投资、共同分享在发展进程中的经验和信息、协调发展中国家在国际经贸事务中的立场等方面扮演了积极的角色，成为发展中国家涉及面最广泛的协商和政策协调机制。预计这两个组织在 21 世纪南南合作中仍将起到十分重要的指导性及方向性等方面的作用。

（4）联合国成为南南合作重要推动力量

联合国多边系统是倡议和实施南南合作的重要力量，也是促进发展中国家全面合作特殊有效的模式和渠道，具有巨大的潜力。联合国成立后不久，就将南南合作纳入其计划之中。不过，直到 20 世纪 70 年代，联合国在促进南南合作中的作用才比较明显。2003 年 12 月联合国大会决议决定将发展中国家间技术合作高级别委员会改称为南南合作高级别委员会。2004 年 2 月联合国大会通过了《发展中国家间的经济和技术合作》决议，正式决定将每年的 12 月 19 日确定为联合国南南合作日。2004 年 12 月 20 日，安南秘书长在首个联合国南南合作日（12 月 19 日）致词，呼吁发展中国家加强交流与合作，共同推动千年发展目标的实现。

除联合国经社理事会和联合国大会经常通过支持南南合作的决议和行动计划后，联合国贸发会议和开发署对南南合作承担了特殊责任。近 10 年来，

贸发会议在帮助发展中国家制订经济发展战略和贸易、投资、金融政策，加强它们参与多边经济贸易事务的能力方面，仍然发挥着独特而重要的作用。贸发会议一年一度发表的《贸易和发展报告》《世界投资报告》和《最不发达国家报告》在全世界具有广泛的影响和声誉，不但是国际上被广征博引的权威资料，也是各国特别是发展中国家制订经济和社会发展政策的重要参考依据。此外，联合国还资助发展中国家召开了不少会议。

（5）南南合作的形式更加灵活多样

第一，以专题为主的南南或泛南南合作势头会继续加强。与其他方式相比，以专题为主的南南或泛南南合作相对简便，不仅发展中国家可以加入，发达国家也可以加入，但结合的主体是发展中国家，主要维护的也是发展中国家的利益。目前，发展中国家在人权、环境、限制武器销售等问题上往往采取此类合作措施。

第二，发展中国家组合的方式更加灵活。与以往发展中国家追求“大统一”和“一个声音说话”不同，目前发展中国家更多地以“小统一”和“多种声音”说话的方式进行不同形式的组合，以更多的联合方式维护发展中国家整体或不同发展中国家利益集团的利益，并影响未来南北关系的走向。例如在世贸坎昆谈判中，发展中国家就组成了不同利益集团：由巴西、印度、中国等组成的21国集团；由最不发达国家组织、非洲联盟和非（洲）加（勒比）太（平洋）组织组成的贫困国家集团；其他各种形式组成的发展中国家集团，如由非洲4国组成的“棉花集团”，由多米尼加、洪都拉斯等组成的33国联盟等。

第三，南北合作组织或南北对话会议成为南南合作重要场所。例如在8国集团首脑会议与非洲国家的对话会议、世贸组织谈判前夕，发展中国家在会议召开前往往首先协调立场，以争取更有利于自身发展的条件。在区域性组织中，如APEC、NAFTA和环地中海国家组织，为了维护自身利益，发展中国家往往首先在一些问题上进行协调，以维护自身的利益。

第四，跨区域南南合作成为南南合作最新形态。为共同应对新世纪的挑战，2000年10月，中非双方共同倡议成立了中非合作论坛，在南非的努力下，2015年始中非合作论坛部长级会议升格为峰会。2005年三个跨发展中区域的会议引人瞩目，除2005年4月召开首届亚非峰会外，2005年5月和6月还先后召开了南美—阿拉伯国家首脑会议和首届亚洲中东对话会议。2005年

4 月召开的亚非会议作出了定期会晤的安排，会议决定每 4 年召开一次亚非首脑会议，每二年召开一次部长级会议，并在举行首脑会议时同时召开商业峰会。跨区域南南合作与交流为发展中国家间的合作搭建了一个新的桥梁，弥补了发展中国家区域之间长期以来一直缺乏有效合作机制的缺失，具有很重要的意义。在区域性南南合作方兴未艾，并取得一定成效的情况下，可以预计，加强跨区域性南南合作将成为未来南南合作的一个重要方向。

（三）南南合作的意义

南南合作有助于冲破现存不平等的国际关系和建立国际经济新秩序，是发展中国家迎接国际形势变化以及经济全球化挑战的重要途径，具有伟大的战略意义：

第一，有利于促进发展中国家的经济发展，壮大其经济实力。发展中国家应当把发展和壮大自己的经济实力，摆在首要地位，而不应在经济上过分依赖发达国家。而要争取经济繁荣、增强自身经济实力，就必须加强南南合作，走弱者集体自力更生的道路，建立独立自主的民族经济。同时，南南合作也有利于发展中国家充分发挥自然和人力资源优势，深入挖掘各自的生产和科技潜力，取长补短，共同提高。各发展中国家的自我发展能力和实力的增强，是它们加快发展的根本保证。

第二，实行南南合作，有助于第三世界在国际交往中团结协作、凝聚力量，用同一个声音说话，从而提高其在南北对话、南北谈判中的地位，保护自身的利益，建立公正合理的国际新秩序。

第三，由于历史的原因，某些第三世界国家之间存在着一些矛盾和争端，甚至会引发冲突和战争。只有通过南南合作，才能使第三世界国家认识到整体性利益的存在，并创造机会使各国排除干扰，耐心协商，以化解和消除争端。

第四，南南合作，有助于推动南北谈判，改善南北关系，在公平互利的基础上促进南北经济合作，以实现全世界各类国家普遍的经济繁荣。

南南合作是发展中国家反对霸权主义、维护共同利益、携手建立世界政治经济新秩序的需要，具有广阔的前景和巨大的潜力。但由于发展中国家的经济普遍落后，各自面临国内国外的多种困难，再加上大国的分化和压制，使南南合作的进一步扩展遭遇到不小的阻碍。面对来自内部和外部的严峻挑战，发展中国家应从战略高度出发，积极探索南南合作的多种模式，相互支持，共同发展。

阅读书目：

1. 李琮：《第三世界论》，北京：世界知识出版社，1993 年。

2. 中国现代国际关系研究所第三世界研究中心：《当代第三世界透视》，北京：时事出版社，2001 年。

3. ［美］斯塔夫里亚诺斯：《全球分裂　第三世界的历史进程》，王红生等译，北京：商务印书馆，1993 年。

4. ［美］罗杰·汉森：《南北僵局之出路》，刘鸿基等译，北京：新华出版社，1986 年。

5. ［美］弗朗西斯科·洛佩斯·塞格雷拉：《全球化与世界体系》，白凤森译，北京：社会科学文献出版社，2003 年。

6. ［英］埃里克·霍布斯鲍姆：《民族与民族主义》，李金梅译，上海：上海人民出版社，2000 年。

7. 畅征：《第三世界政治与经济》，郑州：河南教育出版社，1988 年。

8. ［美］塞缪尔·亨廷顿：《变化社会中的政治秩序》，王冠华等译，北京：生活·读书·新知三联书店，1989 年。

思　考　题

1. 发展中国家经济发展取得了哪些成就？面临的困难和问题是什么？

2. 冷战后南北关系的新特点有哪些？

第五章

战后社会主义国家的经济与政治

关键词：

改革浪潮；苏东剧变；经济政治转型；对外政策

要点提示：

- 战后社会主义国家经济政治发展及对人类进步的贡献
- 战后社会主义国家掀起三次改革浪潮
- 东欧剧变、苏联解体过程及原因
- 冷战后独联体成员国、东欧各国及俄罗斯的经济政治转型与对外政策调整

战后社会主义从一国到多国的发展是20世纪最伟大的事件之一。社会主义运动是辉煌和曲折交相并存的历史发展进程。社会主义制度的诞生开创了社会主义与资本主义国家之间和平共处与竞争的新时代，社会主义的发展壮大改变了世界格局和历史进程。社会主义改革是为了真正实现一个更加公正和更有效率的理想的社会发展目标。苏联解体与东欧剧变对社会主义运动产生了巨大的冲击。社会主义发展进程是曲折性与前进性的辩证统一。在经济全球化和世界多极化趋势中社会主义正在寻找着自己的定位点和光明的前途。

第一节　战后社会主义国家的发展与探索

一、战后社会主义国家经济政治的发展

（一）社会主义从一国发展到多国

1. 战后初期的革命形势

社会主义有一个从空想到科学、从理论到实践、再从一国到多国的发展

过程，可以说是三次大的飞跃。1917 年俄国的十月社会主义革命取得胜利，列宁领导的布尔什维克党通过暴力革命取得了政权，建立了世界上第一个社会主义国家。但是，在相当长一段时间内，这一个社会主义国家，有如资本主义汪洋大海中的一个小岛。直到二战胜利，在欧洲、亚洲和拉丁美洲才建立了一批人民民主国家，相继走上了社会主义道路。

2. 社会主义从一国发展到多国

战后总共有波兰、罗马尼亚、保加利亚、阿尔巴尼亚、匈牙利、捷克斯洛伐克、南斯拉夫和民主德国 8 个欧洲国家，和越南、朝鲜、中国和老挝 4 个亚洲国家，还有拉丁美洲的古巴总共 13 个国家走向社会主义，加上二战前建立的苏联和蒙古人民共和国，总共为 15 个社会主义国家。

（1）东欧人民民主国家的建立和巩固

东欧国家在战前都是资产阶级和地主阶级占统治地位的国家，在政治上和经济上对帝国主义垄断资本有很大的依赖性。战争初期，德国占领了捷克斯洛伐克、波兰、南斯拉夫；意大利占领了阿尔巴尼亚；匈牙利、罗马尼亚、保加利亚成为法西斯德国的同盟国。战争中，东欧各国人民先后都展开了各种形式的反法西斯斗争，成立了各种名称的民族解放阵线，其中坚力量大多是共产党，共产党在领导人民革命斗争中赢得了群众，为东欧各国人民民主政权的建立提供了内部条件。战争后期，苏联军队追击法西斯军队进入东欧各国，铲除了那里的法西斯势力，为东欧各国人民民主政权的建立，创造了良好的外部条件。在东欧建立的人民民主国家有：南斯拉夫、阿尔巴尼亚、罗马尼亚、保加利亚、波兰、捷克斯洛伐克、匈牙利和德意志民主共和国。

（2）亚洲各人民民主国家的建立

第一，蒙古人民共和国的成立及走上社会主义道路。1911 年，外蒙古脱离清政府，宣告自治。1924 年，蒙古人民共和国成立。1946 年初，当时的中国政府承认蒙古人民共和国独立。经过十多年的经济建设，蒙古人民革命党于 1958 年宣称，蒙古已由一个畜牧业国家转变为农业工业国，1959 年蒙古政府宣布，99%以上的牧户已加入合作社，从而完成了农村中的社会主义改造。

第二，朝鲜民主主义人民共和国的成立。1945 年日本投降后，美、苏军队依据在波茨坦会议上达成的协议，分别进驻朝鲜南部和北部，其分界线是北纬 38 度线。1948 年 8 月，在朝鲜半岛南部成立了大韩民国，以汉城为首都，73 岁的亲美人物李承晚担任了总统。1948 年 9 月，在北部成立了朝鲜民主主义人民共和国，以平壤为首都，金日成为首相。朝鲜半岛从此处于分裂状态。

第三，越南民主共和国的成立。印度支那共产党发动人民开展反抗法国和日本帝国主义的斗争，于 1941 年 5 月成立了越南独立同盟。1945 年 9 月 2 日，胡志明在河内宣告越南独立，成立越南民主共和国，胡志明任主席。以后越南人民又进行了九年的抗法战争，1954 年取得了奠边府战役的胜利，法国被迫签署关于恢复印度支那和平的日内瓦协议，以北纬 17 度为分界线，将越南分为南北两方。北方由越南共产党控制，南方由美国支持下的越南政权控制。

第四，中华人民共和国的成立。经过 14 年抗日战争和 3 年解放战争，在中国共产党的领导下，1949 年 10 月 1 日中华人民共和国宣告成立，1956 年三大改造完成，社会主义制度建立。

这样，二战后亚洲具有了四个人民民主国家。

3. 社会主义国家建立的重大历史意义

第一，社会主义国家的诞生，开创了社会主义与资本主义国家之间和平共处与竞争的新时代。第二次世界大战前只有苏联一个社会主义国家，随时面临着被帝国主义国家武力扼杀的危险。战后一系列社会主义国家的诞生及其迅速增长的政治军事实力，形成了一个强大的政治集团和经济力量，结束了社会主义的“孤岛”和帝国主义一统天下的时代，迫使以美国为首的西方国家不得不承认社会主义国家存在的事实，不得不与社会主义国家实行和平共处与和平竞争。

第二，社会主义国家的建立使人类政治文明的发展史开始发生了质的飞跃：社会主义国家是在推翻资产阶级国家政权后建立起来的。少数人剥削、压迫、统治大多数人的不民主、不自由、不平等、不公正的制度，第一次被历史上从未有过的社会主义政治文明实践所否定，被剥削、被奴役的无产阶级和广大劳动人民开始真正成为国家和社会的主人。

第三，社会主义制度的建立，解放了生产力，推动了社会经济的迅速发展，使社会主义国家出现了比资本主义国家更快的发展速度，从而为世界经济进步和繁荣作出了重要的贡献。

第四，社会主义的发展壮大改变了世界格局和历史进程。20 世纪 40 年代，苏联凭借社会主义经济政治制度所提供的物质力量和国家凝聚力，赢得了反法西斯的第二次世界大战的伟大胜利。战后，亚欧一批国家先后走上了社会主义道路，社会主义从一个国家的实践发展成为一种世界体系。特别是社会主义在中国的实现，打破了帝国主义的东方战线，深刻地改变了世界力量的格局。社会主义国家同被压迫民族和被压迫人民紧密团结，坚持反对帝国主义、反对殖民主义的正义斗争，有近 100 个原属殖民地、半殖民地的国家和地区先后取得了民族独立和解放，摧毁了帝国主义的殖民统治体系。20 世纪社会主义运动的理论与实践，在人类编年史上留下了辉煌的篇章。

（二）战后社会主义国家经济的发展

作为一种经济制度的社会主义，要比资本主义年轻得多，虽然迄今已有近 80 年的历史。在二战以前，世界上只有一个社会主义国家苏联孤军奋斗。在严酷的战争环境中和帝国主义的层层包围下，苏联大规模地进行了社会主义工业化和农业集体化建设，在短短 20 年的时间内实现了资本主义国家花费了一两百年才能实现的工业化进程，把一个不发达的资本主义俄国建成了一个具有相当水准的社会主义工业国和农业国，使工业生产水平由 1913 年的世界第五、欧洲第四变成世界第二、欧洲第一的强国，并且开创了社会主义的第一个经济制度的模式。尽管在确立这个经济模式的过程中，出现了很多可以避免和难以避免的种种问题，但从总体上来说，它是起过积极作用并且具有强大的生命力的。苏联国民经济在国内革命战争时期和二战后的恢复，以及社会主义工业化的完成证明了这一点。伟大的“卫国战争”中苏维埃国家的胜利也证明了这一点。二战后，中国和东欧一系列人民民主国家走上了社会主义道路，从此在资本主义的世界经济体系中撕开了一个裂口。它奉行的国民经济有计划按比例发展的原则，它追求的社会公正的按劳分配原则，是对资本主义经济种种弊端的纠正，也为世界经济的繁荣和不发达国家的发展道路提供了一个新的样式和选择。

以苏联为代表的实行计划经济的社会主义国家，其经济发展在二战后初期曾经达到了相当高的速度。在尖端科学技术上也曾取得了一系列令世人瞩目的成就。作为社会主义体系的东欧国家，从人均 GNP、平均寿命、住房面积和公民文化水准等标示现代化发展水平的指标来看，较之战前有了相当大的提高，就其总体来说，绝大多数东欧国家 80 年代跨入了第二世界即中等收入国家的行列（见表 5-1）。

表 5-1　1987 年东欧国家社会发展情况（GNP 波、阿是 1980 年的统计数据）

国别（简称）	阿	保	罗	波	匈	捷	南	民德
人均国民收入/美元	840	3 000	2 598	3 800	4 500	5 800	3 000	6 000
建政前后平均寿命比较	38.2～70	52～70	42～70	—	—	—	—	—
人均住房面积/m^2	80%住进新居	16.8	10.8	16	15	16	18.7	—
教育状况大学生数/万人	普及 8 年义务教育	126	70	120	93	109	157	—

资料来源：《东欧概览》，中国社会科学出版社，1991 年。

总之，战后社会主义国家的经济得到了迅速恢复。一是国民经济快速稳定增长。如 1950—1982 年，苏联的国民收入增长 8.2 倍，工业产值增长 12 倍；中国 1983 年的国民收入比 1949 年增长 13 倍，工业总产值增长 42.5 倍。二是经济实力增强，在世界经济中的地位提高。苏联 1950 年国民收入只有美国的 31%，而到 1985 年上升到美国的 60%。波兰从战前欧洲最穷的国家之一，发展成为欧洲的一个重要工业强国，其造船业已居世界第 9 位，并且是世界第四大产煤国。三是人民生活水平有了较大提高。各国职工的月平均工资有了较大提高，住房面积有的国家甚至翻了一番。可以说，在二战后的相当一段时间，社会主义的发展达到了辉煌的顶点，展现了社会主义现代化发展道路的独特路径。它成为一种具有强大吸引力的经济制度，不仅对落后的发展中国家，而且对一些西方资本主义国家，都是如此。

（三）战后社会主义国家政治的发展

在同一时期内，政治体制的改革也在逐步推进，社会主义民主得到发扬，广大人民群众的主动性、积极性、创造性得到了很好的发挥。欧亚各国在本国共产党的领导下和苏联的帮助下，纷纷建立了工人阶级和劳动人民的革命政权。共产党力量强大、群众基础较强的中国和南斯拉夫、阿尔及利亚三党，在解放以后建立了共产党领导的人民民主政权；而波兰、保加利亚、匈牙利、捷克斯洛伐克、罗马尼亚等国则在解放后的一段时间内建立了包括资产阶级在内的多党联合政府。随着冷战的发生和国内局势的变化，各国共产党在苏联的支持下，最终将亲西方的党派清出政府，确立了共产党的主导地位，保证了国家沿着社会主义道路前进。

同时，从政治制度来说，这些国家多实行共和制，没有任何一国实行君主制。各国宪法都明确规定国民议会或人民议会或人民代表大会是国家最高权力机关和立法机关，政府是它的执行机关，由国民议会选举产生、向国民议会负责并报告工作。一般的国民议会常设机构的主席为国家元首。这些国家多是采用一院制，这也不同于西方国家的两院制。当然，也有例外的，如建立联邦院和民族院的。从而确保一切权力属于人民，实现了人民当家作主的政治目的。

（四）社会主义国家经济政治的发展对人类进步的巨大贡献

社会主义国家经济政治的发展在 20 世纪对人类进步的伟大贡献表现在：列宁领导的十月革命的胜利开创了人类历史由资本主义向社会主义过渡的新纪元；社会主义国家从根本上改变了过去劳动人民无权的地位，消灭了阶级压迫和剥削制度，实现了劳动人民当家做主；社会主义国家经济发展显示了以公有制为主体的社会主义制度的优越性；苏联在二战中成为反法西斯的主力军，在打败法西斯德国的战争中，做出了巨大牺牲；社会主义国家的兴起，极大地推动了殖民地半殖民地国家人民反帝、反殖、争取民族解放的斗争，支持和促进了亚非拉民族独立运动的蓬勃发展，持续几百年的殖民体系在民族独立运动浪潮的冲击下土崩瓦解；社会主义国家的存在和发展，是反对和制止帝国主义侵略战争、保卫世界和平的伟大力量和中流砥柱；社会主义国家的存在和发展本身对发达资本主义国家是一种挑战和压力，有利于这些国家广大人民改善劳动条件，增加劳动收入，提高社会地位，参与政治生活的斗争；中国改革开放的伟大成就显示了社会主义的巨大生命力，它所创造的奇迹举世公认，对社会主义的未来发展将产生广泛深远的影响。

二、战后社会主义国家经济政治体制的改革与探索

恩格斯在世时就曾预见到：“所谓‘社会主义社会’不是一种一成不变的东西，而应当和任何其他社会制度一样，把它看成是经常变化和改革的社会。”①

① 中共中央马克思恩格斯列宁斯大林著作编译局．马克思恩格斯全集：第 37 卷［M］．北京：人民出版社，1971：443.

社会主义国家后来的实践充分证实了恩格斯预见的正确性，随着苏联模式弊端的逐步暴露，各社会主义国家先后进行了自我调整，出现了三次改革浪潮，并创造了四种改革模式：一是南斯拉夫社会主义自治理论建立的市场经济体制；二是在高度集中的指令性计划经济基本框架内进行改革的苏联体制；三是实行计划机制和市场机制相结合的匈牙利模式；四是中国在改革开放实践中选择的社会主义市场经济体制。

(一) 社会主义国家改革的背景

1. 苏联在战后初期国民经济恢复和发展方面取得的主要成就与暴露出的问题

苏联为在二战中战胜德、意、日法西斯付出了沉重的代价。为医治战争创伤，1946 年 3 月，苏联公布了第四个五年计划（1946—1950）。到 1950 年，苏联的工业总产值超过 1940 年的 73%，农业总产值接近战前。但苏联在国民经济恢复和发展的过程中也暴露出了许多问题：首先，在国家体制方面，苏联采用的是高度集中的经济政治体制。这个体制在大规模集体化和工业化时期以及在二战后的恢复时期，有效地发挥了作用。战后它的弊端日益显著：高度集中的经济体制排除市场机制，利用行政手段管理经济，阻碍了经济的发展，使企业丧失了生机和活力；高度集中的政治体制，使权力过于集中，滋生官僚主义和形形色色的特权现象。上述弊端，阻碍了社会生产力的进一步发展，并且影响人民正常的民主生活。其次，在国家政治生活方面，由于对斯大林的个人崇拜有增无减，社会主义民主和法制继续遭到破坏。报刊和新闻机构，每提到斯大林的名字，必须冠以“最伟大的领袖”“敬爱的父亲”“无与伦比的战略家”等称号。再次，在思想文化方面，在抵制西方思想渗透、反对资产阶级文化的斗争中，把许多学术问题当作政治问题批判。

2. 东欧各国照搬苏联高度集中的经济政治体制

东欧各国除苏联外无所借鉴其他国家，所以只能学习苏联高度集中的经济政治体制。另外，苏联将东欧当作自己的势力范围，强制推行自己的模式。1947 年 9 月，受苏联控制的共产党和工人情报局成立，苏联要求东欧各国按照苏联模式进行社会主义革命和建设，不再允许它们探索适合本国情况的社会主义道路。1948 年，反对苏联控制的南斯拉夫共产党被开除出情报局，从此，东欧各国与苏联模式不同的社会主义道路一律被斥之为“民族主义道路”

和仇视苏联。对东欧各国来说，当时学习苏联建设社会主义经验是必要的，有利于迅速恢复生产和医治战争创伤，但这种苏联模式，为日后东欧各国国民经济的发展和政治局面的长期稳定埋下了隐患。

（二）20 世纪 50—80 年代社会主义国家改革的三次浪潮

1. 第一次改革浪潮（从 50 年代中期到 60 年代初）

南斯拉夫最早实施改革，随后苏联、波兰、匈牙利也都进行了局部改革。

（1）南斯拉夫最早走上改革道路

南斯拉夫从 1950 年开始逐渐抛弃苏联模式，开创了“自治社会主义”道路，率先突破了传统的“苏联模式”，对后来社会主义国家的改革起了积极的借鉴作用。南斯拉夫开创的社会主义自治制度既是一种政治制度，又是一种经济制度。其基本特点是，在政治上扩大人民民主，实行地方分权和党政分工，在经济上让市场调节在国民经济中起主导作用，政府只对经济进行宏观管理，企业作为独立的经营者，实行生产自治。南斯拉夫的改革拉开了社会主义国家改革的序幕。

（2）苏联赫鲁晓夫时期的改革

斯大林逝世后，赫鲁晓夫通过苏共二十大，揭露和批判了斯大林的“个人迷信”和肃反扩大化错误，同时对苏联的经济和政治体制进行了局部性的改革。

第一，赫鲁晓夫的经济改革。赫鲁晓夫当政期间在经济领域的改革，首先是从农业开始的。内容有：取消集体农庄对国家的义务交售制，削减农业税，提高农副产品的收购价格，以提高农民生产的积极性；改组机器拖拉机站，把原属国家的农业机械卖给集体农庄；为提高粮食产量开展大规模的垦荒工作，扩大玉米种植面积。在对农业体制进行改革的同时，苏联也对工业管理体制进行了改革，尽管牵扯多方面，但主要是针对过去高度集中的管理体制。赫鲁晓夫从农业改革开始，具有相当的现实性，但从根本上说改革是失败的，他对斯大林的批判是严厉的，但并不深刻。

第二，赫鲁晓夫的政治体制改革。赫鲁晓夫在政治体制方面改革的主要内容是：在平反大量冤假错案的同时，整顿了国家安全机关，改变了其凌驾于党和国家之上的无法无天的局面；在批判斯大林的个人迷信和个人崇拜的同时，定期召开党的代表大会和中央全会，集体领导有所加强；建立干部轮换制度，规定各级领导班子每届时要更换一定比例的干部；1962 年，决定

“以生产原则为基础，自下而上地改组党的领导机构”，规定在各级机关设立分别领导工业生产和农业生产的党的领导机关，即所谓设立工业党委和农业党委。这个做法严重破坏了党的统一领导，是赫鲁晓夫改革中很失败的一步。赫鲁晓夫的政治体制改革没有改变共产党高度集权、权力缺乏制约和监督的状况，没有能摆脱政治体制的弊端，最终自己也成了斯大林式的悲剧性人物①。

（3）波兰哥穆尔卡的改革

在苏联的影响下，波兰也进行了改革的探索，在经济上尝试计划与市场相结合，扩大企业自主权和改善管理等。波兹南事件②平息后不久，哥穆尔卡上台，积极进行政治、经济方面的改革，在政治上，整顿了党和政府的领导机构，开展反对“修正主义”思想的斗争。在经济领域，反对苏式的农业全盘集体化，强调发展合作社的自愿原则。在经济建设方针上，放弃以重工业为重点的五年计划，增加消费品生产和农业生产。在计划体制方面，主张实行中央计划与企业自治相结合，削减中央计划中的指令性指标，撤销中央各主管部所属的管理局，成立企业联合公司，扩大企业自主权。但是，哥穆尔卡的改革并未取得明显成效，20 世纪 60 年代，由于国内外的复杂因素，改革中断，波兰又出现了新的经济困难，长期无法摆脱困境。

2. 第二次改革浪潮（从 60 年代上半期到 70 年代中期）

随着苏联模式弊端及其带来的不良后果的日益显露，人们对改革必要性和改革本身的认识不断加深，苏联和东欧国家开始了新一轮的改革尝试。

（1）苏联勃列日涅夫时期的改革

1964 年 10 月，苏联历史进入了勃列日涅夫领导的时期（1964—1982）。勃列日涅夫采取了“稳定局势”的方针，进行了一系列政策调整，把改革的重点转移到工业方面。全面推行新经济体制：减少中央的指令性计划指标；扩大企业自主权；引进经济手段管理经济，提高经济杠杆的作用，通过利润提成方式加强对企业领导人和职工的物质刺激；完善计划管理方法，协调企业、国家和职工三者利益关系等。该改革收到一定成效，企业权力有所扩大，

---

① 黄宗良，孔寒冰. 世界社会主义史论［M］. 北京：北京大学出版社，2005：411-412.

② 1956 年 6 月，波兰的波兹南斯大林机车车辆制造厂的工人要求增加工资和降低奖金税，遭到政府拒绝，由此导致了工人与警察冲突的波兹南事件。

经济核算得到加强，生产积极性有所提高。据统计，1966—1970年，苏联工业生产总值年均增长率为8.5%①。在农业方面，也采取了一些措施，如提高农产品的收购价格，收购计划五年一定，降低农业的税率，放宽宅旁园地的限制等，并产生了积极作用，粮食年均产量由“七五”计划期间（1961—1965）的1.303亿吨增加到“八五”期间的1.676亿吨和“九五”期间的1.861亿吨②，人民生活水平逐步提高，军事和综合国力大为增长，一跃成为与美国匹敌的超级大国。

在政治领域，勃列日涅夫执政初期，调整了赫鲁晓夫改革留下的体制混乱状态，如废除了按生产原则划分党组织的做法；恢复“按部门原则组织工业管理”，撤销地区国民经济委员会；取消了1961年二十二大通过的关于干部按比例定期轮换的硬性规定；但没有打破苏共一党高度集权、权力没有制约和监督的状况。到勃列日涅夫执政后期，随着他个人专断作风的滋长，政治生活僵化，改革趋于停滞，中央集权的计划经济活力衰退，经济增长率明显下降，社会矛盾丛生，国家陷入困境，到1975年改革停止。

（2）匈牙利的改革

匈牙利在1956年“匈牙利事件”后，以卡达尔为首的匈牙利党和政府认真总结经验教训，注意改善党的领导，加强党的自身建设，实行一些新的经济政策，探索建设社会主义的新的途径。在政治方面，匈牙利党和政府尽量妥善地处理好1956年事件的遗留问题，没有笼统地将这一事件定性为反革命，而说成是整个匈牙利党、国家和人民的悲剧，对于参加者一般也不予以追究刑事责任。20世纪60年代初，为前领导人拉科西时期的各种冤假错案平反，还将拉科西等人开除出党③。从1968年起，在全国全面推行经济体制改革。这次改革的特点是在生产资料社会主义所有制的基础上，探索建立一种把中央计划控制与市场机制有机结合的新经济体制。改革前期经济发展较快，人民生活有较大改善，匈牙利也因此被誉为“东欧消费者的天堂”。到20世纪70年代中期，基本上形成了自己独特的社会主义“计划指导下的市场经

① 陆南泉等. 苏联国民经济发展七十年［M］. 北京：机械工业出版社，1988：126.

② 陆南泉等. 苏联国民经济发展七十年［M］. 北京：机械工业出版社，1988：450-451.

③ 久尔科·拉斯洛. 卡达尔——历史背景下的肖像素描［M］. 马玉琪，等译. 北京：世界知识出版社，1983：161.

济”模式。但随后，由于受国内外各种因素的影响，改革陷入困境。

匈牙利事件

20世纪50年代初，在社会主义建设中，匈牙利机械式照搬苏联模式，片面高速地发展重工业，造成国民经济比例严重失调，人民生活水平不断下降，在农村强制推行集体化运动，大大挫伤农民的生产积极性，使农业长期处于落后状态。1953年斯大林逝世后，匈牙利人民强烈要求改革，首都布达佩斯的一些知识分子和党员干部组成的裴多菲俱乐部特别活跃。人们公开批评党的领导和现行政策，要求改革国家的经济政治体制，提高人民生活水平，维护民族独立和尊严，按平等自主原则调整匈牙利和苏联的关系，发扬民主，确认言论自由和新闻自由。在人民提出这些正当要求时，布达佩斯大规模的游行示威演变成流血冲突，形势急剧变化，国内的反共势力在国际帝国主义势力的支持下，利用人民的不满情绪和社会动乱，乘机发动反革命武装暴乱，导致爆发了1956年的匈牙利事件。

(3) 捷克斯洛伐克的“布拉格之春”

从20世纪60年代开始，捷克斯洛伐克的经济严重恶化，政府财政赤字达50多亿克朗，人民不满情绪日益增长，特别是波匈事件相继发生，推动了捷克斯洛伐克国内改革力量的日益发展。1968年初，改革派杜布切克出任党中央第一书记，4月捷共公布了推行政治经济体制全面改革的《行动纲领》，宣布捷“将进行实验，给予社会主义发展以新的形式”。由此，捷克斯洛伐克进入了“布拉格之春”的局面。捷克斯洛伐克制定的行动纲领提出建立一种民主的、适合本国条件的社会主义新模式，在经济方面主张：实行权力下放，扩大企业自主权；运用市场机制，鼓励竞争；企业实行民主管理，职工自治；在政治方面，改革党的职能和领导方式，消除权力过分集中和党直接管理行政的现象；保障国家行政机构、代议机构和司法机构的独立性；改革选举制度，确保公民的选举权等。此次改革的实质是要摆脱苏联控制和苏联模式，争取独立发展，探索适合本国国情的社会主义发展道路。当然，这是苏联领导集团所不能忍受的，同年8月20日夜，苏联率领波兰、匈牙利、保加利亚、民主德国等华约五国悍然入侵捷克斯洛伐克，占领了捷克斯洛伐克，迫使其放弃了改革。

这一时期南斯拉夫、保加利亚、波兰、民主德国等国也进行了改革。

3. 第三次改革浪潮（从 70 年代末到 80 年代末）

从 20 世纪 70 年代末期开始，社会主义各国的经济发展进一步下滑，乃至出现了不同程度的危机，促使社会主义国家又一次掀起了改革的高潮。中国率先改革，到 80 年代中期，改革在苏联和东欧国家全面展开。在这一阶段的改革中，东欧国家和苏联的改革逐渐偏离了正确方向，试图借用西方社会民主党的民主社会主义政治理论和经济政策来解决国内问题，结果逐渐滑向了资本主义经济政治轨道，不仅夭折了他们的社会主义改革，而且导致东欧剧变、苏联解体。

与此形成鲜明对照的是，中国的改革取得了明显的成就。十一届三中全会以后，中国共产党坚持解放思想、实事求是的思想路线，提出了建设中国特色社会主义的正确方向，指导中国改革从农村到城市、从经济领域到其他领域全面稳妥地进行，取得了较大的成功。进入 20 世纪 90 年代以后，中国成功地实现了社会主义制度与市场经济的结合，创立了社会主义市场经济新体制，为全面建设中国特色社会主义、实现国家现代化打下了坚实的基础。

三、战后苏联的对外政策

战后苏联与西方国家的关系经历了由对抗到缓和的变化过程：战后初期至 20 世纪 50 年代中期，针锋相对；50 年代中期至 60 年代中期，和解与对抗并存；60 年代中期至 80 年代中期，争夺加剧，既对抗又缓和；80 年代中期以后，全面缓和。

战后苏联与社会主义国家及发展中国家的关系经历了曲折的过程。苏南关系、苏阿关系、苏中关系以及华约五国对“布拉格之春”的镇压是其突出表现。而以“有限主权论”“国际专政论”“社会主义大家庭论”为主要内容的“勃列日涅夫主义”则完全是为干涉社会主义国家内政制造理论依据。根据战后苏联对外战略重点的变化及领导集团更迭，可以把其对外政策的演变分为四个阶段：

（一）斯大林时期（1945—1953 年）

1. 对西方国家实行和平对外战略

斯大林根据对当时国际形势的分析和恢复国民经济的需要，制定了和平对外战略，奉行与不同社会制度国家和平共处的政策，发展互利合作关系，进行正常、平等的经济贸易往来。但是，苏联的“大国合作”政策与努力并没有得到来自美国和英国的积极响应与配合，由战时同盟掩盖的大国之间的利益分歧在战争结束后开始日趋明显，各种分裂因素开始交织，并最后冲破战后初期尚可维持的合作关系，逐步走向对抗。苏美逐渐走向对抗不是偶然的，是由以下因素决定的：第一，共同敌人的消失。第二，苏联和美国对“大国合作”的理解和追求的目标不同。第三，双方由于社会制度、意识形态的差异，彼此充满了猜疑乃至敌意。第四，罗斯福的逝世预示着美国“对苏协调”政策的调整。第五，与罗斯福合作政策的内涵不同，斯大林主张的大国合作，本质上试图建立以美苏两国为主宰的世界新秩序。因此，尽管苏联奉行大国合作的政策，但在雅尔塔体系尚未对土耳其和伊朗做出明确规定时，苏联又表现出一种跃跃欲试的扩张势头①。

2. 对东欧国家的大国主义和民族利己主义倾向

斯大林时期，苏联加强同欧亚各人民民主国家的团结合作，支持被压迫民族的革命斗争，壮大社会主义力量，揭露和反对帝国主义的侵略政策和战争政策，推进和平运动，维护世界和平。但在与东欧国家的关系上，苏联已明显暴露出大国主义和民族利己主义的倾向，表现在以下几方面：第一，粗暴干涉别国、别党内政。第二，对东欧各社会主义国家强制推行自己高度集权的政治经济体制，把自己的理论和经验当作普遍真理。第三，利用雅尔塔体制，把大片东欧国家的领土划归为苏联所有，并向东欧国家索取大量战争赔款，拆走大量厂矿设备，实行不平等贸易②。

（二）赫鲁晓夫时期（1953—1964 年）

赫鲁晓夫对苏联的对外战略进行了重大调整，制定了新的对外战略，强调和平共处、和平竞赛、和平过渡的“三和路线”，其目标是美苏合作共同主宰世界。其基本内容是：同以美国为首的西方阵营“和平共处”，把“和平共处”定为苏联对外政策的总路线；在大力加强自身经济和军事实力的同时，苏联尽快取得与美国平起平坐的地位，实现“苏美合作、主宰世界”的目的；

---

① 陈伟，史婷. 试论战后苏联对外政策的演变［J］. 高等函授学报（哲学社会科学版），2008（6）：18-21.

② 周敏凯. 当代世界政治经济与国际关系［M］. 北京：高等教育出版社，2004：290.

对社会主义国家，一方面承认斯大林时期犯有大国主义的错误，另一方面又强调“一致性”，加强对社会主义国家的影响和控制；对亚非拉广大地区，在“支援民族解放运动和反帝反殖”的旗号下，加紧渗透和扩张，企图把这些国家纳入自己的轨道。这一时期的对外关系表现在：

1. 在“和平共处”的原则下，与西方的关系既有缓和又有紧张

在缓和方面，由于美苏力量对比的消长，赫鲁晓夫谋求苏美合作，与美国平起平坐，开始以和解姿态处理同美国为首的西方国家的关系，其中突出的事例有：①签订对奥地利和约。斯大林逝世后，苏联主动与西方国家合作，于 1955 年签订对奥和约，结束了苏、美、英、法四大国对奥地利的占领，解决了二战的一大遗留问题。②苏联与联邦德国建交。德国问题长期以来是东西方冲突的症结之一。1955 年，双方决定建立大使级外交关系。③赫鲁晓夫第一次访问美国。1959 年，赫鲁晓夫应邀访美，举行了戴维营会谈，标志着美国实际上承认了苏美同是超级大国的事实。在紧张方面，突出的事例有：一是“柏林墙”的修筑；二是“古巴导弹危机”。

古巴导弹危机

1962 年，苏联向古巴运送导弹，美国总统肯尼迪下令对古巴实行军事封锁，并进行战争威胁，苏联被迫撤走导弹，导弹危机才告平息。这一事件，表明苏联开始走上同美国进行全球争夺的道路，同时也表明当时的战略优势仍在美国方面。

2. 对社会主义国家一方面缓和矛盾，另一方面又加紧从政治、经济、军事等方面进行影响和控制

赫鲁晓夫为了缓和苏南关系，率团访问南斯拉夫，企图一举实现全面和解，包括重建两党关系。但一旦共产主义的统治受到威胁，赫鲁晓夫就会对其他社会主义国家的内政外交横加干涉，典型事例就是 1956 年的波匈事件。阿尔巴尼亚由于不屈从苏联，被指责为“反叛”，终止对其的经济和军事援助，并于 1961 年断绝两国外交关系。由于拒绝苏联在中国沿海建立长波电台和联合舰队，苏联单方面撕毁了援助的合同，撤走了专家，并在中苏边境陈兵百万，向中国施加压力。这一切充分暴露了赫鲁晓夫时期苏联继续奉行大国主义的行径。

3. 着手与第三世界新兴民族主义国家合作

赫鲁晓夫相当清楚地认识到第三世界对苏联有重大意义。“倘若印度随中国之后加入社会主义阵营，西方资本主义就将决定性地衰败下去。”[①] 所以他加大了对第三世界的渗透与扩张。苏联当时“进攻”的方向是亚洲南部和中东，而其最显著的手段是对外援助。1955 年 2 月 2 日，同印度签订经济技术合作协定。赫鲁晓夫和部长会议主席布尔加宁于同年 11 月 18 日至 12 月 19 日访问印度、缅甸和阿富汗，答应给三国巨额经济援助。在中东，苏联以捷克斯洛伐克的名义向埃及出售约 2 亿美元武器。苏联还于 10 月底同也门缔结友好条约，并着手予以大量援助。

（三）勃列日涅夫时期（1964—1982 年）

1964 年 10 月中央全会后，勃列日涅夫上台，苏联进入一个新的历史时期。勃列日涅夫时期，国际形势有了新的发展，美苏力量对比发生了有利于苏联的变化，因此这一时期苏联对外战略也发生了巨大变化，由大国主义变化为霸权主义。所以，勃列日涅夫执政前期，在苏联和西方关系方面，注意和西方搞缓和，并发展了同西方国家的经贸关系。20 世纪 70 年代中期，随着自己经济军事实力的增强，苏联逐步形成了称霸世界的全球战略，加紧苏美争夺。20 世纪 80 年代，苏联进入战略收缩时期。

1. “和平共处”总路线的维持和“缓和”政策的推行

勃列日涅夫在其执政初期，并没有形成一套自己的对外政策，而是继续维持了赫鲁晓夫制定的“和平共处”总路线，力图与西方缓和紧张局势和改善关系，尤其是与美国的关系，并争取解决欧洲边界、东西德国、柏林等多个悬而未决的问题，从根本上消除苏联所受到的西部威胁。在这样一种情况下，东西方关系开始出现了一定缓和，并得到了一些改善，但矛盾却没有消除，反而有加深的趋势。例如，苏联在与美国第一阶段限制战略武器条约签署之后，却并没有在军备竞赛的道路上停下来，在核武器数量超过美国后，还是继续发展战略核武器，希望在战略核武器的质量方面赶超美国。

2. 苏联积极进攻战略的确立与实施

勃列日涅夫时期，随着国家经济实力的提升、军事实力的膨胀以及国

① David Dallin. Soviet Foreign Policy after Stalin[M]. Philadelphia, 1961, pp. 229-232.

际形势有利于苏联的发展，到 20 世纪 70 年代中期，苏联的国家战略开始转向进攻，使得在 20 世纪 60—70 年代的苏美竞争呈现出苏攻美守的态势。此时苏联对外扩张的目标锁定在被称为“欧洲的软腹部”的中东和非洲地区，因为在这个地方西方国家是不可能在很快的时间里聚集起强大的力量对抗苏联的。于是，苏联立马利用军援、经援、军售以及条约对这里进行渗透。1971 年 5 月苏联与埃及签订《苏埃友好合作条约》，向其提供 50 亿美元的经济、军事援助，派遣军事专家顾问达 18000 多人。同年 8 月，苏联与印度缔结《苏印友好合作条约》之后不到两个月，印度即入侵巴基斯坦，并占领了东巴基斯坦，在这一过程中苏联向印度提供了大量的武器装备。而在整个 70 年代，像这样带结盟性质的友好合作条约，共有 10 多个第三世界国家与苏联签订。此外，在 70 年代后半期，苏联还普遍加强了对第三世界国家的经济和军事援助，尤其是军事援助。1970—1974 年苏联对第三世界的军事援助为 140 亿美元，1975—1979 年猛增到 300 亿美元。通过上述手段，许多第三世界国家被苏联直接或间接地控制着，这些国家的领导人无一不是亲苏派。

3. 苏联的战略收缩

进入 80 年代后，苏联陷入前所未有的逆境。居高不下的积累率、不断增加的军费开支，以及为了军备竞赛长期发展重工业而造成的国民经济畸形，使得苏联国内的经济形式愈发困难，在这样的情况下苏联希望能够与美国等国缓和关系，减少对抗，最好是停止军备竞赛。但是，停止军备竞赛的提议没有得到美国的积极响应，美国政府在 1983 年 3 月提出了“战略防御计划”(SDI) 即所谓星球大战计划，想拖垮苏联。在这一时期，苏联虽然竭力巩固他在 70 年代扩张时从第三世界获得的势力范围，防止美国重新取得在第三世界的影响，如拒绝从阿富汗撤军，对越南侵略柬埔寨继续提供支持等。但这些都无法掩饰其在全球范围内停止扩张，并开始战略收缩的事实。

（四）戈尔巴乔夫时期（1985—1991 年）

从 1985 年开始，以戈尔巴乔夫为首的苏联领导层对国际问题进行了新的观察与思考，并试图用新的观念和方式，处理国际事务和苏联的对外关系。戈尔巴乔夫于 1987 年公开提出了“新思维”，并用该思想作为苏联内外政策的指导。“新思维”的核心是“全人类价值高于阶级利益”，主张国际关系人道化、国际关系非军事化、国际关系民主化和国家关系非军事化。

戈尔巴乔夫的新思维的实质就是放弃与以美国为首的西方集团进行全面对抗，从所谓“全人类共同利益”的高度，重新审视国际关系，寻求共存、共荣。根据上述“外交新思维”，戈尔巴乔夫提出了“全方位安全”的观念。所谓“全方位安全”包括民族间和国家间关系的各个方面，也包括人的安全。戈尔巴乔夫声称，不顾及他国的安全利益，就无法保障本国的安全，而在核时代，不可能用军事手段建立起可靠的安全。

根据戈尔巴乔夫新思维的原则，苏联调整了对外战略：继续与美国就裁军、削减核武器、限制地区冲突等问题进行谈判，争取达成协议，对西欧争取建立“全欧洲大厦”；放松对东欧国家的控制，实行不干涉政策；努力改善与中国、日本等亚太国家的关系；调整与第三世界国家的关系，争取阿富汗、柬埔寨、安哥拉、尼加拉瓜等问题的政治解决等。

苏联对外政策的改变是一个关键性的因素，它导致国际关系出现了重大的变化，促成国际形势从尖锐对立走向全面和根本性缓和。其结果是以社会主义阵营瓦解和苏联解体的方式，终结了冷战。必须承认，苏联对外政策的变化在冷战结束的过程中，起了决定性的作用。

第二节　苏联、东欧国家的变化

一、东欧剧变、苏联解体

（一）东欧剧变

1. 东欧剧变的过程

从1989年下半年开始，欧洲发生了战后40多年来空前急剧的变化和激烈动荡。这次剧变的核心问题就是反对派夺取政权。1989年东欧6国（波兰、匈牙利、捷克斯洛伐克、保加利亚、民主德国、罗马尼西亚）从波兰团结工会组阁，到罗马尼亚政权更迭，共104天，通过三种形式发生剧变：和平演变、西德吞并东德和罗马尼亚齐奥塞斯库政权倒塌。1990年6月和1991年6月，南斯拉夫和阿尔巴尼亚受东欧剧变的影响，也先后实现解体和政权更替。东欧的剧变，实质上就是东欧各国社会主义向资本主义的和平演变，是国际共产主义运动中发生的严重倒退，也是世界社会主义事业遭到的重大挫折。

东欧剧变犹如“多米诺骨牌效应”一样，各国相互影响，彼此推动，导致这些国家政权相继发生了根本性变更的连锁反应。在整个东欧剧变中，首当其冲的是波兰。

20 世纪 80 年代初，由于政策的失误，波兰爆发了经济危机，政府不得不提高肉类的销售价格，从而激起了全国性的工人罢工、抗议浪潮。只有小学文化程度的格但斯克造船厂电工瓦文萨脱颖而出，以他极富煽动性的演说才能，成了罢工运动的领袖。他领导的团结工会得到西方国家的支持，迅速壮大。1981 年 12 月 12 日，团结工会在格但斯克召开秘密会议，一位代表直言不讳地大声喊道：“我们应该说，我们想夺权！我们想夺权！”会议一直开到深夜零点。团结工会的秘密活动被雅鲁泽尔斯基将军探悉，波兰由此开始了为期两年的军管。瓦文萨等团结工会和其他反对派的领导人被拘捕，团结工会遭取缔。全国暂时恢复了秩序，但危机的根子扎得更深了。

1983 年 7 月，波兰政府取消军管，瓦文萨获释。1988 年，波兰再次出现财政危机，政府大幅度提高消费品和服务价格，又遭到工人群众的强烈反对，各地的罢工此起彼伏，一浪高过一浪。在西方国家的干涉和压力下，加上苏联忙于应付内部的危机，放弃对东欧事务的干预，波兰统一工人党经过激烈的争论，在 1989 年初通过决议，宣布实行政治多元化和工会多元化。这年的 2 月 6 日，波兰政府与瓦文萨为首的团结工会及其他反对派举行圆桌会议，达成了一揽子协议。政府同意团结工会重新登记后合法化；实行立法、行政、司法三权分立，实行总统制和议会制，进行议会和参议院的大选。

波兰议会和参议院的大选，分别在 1989 年 6 月 4 日和 18 日进行。统一工人党遭到惨败；团结工会则大获全胜，赢得了议会中百分之三十五的席位，并一举拿下参议院一百席中的九十九席。团结工会一跃变成控制两院的第一大党。7 月 19 日，雅鲁泽尔斯基在两院联席会议上，仅以一票的微弱优势当选为波兰总统。8 月 24 日，瓦文萨的顾问马佐耶维茨基出任总理，以团结工会为主的新政府组成。1989 年 12 月，波兰修改宪法，将国名由波兰人民共和国改为波兰共和国，恢复红底戴王冠的白鹰为国徽。波兰国家的性质根本改变，成为一个实行西方议会民主和市场经济的国家。第二年的 12 月 19 日，瓦文萨当选为波兰总统。

东欧的其他国家也卷入了剧变的漩涡。1989 年 2 月，匈牙利社会主义工人党中央对 1956 年的“匈牙利事件”作了重新评价，定性为“人民起义”，并通过了实施多党制的决定。6 月 16 日，匈牙利政府为“匈牙利事件”的受难者、当时党和国家的领导人纳吉举行了重新安葬仪式，25 万群众参加了这一活动。10 月，社会主义工人党举行了最后一次代表大会，决定改组为匈牙利社会党。在第二年 3 月的大选中，反对党民主论坛获胜，原工人党彻底丧失了政权。

保加利亚的动荡是从 1989 年 5 月国内的伊斯兰少数民族大量外逃开始的。随后，各地的罢工示威活动频频发生，迫使日夫科夫在年底辞去保共总书记的职务，由姆拉德诺夫接任。第二年 2 月，保共十四大决定改名为保加利亚社会党。6 月，保加利亚进行了第一次多党选举，保加利亚社会党赢得了执政地位。但在 1991 年 10 月的第二次大选中，社会党还是被赶下了台。

1968 年，以苏联为首的华约组织出兵镇压捷共领导人杜布切克发起的政治经济改革，成了捷克斯洛伐克人民心中难以愈合的伤口。转眼到了 1989 年，受到波兰、匈牙利等国发生剧变的鼓舞，捷克斯洛伐克国内要求重新评价 1968 年“布拉格之春”的呼声日益高涨，终于酿成“11 月事变”。11 月 7 日到 28 日，全国爆发了有 250 万人参加的游行示威，要求取消一党制。11 月 19 日，以剧作家哈威尔为首的公民论坛成立，成为反对派的领导力量。捷共失去了对局面的控制。11 月 24 日，以雅克什为总书记的捷共领导班子集体辞职。11 月 29 日，捷联邦议会修改宪法，取消了共产党的领导地位。12 月 6 日，胡萨克辞去总统职务。12 月 28 日，“布拉格之春”的领导者杜布切克当选联邦议会主席。第二天，联邦议会选举哈威尔为总统。捷共沦为在野党。

在东欧剧变中，罗马尼亚一样风云变幻，但充满了血腥味。1989 年 3 月，六名前罗共领导人发表致罗共总书记齐奥塞斯库的公开信，批评他的内外政策，要求进行全面改革。但他不屑一顾。12 月 16 日，在罗马尼亚西部的蒂米什瓦拉市，为了保护一名遭迫害的天主教神父，大批群众在他藏身的教堂外拉起了人链，并与警察发生了流血冲突。这事变成了导致罗马尼亚政局剧烈动荡的导火索。19 日，首都布加勒斯特也爆发了几万人参加的示威游行，示威者再次与警察发生冲突。第二天，在首都市中心广场上举行的万人集会上，齐奥塞斯库严厉谴责蒂米什瓦拉发生的事件，却招致几万名群众声势浩大的示威游行。气急败坏的齐奥塞斯库下令军队开枪镇压，但遭到拒绝。22日，军队倒戈，与忠于齐奥塞斯库的保安部队发生了激烈的枪战。齐奥塞斯库夫妇见大势已去，便在这天中午乘直升机仓皇出逃，当晚在埃列娜的家乡被捕。25日，一个临时成立的军事法庭以屠杀、破坏国民经济等罪行，判处齐奥塞斯库夫妇死刑，立即执行。在齐奥塞斯库夫妇被捕的同一天，以前罗共中央书记伊利埃斯库为主席的救国阵线委员会宣告成立，并接管了全国政权；罗马尼亚社会主义共和国被改名为罗马尼亚，实行三权分立、多党制政体。

阿尔巴尼亚是东欧最封闭的国家，但也没能逃过剧变的厄运。1985年，霍查逝世，阿尔巴尼亚逐步改变其内外政策。1990年，东欧局势动荡，年底，阿尔巴尼亚也宣布开始实行多党制，国家走上“政治多元化”和“议会民主”的道路，放弃“社会主义专政”，军队、公安、司法、外交等重要部门实行非政治化和非党化。是年三次发生阿尔巴尼亚公民大规模出逃到意大利、希腊等国的事件，总人数达15万，占全国人口的5%。3月31日举行首次多党选举，产生了第一个多党议会，1991年4月29日，第12届人民议会通过《宪法要则》，决定将国名“阿尔巴尼亚社会主义人民共和国”改称为“阿尔巴尼亚共和国”。6月的阿劳动党第十次代表大会，决定将党更名为社会党，宣布“遵循民主社会主义道路”。

1989年，大量公民外逃的浪潮，使长期保持稳定的民主德国政局出现大动荡。这时，德国统一社会党中央领导更换，随后党的方针改变：承认反对派组织“新论坛”为合法组织；政府宣布开放东西柏林边界，拆除“柏林墙”；决定实行多党制。第二年春天，称为“德国联盟”的三个反对党联盟在大选中获胜。10月，以民主德国并入联邦德国的方式，实现了两德的统一。柏林墙打开后，大批民主德国公民前往西柏林。

随着苏联解体和东欧的巨变，南斯拉夫也发生了分裂。1991年6月，斯洛文尼亚、克罗地亚宣布独立。此后，马其顿、波黑也相继宣布独立。1992年4月27日，南斯拉夫议会通过新宪法，宣布塞尔维亚和黑山两共和国联合成立南斯拉夫联盟共和国。南联盟面积10万余平方公里，人口1054.4万，主要是塞尔维亚族、阿尔巴尼亚族、黑山族、匈牙利族及其他少数民族。官方语言是塞尔维亚语，主要宗教是东正教，首都贝尔格莱德。在南联盟中，人口不到70万的黑山共和国始终认为自己人少位卑，与塞尔维亚貌合神离，黑山内部要求独立的呼声也始终未断。

2. 东欧剧变的原因

东欧国家的剧变并不是偶然的，它是各国长期积累起来的各种矛盾的总爆发，是各种因素综合作用的结果，既有内因，又有外因。

(1) 东欧剧变的内因

第一，历史原因。东欧诸国之所以建立人民民主政权，是因为东欧国家无产阶级政党领导人民进行了革命斗争，并得到了苏联强有力的援助。所以，二战后，苏联对东欧各国的共产党一直以老大哥自居。在苏联大国主义的控制下，东欧各国实际上没有取得独立自主的权利。为了对抗美国的冷战攻势，苏联着意巩固在东欧的势力范围，强使东欧国家在内政外交上同他保持一致。在政治上，苏联要求东欧各国的执政党按照他的旨意部署行动计划、处理各自的内部事务和相互之间的关系；在经济上，苏联高度集中的计划经济体制成为东欧各国唯一可奉行的社会主义模式。东欧各国完全背离了各自的具体国情，成了美苏冷战的牺牲品。

第二，经济原因。经济建设搞不上去，社会生产力和人民生活水平得不到提高，是东欧剧变的最重要的原因，这主要归咎于照搬苏联模式。由于照搬苏联模式带来的消极后果，促使东欧各国不同程度上产生了摆脱苏联模式束缚的要求。虽然50至80年代，社会主义国家的改革出现了高潮，但这些改革除了南斯拉夫外，都未涉及苏联社会主义模式的主要弊端，因而没有对旧体制进行根本改革，以致改革成效不大，经济发展日趋缓慢，甚至出现滑坡。如波兰、匈牙利通货膨胀严重，80年代末期，两国的通货膨胀率常在两位数，人民生活降至70年代初的水平。再就是东欧各国大举借债，使经济危机进一步加深。70年代初至80年代初的10年中，东欧各国急于用外国贷款迅速提高本国的生产能力，大借外债，以至到80年代进入还债高峰期后，成为沉重的负担，使人民苦不堪言，激起对政府的强烈不满。

第三，政治原因。党的建设没有搞好，是东欧剧变的关键。二战后，东欧共产党与社会党在特定历史条件下实现合并。执政后，共产党派别林立、思想严重不纯，社会民主主义思想影响较深，组织涣散、纪律松弛，起不到坚强战斗堡垒和核心力量的作用。70年代以后，东欧国家领导人独断专行，甚至发展到专制独裁、个人迷信、家族统治等，社会主义民主遭到严重破坏，干部特殊化现象严重，官僚主义、贪污腐败之风盛行，完全脱离群众，党群关系极为紧张，在反对派进攻面前，得不到人民群众支持，只好步步退让，主动放弃领导权，轻易被击败。经济、政治上的失误和偏差，使各国党和政府的威信低落，其结果是使反对派能够获取相当数量的群众的支持，并最终以大选的形式获取政权。

（2）东欧剧变的外因

第一，苏联内外政策的变化对东欧各国的冲击。1985 年戈尔巴乔夫上台后，为了甩掉东欧这个经济包袱，苏联放松了对东欧的控制。同时，戈尔巴乔夫的东欧政策“新思维”，即建设“民主社会主义”的纲领，使苏联内外政策发生根本转变，对外搞“缓和”，不断迁就以美国为首的西方资本主义国家；对内鼓吹民主化、公开性、多元化，否定马克思主义的基本原则，对历来受制于苏联的东欧国家来说，造成了巨大的冲击，推动了东欧各国党的改组、分裂和蜕变，催化了东欧的变化并促使东欧各国的反对派借势突起。其结果是导致共产党的分裂，有的主动让权，有的被迫交权，使近半个世纪取得的社会主义建设成果毁于一旦。

第二，西方对东欧实行“和平演变”的战略。从社会主义国家出现后，国际帝国主义势力曾多次采用侵略战争等暴力手段，扼杀社会主义的幼芽，但均遭失败。二次大战后，他们把战略重点逐渐移到“和平演变”上来。最早提出这一战略的是美国驻苏大使代办乔治·凯南。美国国务卿杜勒斯提出，要把社会主义国家和平演变的希望寄托在共产党的第三、四代人的身上。进入 80 年代以来，美国和西方国家凭借经济和科技方面的优势，利用社会主义国家的困难和改革开放的复杂形势，加快推行“和平演变”战略的步伐，向东欧国家发动了“无硝烟的战争”。他们的策略手段有以下特点：一是把意识形态的渗透放在首位。他们利用新闻媒介造谣惑众，破坏社会主义声誉，宣传资产阶级价值观。二是利用经济贸易、技术援助，诱压社会主义国家接受西方条件。三是利用所谓“人权”问题干涉东欧各国的内政，支持和扶植东欧国家内部的反对势力。四是利用宗教势力削弱社会主义力量和煽动群众不满情绪。这些手段致使东欧国家共产党下台，政权变色。

3. 东欧剧变的教训

东欧剧变为我们提供了深刻的教训。这些国家的共产党大都没有能够很好地把马克思主义与本国的实际相结合，制定出一条正确的路线。这是战后东欧动荡和剧变的最根本的原因。它的主要表现是：第一，没有从本国实际出发进行社会主义建设和社会主义改革，使社会主义的优越性不能充分发挥，以致影响人们的社会主义信念。第二，没有始终坚持独立自主的原则维护本国的主权和利益，而是受到外国的影响和控制，不但使各国执政党失去本国人民的真心实意的拥护，也使得敌对势力有机可乘。第三，没有能够正确对待马克思主义，没有做到既坚持又发展马克思主义。东欧许多国家的共产党不是教条主义地对待马克思主义，就是修正主义地对待马克思主义，其结果是使马克思主义失去了活力和战斗力。这一切都说明了这些国家的共产党还不够成熟，我们必须从中吸取教训。

（二）苏联的剧变与解体

1. 苏联的剧变与解体的过程

（1）戈尔巴乔夫的改革

苏联作为两大超级大国之一，曾拥有着与美国相匹敌的庞大军事力量，但它的经济实力却一直不如美国。20世纪80年代，里根上台后，提出了“战略防御计划”，打算通过以高技术为核心的新一轮军备竞赛，拖垮经济力量相对落后的苏联。苏联的经济实力再难以支撑庞大的军费开支，同美国继续争霸了。为了扭转经济发展的颓势，维持苏联在世界上的大国地位，改革已是势在必行。

戈尔巴乔夫在1985年就任苏共中央总书记后，就确立了把国内和对外工作的重点转到发展经济上来的方针。但由于对原有经济体制触动不大，改革困难重重，成效不大。经济改革推进不下去，戈尔巴乔夫认为主要是政治阻力太大，于是他转向政治改革，以求扫清障碍。而他所推行的政治改革，则是以“民主社会主义”取代科学社会主义，提倡“民主化”和“公开性”。这种“新思维”的认识，反映到政治改革上，便是从揭露社会主义的“黑暗面”，发展到推行西方式的多党制，致使全国政治上失去了领导核心，思想上失去了统一的基础，各民族失去了联系的纽带。结果，导致了苏联社会思想混乱、民族矛盾加剧、经济状况恶化和社会秩序全面动荡。苏联的政治局面已到了难以控制的地步。

（2）苏联解体的演变过程

第一次独立浪潮。1990年3月以后，波罗的海沿岸3个共和国：立陶宛、爱沙尼亚和拉脱维亚先后宣布独立，在苏联掀起第一次民族独立浪潮。3个国家的独立之举在苏联各加盟共和国引起连锁反应，其他共和国也纷纷发表独立宣言或主权宣言，并加强横向联系，联合对抗中央，联盟濒临解体的危险。

1991 年 3 月，就联盟前途问题苏联举行了全民公决，绝大多数公民赞成保留联盟和原来的国名。但在国内经济、政治形势进一步恶化和各种政治势力斗争加剧的情况下，苏联总统和 9 个加盟共和国领导人越过苏联人民代表大会和最高苏维埃，于 4 月下旬发表“9＋1”声明，违背全民公决的结果，将苏维埃社会主义共和国改为“苏维埃主权共和国联盟”，并准备 8 月 20 日开始签约。8 月 19 日，苏联部分领导人为了阻止新联盟条约的签署，宣布取代戈尔巴乔夫总统职权，实行紧急状态，但很快失败。“8・19 事件”是苏联社会全面危机的产物，它加速了苏联的解体。

第二次独立浪潮。“8・19 事件”之后，叶利钦同戈尔巴乔夫相互配合，在西方国家的大力支持下，把斗争矛头首先对准苏联共产党，进而全面夺取中央国家机构的权力。俄罗斯总统叶利钦签署了一系列命令，宣布苏共和俄共的全部财产归俄罗斯联邦所有，下令停止苏联煤炭工业部、石油和天然气工业部及原子能工业部在俄罗斯境内的活动，并将上述各部所属企业和组织以及全部财产收归俄罗斯所有，将联盟中央的种种权力和财产一一抓到俄罗斯手中。俄罗斯领导人的言论和“以俄罗斯取代中央”的做法，激起了包括乌克兰在内的其他共和国对俄罗斯的怀疑和不满，加快了它们独立的步伐。1991 年 8 月 24 日，乌克兰宣布独立，波罗的海 3 国完全脱离苏联，其他各共和国也相继宣布独立，苏联出现第二次独立浪潮。之后，一些共和国撇开中央政府相互签署双边条约和协议，彼此承认对方的独立地位。1991 年 12 月 1 日，乌克兰举行全民公决，90％的投票者赞成独立，接着新当选的乌克兰总统克拉夫丘克和乌克兰议会分别宣布，乌克兰不在任何形式的联盟条约上签字。苏维埃社会主义共和国联盟成立宣言、条约及各项宪法条款对乌克兰“已经失效”。乌克兰的独立很快得到俄罗斯的承认，俄罗斯总统表示，既然乌克兰不参加新联盟，俄罗斯也不参加。加上其他共和国领导人的分立行动，致使新联盟条约搁浅，联盟地位岌岌可危。

苏联解体。1991 年 12 月 8 日，俄罗斯、乌克兰和白俄罗斯 3 国领导人撇开苏联总统和联盟中央机构，在白俄罗斯首都明斯克签署“明斯克协定”，宣布 3 国成立独立国家联合体，“苏联作为国际法的主体和地缘政治的现实将停止存在”。12 月 16 日，在苏联国土上一贯主张不能瓦解的哈萨克斯坦也宣布独立。至此，苏联 15 个加盟共和国除去俄罗斯联邦外，其余 14 个均宣布独立，苏联 1 分为 15 已成定局。面对这种形势，12 月 17 日苏联总统与俄罗斯联邦总统商定，苏联全联盟机构在1991年底前停止一切活动，苏联国旗将于1992年1月1日降落。1991年12月21日，苏联11个加盟共和国：阿塞拜疆、亚美尼亚、白俄罗斯、哈萨克斯坦、吉尔吉斯斯坦、摩尔多瓦、俄罗斯、土库曼斯坦、塔吉克斯坦、乌兹别克斯坦和乌克兰在哈萨克斯坦首都阿拉木图共同签署了《关于建立独立国家联合体协议的议定书》和《阿拉木图宣言》，宣布苏联不复存在。12月25日，戈尔巴乔夫发表电视讲话，宣布辞去苏联总统职务，红色的苏联国旗从克里姆林宫上空降下，红、白、蓝三色俄罗斯国旗继而升起。12月26日，苏联最高苏维埃共和国院举行了最后一次会议，代表们举手通过一项宣言，宣布苏联停止存在。一个存在了数十年的世界大国——苏维埃社会主义共和国联盟就这样彻底解体了。

2. 苏联剧变与解体的原因

苏联解体不是偶然的，它是多种因素综合作用的结果。第一，戈尔巴乔夫推行“人道的、民主的社会主义”和“国际政治新思维”是苏联解体最直接的原因。第二，高度集权的政治经济体制是苏联解体的深层次的社会历史原因。高度集中且僵化的政治经济体制，严重阻碍了苏联经济发展、政治民主的实现，致使苏联社会主义制度的优越性得不到充分发挥，使苏联在激烈的国际竞争中吃了败仗。第三，争夺世界霸权的外交政策，是苏联解体的重要原因。争夺世界霸权，加重了苏联国民经济困难，造成苏联国民经济畸形发展，结构和比例长期失调而且得不到纠正，严重影响了人民群众生活的改善和提高，降低了社会主义的凝聚力。对外侵略扩张，压迫、掠夺亚非拉国家和人民，也严重败坏了社会主义的声誉，致使苏联得不到国际支持与拥护，处境更加孤立。第四，苏联共产党日益脱离群众，是苏联解体的根本原因。苏联共产党执政70余年，在作出巨大成绩的同时，也犯有许多错误，对这些错误未能作认真的批评与自我批评，人民群众不满意、有意见。党内民主集中制又经常遭到破坏，个人集权现象长期得不到纠正，影响了科学、正确决策。党内纪律、规章制度不健全，难以预防派别斗争和党内上层权力斗争，影响党的稳定和权力顺利交接。党的领导和干部长期享有特权，生活腐化，官僚主义盛行，严重脱离群众。戈尔巴乔夫上台后，又用社会民主党的建党原则“改造”苏共，改变了党的无产阶级性质，放弃马克思主义指导思想，导致苏共思想混乱、组织涣散，战斗力严重削弱，在苏联人民心目中威信下降。第五，苏共在处理民族问题上的失误、西方国家的干预、压力和“和平演变”也是苏联解体重要原因。总之，苏联解体，主要还是苏联自身、苏共领导集团、主要领导推行一系列错误路线与政策所致。

3. 苏联剧变与解体的教训

苏联解体的教训是多方面的、深刻的。一是社会主义国家必须紧紧抓住经济建设这个中心，努力把经济搞上去，不断提高人民群众的生活水平。二是一定要解放思想，实事求是，把马克思主义的普遍真理与本国具体实际相结合，走自己的路，探索一条适合本国国情的经济发展道路。三是始终坚持加强党的自身建设，防止各种非马克思主义思想侵蚀党的头脑；加强党的组织纪律建设，预防派别斗争和组织涣散；加强集体领导，反对个人集权；紧抓廉政建设，打击贪污腐败，消灭干部特权，防止脱离群众。四是坚持四项基本原则，警惕西方“和平演变”。五是坚持改革开放，推动社会主义社会的进步和全面发展。改革开放中，要始终注意坚持社会主义方向。六是加强社会主义民主和法制建设，切实保障人民当家作主的权利，巩固无产阶级专政等。

二、正确认识社会主义发展的历史进程

20 世纪是社会主义由科学理论变成现实的社会制度、取得辉煌成就又遭受严重挫折的一段历史，世界社会主义运动遭受严重挫折的现实向人们提出了一个重要问题，究竟应如何认识社会主义发展的历史进程。

（一）社会主义在曲折中发展

社会主义制度是一种崭新的社会制度，这种制度的建立不只是根据人们追求美好幸福生活的长期愿望，而且是基于对资本主义制度的根本矛盾的分析，所以它有强大的生命力。因为它是崭新的制度，只能在探索中前进。

探索有成功和失败两种可能性，探索失败就会出现挫折，但这绝不是社会主义的失败，只是发展进程中的一个曲折，认真科学地总结经验教训还可以再探索前进，探索成功了，社会主义可以更快地发展，取得更大的胜利。但社会主义也要适时地进行改革和完善，这样社会主义才能在不断改革与不断完善中前进。社会主义由单一模式向各具特色发展，社会主义由初级阶段向高级阶段发展，到实现共产主义，都只能是在探索中前进。而探索就不能不承认它有成功和失败两种可能性，因此，社会主义是在曲折中向前发展和胜利前进的。

（二）社会主义理论仍具有很强的生命力

在东欧国家和苏联发生剧变以后，西方敌对势力认为社会主义的历史已经“终结”，然而，东欧国家和苏联发生的剧变绝不是社会主义的根本失败，社会主义还在继续发展，社会主义仍然具有光明的前途。因为社会主义理论是人类思想史上最先进的思想体系，以唯物史观为哲学基础，以剩余价值学说为经济学依据，深刻揭示了社会主义代替资本主义的历史必然性，阐明了实现历史变革的社会力量和道路。

社会主义理论一经产生，便成为改造旧世界、创造新世界的巨大的物质力量。从世界上第一个无产阶级政权——巴黎公社到十月革命后出现了世界上第一个社会主义国家，到二战后社会主义扩展到十几个国家并形成了一个世界体系，没有哪一种理论能够如此广泛而深入地影响群众，深刻地改变世界历史进程。社会主义科学理论不会因为东欧国家和苏联发生剧变而失去威力。

（三）社会主义制度具有不可否认的优越性

以公有制为主体的社会主义经济制度能适应先进生产力的发展要求，它不仅消除了劳动者与生产资料的分离和阶级剥削，也消除了资本主义制度下企业内部生产的有组织与整个社会生产的无政府状态之间的矛盾，可以更快地发展生产力；以人民当家作主为特征的社会主义政治制度代表了劳动人民的根本利益，保证了劳动人民当家作主的地位；不断满足广大人民群众日益增长的精神文化需要，全面提高整个民族的思想道德素质和科学文化水平，可以为经济发展和社会全面进步提供强大的精神动力和智力支持。

（四）社会主义依然代表着人类社会发展的方向和21世纪人类文明进步的方向

东欧国家和苏联发生剧变以后，中国、朝鲜、越南、老挝和古巴等国继续坚定地走社会主义道路，并努力地探索符合本国国情的社会主义道路和发展模式。特别是在中国，社会主义制度焕发出了新的生机与活力，中国特色社会主义取得了新的举世瞩目的巨大成就。探索具有本国特色社会主义建设道路，是巩固和发展社会主义制度并不断取得新胜利的新课题，也是一个总课题，它来自社会主义各国正反两个方面的经验教训，也是国际形势包括世界经济和国际政治新形势的要求。认真研究和正确回答这个问题具有十分重要的现实意义和非常深远的历史意义。

第三节　冷战后独联体成员国和东欧国家的经济政治

一、独联体成员国与东欧国家的经济政治转型

（一）独联体成员国的经济政治转型

1. 独联体的建立

苏联于1922年12月30日成立，至1940年8月由15个加盟共和国组成，即俄罗斯、乌克兰、白俄罗斯、摩尔多瓦、阿塞拜疆、亚美尼亚、哈萨克斯坦、乌兹别克斯坦、吉尔吉斯斯坦、塔吉克斯坦、土库曼斯坦、格鲁吉亚、立陶宛、拉脱维亚和爱沙尼亚。1991年12月8日，俄罗斯、乌克兰和白俄罗斯三国领导人就成立独立国家联合体签署了协议，宣布“苏联作为国际法主体与地缘政治实体将停止存在”。12月21日，俄罗斯、乌克兰、白俄罗斯、摩尔多瓦、阿塞拜疆、亚美尼亚、哈萨克斯坦、乌兹别克斯坦、吉尔吉斯斯坦、塔吉克斯坦、土库曼斯坦11个共和国首脑在哈萨克斯坦首都阿拉木图签署了《关于建立独立国家联合体协议的议定书》等6项文件，并发表了《阿拉木图宣言》，正式宣布“独立国家联合体”（以下简称独联体）建立。1991年12月26日，苏联最高苏维埃共和国院举行最后一次会议，以举手表决方式通过一项宣言，从法律上宣布苏联的终止存在。至此，苏联作为一个国际法主体已经消失。

新建立的独联体只是一个松散的联盟。独立国家联合体，顾名思义，既是独立又是联合，其实质是独立，联合是为了独立。独联体的主要特征是：它没有中央领导机构、没有总统、没有统一的对内对外政策、没有统一的军队。总之，独联体不具有国家的性质，也不是凌驾于国家之上的实体，而只是一种组织。独立国家联合体只是设立由各成员国代表组成的协调机构，在尊重成员国主权的前提下，在一些领域进行政策协调，在经济、科学、文化等方面互利合作，以及对“共同的军事战略空间”进行统一指挥和对核武器统一控制等。

2. 独联体国家的经济与政治转型

(1) 经济转型

独联体国家于1992年初开始向市场经济过渡，普遍进行了由计划经济向市场经济的转轨，推行了私有化。由于苏联的解体，各国原有的经济联系被切断，加上经济政策失误，各国经济自独立以来普遍下降，财政金融状况恶化，通货膨胀率上升。独立后的俄罗斯联邦，经济严重下滑；在独联体各国中经济实力居第二位的乌克兰，经济危机还在不断加深，经济滑坡呈加速趋势，至今乌克兰的经济还没有走出低谷；独联体其他国家的经济状况类似于俄罗斯和乌克兰，经济水平都有程度不同的下降。只有乌兹别克斯坦经济波动较小。

就整体而言，独联体国家的经济在经历了1992—1994年高达两位数的大幅下降之后，1995年的下降速度开始放慢。1997年曾出现微弱增长，当年的国内生产总值平均增长0.4%。但在1998年，由于受全球经济萧条的影响，独联体国家的经济又趋恶化，下降3.7%。1999年，多数国家的经济开始回升，只有乌克兰、摩尔多瓦和中亚的塔吉克斯坦在低谷中徘徊，甚至处于下滑态势。

转型后的独联体国家经济发展处于不稳定的态势，这既是向决然不同的另一种经济体制过渡造成的，又是苏联解体后经济联系中断造成的。目前独联体各国确实度过了最困难的时期，经济出现了增长，但多数国家尚未达到苏联解体时的水平，尤其是人民生活水平提高不快。尽管各国建设社会市场经济的大方向不会改变，深化经济体制改革的大方向也不会改变。但改革中存在许多不尽如人意之处，有些问题还相当严重。

(2) 政治转型

在政治方面，近年来，独联体国家完成了从苏维埃制度向西方式民主制度的转变。这些国家普遍修改了宪法或通过了新宪法，允许政治生活、意识形态多元化，实行多党制，只有土库曼斯坦实行一党制。各国普遍建立了总统制，议会成为单一的立法机构，立法、行政、司法三权分立，相互制约。各国的总统都是全民选举产生的。目前各国的政治局势已从独立初期的动荡中基本稳定下来，但各国的政治发展仍然不稳定。

亚美尼亚、格鲁吉亚、阿塞拜疆和摩尔多瓦，仍处于民族、宗教冲突、战乱之中，政治发展最不稳定。这类国家的政治体制具有军事色彩，其政治形势在很大程度上取决于军事形势以及民族、宗教矛盾的解决。

乌克兰不仅存在着各种社会思潮和政治势力之间的斗争，而且议会与总统、总统与政府之间的政治斗争最为激烈；由于政治矛盾和冲突激烈，政府频繁改组，社会经济政策十分混乱。更由于乌克兰多年来未能摆脱经济危机，加上 1998 年又受到俄罗斯金融危机的影响，社会矛盾相当尖锐。

白俄罗斯的民族、宗教、文化比较单一，因而政治发展比较稳定，但由于受西方的影响，这里的“民主派”势力有所发展，因而政府内外的斗争也有加剧的趋向。

中亚五国塔吉克斯坦、吉尔吉斯斯坦、哈萨克斯坦、乌兹别克斯坦和土库曼斯坦，由于实行总统集权体制，政局相对稳定。但潜在的不稳定因素也不少，这主要是因为在转型与发展并举的过渡期，中亚国家在短期内难以消除社会政治领域中威胁政治稳定的诸多因素，其中极端主义是中亚国家政治稳定所面临的最主要威胁。总之，中亚国家是独联体国家中政治和社会形势最稳定的国家集团。

（二）东欧国家的经济政治转型

1. 经济转型

从经济上看，剧变后东欧国家的转轨是从以公有制为基础的计划经济体制向以私有制为基础的市场经济体制转变。东欧国家的经济发展大体上可分为两个阶段：1990—1992 年为第一阶段，即实行激进的经济转轨阶段；1993 年以后为第二阶段，即不断实行政策调整和结构改造的阶段。在第一阶段，东欧国家出现了严重的经济危机，生产急剧下滑，通货膨胀恶性发展。在第二阶段，东欧国家的发展出现了显著的不平衡。东欧国家在经济上经历了“混乱—滑坡—谷底—缓慢回升”的过程后，逐渐进入正轨。少数国家，首先是波兰，较快地克服了危机，并开始在新的轨道上向前发展，但多数国家仍徘徊于危机的阴影之中。直到 1998 年和 1999 年，除个别国家外，大多数国家均出现了不同程度的经济增长。

目前东欧国家的经济转轨基本完成，经济的私有化、自由化、制度化、稳定化已经基本实现。一是所有制发生根本变化。东欧国家把私有化当作所有制变革的核心，以此对国有资产进行重组，对产权制度进行改革。目前，以私有制为基础的多种所有制经济已经形成。二是市场经济机制初步发挥作用。竞争性价格体系已经形成，对外贸易的自由化已经实现，与国际惯例相适应的适合市场经济运行的要素市场已经形成。三是市场经济的法律框架初步确立。通过制定新的宪法，明确规定国家的经济体制是市场经济体制，并在具体经济领域通过立法来调节经济机制的运行，初步规范市场经济运作的法律框架已经确立。四是政府直接干预经济的功能减弱，变国家直接管理为宏观调控。随着所有制的调整，各国经济自由化程度逐步提高，市场需求及价格水平皆由市场机制进行调节，行政干预手段不再起主导作用，政府的管理职能只限于根据宏观经济的发展情况对各领域实行政策性指导，利用经济杠杆和财政货币手段调节国家的经济生活，宏观经济趋于稳定。

但是，各国人民也为此付出了惨重的代价。主要表现为：

第一，生产大幅度下降。俄罗斯从 1992 年到 1996 年，国内生产总值分别下降 19%、12%、15%、4%和 6%，五年累计下降 56%。第二，通货膨胀恶性发展。据统计，1991—1996 年俄罗斯的物价上涨了 6188 倍。俄罗斯通货膨胀率 1992 年为 2500%，1993 年为 1000%，1994 年为 300%，1995 年为 131%，1996 年才降至 21.8%。波兰 1990 年物价上涨 586%，匈牙利上涨 277%。第三，居民生活水平下降，失业急剧增加，社会两极分化严重。与此同时，转型过程中经济法规的不健全导致贪污腐败盛行，出现许多经济暴发户，社会两极分化严重。第四，对外贸易恶化，外债负担加重。各国在实现外贸自由化的同时把对外经济联系的重点转向西方，但由于其产品国际竞争力差，很难进入国际市场，造成对外贸易萎缩，外贸逆差扩大，外债大增。

经济转型之所以付出如此巨大的代价，其主要原因大致有几个方面：一是激进的改革方案不符合国情。原有的计划经济体制被废除后，新的市场经济体制不可能马上建立和健全，这样就会出现体制上的真空，造成经济混乱。二是经济互助委员会的瓦解和苏联的解体，使各国原有的经济联系遭到破坏。三是各国政治制度转型与经济转型同时进行，政局动荡多变，加大了经济改革的难度。

2. 政治转型

在政治转型方面，东欧国家普遍选择了西方资本主义政治制度和议会民主制政治体制，从社会主义制度向资本主义制度转变，从高度集权的共产党一党执政的体制向以三权分立原则为基础的多党议会民主制转变。具体内容包括：修改原来的宪法或制定新宪法，删除作为国家指导思想的马克思列宁主义，放弃共产主义、社会主义意识形态；取消共产党一党执政，制定一系列有关政党活动的法律和准则，创建西式政党制度；以三权分立原则建立议会制的国家政权组织形式。

从整个东欧国家政治体制转型情况看，这一过程大致经历了三个阶段：第一阶段为多党制建立阶段（1989—1992 年）。到 1992 年底，东欧 12 个国家都实行了多党制和多党议会民主制。第二阶段为多党议会民主制框架形成阶段（1993—1995 年）。从 1993 年起大多数东欧国家政治体制转轨开始进入新的阶段，这一阶段的主要任务在于使政党政治制度化、法律化，使“街头政治”变成“议会政治”，实行议会民主等。可以说，经过几年的努力，到 1995 年底，除了因发生内战的波黑之外，大多数东欧国家多党议会民主制度的框架已经基本形成，并能够按照其宪法和法律的规定进行运转。第三阶段为多党议会民主制巩固和完善阶段（1996 年至今）。事实上，1996 年起，大多数东欧国家都在巩固过去 5 年来在政治体制转轨方面所取得的成果。在巩固和完善多党议会民主制方面，东欧国家着重建立健全包括宪法在内的各项法律制度。

可以说，经过三个阶段的改革，特别是随着近几年来对宪法、政党法、选举法等法律的重新制定或进一步修改与完善，东欧国家的多党议会民主制已基本确立。从目前来看，东欧各国政治转轨已基本完成，初步形成了类似于西方资本主义政体的框架。

第一，确立了多党议会民主制度。各国议会已由剧变初期各种政治势力争斗的场所变为通过全民自由选举，由若干实力较强、经选举获胜党派组织议员团参政，依照宪法程序进行较量的“论坛”。立法、司法、行政三大部门已大体能够相互制约、各司其职，基本上保证了国家机器的正常运转。总统、议会和总理已成为驾驭政权的中心，能基本做到既独立而又相互牵制。

第二，党派之争已纳入法制轨道，政权更迭平稳。在东欧国家中，各党派之间的争权斗争虽很激烈，但没有暴力，更没有硝烟，一般都在法律规定的范围内进行，把议会当作政治斗争的主要场所。剧变 10 多年来，东欧各国都已举行过几轮议会选举和总统选举。尽管每次选举前的政坛都十分热闹，各派政党都紧锣密鼓地做准备，用各种手段为自己拉选票，但都没有超出法律的范围。而且在选举结束后，不论是胜者还是败者，都能够平静地接受选举结果。

第三，无论哪个党派上台执政，都不会离开三权分立、议会民主的基本框架。在剧变后的十年，波兰经历了七次政府的更迭和三次总统的更换，但国家总的政治、经济制度没有改变。在保加利亚，以民主力量联盟为核心的联合民主力量同以社会党为主的民主左派联盟，虽然分别代表右翼和左翼势力，而且互为对手，但双方在根本问题上并无分歧。例如在内政方面，两者在政治上都主张实行多党议会制，在经济上都主张实行私有化和建立市场经济，在外交方面都主张使本国加入北约和欧盟，实现同欧洲的一体化。匈牙利、罗马尼亚等也大致如此。

二、东欧国家对外政策的发展演变

（一）剧变后东欧国家对外关系性质的变化

东欧剧变不仅改变了这些国家的政治和经济制度，也使东欧国家本身的对外关系的性质发生了重大变化。东欧国家对外关系的变化是由两方面决定的。从世界范围来说，冷战的结束，极大地改变了东欧地区的战略地位。曾经维系东欧与苏联关系的两大支柱——经济互助委员会和华约已不复存在，东欧作为苏联“卫星国”的时代已经结束。因此，无论对西方还是对俄罗斯来说，东欧的政治和战略重要性都大大下降了。新的地缘特征决定了东欧国家对外关系的特点。从国内情况看，在政治上，从中央集权制向议会民主制转变；在经济上，从计划经济向市场经济过渡；在价值观上，大多数国家认为自己原本是欧洲大陆和欧洲文明不可分割的一部分。伴随着意识形态和价值观的变化，东欧国家对外政策性质变化的主要表现是：淡化意识形态，在国家中奉行国家利益至上的原则；对外关系的重点从东方转向西方，东欧国家希望以欧洲经济一体化的进程来实现其“回归欧洲”的外交目标。

（二）东欧国家对外政策的重新定位

1. 东欧各国外交走向上，选择加入欧盟和北约

20 世纪 90 年代以来，东欧各国经历着全面、深刻的社会政治经济和外交的转轨过程，在外交上，东欧各国极力摆脱苏联及其继承国俄罗斯的影响，以倒向西方为定位，争取加入北约和一体化的欧洲。对外政策上基本放弃了与西方阵营的冷战和对抗，全面“西倾”，即以接受西方国家的价值观（包括人权观）、意识形态和政治思维定式为前提的指导思想，奉行以美、欧为重点的亲西方路线，旨在争取西方发达国家的援助和支持，并进而同西方发达国家结为盟友，最后通过同西方国家的“一体化”，成为“文明世界”的一员。

概括起来讲，即加强同西方国家的联系与接触，回归欧洲，加入欧洲乃至整个西方体系，已成为东欧国家首要的外交任务和地缘战略目标。

当前东欧与西方的全面合作已经起步，并在争取西方经济援助、发展与西方国家双边关系方面取得一定成绩，加入欧盟和北约的努力也有一定成效。如在美、欧的重点选择和扶持下，波兰、匈牙利、捷克在政治、经济、国防体制及邻国间无领土和民族纠纷等方面已基本符合北约的要求，不仅加入了“发达国家俱乐部”——经合组织，而且加入了北约。2004 年 3 月 29 日，保加利亚、爱沙尼亚、拉脱维亚、立陶宛、罗马尼亚、斯洛文尼亚和斯洛伐克 7 国在美国首都华盛顿向北大西洋公约组织（北约）正式递交了各自国家加入北约的法律文本，从而成为这一组织的新成员。2004 年 5 月 1 日，塞浦路斯、匈牙利、捷克、爱沙尼亚、拉脱维亚、立陶宛、马耳他、波兰、斯洛伐克和斯洛文尼亚 10 国正式加入欧盟。尽管在欧洲一体化道路上还存在着许多困难和矛盾，但东欧国家大政方针已定，实行西靠战略、融入西方体系的趋势已不可逆转。

2. 兼顾东方，也同俄罗斯保持联系

苏联解体后，除波兰外，其他东欧国家在现代史上第一次不与俄罗斯为邻，同时由于东欧奉行一边倒西的外交政策，使得同俄罗斯的关系处于从属地位。俄罗斯也不重视同东欧国家的关系，甚至打算把东欧这个经济包袱甩给西方，对这些国家采取冷淡和疏远态度。

但随着时间推移，俄罗斯和东欧国家重新发现了彼此加强联系的重要性。东欧国家认识到，俄罗斯仍然是欧洲和世界的重要军事大国；俄罗斯曾经是东欧国家能源和原材料的主要供应国，也是东欧产品的主要出口方向。俄罗斯方面也逐渐看到东欧国家对自己的安全和经济利益具有重大的战略意义。双方的疏远和冷漠时期已经过去，恢复和发展双边关系的势头已经出现，东欧国家同俄罗斯将在新的基础上发展平等互利的正常国家关系。但一旦东西方之间发生矛盾和斗争，多数东欧国家还是偏向西方的。

3. 加强同周边国家的关系，深化区域合作

东欧国家在靠拢西方和兼顾俄罗斯的同时，也注意加强同周边国家的关系。他们认为，改善同周边国家的关系，加强相互信任，不仅应该是国家对外政策的基本原则，而且是保障本国稳定和安全的最好方式。

剧变初期，东欧国家间的相互关系比较紧张，由历史遗留下来的矛盾和

纠纷不断发生。捷克和斯洛伐克为分家问题吵得很凶，罗马尼亚和匈牙利关于少数民族问题和特兰西瓦尼亚地位发生争执等。随着形势的发展，多数东欧国家认识到互相提供安全保障和加强区域合作的重要性，愿通过协商方式解决分歧问题。匈牙利和罗马尼亚经过五年谈判，于 1996 年 9 月 16 日签署了《谅解、合作和睦邻友好条约》。

同时，东欧国家在加强地区多边合作和建立区域经济集团方面也迈出较大的步伐。1991 年 2 月 15 日，波兰、匈牙利、捷克和斯洛伐克签订合作条约，组成了“维谢格拉德”集团，它由以罗马天主教为基本信仰的中欧转型国家组成，而以东正教为基本国教的南欧国家参加了黑海经济合作组织，这两个组织是以文明线划分的。东欧国家还同周边国家建立起一系列范围广泛的合作组织。如“五国集团”，由匈牙利、捷克、南联盟、意大利和罗马尼亚五国组成，目的是加强成员国在经济、社会和环境保护方面的合作。这些组织对加速东欧地区的贸易自由化，扩大相互贸易和促进成员国经济发展起了重要的作用。

4. 东欧国家也比较重视发展同中国的关系

东欧国家本来同中国有着传统亲密友谊，但东欧剧变后，双方关系一度陷入低谷。由于中国对东欧积极开展工作，特别是明确表达尊重东欧国家的选择，更由于中国的国际地位日益提高，经济改革的成果十分显著，因此东欧国家同中国的关系得到恢复，并且有所发展。匈牙利、罗马尼亚、保加利亚、阿尔巴尼亚等七国总统总理相继访华，同中国签署了一系列政治和经济合作文件，为双边关系的长期稳定发展奠定了基础。目前，东欧国家同中国的关系已得到进一步的巩固，经贸关系则朝着更加务实，更加符合国际规范的方向发展，波兰等同中国的贸易额已开始增长。但是，由于东欧国家在剧变后完全认同了西方的政治制度、经济制度和价值观，这些国家的内部也形成了一股逆流，对中国不友好甚至反华。我们既要坚持发展同东欧国家的友好关系，又要提高警惕。

三、俄罗斯的经济政治转型

（一）俄罗斯的经济转型

1. 俄罗斯的经济转型方式

俄罗斯的经济转型采取了激进的“休克疗法”方式，它是由美国青年经济学家杰弗里·萨克斯发明的。“休克疗法”（shock therapy）本来是一个医学术语，20 世纪 80 年代中期以后开始被用来称谓一整套激进的反经济危机措施和毕其功于一役的经济转型方式。其基本内容包括经济的自由化、私有化和稳定化，通过这“三化”完成对经济制度的改造。自由化就是废除过去国家对经济的计划管理，使经济市场化。自由化主要包括价格自由化、企业经营自由化、对外经济活动自由化和外汇自由化。私有化就是把原有的以公有制为主体的所有制结构改造为以私有制为主体的混合所有制结构。稳定化就是针对当时普遍存在的生产下降、通货膨胀加剧的混乱局面，通过采取严厉的财政金融紧缩政策来维持宏观经济的相对稳定。私有化和自由化是经济转型的核心内容，稳定化是必要条件。

2. 俄罗斯的经济转型过程

1992 年俄罗斯开始从高度集权的计划经济向资本主义市场经济转轨，包括基本经济制度、经济运行方式与管理体制模式的转变。现经济转轨已基本完成，主要表现在：

第一，通过非国有化和私有化改造所有制结构，转换了基本经济制度。由于以较快的速度实现私有化，非国有经济在俄罗斯 GDP 中的比重已达到 70%左右，从而打破了国家对经济的垄断，形成了私营、个体、集体、合资、股份制与国有经济多种经济成分并存的多元化格局，为多元市场经济奠定了基础。

第二，通过自由化废除计划经济体制，建立市场经济体制，实行了经济运行机制转型。自由化包括价格自由化、企业经营自由化、对外经济自由化和外汇自由化等内容。

第三，改变政府管理经济的手段和方法，实行宏观调控。政府利用经济杠杆和财政货币等手段调节国家经济生活，稳定了宏观经济。

在 1999 年的最后一天，叶利钦在辞职讲话中说，他已经完成了一生的主要任务。俄罗斯将永远不会再回到过去，俄罗斯将永远向前迈进。这里讲的主要任务，就是指制度性转轨冲垮了苏联时期传统的社会主义经济体制模式，形成了新的资本主义经济体制模式的框架。

（二）俄罗斯的政治转型

从苏联后期开始，俄罗斯就开始了国家重建和政治转轨，虽然经历了激烈的政治斗争乃至腥风血雨，但基本上确立了宪法至上、自由选举、多党竞争、议会民主、三权分立等源于西欧的民主宪政原则，确立了西方式的多党制和总统制的国家政治制度。这一过程经历了提出、确立和不断完善的过程。

1. 多党制的确立

1988年下半年到1989年，苏联掀起了关于社会主义法治国家概念和标准的全国大讨论，提出了政治多元化、党政分开、三权分立原则，为确立西方政治体制奠定了思想理论基础。1990年3月，苏联第三次人代会通过了对苏联宪法第6条的修正案，从根本上取消苏共在国家政治生活中的领导地位和决策作用，确定实行多党制。1990年10月，苏联最高苏维埃通过《苏联社会联合组织法》和《苏联社会联合组织生效法》，使多党制得到确立。俄罗斯联邦也在1991年1月和12月通过决议，宣布《苏联社会联合组织法》适用于俄罗斯联邦全境。1993年12月12日，俄罗斯联邦以全民公决形式通过了《俄罗斯联邦宪法》，进一步规范和完善了多党制度。1995年12月17日举行的俄罗斯第二届国家杜马选举，有43个合法党团参加角逐，其中4个政党获得进入议会的资格。1996年6月举行第二任总统选举，各政党都能按宪法和法律的规定行事，没有出现越轨行为，表明俄罗斯多党制基本确立。党派之间的政治斗争逐渐纳入法制化轨道，形成了左中右三派基本平衡的局面。

2. 总统制的确立

俄罗斯的总统制政体的确立经过了几年的政治较量。1991年3月俄罗斯以全民投票方式通过了叶利钦提出的实行总统制的主张，6月叶利钦以57.2%的选票当选为俄联邦第一任总统。然而，总统和议会之间权力分配问题尚未解决，制定一部规范国家权力结构的新宪法势在必行。在酝酿新宪法的过程中，叶利钦主持制定的扩大总统权的宪法草案，同联邦宪法委员会强调三权分立、相互制约，反对总统集权的草案进行了激烈较量。1993年10月，总统与议会之间的斗争达到白热化，最后叶利钦以武力解散最高苏维埃，挫败了政治对手。1993年12月12日举行全民公决，通过了确认总统掌握巨大权力的《俄罗斯联邦宪法》。该宪法确立了总统集权下的三权分立体制，形成了总统、政府和议会之间的新三角关系。总统广泛而强大的权力，使议会在权力结构中处于弱势地位。

3. 政治转型后存在的问题

俄罗斯现行政治制度虽已确立，但仍有许多不成熟的地方。如真正意义上的三权分立、相互制约的权力体制并没有完全建立起来，总统大权独揽、议会位微权轻、司法独立地位无法保障，强总统、软议会、弱政府便是俄罗斯权力体制的真实写照。总统集大权于一身的体制在当前俄罗斯社会大变革、民族矛盾尖锐、社会秩序混乱的情况下，对于维护国家统一，维护中央政府的权威和社会稳定有一定的客观必要性。但是，它也可能带来个人专权，政府运作困难，总统同议会矛盾对立和内外政策失误等弊病。因此，这种权力结构体系必须加以改革。

四、俄罗斯的外交政策

（一）叶利钦时期外交政策的调整

俄罗斯独立初期，其外交目标是全面加入美国为首的西方国家政治经济和安全体系，争取西方的经济援助和政治支持来摆脱国内危机。其指导思想是，既然俄罗斯已放弃社会主义，就应当回到西方国家的行列，同西方国家建立密切的盟友关系。因此这一时期俄罗斯推行符合西方战略利益的“一边倒”政策。俄罗斯这一阶段的对外政策实际上是失败的，不仅未能消除西方国家对它所持有的戒心和疑虑，而且也未能得到西方国家所允诺地对它提供的经济援助，反而使俄罗斯经济和外交都陷入困境，于是，叶利钦不得不对亲西方的“一边倒”政策作出调整，经历了三部曲：

1. 开始实施“双头鹰”外交

1993 年 4 月 30 日，叶利钦总统批准《俄罗斯联邦外交政策构想的基本原则》，它是俄罗斯对实行“一边倒”的亲西方政策的反思成果。它强调俄罗斯外交必须维护国家利益，为此确立了以西方为主、东西兼顾的“双头鹰”外交政策，即开展东西方平衡外交。

2. 继而实施“恢复大国地位”外交

1994 年中期，叶利钦政府进一步明确，俄罗斯外交的目标是“恢复大国地位，确保势力范围”。为此俄罗斯外交政策的主要内容是：继续积极发展与美国为首的西方大国的关系。但坚持均衡原则，一方面要与美国保持良好的伙伴关系，另一方面积极与西方所有大国建立伙伴关系，以求从西方获得更多的经济利益和经济援助，并在此基础上振兴国力。但在涉及俄罗斯重大战略利益的问题上与西方国家积极抗争，坚决反对北约东扩，捍卫俄罗斯的国家安全；推动独联体各国政治、经济和军事一体化进程，确保俄罗斯在独联体的主导地位；加强与亚太国家的关系，谋求在亚太事务中发挥主要作用，以开拓新外交领域来谋求本国的利益。

3. 转而实施“多极世界”外交

1996年后，俄罗斯又明确把推动世界多极化作为外交目标，反对美国占主导地位的一极世界。1997年12月由总统叶利钦签署的《俄罗斯联邦安全构想》中明确把推动世界多极化、确保俄罗斯成为世界一极，作为国家安全构想的支柱和基石。从跨世纪的高度出发，努力调整与世界各大国的关系，全方位的、积极的外交政策全面展开，即强调同世界各类国家建立各种类型的友好互利关系，从重意识形态变为按国家民族利益处理国家关系问题，放弃“西方化”倾向，强调大国之间的等距离外交。

（二）普京执政初期外交政策的调整

普京执政初期，基本坚持叶利钦时期的外交目标及外交政策，但强调国内目标高于国外目标，突出经济外交，务实和避免对抗。普京非常重视独联体对俄罗斯重振大国地位的重要作用，强调同独联体国家的合作，过去、现在和将来都将是绝对优先的方针。为推动独联体经济一体化，在普京倡议下，由俄罗斯、白俄罗斯、哈萨克斯坦、塔吉克斯坦和吉尔吉斯斯坦五国组成的“欧亚经济共同体”在2001年5月底正式成立。普京还加强了与独联体各国首脑的交往，多次主持召开独联体国家首脑会议或独联体内多边首脑会议。

展开东西方平衡外交。一方面俄罗斯努力改善同西方的关系，竭力谋求与北约关系取得突破。俄罗斯把振兴经济、复兴大国地位作为国家最高利益及国家中心战略目标。为此，普京从现实主义立场出发，对北约东扩采取了既明确反对又分化利用，既全面应对又谋求介入的政策。另一方面，俄罗斯积极发展同亚太国家的关系，与中国、印度等亚洲大国加强战略协作，2001年7月俄中双方缔结了《中俄睦邻友好合作条约》，与印度在政治、经济尤其是军事领域的合作更加密切，修复发展了同朝鲜、伊朗等被美国称为所谓“无赖国家”的关系，显示了俄罗斯不顾美国的压力，追求自身利益的独立意志。

以维护俄罗斯国家的切身利益为首要原则，实行战略收缩，有选择性地参与国际事务，积极为解决车臣问题创造有利的国际环境。美国“9·11”恐怖袭击事件发生后，国际社会普遍感到震惊，并就反对国际恐怖主义形成共识。在这种国际背景下，长期深受恐怖主义、分裂主义和极端主义之害的俄罗斯，不失时机地调整外交政策，向国际社会公开表明其反对国际恐怖主义的原则和立场。普京积极争取国际社会对俄处理车臣问题的理解和支持，要求西方把车臣非法武装视为国际恐怖主义的一部分，使美国和西欧国家政府对车臣非法武装的看法发生变化。

同北约和欧盟加大协调力度，争取建立新的合作机制。2002 年 5 月 28 日，普京总统与北约成员国领导人签署《罗马宣言》，正式成立北约-俄罗斯理事会，使俄罗斯在无力阻止北约东扩的情况下，在非核心问题上参与北约决策。2002 年 5 月召开的欧俄首脑会议上，双方签署了关于俄欧关系、加强双方政治和能源对话、维护欧洲安全及调解地区冲突等问题的 5 项联合声明，双方关系有了新的提高。欧美先后承认俄罗斯为市场经济国家，这样俄罗斯终于获得与欧美国家在经济上平等对话的地位，这有助于俄早日融入世界经济体系。

由此可见，“9・11”事件以后，普京外交政策的出发点是本国利益，在无关俄罗斯切身利益的问题上可以持原则性的但不是对抗的立场，根本目标是促进经济振兴，其全方位外交的两根主线是反恐与经济。在普京外交政策的影响下，俄罗斯联邦恢复了它的实际主权，21 世纪初的俄罗斯重新成为伟大国家。

（三）梅德韦杰夫上任后的外交政策五项原则

2008 年 8 月 31 日，俄罗斯新总统梅德韦杰夫在俄南部城市索契宣布了他就职后俄方外交政策的五项原则。这五项原则包括：俄罗斯尊重确定文明社会之间关系的国际法基本准则；俄罗斯认为世界应多极化，单极世界不可接受；俄罗斯不希望和任何国家对抗；俄罗斯外交政策优先方向是保护本国公民的生命和尊严；俄罗斯关注自身在友好地区的利益。

梅德韦杰夫在外交策略上采取延续并拓展的方针。任职后，俄罗斯政府仍然面临不少外交挑战，包括美国在东欧部署导弹防御系统的建议、北约东扩、与格鲁吉亚关系和原苏联加盟共和国提供天然气等问题。在对华关系上，梅德韦杰夫表示，同中国发展战略协作伙伴关系是俄罗斯对华政策的唯一选择。在与美国关系上，梅德韦杰夫认为，美国和俄罗斯必须合作，这无法避免。关于俄与西方分歧严重的科索沃问题，梅德韦杰夫表示，如果这类问题在某地以某种方式解决，同样的机制可能被用于解决另一处的类似问题。至于俄罗斯是否继续向苏联加盟国提供优惠天然气，梅德韦杰夫认为不会再有免费天然气。

（四）普京新时期外交政策的调整

2012 年，普京开启了个人的第三任总统生涯。2014 年乌克兰危机后，俄美敌对达到冷战结束以来的最高水平，双方在一系列领域的合作停止甚至倒退，俄欧政治气候也严重恶化，许多制裁和对抗举措仿佛回到了冷战时代。俄试图在以美国为中心的大西洋体系中谋求自主地位终以失败而告终。为了避免国际孤立，为陷入困境的本国经济寻找新的出路，普京将亚洲国家视为新的战略重点和外交方向，舆论形象地称之为“向东看”。普京将其外交政策首要方向确定为“加强互信、拓展各领域合作”，一方面认为“与中国的平等关系是俄罗斯外交政策的一个重要因素”，同时也高度重视发展与印度的合作关系；另一方面，强调与合作伙伴加强欧亚经济合作框架，主动发展与日本的关系并寻求双方都可接受的方式与日本缔结和平条约，努力恢复与欧盟正常的政治、经济关系。因此，新时期俄罗斯的外交政策总体呈现出动态均衡性的新特质。普京新时期外交政策在中东地区格外亮眼，尤其是自 2015 年启动在叙利亚境内的军事行动后。莫斯科与该地区的所有举足轻重的势力均保持着有效地交流与接触，在中东的地位堪称独一无二。莫斯科在叙利亚动用规模有限的军力，凭借相对有限的支出，蒙受了极其有限的损失，实现了直接目标。非但如此，自苏联分崩离析后，莫斯科首次被中东地区奉为重要参与者。除了出口能源、武器、原子能技术、粮食，俄罗斯还充当军事及外交博弈者，以及若干国家的政治庇护者，并提供安全保障服务。有此身份加持，它的存在并不囿于欧洲、亚洲。不只是中东，非洲和拉美地区也有它的身影闪现。

（五）俄罗斯外交政策的基本特点

从俄罗斯对外政策的调整及过程看，外交政策的基本特点是全方位、现实主义和实用主义。

保持对外政策的平衡性。这种外交平衡包括在全球范围内实行东西方平衡，在西方国家范围内实行欧美平衡以及在独联体国家内部和亚洲国家范围内保持各种平衡等多方面内容。这体现了全方位的特点：只以俄罗斯自身国家利益为标准，不受外在约束和影响，与所有国家发展全面合作关系。

坚持灵活、务实的对外政策。在处理同西方国家的关系问题上，考虑俄罗斯的国力，从现实出发，巧妙周旋，不与美国和西方搞对抗。这体现了其外交政策的现实性。最能体现这一点的是，普京政府开始将外交资源主要用于振兴俄罗斯的经济，使外交目标服务于内政目标。遵循这一法则，俄罗斯的外交实践愈益致力于追求实惠，愈益重视自己的经济利益。

坚持多极化目标，反对美国单极统治，争取俄罗斯成为世界独立的一极。这体现了外交政策的实用主义特点：俄罗斯独立以来，其外交战略目标是维护本国利益，捍卫大国地位，力争成为多极世界中的重要一极。在这一前提下，俄罗斯外交政策经历了向西方"一边倒"、东西方平衡到全方位展开的调整过程。回顾这一过程，我们可以看到，俄罗斯的外交政策是随着国内政局、国家利益需要和国际形势的变化而变化的。

阅读书目：

1. 沈学善主编：《当代世界史》，南京：南京大学出版社，1991 年。

2. 王斯德、钱洪主编：《世界当代史（1945—1988）》，北京：高等教育出版社，1989 年。

3. 齐涛主编：《世界通史教程》，济南：山东大学出版社，1999 年。

4. 江流、徐崇温：《20—21 世纪社会主义的回顾与瞻望》，北京：中国社会科学出版社，1995 年。

5. 黄宗良、林勋建、叶自成：《世界社会主义的历史和理论》，北京：中央编译出版社，1995 年。

6. 高放：《社会主义在世界和中国》，昆明：云南人民出版社，1993 年。

7. 林今柱、廖作斌、张成木：《社会主义大趋势》，北京：中央编译出版社，1997 年。

8. 李会滨：《社会主义 20 世纪的回顾与前瞻》，武汉：华中师范大学出版社，1999 年。

9. 靳辉明：《社会主义历史、理论与现实》，合肥：安徽人民出版社，2000 年。

10. 王正泉主编：《剧变后的原苏联东欧国家》，北京：东方出版社，2001 年。

11. 张文武主编：《简明东欧百科全书》，北京：中国社会科学出版社，2001 年。

12. 林军：《俄罗斯外交史稿》，北京：世界知识出版社，2002 年。

13. 邢广程：《苏联高层决策70年》，北京：世界知识出版社，1998年。
14. 刘金质：《冷战史》，北京：世界知识出版社，2003年。
15. 张小明：《冷战及其遗产》，上海：上海人民出版社，1998年。

思考题

1. 社会主义国家经济政治的发展对人类进步的伟大贡献表现在哪些方面?

2. 简述20世纪50—80年代社会主义国家改革的三次浪潮。

第六章 中国的和平发展及对世界的贡献

关键词：

一边倒；两个拳头打人；一条线；独立自主和平外交

要点提示：

- 新中国对外关系由“一边倒”到“两个拳头打人”再到“一条线”的发展进程
- 改革开放后中国实施全方位外交，奉行真正不结盟的独立自主和平外交政策
- 新中国五代领导人对独立自主和平外交政策的确立和发展
- 奉行独立自主和平外交政策应坚持的基本原则
- 中国走和平发展道路对世界的巨大贡献

自1840年至中华人民共和国成立之前，在国力衰弱的情况下，中国的主权独立和领土完整无法得到保障。而在中华人民共和国建立以后，中国坚决奉行独立自主的外交政策，并不断调整对外关系，从而有效地捍卫了国家的主权独立和领土完整。在世界走向多极化的今天，一个日益强大的社会主义中国在国际事务中的地位和作用越来越重要，中国是维护世界和平和地区稳定的坚定力量，长期致力于推动建立公正合理的国际政治经济新秩序。

第一节　中国对外关系的发展与调整

一、中国对外关系的发展

新中国成立以后，中国一直奉行独立自主的外交政策。在现有格局下，

中国努力寻求更加有利于自身和世界和平的最好态势和结果，既表现出了坚定的原则性，又表现出高度的灵活性。按照原则性和灵活性的有机结合，从新中国成立至改革开放前中国对外关系的发展进程可分为三个阶段：

（一）从新中国成立到20世纪50年代末，实行“一边倒”的外交政策

1. “一边倒”外交政策的含义

1949年6月30日，毛泽东发表了《论人民民主专政》一文。毛泽东在文中明确提出了新中国外交“一边倒”的方针，再加上同年春夏之际提出的“另起炉灶”和“打扫干净屋子再请客”，形成了新中国成立初期的三大基本外交方针。

毛泽东说：“一边倒，是孙中山的四十年和共产党二十八年的经验教给我们的，深知欲达到胜利和巩固胜利，必须一边倒。……骑墙是不行的，第三条道路是没有的。我们反对倒向帝国主义一边的蒋介石反动派，我们也反对第三条道路的幻想。”① 具体讲，所谓“一边倒”，是指新生的中华人民共和国在国际斗争中，将坚定地站在以苏联为首的社会主义阵营一边，其实质就是中国人民反对帝国主义的严正立场。它既不意味着中国政府绝不同英、美等资本主义国家来往，也不意味着中国政府放弃独立自主、无原则地倒向苏联一边。

“另起炉灶”是毛泽东在1949年春提出来的。同年3月5日，他在中共七届二中全会的报告中提出：“不承认国民党时代的任何外国外交机关和外交人员的合法地位，不承认国民党时代的一切卖国条约的继续存在，取消一切帝国主义在中国开办的宣传机关，立即统制对外贸易，改革海关制度，这些都是我们进入大城市的时候所必须首先采取的步骤。在做了这些以后，中国人民就在帝国主义面前站立起来了。”② 所谓“另起炉灶”，即不承认原国民党政府与外国的外交关系，以及签署的条约和协定，在新的基础上重建外交关系。所有愿意与新中国建交的国家，都必须承认中华人民共和国政府是代表中国的唯一合法政府，同“台湾当局”断交，支持新中国在联合国取得合法席位。

所谓“打扫干净屋子再请客”，正如毛泽东和周恩来所说的：“关于帝国主

① 毛泽东. 毛泽东选集：第4卷［M］. 北京：人民出版社，1991：1473.
② 毛泽东. 毛泽东选集：第4卷［M］. 北京：人民出版社，1991：1434.

义对我国的承认问题，不但现在不应急于去解决，而且就是在全国胜利以后的一个相当时期内也不必急于去解决。”① “帝国主义总想保留一些在中国的特权，想钻进来。有几个国家想同我们谈判建交。我们的方针是宁愿等一等。先把帝国主义在我国的残余势力清除一下，否则就会留下它们活动的余地。帝国主义的军事力量被赶走了，但帝国主义在我国百余年来的经济势力还很大，特别是文化影响还很深。这种情形会使我们的独立受到影响。因此，我们要在建立外交关系以前把‘屋子’打扫一下，‘打扫干净屋子再请客’。”② 这实际上包含着要将外国势力在中国遗留的一切残余、污垢统统打扫干净，从而建立一个干干净净的独立主权国家的强烈要求。

2. 坚持“一边倒”的外交政策的原因

“一边倒”方针的提出，是由当时的历史条件决定的。

第一，它是近代中国人民革命斗争经验总结的产物。中国共产党人在认真总结 19 世纪中叶以来中国人民革命斗争的历史经验和教训的基础上，深刻地认识到中国革命欲达到胜利和巩固胜利，必须倒向社会主义阵营。实践也证明了“一边倒”方针的正确。新中国成立后，美帝国主义并不甘心在中国的失败，继续支持国民党蒋介石集团，妄图卷土重来。它极力阻挠其他资本主义国家在外交上承认我国，并在经济上对我国实行封锁、禁运，随后又公然扩大侵略朝鲜的战争，威胁中国的安全。当时只有苏联和各人民民主国家向新中国伸出了友谊之手。在新中国成立后的三四年中，我国同苏联、东欧各人民民主国家签订的政治、军事、经济、科技、文化及其他各种专项协定和议定书等，共达 110 多种，而与其他国家订立的各种协定，总共才二三十件。由此可见，当时要从社会主义阵营之外得到援助几乎是不可能的。我国同苏联和东欧各人民民主国家签订的条约和协定，对巩固革命胜利的成果，对打破帝国主义孤立和封锁新中国的阴谋，对我国国民经济的恢复和发展，对抗美援朝战争的胜利，对维护远东地区的和平，都起了重要作用。

第二，它有助于统一全国人民的思想。自鸦片战争以来，由于长期帝国主义文化侵略的影响，使不少人对美国的物质文明抱有幻想，期望美国能给中国经济的恢复和建设以物质援助。特别是一部分资产阶级的代表人物，想

① 毛泽东. 毛泽东选集：第 4 卷 [M]. 北京：人民出版社，1991：1435.

② 中共中央文献编辑委员会. 周恩来选集：下卷 [M]. 北京：人民出版社，1984：87.

借助美国的力量来抬高自己的政治地位，因此极力主张在美苏之间保持中立，以免得罪美国。明确阐明新中国在国际斗争中联合苏联和各人民民主国家及其他各国的无产阶级和广大人民，结成国际的统一战线，反对帝国主义的侵略政策和战争政策的正义立场，对于打破一些人对美国抱有的不切实际的幻想，振奋革命斗争精神，是完全必要的。

第三，它有助于消除斯大林对中共和中国政府的偏见和疑虑。遵义会议后，中共中央形成了以毛泽东为代表的领导核心，坚持把马克思主义的基本原理同中国革命的具体实践相结合，在抗日战争和解放战争时期，对共产国际和斯大林在中国革命问题上的错误主张进行了抵制，所以，苏共和斯大林对中共一直是持保留态度的。1948 年南斯拉夫共产党坚持自己的独立立场，被斯大林开除出情报局且两国中断了正常的外交关系后，斯大林对在中国革命中坚持自己独立立场的中国共产党更加敏感和警惕。中国共产党执行统一战线政策，准备吸收一些民主党派和无党派人士参加新中国的政府工作时，斯大林又怀疑中国共产党会执行亲英美的路线。在此情况下，公开表明在两大阵营对峙的世界格局中，中国政府和人民坚决站在以苏联为首的社会主义阵营一边，采取“一边倒”的方针，对消除苏共和斯大林的偏见和疑虑，增强相互间的了解和信任，加强友谊和合作，也是完全必要的。

总之，“一边倒”的方针是一定历史条件的产物，是与新中国的国体相适应的，在历史上起过积极的作用。绝不能因为后来中苏关系的破裂而对它在历史上的正确性产生怀疑以至否定。

3. 新中国在“一边倒”政策指导下的外交活动

首先，与苏联、东欧人民民主国家建立了外交关系。1949 年 10 月 2 日，中苏两国正式建立外交关系。1949 年 12 月 6 日，毛泽东在陈伯达（以教授的身份）、师哲（翻译）、叶子龙、汪东兴以及苏联驻华大使罗申、苏联援华专家总负责人柯瓦廖夫等的陪同下访问了苏联，与苏联签订了《中华人民共和国与苏维埃社会主义联盟友好同盟互助条约》《关于中国长春铁路、旅顺口及大连的协定》《关于苏联贷款给中华人民共和国的协定》等文件。两国在政治、经济、军事等方面进行了全面的合作，而且在国际问题上也相互支持、密切合作。这为巩固新生的中国政权，打破帝国主义对中国的孤立和封锁，加速中国经济的恢复和发展，维护国家安全作出了不可磨灭的贡献。但是中苏两国、两党间仍存在矛盾和问题，特别是苏联的民族利己主义以及苏共的大党主义为以后两国关系的发展埋下了分裂的种子。此间，新中国从维护社会主义阵营的团结出发，也不断加强和发展同其他社会主义国家的友好合作关系，先后与保加利亚、匈牙利、罗马尼亚、朝鲜、捷克斯洛伐克、波兰、蒙古、德意志民主共和国、阿尔巴尼亚和越南等社会主义国家建立外交关系。新中国成立之后，南斯拉夫就给予了承认，但由于受到欧洲其他国家共产党及工人党情报局的干扰，直到 1955 年 1 月，中国和南斯拉夫两国才建立正式外交关系。当然，结盟并没有使我国放弃独立自主原则。毛泽东反复强调，我们支持苏联，但错误的东西不支持；我们要学习苏联，但先要考虑我们自己的经验，以我国经验为主。

其次，中国积极争取与亚非民族独立国家，特别是周边民族主义国家，建立和发展友好合作关系。对于非社会主义国家，新中国基本上采取了先谈判、后建交的方法，以承认中华人民共和国为唯一代表中国的合法政府和放弃支持国民党集团或制造“两个中国”作为谈判条件，积极发展相互外交关系。1949 年末至 1950 年初，周边地区的印度（1950 年 1 月）、印度尼西亚（1950 年 5 月）、巴基斯坦（1950 年 5 月）、缅甸（1950 年 6 月）、锡兰（1955 年 1 月）、阿富汗（1957 年 2 月）等国相继承认中国，印度尼西亚联邦政府成立后很快承认中国，尼泊尔政府也采取了友好态度。这一时期，中国还先后同埃及、叙利亚、也门等国正式建交。

第三，同部分西北欧发达资本主义国家建立了外交关系。新中国提出要区别对待三种不同类型的资本主义国家：一是西欧与北欧一些较小的资本主义国家：芬兰、丹麦、瑞典、瑞士、挪威；二是英国、荷兰；三是以美国为首的一些国家。在遵守中国提出的中欧建交三原则的基础上，即凡愿与我建交的国家必须同台湾当局断绝外交关系；对我国采取友好态度，支持新中国恢复在联合国的合法席位；通过谈判证实其尊重我国主权的诚意，瑞典、丹麦、瑞士、芬兰和挪威等西欧、北欧发达国家相继与中国建交，中国同英国、荷兰建立了代办级关系。到 1956 年底，新中国已同 28 个国家建立了外交关系，并同更多的国家和地区的人民建立了经济和文化关系。

第四，通过朝鲜战争和台湾问题回击美国的干涉。中国融入国际社会的最大障碍来自美国。二战后初期，美国凭借超强的政治、经济、军事实力成为霸权国家，不但牢牢控制其他盟国，而且绝大多数有影响的国际组织也被其玩弄于股掌之中。美国对新中国奉行不承认主义，阻挠中国恢复在联合国和其他国际组织中的合法席位以及参加新的国际组织。1950 年 6 月朝鲜战争爆发。美国派兵武装侵略朝鲜，同时派遣第七舰队进入台湾海峡，干涉中国内政。中美两国关系严重恶化。在这种形势下，中国派遣志愿军支援朝鲜人民的抗美战争，顶住了帝国主义的侵略威胁。1954 年 12 月 2 日，美国为了长期控制台湾，与台湾当局签订了“共同防御条约”，规定“缔约国的领土”受到“武装攻击”时，双方应采取“共同行动”。8 日，针对此所谓的“条约”，周恩来外长发表严正声明，进一步揭露了美国的侵略本质，并将之视为对中国和中国人民的“一个严重的战争挑衅”。为了配合外交斗争，1955 年初，中国人民解放军解放了一江山岛，引发了西方所谓的“第一次台海危机”。中国政府在继续与美国进行斗争的同时，并没有关上中美对话的大门。美国政府于 7 月 13 日通过英国向中国建议，中美双方互派大使级代表在日内瓦举行会谈。根据美国的建议，中美两国于 1955 年 8 月 1 日在日内瓦开始大使级会谈。中国不断通过中美大使级会谈和亚非会议等各种场合直接或间接表明，中国愿意同美国坐下来谈判，缓和紧张局势，解决双方分歧，以最终推动实现两国关系的正常化。从 1955 年 8 月至 1970 年 2 月，中美大使级会谈共举行了 136 次会议，但因双方立场相去甚远，没有取得实质性进展。中美大使级会谈使中美两个大国在互不承认的对立情况下，有了某种接触和联系的渠道。

4. 这一时期的外交成就

这一时期中国的外交成就突出表现为：一是中国参加了朝鲜停战协定的签订。在东北亚地区，1950 年朝鲜战争爆发后，为了揭露美国的战争政策，中国政府多次表态，支持苏联等社会主义国家的旨在确保朝鲜独立的“五国提案”，反对由美国授意企图控制朝鲜的“八国提案”。中国人民志愿军入朝作战后，中国政府努力阐明抗美援朝的正义性，推动缔造和平的停战谈判，积极参加日内瓦会议，为恢复地区和平制止美国的霸权主义政策起到了不可磨灭的作用。二是中国与印度、缅甸共同倡导和平共处五项原则作为处理国际关系的准则。它对制止侵略，反对干涉他国内政，缓和紧张局势，保障亚洲和世界和平，具有重大意义。三是中国代表出席 1954 年日内瓦国际会议，对印度支那停战与和平恢复作出了贡献。中国政府在这个时期支持印支国家争取独立、反对法国殖民主义者的斗争，并积极筹划和参加关于印支问题的日内瓦国际会议，制止了美国企图通过对印支进行直接武装干涉的计划，巩固了中国南方边陲的安全。四是中国参加 1955 年万隆会议，为亚非会议的成功发挥了巨大的作用。中国代表团奉行“求同存异”的外交方针以及对万隆十项原则的支持，大大增进了世界对中国的了解和友谊，为进一步开展与亚非等国的友好合作关系创造了条件，使中国成为世界大家庭中受尊重的一员。五是中国与印度尼西亚签订了《关于双重国籍问题的条约》，确定了解决华侨双重国籍问题的原则，有助于解决这一历史遗留下来的难题。由于上述成就，新中国的国际地位日益提高，在国际舞台上的作用日益显著。

（二）从 20 世纪 50 年代末到 60 年代末，实行反苏修又反美霸的“两个拳头打人”政策

20 世纪 50 年代中期以后，统一的社会主义阵营解体了。同时，广大亚非拉国家的民族解放运动出现空前的高潮。中国领导人根据自己的力量和新的形势，调整了“一边倒”的外交政策，提出依靠广大亚非拉国家，反对帝国主义、修正主义和各国反动派，既反美又反苏的外交政策，在推动世界和平方面做出了重大贡献。中国这种外交政策的特点被概括为“两个拳头打人”。同时支持民族解放运动，坚持睦邻友好，迎来了与众多第三世界国家建交的高潮。在这段时间，中国同西欧、日本的关系有一定程度的发展。

1. 反对苏联霸权主义

苏联自 20 世纪 50 年代末起为推行与美国共同主宰世界的全球战略，不断向中国施压，恶化中苏关系，直至在中国北部施加军事压力，中苏对抗使得新中国成立初期的“一边倒”战略的基础不复存在。中苏关系的恶化并非一日之寒，有意识形态的分歧、国家利益的冲突和外交战略的不同等多方面因素。

中苏意识形态的分歧始于 1956 年苏共二十大，中苏两党在一系列理论问题上出现了较大分歧。事态后来很快发展到国家利益的冲突：1958 年苏联提出的在中国建立长波电台和联合舰队的主张，遭到中国的拒绝，两国关系出现阴影。实际上，影响中苏关系的最主要因素是两国对外战略存在巨大差异和严重矛盾：对于当时的苏联来说，实现美苏共同主宰世界，缓和美苏关系，是苏联最重要的外交任务和全球战略；中国则把反对美国威胁作为主要任务；一个和美，一个反美，天壤之别。1958 年 8 月第二次台海危机期间，中国人民解放军炮轰金门、马祖，苏联领导人深恐此举导致美苏冲突。1959 年赫鲁晓夫访美前夕，苏联于 6 月单方面撕毁了中苏于 1957 年 10 月签署的关于国

防新技术的协定，拒绝向中国提供原子弹样品和有关技术资料。9月9日，塔斯社发表了关于中印边境事件的声明，苏联公然袒护印度的扩张主义，并对中国进行指责。9月赫鲁晓夫访美后来华期间，甚至希望中国放弃对台湾使用武力，并暗示中国可以考虑暂时让台湾独立，中国政府断然予以拒绝。1960年苏联采取了一系列旨在恶化中苏关系的步骤，6月策划了“布加勒斯特会议”，指责中国共产党是“疯子”“要发动战争”，在中印边界问题上是“纯粹民族主义”；7月苏联宣布撤回在中国帮助建设的全部专家，撕毁了中苏两国政府签署的12个协定和300多个合同；随后又在新疆挑起边境纠纷。尽管中国政府多次声明不要把中苏两党分歧扩大到国家关系上，真诚希望中苏关系能好转起来，但仍无济于事。1964年中苏两党高级会谈失败，赫鲁晓夫的继任者勃列日涅夫继续将美苏合作反华作为其既定方针，在边界沿线部署100万大军，严重恶化中苏关系。1969年苏联悍然发动对中国领土珍宝岛的入侵，中苏关系进入一个前所未有的困难时期，中国政府坚持“有理、有利、有节”的外交斗争，顶住了苏联的巨大压力，捍卫了国家主权和国家安全，经受住了严峻考验。

2. 加强同亚非拉国家的关系，反对美国帝国主义和各国反动派

这一时期，美国仍然执行反华政策，继续包围和封锁中国，支持台湾当局“反攻大陆”。为了打击国民党军队对大陆的挑衅和美国分裂中国的阴谋，1958年8月23日，中国人民解放军福建前线部队对金门、马祖进行炮击，粉碎了美国欲搞“两个中国”的企图。1961年5月，美国派遣“特种部队”侵入越南，并制造北部湾事件，从南部威胁中国。1962年，日内瓦协议签署后不久，美国阴谋颠覆了老挝民族团结政府。1965年美军出兵越南和1970年美国入侵柬埔寨。对此，中国进行了针锋相对的斗争。

中国政府抓住了20世纪50年代中期至60年代末期的亚非拉民族解放运动蓬勃发展的有利时机，大力拓展同这些发展中国家的友好合作关系，这不但有助于化解“美苏共同反华”带来的外交困难，而且有利于进一步确立和增强中国在发展中国家中的重要影响力，进而为恢复联合国合法席位打下了坚实的基础。

从20世纪50年代后半期起，周恩来总理三次出访亚非拉国家，密切了中国与访问国的关系，访问期间，他提出了中国同阿拉伯国家和非洲国家相互关系的五项原则：支持阿拉伯和非洲国家反帝、反殖和独立，支持他们奉

行不结盟政策，支持他们用自己的方式实现团结和统一，支持他们和平协商解决彼此之间的争端，支持他们要求主权应当受到他国的尊重。五项原则实际上为成功地开展对亚非拉国家的外交提供了思想指导，也促进了各国对中国外交思想与外交政策的了解。

在具体的外交实践中，中国政府始终支持阿拉伯国家反对帝国主义和以色列扩张主义的斗争，在埃及维护苏伊士运河主权斗争中，在伊拉克推翻费萨尔王朝的革命中，在阿尔及利亚的独立战争中，以及第三次阿以战争中，中国政府都站在正义的人民一边。中国政府还对非洲独立高潮给予了充分的道义支持，及时承认了所有脱离殖民体系的新独立国家，同时还对于南非人民反对种族主义统治的斗争予以深切的同情和坚决的支援。另外，中国还坚决支持拉丁美洲人民的抗美斗争，声援古巴革命，关注巴拿马人民收回运河主权，谴责美国对多米尼加的入侵。中国政府还大力支持不结盟运动的正义主张和行动。

这一切外交活动，不但反击了美国等国家的强权政治和霸权主义行径，而且铸造了中国良好的国际形象，还促成了第二次建交高潮，促进了与周边发展中国家的睦邻关系。1955 年底同中国建交的国家只有 23 个，到 1965 年底增加了 1 倍多，中国的外交空间并没有因为美苏的合压而缩小，反而扩大了。中国本着和平共处五项原则和协商互谅的方针，公平、合理地先后解决了与缅甸、老挝、尼泊尔、蒙古、巴基斯坦、阿富汗的边界问题。虽然与印度发生了边境冲突，但为了用实际行动表示中国主张通过和谈而不是通过武力解决边界问题的诚意，中国政府不失时机地宣布全线停火和主动后撤，赢得了印度人民和世界人民的好评。

此外，在印度支那三国人民的抗美斗争中，中国政府不断揭露美国和南越政权践踏日内瓦协议的行径，坚决支持越南人民反对美吴集团的各种斗争。中国政府还向越南提供了大量的武器弹药、军需用品以及经济和物资援助，并派出防空、工程、铁道、后勤人员全力支持越南人民反对美国侵越战争。与此同时，中国政府还大力支持老挝和柬埔寨爱国力量为维护日内瓦协议、国家独立和中立而进行的斗争。对于美国无理侵犯老挝和柬埔寨的行为，中国政府进行了坚决的揭露和谴责，并为印支人民抗美斗争的最后胜利给予了最大限度的支持和援助。

3. 改善与西欧、日本等资本主义国家之间的关系

面对两个超级大国都与中国为敌的不利局面，中国放弃了“一边倒”的外交政策，提出了“两个中间地带”的战略思想。中间地带有两个部分：一部分是指亚洲、非洲、拉丁美洲的广大经济落后的国家；一部分是指以欧洲为代表的帝国主义国家和发达的资本主义国家。这两部分都反对美国的控制。中国的战略是依靠第一中间地带，争取第二中间地带，推进世界革命，反对两个超级大国的霸权主义。根据上述战略，中国外交的主要任务是：第一，大力加强同亚非拉国家和人民的团结合作；第二，发展同西欧、日本的关系；第三，反对苏联控制，顶住苏联的威胁；第四，坚决反对美国的战争叫嚣和制造“两个中国”的图谋。所以，在这一时期，中国积极主动地寻求和西欧、日本等资本主义国家发展外交关系。1964 年 1 月中法建立正式外交关系。法国是西方大国中第一个同我国建立大使级外交关系的国家。这样我国就打破了美国在政治上孤立中国的企图，促进了西方资本主义阵营的分化。同时，中国与日本的民间交往比较频繁，推进了中日两国外交关系的发展。

这一时期，由“一边倒”到“两个拳头打人”是新中国第一次调整外交政策，这使中国在国际上的影响不断扩大，出现了第二次建交高潮。到 1969 年，同中国建交的国家已达 50 个。中国已经成为独立于美苏之外的一支重要力量，在维护与亚洲世界和平方面发挥了重要作用。

（三）从 20 世纪 60 年代末到 70 年代末，实行“一条线，一大片”的外交政策

1. “一条线，一大片”外交政策的涵义及提出背景

直至 1970 年毛泽东发表《五・二〇声明》，主要矛头还是对着美帝国主义。但这之后，中国政府虽然还提反对两霸，但主要是指向苏联霸权主义。1973 年 2 月 17 日，毛泽东在会见基辛格博士时提出了“一条线”的外交战略思想。1974 年 1 月 5 日，毛泽东在会见日本外务大臣大平正芳时又提出了“一大片”的思想。所谓“一条线，一大片”，即以联合美国反对苏联霸权主义为基本特征，按照大致的纬度画一条连接从中国、日本经巴基斯坦、伊朗、土耳其、欧洲到美国的战略线，团结该战略线以外的所有国家构成“一大片”，以此来应对苏联霸权主义的挑战，为我国赢得了安定的国际环境。

2. “一条线，一大片”外交政策提出的背景

“一条线，一大片”外交政策的提出，是由当时的国际形势决定的：

第一，美苏争霸呈现苏攻美守态势。进入 20 世纪 70 年代，美苏军事力量对比发生重要变化。1974 年苏联战略核武器的数量赶上美国，在核武器运载工具和投掷重量方面已取得优势，其近海防御性海军也发展成为一支能对美国造成威胁的远洋海军。这种军事力量的巨大变化，构成 20 世纪 70 年代美苏争夺态势变化的基础。面对军事力量对比的变化，美国在战略上没有迅速做出调整，仍把很大一部分力量用在亚洲方面。而苏联则凭借增强的军事实力，利用美国陷入印支战争的困境，加紧在欧洲和中东等地区同美国进行争夺，致使美国从 20 世纪 70 年代一开始便处于同苏联争夺的战略被动地位。美苏态势的变化使毛泽东等中国领导人逐渐把主要敌人的注意力由美国转到苏联。

第二，美国调整了对华政策。美国放弃了长期奉行的僵硬的对华政策，对中美两国的接近提供了回旋余地。1969 年尼克松入主白宫后，很明显地感到苏联已成为美国最强有力的竞争者，于是急切地想改善同中国的关系以抗衡苏联的力量，进而维持全球均势，保持美国的主导地位。尼克松曾说："考虑到将来，在我和苏联人进行对话时，我也可能需要在中国问题上为自己找个可以依靠的有利地位。"① 于是，在尼克松上台前后，美国开始向中国发出某种改善关系的信号，从而使中美两国的接近具有可能性。

第三，苏联威胁的增强使其成为中国领导人心目中的头号敌人。60 年代后期，中苏两党关系中断、两国关系恶化。苏联又不断扩充已经十分庞大的军事力量，对全球构成战略进攻态势，对中国形成越来越大的军事压力。继 1968 年出兵捷克斯洛伐克，提出富于侵略性的"有限主权论"之后，1979 年苏联又悍然入侵阿富汗。同时，苏联还怂恿和支持越南进行反华活动，并帮助越南出兵柬埔寨。苏联在中国边境的驻军由 60 年代的 17 个师猛增到 57 个师，并配备各种核武器，力图从南、北、西三个方向包围和威胁中国。1969 年，苏联在中苏边界地区制造一系列武装冲突事件，引起中国领导人对本国安全的严重关切。1969 年 3 月 15 日，毛泽东在听取珍宝岛地区战况时说：大敌当前，动员准备一下有利。我们是后发制人②。同年 4 月 28 日，毛泽东在中国

---

① 理查德·尼克松. 尼克松回忆录：上册 [M]. 伍任，译. 北京：商务印书馆，1978：13.

② 李丹慧. 1969 年中苏边界冲突：缘起和结果 [J]. 当代中国史研究，1996 (3)：39-50.

共产党九届一中全会上提出，“我们要准备打仗”，强调“主要的，是要有精神上的准备”①。

第四，当时中国国家利益的迫切需要。对于当时的中国来说，改善同美国的关系，可以避免两面作战的不利局面②，抗衡苏联的威胁，营造一个相对安全的外部环境。在和平共处五项原则基础上发展国与国之间的正常关系是新中国的一贯立场，这一点对美国并无例外。过去，主要是由于美国方面的原因才导致中美两国20余年的隔绝与对抗。毛泽东看出美国方面有进行战略收缩和改善中美关系的迹象，因此也希望与美国缓和关系，谈判解决中美之间的各种问题，其中包括像台湾和越南战争这样的敏感问题。此外，与西方资本主义世界的领头国家——美国改善关系，有助于中国更好地改善同其他国家的关系，摆脱中国对外交往的被动局面。因此，中美两国缓和关系，这在当时是中国国家利益的迫切需要。

3. 这一时期中国外交的成就

20世纪60年代中期到70年代末，“文化大革命”使得中国各项工作受到严重干扰。然而在国际政策方面，中国提出了“联美反苏”的外交政策，改善了与西方国家的关系，中国外交取得了重大的成就。

第一，调整中美关系，实现了中美建交。1972年2月，尼克松总统访问中国，中美发表了上海《中美联合公报》，标志着两国关系正常化的开始。1978年12月，中美两国发表了关于建立外交关系的《联合公报》，美国承认中华人民共和国政府是中国唯一合法政府，接受了中国提出的建交三原则：废除美国和台湾当局签订的《共同防御条约》；从台湾和台湾海峡撤走美国驻军和军事设施；美国政府和台湾断交，并从1979年1月1日起中美建立外交关系。

第二，实现中日邦交正常化。日本政府曾长期追随美国采取敌视中国的政策，美国率先同中国缓和外交关系对日本冲击极大。1972年9月田中角荣访华，接受了中国政府的三项原则：中华人民共和国政府是代表中国的唯一合法政府；台湾是中华人民共和国领土不可分割的一部分；“日台条约”是非

① 毛泽东. 建国以来毛泽东文稿：第13册［M］. 北京：中央文献出版社，1998：38.

② 中华人民共和国外交部，中共中央文献研究室. 周恩来外交文选［M］. 北京：中央文献出版社，1990：482-483.

法的、无效的，应予废除。中日两国政府签订《中日联合声明》，宣布两国建立正式外交关系。

第三，中国恢复了联合国合法席位。新中国成立后，中国在联合国的合法席位一直被台湾非法占据。1971年10月25日举行的联合国大会第26届会议，以压倒多数票通过由阿尔及利亚、阿尔巴尼亚等23个国家提出的要求恢复中国在联合国一切合法权利，并立即把蒋介石集团的代表从联合国及其所属一切机构中驱逐出去的提案，这是中国外交上的重大胜利，也是这一时期我国外交的突出成就。

第四，改善中国与西方国家关系。随着中美关系的改善和中国在联合国合法席位的恢复，20世纪70年代出现了西欧国家同中国建交的高潮。到1979年，中国已同西欧20个国家如意大利、联邦德国等建立了外交关系。另外，中国还同加拿大、澳大利亚、新西兰先后建立了外交关系。

总之，这一时期经过重大调整，我国的对外关系克服了国内“文化大革命”的不利影响，取得了很大的发展。在1970年至1980年十年间，同中国建交的国家达75个。在此基础上，中国同这些国家的双边经济、文化合作关系得到了较好的发展。从此，中国开始全面参与国际事务，在国际舞台上发挥着日益重要的作用。

二、中国对外关系的调整

1978年中国共产党十一届三中全会后，邓小平及时地根据国际形势的新变化和国内任务的需要，对中国外交进行了重大的调整，从而发展和完善了独立自主的和平外交政策，全面开创了新的外交局面。20世纪90年代以后，中国在国际上日益摆脱了冷战的影响，中国外交出现了新的气象和风貌，步入一个承前启后的新的历史时期。

（一）20世纪80年代以来中国外交政策的重大调整

1. 外交政策大调整的历史背景

20世纪70年代的“一条线”的外交战略，为维护中国的国家安全和国家利益作出了重大贡献。但这一战略也存在着明显的局限性。一是这一战略不可能化解中美之间业已存在的战略分歧，随着美苏战略态势的变化，中国从中获得的利益逐渐消失。二是由于这一战略对苏联威胁估计过于严重，在处理与第三世界国家关系时“以苏划线”，制约了中国处理国际事务的行动自由。

这一切使得中国对外战略的再次调整势在必行。

尤其是进入20世纪80年代，国际形势有了很大变化。美苏两个超级大国继续争霸世界并且互有攻守，但国际舞台上的其他力量，如日本、西欧和第三世界也迅速崛起。同时，以中国共产党的十一届三中全会为标志，中国进入了一个集中力量进行经济建设的崭新时期。和平与发展已成为世界各国人民的普遍愿望和迫切要求，战争的威胁在日趋减小，和平的力量在不断扩大。和平是发展的前提，发展是和平的保障。发展离不开一个和平的国际环境，发展本身又有利于世界和平的维护。中国根据变化了的国际形势，适时调整自己的对外政策，以更好地适应和平与发展的世界潮流。80年代中国外交政策的调整是在对过去30多年外交实践总结与反思的基础上提出来的，这次调整的幅度空前，涉及许多方面，因此习惯上被称为“大调整”。中国领导人在“大调整”的10年中为独立自主外交政策赋予了新的内涵，提出不以社会制度和意识形态的异同定亲疏，明确地将国家利益原则作为中国外交的最高原则。

2. 外交政策大调整的内容

在此背景下，我国的对外政策在20世纪80年代初进行了重大调整。这次调整，主要表现在以下五个方面：

第一，确立了有关战争与和平的新观念。改革开放后，邓小平经过冷静观察和客观分析，改变了过去战争不可避免的估计，认为世界和平因素的增长超过了战争因素的增长，有可能争取在相当长的时间内，至少在20世纪内，世界大战打不起来。因此，我们要广交朋友，团结和支持一切维护和平的力量，积极推进国际裁军，反对霸权主义，反对战争。

第二，不同任何大国结盟或建立战略关系。新中国成立后，我国曾先后实行对苏“一边倒”和联美反苏的政策，使中国先后受到苏联和美国霸权主义干涉的威胁。另外，进入20世纪80年代以后，美苏之间既争夺又对话。因此，在全面总结过去30年经验教训的基础上，结合国际形势的需要，中国适时地调整了外交战略，改变了联美反苏的“一条线”战略，不同任何大国结盟或建立战略关系，不支持任何一方反对另一方，贯彻独立自主的和平外交政策。这一战略调整促进了中美、中苏关系在80年代的健康发展。

第三，不以社会制度和意识形态的异同论亲疏。过去，中国在实行“一边倒”和“一条线”战略过程中，曾出现过“以美划线”和“以苏划线”的倾向，影响了中国同部分第三世界国家的关系。进入 20 世纪 80 年代后，中国认识到只有超越社会制度和意识形态的异同，普遍实行和平共处五项原则，才能发展正常的国家关系，增进国际合作，维护世界和平。至于对苏友好或对美友好的国家，中国尊重各国人民自己的选择，体谅它们的处境，尊重它们的政策与做法。

第四，制定了全面对外开放的基本国策。党的十一届三中全会后，邓小平根据国际形势的变化和国内建设的需要，提出了对外开放的政策，并且将其确定为一项长期不变的基本国策。因此我国的外交工作也发生新的变化，出现新的特点：外交要面向全世界，呈现出“无敌国外交”的特点；外交内容更加丰富，经济外交占有重要地位；外交手段趋于和缓，和平外交色彩渐浓；外交形式灵活多样，民间外交极为活跃。

第五，提出了“一国两制”的新构想。“一国两制”是邓小平于 1982 年 9 月提出并于 1984 年 5 月由六届人大二次会议认可的具有法律效力的科学构想。“一国两制”通过和平方式解决国际争端，为发展与不同制度国家和地区的关系提供了一种新的经验。香港、澳门的顺利回归是中国外交的重大胜利。“一国两制”是对中国外交政策的丰富和发展，具有深远的历史意义和国际意义。

（二）20 世纪 80 年代以来对外关系的新局面

20 世纪 80 年代以来，中国适时地调整了对外政策，使独立自主的和平外交政策更加完善。中国外交开创了崭新的局面，对外关系取得巨大发展。21 世纪之初，中国外交呈现了一些新举措、新动向、新风貌，开拓了冷战后中国外交的新局面。

1. 同发达国家的关系得到进一步发展

改革开放以来，中国同发达国家的关系进入了全面发展时期。中美于 1979 年建交，双方在经济、贸易、科技和文化等各个领域的交流与合作都得到了大大的加强。1979 年初，邓小平副总理应邀访美，中美双方签署了科技合作协定和文化协定及两国在教育、农业、空间技术方面合作的谅解换文，两国在高能物理方面合作的协议，关于建立领事关系和互设总领事馆等协议。1982 年 8 月 17 日中美发表了关于台湾问题的《八·一七公报》，美国政府承诺：向台湾出售武器在性能和数量上将不超过中美建交后近几年的供应水平，美国政府承认中国关于彻底解决这一问题的立场。此后双方的友好合作得以稳步发展。中美建交十年，双方经贸关系达到新水平。双方贸易额从 1979 年的 24 亿美元增加到 1988 年的 100.1 亿美元（美国统计数字为 137 亿美元）。美国成为中国的第三大贸易对象国。1990 年以前，美国对华投资居各国首位，投资项目达六百多个。中美双方在科技文化的 26 个领域达成了对口合作协议书，民间科技文化交流也日益广泛开展。到美国留学的中国学生和访问的中国学者日益增多。这表明中美双方有互相合作的广阔前景。

但是，中美关系发展仍存在障碍，特别是台湾问题，妨碍了两国关系的健康发展。根据上海公报、建交公报和 1982 年的联合公报，美国承认中华人民共和国为中国唯一合法政府，美国只同台湾“保持文化、商务和其他非官方关系”。但 1979 年 3 月美国国会就通过所谓“与台湾关系法”，规定继续向台湾提供“防御性武器”“防御物资”和“防御服务”，甚至仍视台湾为一个“独立的政治实体”，严重地违背了中美建交协议和国际法基本准则，干涉了中国内政。经过谈判，1982 年双方发表联合公报时，美国宣称它无意执行“两个中国”或“一中一台”的政策，并承诺逐步减少，并经过一段时间后完全终止向台湾出售武器。联合公报的发表为消除两国关系发展的障碍迈出了积极的一步，使两国关系在 20 世纪 80 年代获得平稳顺利的发展。但 20 世纪 80 年代末中国发生政治风波后，美国又无理地以“人权”为名，在北京政治风波问题、西藏问题，甚至中国实行计划生育等问题上粗暴干涉中国内政，并伙同西方其他国家对中国实行“制裁”，从而严重损害了两国关系，使中美两国关系出现了建交十多年来最严峻的局面。但美国企图排斥、孤立中国的做法是不明智的，也是根本做不到的。1990 年 9 月，钱其琛外长应邀访美，两国关系开始改善。20 世纪 90 年代，中美关系在曲折中继续发展，特别是在经贸领域内。2001 年 1 月布什就任美国总统以后，中美关系又经过了几次反复，如中国南海撞机事件、美国国务卿鲍威尔访华、“9·11”事件后布什访华、胡锦涛和江泽民先后访美等，但总体上看双方关系不断加强，逐渐走上健康发展的轨道。

中国同西欧的关系在改革开放后进入新的发展时期，彼此的政治关系和经济关系发展迅速。中国同西欧国家签订了许多经济、文化科技合作的协定，高层领导人频繁互访。20 世纪 80 年代末的政治风波之后，西欧与中国的关系一度受到影响，但迅速恢复和重新发展起来。1990 年 10 月欧共体外长会议决定取消对华制裁措施，恢复同中国的正常交往。1991 年，英国首相、意大利总理先后访华。1992年，李鹏总理访问意大利、瑞士、葡萄牙和西班牙，中国同西欧的关系基本实现正常化。1994年，江泽民主席对法国进行国事访问，提出中国与西欧关系的四项原则：积极推进与西欧国家的关系，面向21世纪，努力发展长期稳定的友好合作关系；相互尊重，求同存异；互补互利，促进共同发展；加强在国际事务中的磋商与合作。欧盟遵循中国的四项原则，发展同中国长期合作关系。1994年底，欧盟正式宣布取消除军售以外的所有对华制裁措施。1995年，欧盟发表对华关系长期政策文件，主张全面加强同中国在政治、经济等各个领域的关系，并于1996年提出对华合作新战略，强调对华政策的全面性、长期性和独立性。自从进入20世纪90年代，中国经济持续高速增长，中国与西欧国家的经贸关系迅猛发展，中国已是欧盟最重要的贸易伙伴之一，是欧盟第四大出口市场和第四大供应国。中欧之间正在努力建设“面向21世纪的长期稳定的建设性伙伴关系”，双方关系沿着健康的轨道发展。双方虽然存在一些差距和分歧，也存在着不少障碍，但是并没有重大的战略利益冲突，而且中国巨大的市场和欧盟的经济地位，是双方关系稳定发展的最主要保障。在这一时期，中国同加拿大、澳大利亚、新西兰等国的关系也取得了令人满意的发展。

2. 同周边国家的睦邻友好关系取得巨大的发展

在新的国际形势下，中国同朝鲜、巴基斯坦等邻国的传统友谊进入了一个新的阶段。与此同时，中国作为观察员国参加了东盟地区论坛会议，全面推进同东盟国家的睦邻互信伙伴关系。中国同蒙古、老挝、越南等国先后实现了关系正常化。中国和印度彼此之间的关系结束了相互冷漠的状态。中国同韩国于1992年正式建交，两国关系发展势头迅猛，经贸合作成就突出。

中印两国领导人互访促进了双方关系的发展。1988年12月，印度总理拉·甘地访华是中印关系中的重大事件。双方签订了科技、文化、民用航空等协定，并同意成立联合工作小组，以谋求解决边界问题。1991年12月中国总理李鹏应邀赴印度进行正式友好访问，1993年9月印度总理拉奥应邀对中国进行国事访问，进一步增进了两国的相互了解与友谊。两国政府于1993年9月签署的《关于在中印边境实际控制线地区保持和平与安宁的协定》，标志着中印关系的重大进展。

中日关系在80年代一直稳步发展，90年代以来在曲折中得到了恢复和改善。中国同日本自1978年签订《中日和平友好条约》以来，两国关系有了很大的发展。两国领导人共同制定“和平友好、平等互利、相互依赖、长期稳定”四项原则，为中日友好睦邻关系的健康发展奠定了坚实的基础。双方在政治上不断加强信任，经济上加强合作，着眼于21世纪，世世代代友好下去。但是，中日之间的关系也存在一些问题，日本一些右翼势力的军国主义倾向时有冒头。中日两国贸易大幅度增加，日本是我国第一大贸易伙伴，与我国的经济合作与文化交流亦居资本主义发达国家的首位。

中苏恢复了关系正常化。苏联解体后，中国本着和平共处五项原则继续同独联体国家发展了正常的国家关系。在“文化大革命”之后，中国政府调整了对外政策，于1979年通知苏联，《中苏友好同盟条约》到1980年期满后不再延长，建议两国就解决悬而未决的问题和改善两国关系举行谈判。谈判尚未正式开始，即因苏联侵略阿富汗而中断。1982年勃列日涅夫在塔什干讲话，表示愿意改善同中国的关系。10月在北京开始了中苏副外长级第一轮磋商。到1986年10月，副外长级磋商已进行到第九轮。我国提出实现中苏关系正常化必须消除三大障碍，即苏联减少在中苏边境的驻军、不再支持越南侵略柬埔寨和从阿富汗撤军。中苏两国在经济技术合作等方面率先取得了改善。1984年12月，苏联部长会议第一副主席阿尔希波夫访问我国，就签订经济技术合作协定、科学技术合作协定和成立中苏经济、贸易、科技合作委员会达成了协议。1985年7月，姚依林副总理访苏，签订了中苏两国政府关于1986—1990年交换货物和付款协定、关于苏联在中国建设和改造工业项目的经济技术合作协定。此外，中苏还就恢复边境贸易达成协议，两国边境贸易的规模逐步扩大。但是，中苏政治关系还未得到根本改善。1986年7月，苏共总书记戈尔巴乔夫在符拉迪沃斯托克发表讲话，希望同中国改善关系，提出“以主航道为边界线”的边界谈判新方案。时隔九年的中苏边界谈判也于1987年2月在莫斯科恢复。1988年10月，双方就中苏边界东段大部分地段的边界线走向取得了一致意见。1988年4月，关于政治解决阿富汗问题的协议在日内瓦签署，苏联承诺从阿富汗全部撤军。12月，中国外长钱其琛访苏，这是1957年以来中国外长第一次正式访苏。苏联领导人表示，希望早一些解决柬埔寨问题，愿意在和平共处等原则基础上同中国建立新型关系。其后，苏联在联合国大会宣布将大大减少其在亚洲本土部分的军队，并从蒙古撤回大部分苏军。至此，中苏关系正常化的三大障碍基本上解决。1989年5月，苏联领导人戈尔巴乔夫访问我国，双方发表联合公报，宣布中苏关系正常化。

1989—1991 年，东欧和苏联的政治形势发生剧烈变动，其中民主德国与联邦德国合并，苏联和南斯拉夫联邦解体。中国对原有各国和新成立的国家根据既定的外交方针，继续依据和平共处五项原则，建立和发展友好合作关系。20 世纪 90 年代初以来，中国与俄罗斯以及独立国家联合体诸国的领导人通过互访，站在 21 世纪的高度，把双边关系提高到了一个新的水平。中俄、中国与哈萨克斯坦先后签订了国界协定，以法律的形式将绝大部分地段的边界线固定下来。1994 年中俄发表联合声明，不把各自的核弹头瞄准对方和互不首先使用核武器。1996 年 4 月，中国、俄罗斯、哈萨克斯坦、吉尔吉斯斯坦、塔吉克斯坦的领导人在上海共同签署了五国《关于在边境地区加强军事领域信任的协定》。这一协定的签署，是五国形成“好邻居、好朋友、好伙伴”的新的国家关系的生动体现，标志着中国与俄罗斯和中亚邻国睦邻友好关系的全面发展。

改革开放以来，中国始终坚持在平等互惠、共同发展的原则上，同周边各国建立和发展全方位、多层次的经济合作关系，中国相对稳定的周边环境已基本形成。中国将继续加强同周边国家的关系，坚持与邻为善，以邻为伴，把同周边国家的交流与合作推向新水平。

3. 同发展中国家的团结与合作不断加强

改革开放以后，中国把加强同第三世界国家的团结与合作作为对外工作的基本立足点。1982 年底至 1983 年 1 月，中国总理访问非洲 11 国时提出“平等互利、形式多样、讲求实效、共同发展”四项原则。1983 年北京南南合作会议上，中国又宣布这四项原则同样适用于中国同亚洲、拉丁美洲和其他发展中国家的经济技术合作。1988 年，中国同第三世界国家的进出口贸易额达 150 亿美元。冷战后，中国同发展中国家的友好合作关系得到了新的发展，高层互访不断，合作领域扩大，合作方式增多，合作成果突出，在国际事务中加强了密切配合。

4. 多边外交日益活跃

在实行改革开放以来，中国逐步创造和具备了积极开展多边外交的主客观条件，从而开创了前所未有的多边外交局面。其主要特点是，在全球和地区的许多重大问题上，中国都是重要参与者，中国的态度和立场具有重要的分量；中国领导人越来越频繁地参与国内外多边外交活动，并经常同各国领导人一起参与重大国际问题的讨论，加强在多边领域的合作；中国参与多边外交活动的领域，从政治与安全逐步扩大到了经济、裁军与军控、人权、环境、社会发展等各个方面，中国与多边组织的合作日见成效；中国人在越来越多的国际组织中担任主席、副主席、副秘书长、大法官等重要职务；在中国举行重要的区域性和世界性国际会议和国际活动，也已屡见不鲜。

5. 与一些国家建立新型伙伴关系

中国于1996年与俄罗斯建立了“战略协作伙伴关系”，1997年与法国建立了“全面伙伴关系”，与美国建立了“建设性战略伙伴关系”，与日本确认双方努力构筑“面向21世纪的中日睦邻友好合作关系”，与东盟确立了“面向21世纪的睦邻互信伙伴关系”，与非洲国家建立“面向21世纪的长期友好、全面合作关系”，等等。这一系列跨世纪伙伴关系构成了共创未来的新型关系局面，中国努力构筑的“面向21世纪新型伙伴关系”框架结构，与传统的你争我夺的大国关系结构有着明显区别，是一种新的国家关系模式。它体现了冷战后中国以平等互利、互相尊重、不搞对抗、不结盟和不针对第三国为指导原则的新外交风格，对于创造一个有利于我国现代化建设的新型国际环境具有极其重要的作用。

综上所述，改革开放以来，我们奉行的外交政策顺应了国际形势的变化，中国的国际威望迅速提高，作用日益突出。冷战后，我们开创了中国外交的新局面，为开拓面向21世纪的中国外交做出了卓有成效的工作。

第二节　独立自主的和平外交政策

一、独立自主的和平外交政策的形成和发展

1949年中华人民共和国的成立，彻底结束了旧中国的屈辱外交，揭开了中华民族外交史上崭新的一页。新中国建立50多年来，从毛泽东、邓小平，到江泽民、胡锦涛，再到习近平，中国政府始终坚持独立自主的和平外交政策，同时，伴随着国际形势的发展变化，不断调整外交战略和策略，在每一个发展阶段上都取得了举世瞩目的巨大成就。

（一）毛泽东、周恩来捍卫新中国独立的和平外交政策

同世界一切友好国家建立外交关系，是新中国第一代领导人的真诚愿望。新中国成立后，以毛泽东同志为核心的第一代中国领导人逐步把这种良好愿

望运用到现实外交上，形成了具有中国特色的独立自主和平外交政策。

1. 确立了新中国外交政策的基本框架

毛泽东、周恩来等以非凡的气魄和胆略，提出了建国初期的三大外交方针："另起炉灶""打扫干净屋子再请客"和"一边倒"三大方针，并确立了新中国外交政策的基本框架。1949 年 9 月，中国人民政治协商会议就在临时宪法——《共同纲领》中对新中国的外交政策作出了一系列的规定："中华人民共和国外交政策的原则，为保障本国的独立、自由和领土完整，拥护国际的持久和平和各国人民间的友好合作，反对帝国主义的侵略政策和战争政策"，"中华人民共和国必须取消帝国主义在中国的一切特权"，"对于国民党政府与外国政府所订立的各项条约和协定，中华人民共和国中央人民政府应加以审查，按其内容，分别予以承认，或废除，或修改，或重订"，"凡与国民党反动派断绝关系，并对中华人民共和国采取友好态度的外国政府，中华人民共和国中央人民政府可在平等、互利及互相尊重主权的基础上，与之谈判，建立外交关系"，"中华人民共和国联合世界上一切爱好和平、自由的国家和人民，首先是联合苏联、各人民民主国家和各被压迫民族，站在国际和平民主阵营方面共同反对帝国主义侵略，以保障世界的持久和平"①。这一系列规定，明确了新中国外交政策的原则和根本出发点，确立了共和国独立自主和平外交政策的基本框架，有力地指导了新中国对外工作的开展。

2. 提出了和平共处五项原则

周恩来总理在 1953 年 12 月 31 日接见访华的印度代表团时，首次完整地提出了和平共处五项原则，认为各国应"互相尊重主权和领土完整、互不侵犯、互不干涉内政、平等互利、和平共处"，中国提出的和平共处五项原则内容得到了印方的同意，并写进了 1954 年 4 月 29 日中印双方签订的《关于中国西藏地方和印度之间的通商和交通协定》的序文中②。随后在 1954 年 6 月 25 日至 29 日中国总理周恩来访问印度、缅甸时发表的中印、中缅总理联合声明中得到确认，并由中国、印度和缅甸共同倡议，把它作为国际关系的普遍准则而施行于各国关系中。

---

① 李宝俊. 当代中国外交概论 [M]. 北京：中国人民大学出版社，1992：14-15.

② 邓中好. 有中国特色社会主义和平外交与建设 [M]. 山东：青岛出版社，1993：91-92.

3. 由“两个中间地带”理论发展到“三个世界”划分的理论，从而确定了“一条线”“一大片”的外交战略

20 世纪 60 年代初的“两个中间地带”理论，要求依靠第一中间地带即亚非拉的广大经济落后的国家，争取第二中间地带即以欧洲为代表的发达资本主义国家，在世界范围内建立“反帝、反修”统一战线的国际战略。1974 年 2 月，毛泽东在会见赞比亚总统卡翁达时说：“我看美国、苏联是第一世界。中间派，日本、欧洲、澳大利亚、加拿大，是第二世界。咱们是第三世界。”“亚洲除了日本，都是第三世界，整个非洲都是第三世界，拉丁美洲也是第三世界。”① 从而明确地提出了划分三个世界的战略思想。毛泽东、周恩来等领导人立足于对当时国际形势的认识，提出了符合中国利益的“一条线”“一大片”的外交战略。

通过毛泽东、周恩来的外交理论及其实践，新中国团结了最大多数，反对了最危险的敌人，捍卫了新中国的独立，与世界上许多国家建立了和平友好关系，为新中国赢得了和平的建设环境，并不断提升了新中国的国际地位，与世界上许多国家建立了和平友好关系。至 1979 年，与我国建交的国家为 122 个。

（二）邓小平完整地提出独立自主的和平外交政策

从 20 世纪 70 年代末特别是党的十一届三中全会到 80 年代末，随着全党工作重点的转移，邓小平对我国外交战略和策略进行了重大调整，更加完整地提出“独立自主的和平外交政策”，中国外交进入新的历史发展时期。

1. 和平与发展理论

在战争与和平的问题上，邓小平改变了关于世界战争不可避免而且迫在眉睫的提法，指出在较长时间内不发生大规模的世界战争是有可能的，维护世界和平是有希望的。他说：“我们有信心，如果反霸权主义斗争搞得好，可以延缓战争的爆发，争取更长一点时间的和平。”② 在此基础上，逐步形成了和平与发展是当今世界两大主题的重要论断。1984 年 5 月，邓小平第一次概括了世界两大主题：“现在世界上问题很多，有两个比较突出。一是和平问

---

① 中共中央文献研究室. 毛泽东文集：第 8 卷 [M]. 北京：人民出版社，1999：441-442.

② 中共中央文献编辑委员会. 邓小平文选：第 2 卷 [M]. 北京：人民出版社，1994：241.

题。现在有核武器，一旦发生战争，核武器就会给人类带来巨大的损失。要争取和平就必须反对霸权主义，反对强权政治。二是南北问题。这个问题在目前十分突出。发达国家越来越富，相对的是发展中国家越来越穷。南北问题不解决，就会对世界经济的发展带来障碍。”①

2. 确立不结盟原则

进入 80 年代以后，根据国际形势的新变化，邓小平适时地调整了外交战略，确立了不结盟外交原则，指出“中国不打美国牌，中国也不允许别人打中国牌”②。对国际上发生的一切重大问题，中国都从中国人民和世界人民的根本利益出发，根据其本身的是非曲直，独立地决定自己的态度和对策，决不迁就于一时的事变，也不为任何外部压力所左右。

3. 发展对外关系要超越社会制度和意识形态的异同

进入 80 年代后，邓小平同志根据中国长期以来的外交实践经验和国际关系的发展，认为国与国的关系不应以社会制度和意识形态的异同论亲疏、好恶，只有超越社会制度和意识形态的异同，按照和平共处五项原则发展同所有国家的友好合作关系和处理国际问题，才能发展正常的国家关系，增进国际合作，维护世界和平。

4. 对外开放原则

坚持长期实行对外开放，在平等互利的基础上不断扩大和发展同各国的经济、贸易、科技交流与合作。中国的对外开放是面向全世界的，既对资本主义国家开放，也对社会主义国家开放；既对发达国家开放，也对广大发展中国家开放。通过改革开放，利用国际国内两种资源和两个市场，吸收和借鉴人类社会创造的一切文明成果，加速我国现代化建设，促进各国的共同发展。外交是内政的延续并且是为内政服务的，邓小平对独立自主和平外交政策的新发展，成功地为我国的改革开放和现代化建设事业赢得了有利的国际环境。

5. 建立国际新秩序理论

邓小平还提出要以和平共处五项原则为基础，推动建立和平稳定、公正合理的国际政治经济新秩序。国际秩序，指的是国际社会中主要角色围绕某

---

① 中共中央文献编辑委员会. 邓小平文选：第 3 卷［M］. 北京：人民出版社，1993：233.

② 中共中央文献编辑委员会. 邓小平文选：第 3 卷［M］. 北京：人民出版社，1993：57.

种目标，依据一定规则，通过相互作用而形成的国际运行机制，具有相对的稳定性①。国际旧秩序带有殖民主义、帝国主义的鲜明烙印，不公正，不合理。建立国际新秩序一直是世界各国人民，特别是第三世界国际人民的强烈愿望。邓小平强调，“国际新秩序的最主要的原则，应该是不干涉别国的内政，不干涉别国的社会制度，现在确实需要以和平共处五项原则作为新的国际政治、经济新秩序的准则”②。

6. “一国两制”的构想

邓小平还以高超的政治智慧提出了“一国两制”的构想。列宁提出和平共处思想的初衷是用来处理不同社会制度的国际关系的，毛泽东与周恩来进一步发展了这一思想，用来处理相同社会制度的国际关系，然而把和平共处思想拓展至国内事务上，让资本主义和社会主义两种制度在一个国家内“和平共处”，则是邓小平的伟大创举。

邓小平认为处理国与国的关系，和平共处五项原则是最好的方式。“现在进一步考虑，和平共处的原则用之于解决一个国家内部的某些问题，恐怕也是一个好办法。根据中国自己的实践，我们提出‘一个国家，两种制度’的办法来解决中国统一问题，这也是一种和平共处。”“台湾当局提出要以‘三民主义’统一中国，至少是太缺乏现实感了……我曾多次劝台湾当局，不要这样想，要搞一个你不吃掉我，我也不吃掉你的办法。十亿人口的大陆坚定不移搞社会主义，台湾可以搞他的资本主义，北京不派人到台湾去。这不也是和平共处吗？所以，和平共处的原则不仅在处理国际关系问题上，而且在一个国家处理自己内部问题上，也是一个好办法。”③

“一国两制”的构想，是把求同存异、和平共处的原则，创造性地运用于解决一个国家内部两种制度的关系。坚持“一个中国”，这是大陆同胞和港澳同胞以至台湾当局的共同语言，这是维护祖国统一，是“求同”，是大前提。实行“两种制度”是“存异”，既然大陆与港澳台现行的政治经济制度根本不

---

① 刘从德. 国际关系理论：西方国际关系理论与马克思主义国际关系理论研究[M]. 武汉：武汉出版社，2007：256.

② 中共中央文献编辑委员会. 邓小平文选：第 3 卷 [M]. 北京：人民出版社，1993：359-360.

③ 中共中央文献编辑委员会. 邓小平文选：第 3 卷 [M]. 北京：人民出版社，1993：31.

同，就应该承认这种差异的存在，让两种社会制度和平共处，互不伤害，谁也不吞掉谁。

这一构想虽最早是从台湾问题开始的，然而却成功地解决了香港和澳门问题，从而进一步用实践证明了它的可行性，使和平共处原则的实践功能发挥到了更新的深度和广度，为和平共处理论增添了新的内涵。

7. “韬光养晦”的战略

20 世纪 80 年代末 90 年代初，在苏联解体、东欧剧变、国际反华势力对中国施加极大压力的险恶形势下，邓小平提出了 32 字方针，这就是“冷静观察、稳住阵脚、沉着应付、韬光养晦、善于守拙、决不当头、抓住机遇、有所作为”的国际战略方针，其核心是“韬光养晦、有所作为”。而当时对中国来说，主要是“韬光养晦”，即在社会主义运动面临低潮，真可谓“黑云压城城欲摧”的形势下，改变计谋，卧薪尝胆，隐居待时。同时我们也是任凭风浪起，稳坐钓鱼船。正是我们采取了“韬光养晦”的战略，使中国经济长期持续高速发展，综合国力大大增强。

（三）江泽民、胡锦涛对独立自主的和平外交政策的新发展

1. 江泽民提出新安全观

江泽民在处理国际事务中，继续坚持和平共处五项原则，面对国际上非传统安全问题的新的挑战，认为中国要“有所作为”，从而提出了新安全观的主张。1996 年 4 月，中、俄、哈、吉、塔五国元首在上海讨论边境地区的信任与合作问题时，江泽民提出应摒弃冷战思维，顺应时代潮流，共同培育和推广新的合作安全观，这是首次提出了确立新安全观的问题。1999 年 3 月 26 日，江泽民在日内瓦裁军谈判会议上发表讲话，明确提出：“新安全观的核心，应该是互信、互利、平等、合作。各国相互尊重主权和领土完整、互不侵犯、互不干涉内政、平等互利、和平共处五项原则以及其他公认的国际关系准则，是维护和平的政治基础。互利合作、共同繁荣，是维护和平的经济保障。建立在平等基础上的对话、协商和谈判，是解决争端、维护和平的正确途径。只有建立新的安全观和公正合理的国际新秩序，才能从根本上促进裁军进程的健康发展，使世界和平与国际安全得到保障。”① 在 2000 年 9 月 6 日的联合

① 江泽民．推动裁军进程，维护国际安全：在日内瓦裁军谈判会议上的讲话［N］．人民日报，1999-03-27.

国千年首脑会议上的讲话中，江泽民再一次阐明了我国在新安全观上的立场："营造共同安全是防止冲突和战争的可靠前提。应彻底抛弃冷战思维，建立以互信、互利、平等、合作为核心的新安全观。一切国际争端和地区冲突都应通过和平方式解决。"① 在 2001 年 7 月 1 日纪念中国共产党成立八十周年的讲话中，江泽民再次强调了"新安全观"的思想，指出："国际社会应树立以互信、互利、平等、协作为核心的新安全观，努力营造长期稳定、安全可靠的国际和平环境"②，并且把"互信、互利、平等、合作"中的"合作"改为"协作"，从而新安全观思想逐步发展成熟。

新安全观的内涵主要体现为其核心是"互信、互利、平等、协作"。互信是指超越意识形态和社会制度异同，摒弃冷战思维和强权政治心态，互不猜疑，互不敌视，各国应经常就各自安全防务政策以及重大行动展开对话、相互通报。互利是指顺应全球化时代社会发展的客观要求，互相尊重对方的安全利益，在实现自身安全利益的同时，为对方安全创造条件，实现共同安全。平等是指国家无论大小强弱，都是国际社会的一员，都应相互尊重、平等相待，不干涉别国内政，推动国际关系的民主化。协作是指以和平谈判的方式解决争端，并就共同关心的安全问题进行广泛深入的合作，消除隐患，防止战争和冲突的发生。新安全观的实质是超越单方面安全范畴，以互利合作寻求共同安全③。

江泽民的"新安全观"同和平共处五项原则相比，在平等、互利的基础上更强调"互信""协作"，更强调和平外交的主动性，更具有积极因素，为"五项原则"增添了新的内涵，是对邓小平和平共处理论的丰富和发展。

2. 胡锦涛、温家宝的"和平发展"战略

党的十六大后，胡锦涛总书记和温家宝总理等新一代领导集体成员根据变化着的国际形势，适时提出"和平发展"的国际战略。

在 2004 年 3 月的十届人大二次会议举行的记者招待会上，温家宝总理和外交部长李肇星分别阐述了"和平发展"的含义及其对国际社会的影响。温

---

① 江泽民. 江泽民文选：第 3 卷 [M]. 北京：人民出版社，2006：108.

② 江泽民. 在庆祝中国共产党成立八十周年大会上的讲话 [N]. 人民日报，2001-07-02.

③ 中华人民共和国外交部. "三个代表"重要思想外交理论学习纲要 [M]. 北京：世界知识出版社，2004：78-79.

家宝总理指出，中国和平发展的要义有以下五个方面：第一，中国和平发展就是要充分利用世界和平的大好时机，努力发展和壮大自己，同时又用自己的发展维护世界和平。第二，中国的发展，基点主要放在自己的力量上。内容包括：独立自主、自力更生、艰苦奋斗，依靠广阔的国内市场，充足的劳动资源和雄厚的资金储备，以及改革带来的机制创新。第三，中国的发展离不开世界，中国必须坚持开放的政策，在平等互利的原则下同世界一切友好国家发展经贸往来。第四，中国的发展需要很长的时间，恐怕要多少代人的努力奋斗。第五，中国的发展不会妨碍任何人，也不会威胁任何人，也不会牺牲任何人。中国现在不称霸，将来强大了也永远不会称霸。从“和平发展”战略的要义可以看出，中国的发展是和平发展，不会对世界任何国家造成威胁。

（四）习近平对独立自主的和平外交政策的创新

1. 作出始终不渝走和平发展道路的战略抉择

党的十八大以来，以习近平同志为核心的党中央深刻把握时代特征和世界潮流，深刻总结改革开放以来的发展历程，作出中国将继续奉行独立自主的和平外交政策，始终不渝走和平发展道路的战略抉择。

2013 年初，第十八届中共中央政治局就走和平发展道路进行集体学习。习近平总书记强调，走和平发展道路，是我们党根据时代发展潮流和我国根本利益作出的战略抉择。其核心要义如下：第一，和平发展道路是新中国成立以来特别是改革开放以来，我们党经过长期的艰辛探索和不断实践形成的，必须始终不渝地坚持。习近平总书记多次指出，我们的和平发展道路来之不易。我们党始终高举和平的旗帜，从来没有动摇过，也永远不能动摇。第二，中国只有坚定不移走和平发展道路，才能通过争取和平国际环境发展自己，又以自身的发展维护世界和平。和平是发展的前提和基础，中国和世界各国的发展都离不开和平的国际环境和稳定的国际秩序，而中国作为最大的发展中国家和联合国安理会常任理事国，中国有责任、有信心也有能力维护世界和平促进共同发展。第三，坚决维护国家的核心利益。中国走和平发展道路是始终不渝和坚定不移的。但是，中国走和平发展道路是有前提、有原则、有底线的。“我们要坚持走和平发展道路，但决不能放弃我们的正当权益，决不能牺牲国家核心利益。任何外国不要指望我们会拿自己的核心利益做交易，不要指望我们会吞下损害我国主权、安全、发展利益的苦果。”①

2. 倡导构建人类命运共同体，建立以合作共赢为核心的新型国际关系

2017年10月18日，习近平同志在十九大报告中提出，坚持和平发展道路，推动构建人类命运共同体。中国共产党始终把为人类作出新的更大的贡献作为自己的使命。中国将高举和平、发展、合作、共赢的旗帜，恪守维护世界和平、促进共同发展的外交政策宗旨，坚定不移地在和平共处五项原则基础上发展同各国的友好合作，推动建设相互尊重、公平正义、合作共赢的新型国际关系。

2013年3月23日习近平主席在莫斯科国际关系学院发表演讲时提出建立以合作共赢为核心的新型国际关系。他指出：“面对国际形势的深刻变化和世界各国同舟共济的客观要求，各国应该共同推动建立以合作共赢为核心的新型国际关系。”② 合作共赢，就是要倡导人类命运共同体意识，在追求本国利益时兼顾他国合理关切，在谋求本国发展中促进各国共同发展，建立更加平等、均衡的新型全球发展伙伴关系，同舟共济，权责共担，增进人类共同利益。人类命运共同体意识超越种族、文化、国家与意识形态的界限，为思考人类未来提供了全新的视角，为推动世界和平发展给出了一个理性可行的行动方案。面对世界多极化、经济全球化深入发展和文化多样化、社会信息化持续推进，各国应共同推动建立以合作共赢为核心的新型国际关系，一起来维护世界和平、促进共同发展。推动建设人类命运共同体，是中国领导人基于对世界大势的准确把握而贡献的“中国方案”。人类只有一个地球，各国共处一个世界。经济全球化让“地球村”越来越小，社会信息化让世界越来越平。不同国家和地区已是你中有我、我中有你，一荣俱荣、一损俱损。国家之间，过时的零和思维必须摒弃，不能只追求你少我多、损人利己，更不能搞你输我赢、一家通吃。只有义利兼顾才能义利兼得，只有义利平衡才能义利共赢。推动建设人类命运共同体，是新时代中国特色和平外交的生动实践。联合国大会、安理会和专门机构的决议多次写入“一带一路”“人类命运共同体”及“共商、共建、共享”原则，这表明，“一带一路”国际合作、人类命运共同体理念正成为广泛的国际共识。

---

① 习近平. 习近平谈治国理政［M］. 北京：外文出版社，2014：249.

② 习近平. 习近平谈治国理政［M］. 北京：外文出版社，2014：273.

新型国际关系包含“相互尊重、公平正义、合作共赢”三方面内容：①相互尊重是前提。“鞋子合不合脚，自己穿了才知道。”一个国家走什么样的发展道路，只有这个国家的人民才最有发言权。应秉持国家不分大小、强弱、贫富，一律平等，不同制度、宗教、文明一视同仁。应尊重各国人民自主选择发展道路的权利，尊重彼此的核心利益和重大关切，尊重各国的历史文化传统。②公平正义是准则。世界的前途命运应由各国人民共同掌握，这是国际社会应共同遵守的基本准则。随着新兴市场国家和发展中国家的崛起，国际格局得以重塑，传统的国际关系理论和实践已经跟不上时代的发展。国际社会迫切呼唤着新的全球治理理念，开辟人民更加美好的发展前景。这就需要顺应时代潮流，不断扩大发展中国家在国际事务中的代表性和发言权，推动国际秩序朝着更加公正合理的方向发展。③合作共赢是目标。“合则强，寡则弱。”合作共赢应该成为世界各国处理国际事务的目标和方向。只有合作共赢才能办大事、办好事。要摈弃零和博弈、以邻为壑的旧思维，树立双赢、多赢、共赢的新理念，要把本国利益同各国的共同利益结合起来，扩大各方的利益交汇点，在追求本国利益的同时，兼顾其他国家的利益，在寻求自身发展时，促进共同发展。

综上所述，从新中国成立到现在，中国确实是一贯推行独立自主的和平外交政策。

二、独立自主的和平外交政策的基本原则

（一）维护世界和平，促进共同发展是我国对外政策的首要任务和宗旨

邓小平在一次谈话中指出：“我们的对外政策是反对霸权主义，维护世界和平。我们把争取和平作为对外政策的首要任务。”① 而中共十六大报告重申“不管国际风云如何变幻，我们始终不渝地奉行独立自主的和平外交政策。中国外交政策的宗旨，是维护世界和平，促进共同发展”。在中共十七大报告中，胡锦涛总书记在分析了国际形势的新特点之后，郑重宣告：“不管国际风云如何变幻，中国政府和人民都将高举和平、发展、合作旗帜，奉行独立自主的和平外交政策，维护国家主权、安全、发展利益，恪守维护世界和平、

① 中共中央文献编辑委员会. 邓小平文选：第 3 卷 [M]. 北京：人民出版社，1993：116.

促进共同发展的外交政策宗旨。”把维护世界和平、谋求共同发展作为我国对外政策的首要任务和宗旨，是立足于世界和中国的大局来考虑的。中共十八大报告进一步指出：“中国将继续高举和平、发展、合作、共赢的旗帜，坚定不移致力于维护世界和平、促进共同发展。”① 在中共十九大报告中，习近平总书记在深刻洞察国际国内形势后，庄严宣告：“中国坚定奉行独立自主的和平外交政策，尊重各国人民自主选择发展道路的权利，维护国际公平正义，反对把自己的意志强加于人，反对干涉别国内政，反对以强凌弱。”② 习近平在第十三届全国人民代表大会第一次会议上的讲话中进一步强调：“中国将继续高举和平、发展、合作、共赢的旗帜，始终不渝走和平发展道路、奉行互利共赢的开放战略。”③

首先，从世界来看，和平问题是一个事关全人类的带全球性的战略问题，发展问题也是整个世界的发展问题。当今世界，多极之间政治上的独立与经济上的相互依赖同时存在，经济交流促进了政治合作。大国交往中使用最频繁的是“建设性”“伙伴关系”“合作”等字眼。除了经济合作，各国还共同面临着一系列全球性问题，如环境保护、打击国际恐怖主义、控制武器扩散等，没有任何一个大国能独自解决这些问题。只有各国保持合作，特别是多极间的合作协调，才能保证世界经济的可持续发展和全球问题的顺利解决。所以我们应当把发展问题提到整个人类的高度来认识，要从这个高度去观察问题和解决问题。和平与发展又是相互联系、相互依存的，发展要在和平环境下才能顺利实现，而和平也离不开发展，只有包括中国在内的广大发展中国家发展起来，和平力量才能不断壮大，才能避免世界大战。

其次，从中国来看，争取世界和平是现代化建设的需要。集中力量，加速发展社会生产力，尽快实现“三步走”的宏伟目标，是我国社会主义现代化建设十分紧迫和重大的战略任务。为完成这一战略任务，需要扩大对外经济技术交流，需要与别的国家和人民展开合作，需要一个长期的和平国际环

---

① 中共中央文献研究室. 十八大以来重要文献选编：上 [M]. 北京：中央文献出版社，2014：37.

② 习近平. 决胜全面建成小康社会　夺取新时代中国特色社会主义伟大胜利——在中国共产党第十九次全国代表大会上的报告 [R]. 北京：人民出版社，2017：59.

③ 习近平. 在第十三届全国人民代表大会第一次会议上的讲话 [M]. 北京：人民出版社，2018：12.

境。同时，中国是负责任的大国，是维护世界和平的坚定力量，我们需要和平的环境来发展自己，也需要靠自身的发展来维护世界和平。中国的持续高速发展已经而且将继续给国际社会带来巨大的机遇，从而给世界经济带来繁荣，促进共同发展。所以，我国的对外政策，就本质来说，是要寻求一个和平的环境来实现现代化，在争取和平的前提下，一心一意搞现代化建设。

（二）独立自主是我国对外政策的根本原则

独立自主是指国家的主权是独立的，不允许任何外来的干涉与侵犯。每个国家有权根据自己的实际情况独立自主地处理本国对内对外的一切事务。“中国的事情要按照中国的情况来办，要依靠中国人自己的力量来办。独立自主，自力更生，无论过去、现在和将来，都是我们的立足点。中国人民珍惜同其他国家和人民的友谊和合作，更加珍惜自己经过长期奋斗而得来的独立自主权利。任何外国不要指望中国做他们的附庸，不要指望中国会吞下损害我国利益的苦果。”① 在社会主义现代化建设的新时期，邓小平赋予独立自主原则以新的内容，主要表现在他提出了真正的不结盟。邓小平明确指出：“中国的对外政策是独立自主的，是真正的不结盟。中国不打美国牌，也不打苏联牌，中国也不允许别人打中国牌。”② 中国不同任何国家结盟，不参加任何军事集团。中国珍视自己的独立自主，也尊重他国人民的独立自主和道路选择。当然独立自主并不是闭关自守，自力更生也不是盲目排外，我国坚持独立自主，也积极争取国际支援，发展国际合作，把坚持独立自主的立场与尽量争取外援、加强平等互利的国际合作原则有机结合和统一起来。独立自主的外交原则，不仅适用于国家间的关系，而且也适用于政党之间的关系，也是中国共产党发展同其他国家政党之间关系的基本准则。

（三）国家利益至上是坚持独立自主的和平外交政策的根本准则

邓小平指出：“考虑国与国之间的关系主要应该从国家自身的战略利益出发。”③ 对于国家间关系，“我们都是以自己的国家利益为最高准则来谈问题

① 中共中央文献编辑委员会. 邓小平文选：第3卷［M］. 北京：人民出版社，1993：3.

② 中共中央文献编辑委员会. 邓小平文选：第3卷［M］. 北京：人民出版社，1993：57.

③ 中共中央文献编辑委员会. 邓小平文选：第3卷［M］. 北京：人民出版社，1993：330.

和处理问题的"[1]。而在国家利益中要始终把国家的主权和安全放在第一位。主权是国家的对内最高权和对外独立权有机结合的整体。国家的主权和安全是独立自主地行使国家权力的前提。邓小平指出："国家的主权、国家的安全要始终放在第一位，对这一点我们比过去更清楚了。"[2] 邓小平在同英国进行香港问题谈判时，一再强调主权问题不是一个可以讨论的问题。1982 年 9 月 22 日，英国首相撒切尔夫人来到北京，与中国政府举行关于香港问题的谈判。9 月 24 日下午，邓小平在北京人民大会堂与撒切尔夫人会谈，撒切尔夫人一开始还摆出先声夺人的架势，对邓小平说，必须遵守有关香港问题的三个不平等条约。对此，邓小平斩钉截铁地指出："坦率地讲，主权问题不是一个可以讨论的问题。现在时机已经成熟了，应该明确肯定：1997 年中国将收回香港。就是说：中国要收回的不仅是新界而且包括香港岛、九龙。中国和英国就是在这个前提下来进行谈判，商讨解决香港问题的方式和办法。"而且邓小平说，如果在新中国成立 48 年后中国还不收回香港，那就表明我们还是清政府，还是李鸿章[3]。邓小平句句掷地有声、坚定不移，使原本打算用主权问题迫使中国最终同意以主权换治权的撒切尔夫人不得不表示同意邓小平提出的问题。这充分显示了邓小平维护国家主权的坚定立场和坚持独立自主立场的坚定决心。

（四）和平共处五项原则是处理国际关系的基本原则

和平共处五项原则就是相互尊重主权和领土完整、互不侵犯、互不干涉内政、平等互利、和平共处。和平共处的思想是由列宁在处理社会主义国家与资本主义国家关系时提出来的，毛泽东、周恩来丰富和发展了列宁的和平共处思想。万隆会议后，和平共处五项原则成为我国处理外交关系的准则。中国作为和平共处五项原则的倡导国之一，始终坚持这些原则，在国际事务中主持公道，不谋私利，为和平解决国际争端、推动国际合作、维护地区与世界和平作出了自己的贡献。在新的历史时期，邓小平把和平共处五项原则看作是处理国际关系最具有强大生命力的原则。在处理国家关系时，国家不

---

① 中共中央文献编辑委员会. 邓小平文选：第 3 卷［M］. 北京：人民出版社，1993：330.

② 中共中央文献编辑委员会. 邓小平文选：第 3 卷［M］. 北京：人民出版社，1993：348.

③ 中共中央文献编辑委员会. 邓小平文选：第 3 卷［M］. 北京：人民出版社，1993：12.

分大小、强弱、贫富，都一律平等、互相尊重、和睦相处；各国走什么样的路，选择什么样的社会制度，都由各国人民自己决定，外国无权干涉，不能把社会制度和意识形态放在首位。社会制度的不同和意识形态的差别是客观存在的，但这不应成为发展国家关系的障碍。中国根据国际环境的新结构，把自己的国家利益视为最高准则，同时也尊重他国的利益，从实际情况出发来处理国际事务。邓小平指出："中国观察国家关系问题不是看社会制度。中美关系是看中国和美国关系的具体情况来决定。中苏关系是看中国和苏联关系的具体情况来决定。"① 在国际交往中，中国一贯以向前看的立场和态度，妥善地对待历史的恩怨，对待社会制度和意识形态的差别。中国不把自己的社会制度和意识形态强加于人，也绝不允许别人将自己的社会制度和意识形态强加于中国。

（五）遵循睦邻友好原则，积极发展与周边国家的友好关系

在和平共处五项原则的基础上，遵循睦邻友好原则，积极发展与周边国家的友好关系，创造和维护和平友好、长期稳定的周边环境，是我国长期实行的外交方针之一。邓小平多次强调，中国特别希望同亚洲国家发展友好关系，成为更好的朋友，这不是权宜之计，而是长期的战略决策，并把发展与周边国家的睦邻友好关系作为我国外交工作的重点。党的十八大报告指出："中国坚持在和平共处五项原则基础上全面发展同各国的友好合作……我们将坚持与邻为善、以邻为伴，巩固睦邻友好，深化互利合作，努力使自身发展更好惠及周边国家。"② 党的十九大报告重申，中国"坚定不移在和平共处五项原则基础上发展同各国的友好合作……按照亲诚惠容理念和与邻为善、以邻为伴周边外交方针深化同周边国家关系，秉持正确义利观和真实亲诚理念加强同发展中国家团结合作"③。

中国历来重视与周边国家建立友好合作关系，推行睦邻友好政策，这不仅有利于创造和平友好的周边环境，也有利于亚太地区的和平、稳定和经济

① 中共中央文献编辑委员会. 邓小平文选：第 3 卷［M］. 北京：人民出版社，1993：168.

② 中共中央文献研究室. 十八大以来重要文献选编：上［M］. 北京：中央文献出版社，2014：37-38.

③ 习近平. 决胜全面建成小康社会　夺取新时代中国特色社会主义伟大胜利——在中国共产党第十九次全国代表大会上的报告［R］. 北京：人民出版社，2017：58-60.

发展。

三、中国走和平发展道路对世界的贡献

（一）和平发展是中国现代化建设的必由之路

和平、开放、合作、和谐、共赢是我们的主张、我们的理念、我们的原则、我们的追求。走和平发展道路，就是要把中国国内发展与对外开放统一起来，把中国的发展与世界的发展联系起来，把中国人民的根本利益与世界人民的共同利益结合起来。中国对内坚持和谐发展，对外坚持和平发展，这两个方面是密切联系、有机统一的整体，都有利于建设一个持久和平、共同繁荣的和谐世界。

第一，中国坚定不移地走和平发展道路，是基于中国国情的必然选择。1840 年鸦片战争以后的 100 多年里，中国受尽了列强的欺辱。消除战争，实现和平，建设独立、富强的国家，是近代以来中国人民孜孜以求的奋斗目标。今天的中国虽然取得了巨大的发展成就，但由于人口多，底子薄，发展不平衡，仍然是世界上最大的发展中国家。推动经济社会发展，不断改善人民生活始终是中国的中心任务。坚持走和平发展道路，是中国实现国家富强、人民幸福的必由之路。中国人民最需要、最珍爱和平的国际环境，愿尽自己所能，为推动各国共同发展做出积极贡献。

第二，中国坚定不移地走和平发展道路，是基于中国历史文化传统的必然选择。中华民族历来就是热爱和平的民族。中华文化是一种和平的文化，渴望和平、追求和谐，始终是中国人民的精神特征。600 年前，中国明代著名航海家郑和率领当时世界上最强大的船队“七下西洋”，远涉亚非 30 多个国家和地区，带去的是茶叶、瓷器、丝绸、工艺，没有侵占别国一寸土地，带给世界的是和平与文明，充分反映了古代中国与有关国家和人民加强交流的诚意。立足当代，中国的发展不仅造福 13 亿中国人民，也给世界各国带来了巨大的市场和发展机遇。中国的发展有利于世界和平力量的增长。

第三，中国坚定不移地走和平发展道路，是基于当今世界发展潮流的必然选择。求和平、促发展、谋合作是世界各国人民的共同心愿，也是不可阻挡的历史潮流，特别是世界多极化和经济全球化趋势的深入发展，给世界和平与发展带来了新的机遇，争取较长时期的和平国际环境是可以实现的。同时，中国也清楚地看到，世界上仍存在诸多不稳定不确定的因素，人类还面

临许多严峻挑战，但机遇大于挑战，只要世界各国共同努力，就能够逐步实现建设一个持久和平、共同繁荣的和谐世界的目标。长期以来，中国坚持奉行独立自主的和平外交政策，宗旨就是维护世界和平、促进共同发展。早在1971年中国重返联合国的时候，邓小平就向全世界宣布，中国永远不称霸。改革开放以来，中国根据国际形势的变化趋势，坚持和平与发展是时代主题这一重大战略判断，多次公开阐明：中国无论发展到什么程度，永远不称霸，永远不搞扩张。中国的发展不会对任何人构成威胁，只会给世界带来更多的发展机遇和更加广阔的市场。事实表明，中国经济的发展，正在成为亚太地区和世界经济增长的重要推动力量。维护世界和平，促进共同发展，已成为中国的国家意志。

（二）中国的和平发展对世界的贡献

和平是发展之基，发展是和平之本。多年来，中国政府和中国人民为争取和平的国际环境进行了不懈努力，十分珍惜世界上爱好和平与追求进步的国家和人民共同奋斗得来的和平国际环境，坚持聚精会神搞建设，一心一意谋发展。中国发展是世界发展的一个重要组成部分，中国以自己的发展促进了世界的和平，为人类社会的发展进步作出了贡献。

第一，中国为实现人类可持续发展作出了贡献。中国总结以往发展的经验，借鉴人类现代文明的发展成果，以新发展理念为指导转变发展观念，创新发展模式，提高发展质量。多年来，中国坚持探索一条科技含量高、经济效益好、资源消耗低、环境污染少、人力资源优势得到充分发挥的新型工业化道路，努力推动整个社会走上生产发展、生活富裕、生态良好的可持续文明发展道路。中国成功地实行了计划生育的人口政策，延迟了世界总人口的增长。中国高度重视节约能源，采取各种节能措施。在以习近平同志为核心的党中央坚强领导下，各地区各部门积极践行新发展理念，推动应对气候变化和节能减排工作取得显著成效。二氧化碳排放强度持续降低，非化石能源消费比重逐步提高，可再生能源电力装机总量占全球的30%，新增森林蓄积量已提前完成2030年目标；主要污染物排放量明显下降，生态环境质量不断改善。

第二，中国为减少人类贫困和提高生命质量作出了贡献。40多年来我国扶贫事业取得积极成就，据国家统计局2019年发布的报告显示，按照我国现行农村贫困标准（2010年价格水平每人每年2300元）测算，1978年我国农村贫困人口为7.7亿人，贫困发生率为97.5%。特别是党的十八大以来，以习近平同志为核心的党中央团结带领全党全国各族人民，把脱贫攻坚摆在治国理政突出位置，组织实施了人类历史上规模最大、力度最强的脱贫攻坚战。经过8年持续奋斗，2020年如期完成了新时代脱贫攻坚目标任务，现行标准下农村贫困人口全部脱贫，贫困县全部摘帽，消除了绝对贫困和区域性整体贫困，近1亿贫困人口实现脱贫，取得了令全世界刮目相看的重大胜利。我国是最早实现联合国千年发展目标中减贫目标的发展中国家，为世界减贫事业做出了巨大贡献。

第三，中国为维护世界和平、促进国际合作做出了贡献。中国在和平共处五项原则的基础上同世界各国发展友好合作关系，促进了国家间的和平共处与平等相待。中国坚持与邻为善、以邻为伴、睦邻友好的方针，与周边国家和亚洲其他国家的友好合作关系不断发展，共同利益不断扩大。中国与主要大国建立了不同形式的合作关系，对话、交流、合作不断加强。中国不断加强与广大发展中国家的合作，在南南合作框架下，努力实现优势互补、共同发展。中国积极参与处理国际和地区热点问题，既承担着广泛的国际义务，也发挥着负责任的建设性作用。2013年9月和10月由中国国家主席习近平分别提出建设“新丝绸之路经济带”和“21世纪海上丝绸之路”的合作倡议，简称“一带一路”倡议。“一带一路”为全球治理提供了新的路径与方向，为新时期世界走向共赢带来了中国方案，为全球均衡可持续发展增添了新动力，提供了新平台。

第四，中国为促进世界经济发展作出了贡献。近年来，在世界经济波动幅度加大的情况下，中国经济保持平稳较快发展，为世界经济的增长带来了希望和动力。1950年至2016年，中国在自身长期发展水平和人民生活水平不高的情况下，累计对外提供援款4000多亿元人民币，实施各类援外项目5000多个，其中成套项目近3000个，举办11000多期培训班，为发展中国家在华培训各类人员26万多名。改革开放以来，中国累计吸引外资超过1.7万亿美元，累计对外直接投资超过1.2万亿美元，为世界经济发展作出了巨大贡献。国际金融危机爆发以来，中国经济增长对世界经济增长的贡献率年均在30%以上。这些数字，在世界上都是名列前茅的。从这些数字可以看出，中国的发展是世界的机遇，中国是经济全球化的受益者，更是贡献者[①]。

---

① 习近平. 习近平谈治国理政：第二卷［M］. 北京：外文出版社，2017：484.

第五，中国为周边地区稳定发展做出了贡献。亚洲与中国接壤或隔海相望的国家有 20 多个。中国经济持续发展，社会和谐稳定，人民安居乐业，使周边国家从中受益。近年来，亚太地区经济一直保持较高的增长速度。为使周边地区能够在稳定的环境中不断发展，1997 年亚洲金融危机冲击中，中国克服重重困难，坚持人民币币值稳定和扩大内需的方针，并向重灾国提供力所能及的帮助，为最终战胜危机发挥了重要作用。中国十分重视与周边国家的经贸合作。2011 年，中国同周边国家的进出口总额约为 1.18 万亿美元，2015 年这一数字增长为 1.25 万亿美元；2011 年中国对主要周边国家的直接投资净额约为 33 亿美元，2015 年这一数字增长为 174 亿美元。上述一系列宏观数据反映出中国同周边国家在经贸合作领域的重大进展①。

虽然取得了举世瞩目的建设成就，但中国仍然是世界上最大的发展中国家，面临的发展任务还十分艰巨。根据世界银行最新统计资料和中国最新公布的数据计算，2019 年我国人均 GDP 约为 10276 美元，而美国则是 6.5 万美元，我国和美国的差距将近 6.5 倍之多。我们清醒地认识到，当前我国发展不平衡不充分的问题仍然比较突出，巩固拓展脱贫攻坚成果的任务依然艰巨。习近平总书记指出，中国要达到中等发达国家的经济发展水平，实现全体人民共同富裕，还需要进行长期的艰苦奋斗。不懈努力争取一个和平的国际环境来发展自己，又以自身的发展促进世界的和平与发展，对中国对世界都有着特别重要的意义。

阅读书目：

1. 曲星：《中国外交 50 年》，南京：江苏人民出版社，2000 年。

2. 姜长斌、罗伯特·罗斯主编：《从对峙走向缓和：冷战时期中美关系再探讨》，北京：世界知识出版社，2000 年。

3. 章百家、牛军主编：《冷战与中国》，北京：世界知识出版社，2002 年。

4. 陶文钊主编：《中美关系史（1949—1972）》，上海：上海人民出版社，1999 年。

5. 李丹慧主编：《中国与印度支那战争》，香港：天地图书公司，

① 张新平. 中国特色的大国外交战略［M］. 北京：人民出版社，2017：107.

2000 年。

6. 谢益显：《中国外交史（中华人民共和国时期）》郑州：河南出版社，1988 年。

7. 李长久、施鲁佳：《中美关系二百年》，北京：新华出版，1984 年。

8. 熊志勇：《百年中美关系》，北京：世界知识出版社，2006 年。

9. 王桧林主编：《中国现代史：下册》（第二版），北京：高等教育出版社，2003 年。

10. 邓小平：《中国的对外政策》，《邓小平文选》第 2 卷，北京：人民出版社，1994 年。

11. 邓小平：《以和平共处五项原则为准则建立国际新秩序》，《邓小平文选》第 3 卷，北京：人民出版社，1993 年。

思 考 题

1. 中国外交政策的基本原则是什么？

2. 怎样评价中国走和平发展道路对世界的贡献？

主要参考资料

（一）论著类

1. 中共中央马克思恩格斯列宁斯大林著作编译局. 马克思恩格斯全集：第 37 卷［M］. 北京：人民出版社，1971.

2. 毛泽东. 毛泽东选集：第 4 卷［M］. 北京：人民出版社，1991.

3. 中共中央文献研究室. 毛泽东文集：第 8 卷［M］. 北京：人民出版社，1999.

4. 中共中央文献编辑委员会. 周恩来选集：下卷［M］. 北京：人民出版社，1984.

5. 中共中央文献研究室. 周恩来外交文选［M］. 北京：中央文献出版社，1990.

6. 中共中央文献编辑委员会. 邓小平文选：第 3 卷［M］. 北京：人民出版社，1993.

7. 中共中央文献编辑委员会. 邓小平文选：第 2 卷［M］. 北京：人民出版社，1994.

8. 江泽民. 江泽民文选：第 1—3 卷［M］. 北京：人民出版社，2006.

9. 胡锦涛. 胡锦涛文选：第 1—3 卷［M］. 北京：人民出版社，2016.

10. 习近平. 习近平谈治国理政［M］. 北京：外文出版社，2014.

11. 中共中央文献研究室. 十八大以来重要文献选编：上［C］. 北京：中央文献出版社，2014.

12. 中共中央文献研究室. 十八大以来重要文献选编：中［C］. 北京：中央文献出版社，2016.

13. 中共中央文献研究室. 十八大以来重要文献选编：下［C］. 北京：中央文献出版社，2018.

14. 习近平. 习近平谈治国理政：第二卷［M］. 北京：外文出版社，2017.

15. 习近平. 习近平谈治国理政：第三卷［M］. 北京：外文出版社，2020.

16. 方连庆，刘金质，王炳元. 战后国际关系史（1945－1995）：上、下卷［M］. 北京：北京大学出版社，1999.

17. 巫宁耕. 战后发展中国家经济（概论）［M］. 北京：北京大学出版社，1986.

18. 黄宗良，孔寒冰. 世界社会主义史论［M］. 北京大学出版社，2005.

19. 李景治. 当代世界经济与政治［M］. 北京：中国人民大学出版社，2003.

20. 邓中好. 有中国特色社会主义和平外交与建设［M］. 山东：青岛出版社，1993.

21. 傅耀祖，周若朋. 聚焦中国外交［M］. 北京：中共党史出版社，2000.

22. 高放. 国际共产主义运动教本［M］. 天津：天津人民出版社，1986.

23. 侯树栋. 国防教育大词典［M］. 北京：军事科学出版社，1992.

24. 刘从德. 国际关系理论：西方国际关系理论与马克思主义国际关系理论研究［M］. 武汉：武汉出版社，2007.

25. 李宝俊. 当代中国外交概论［M］. 北京：中国人民大学出版社，1992.

26. 周敏凯. 当代世界政治经济与国际关系［M］. 北京：高等教育出版社，2004.

27. 陆南泉. 苏联国民经济发展七十年［M］. 北京：机械工业出版社，1988.

28. 亨廷顿. 文明的冲突与世界秩序的重建［M］. 周琪，等译. 北京：新华出版社，1998.

29. 米歇尔·博德. 资本主义史：1500—1980［M］. 吴艾美，等译. 北京：东方出版社，1980.

30. 罗伯特·基欧汉，约瑟夫·奈. 权力与相互关系：转变中的世界政治［M］. 北京：中国人民公安大学出版社，1992.

31. 理查德·尼克松. 展望21世纪：和平竞争的胜利［M］. 北京：书目文献出版社，1989.

32. 理查德·尼克松. 尼克松回忆录：上册［M］. 伍任，译. 北京：商务印书馆，1978.

33. 斯塔夫里亚诺斯. 全球分裂：上册［M］. 迟越，王红生，译. 北京：商务印书馆，1995.

34. 弗拉迪米尔·德迪耶尔. 苏南冲突经历［M］. 北京：生活·读书·新知三联书店，1977.

35. 宫崎犀一，奥村茂次，森田同郎. 近代国际经济要览［M］. 陈小红，等译. 北京：中国财政经济出版社，1990.

36. 久尔科·拉斯洛. 卡达尔：历史背景下的肖像素描［M］. 北京：世界知识出版社，1983.

37. 罗伯特·基欧汉. 霸权之后：世界政治经济中的合作与纷争［M］. 苏长和，译. 上海：上海人民出版社，2012.

38. 爱德华·卡尔. 二十年危机（1919—1939）：国际关系研究导论［M］. 秦亚青，译. 北京：世界知识出版社，2005.

39. 汉斯·摩根索. 国家间政治［M］. 徐昕，等译. 北京：北京大学出版社，2006.

40. 肯尼思·沃尔兹. 国际政治理论［M］. 信强，译. 上海：上海人民出版社，2017.

（二）期刊文献类

1. 陈伟，史婷. 试论战后苏联对外政策的演变［J］. 高等函授学报（哲学社会科学版），2008（6）：18-21.

2. 李丹慧. 1969年中苏边界冲突：缘起和结果［J］. 当代中国史研究，1996（3）：39-50.

3. 程亚文. 经济全球化、利益疏离与政治撕裂：当代世界经济政治的新转折［J］. 外交评论（外交学院学报），2019，36（6）：62-90.

4. 王缉思. 当代世界政治发展趋势与中国的全球角色［J］. 北京大学学报（哲学社会科学版），2009，46（1）：11-14.